Cahiers de Logique et d'Épistémologie
Volume 6

Actions, Rationalité & Décision
Actions, Rationality & Decision

Actes du colloque international de 2002 en hommage à J.-Nicolas Kaufmann

Volume 1
Prolog, tout de suite!
Patrick Blackburn, Johan Bos et Kristina Striegnitz

Volume 2
Gottlob Frege. Une Introduction
Markus Stepanians
Traduit de l'allemand par Alexandre Thiercelin

Volume 3
Hugh MacColl et la Naissance du Pluralisme Logique: suivi d'extraits majeurs de son oeuvre
Shahid Rahman et Juan Redmond
Traduit par Sébastien Magnier

Volume 4
Lecture de Quine
François Rivenc

Volume 5
Logique Dialogique: une introduction. Volume 1: Méthode de Dialogique: Règles et Exercices
Matthieu Fontaine et Juan Redmond

Volume 6
Actions, Rationalité & Décision. Actions, Attitudes & Decision. Actes du colloque international de 2002 en hommage à J.-Nicolas Kaufmann
Daniel Vanderveken et Denis Fisette, directeurs.

Cahiers de Logique et d'Épistémologie Series Editors
Dov Gabbay   dov.gabbay@kcl.ac.uk
Shahid Rahman   shahid.rahman@univ-lille3.fr

Assistance Technique
Juan Redmond   juanredmond@yahoo.fr

Comité Scientifique: Daniel Andler (Paris – ENS); Diderik Baetens (Gent); Jean Paul van Bendegem (Vrije Universiteit Brussel); Johan van Benthem (Amsterdam/Stanford); Walter Carnielli (Campinas-Brésil); Pierre Cassou-Nogues (Lille 3 – UMR 8163-CNRS); Jacque Dubucs (Paris 1); Jean Gayon (Paris 1); François De Gandt (Lille 3 – UMR 8163-CNRS); Paul Gochet (Liège); Gerhard Heinzmann (Nancy 2); Andreas Herzig (Université de Toulouse – IRIT: UMR 5505-NRS); Bernard Joly (Lille 3 – UMR 8163-CNRS); Claudio Majolino (Lille 3 – UMR 8163-CNRS); David Makinson (London School of Economics); Gabriel Sandu (Paris 1); Hassan Tahiri (Lille 3 – UMR 8163-CNRS).

Actions, Rationalité & Décision
Actions, Rationality & Decision

Actes du colloque international de 2002 en hommage à J.-Nicolas Kaufmann

Daniel Vanderveken

et

Denis Fisette

directeurs

© Individual author and College Publications 2008. All rights reserved.

ISBN 978-1-904987-86-4

College Publications
Scientific Director: Dov Gabbay
Managing Director: Jane Spurr
Department of Computer Science
King's College London, Strand, London WC2R 2LS, UK

http://www.collegepublications.co.uk

Original cover design by orchid creative   www.orchidcreative.co.uk
Printed by Lightning Source, Milton Keynes, UK

All rights reserved. No part of this publication may be reproduced, stored in a retrieval system or transmitted in any form, or by any means, electronic, mechanical, photocopying, recording or otherwise without prior permission, in writing, from the publisher.

In memoriam J-Nicolas Kaufmann
1941–2002

TABLE DES MATIÈRES

Remerciements ix

Préface xi

In memoriam Nicolas Kaufmann xxi

Première partie
Pensée, action et engagement

1. Désir, délibération et action   1
   John Searle (Université de Californie à Berkeley)

2. Attitudes, tentatives et actions   39
   Daniel Vanderveken (Université du Québec, Trois-Rivières)

3. De la nature et des limites de la pensée conceptuelle   75
   Candida Jaci de Sousa Melo (Université du Québec, Trois-Rivières)

4. Le mode-nous et le mode-je   97
   Raimo Tuomela (Université de Helsinki)

Deuxième partie
Phénoménologie, ontologie et philosophie de l'esprit

5. Phenomenology as Analysis of Mind and Action   141
   J.-Nicolas Kaufmann† (Université du Québec, Trois-Rivières)

6. L'intentionnalité des phénomènes mentaux et l'action :   153
   Kaufmann et la phénoménologie
   Denis Fisette (Université du Québec, Montréal)

7. Objectivism & Anti-objectivism in Cognitive Neuroscience   185
   Jean-Luc Petit (Collège de France, Université de Strasbourg)

8. Le naturalisme en philosophie de l'esprit et la critique du fonctionnalisme 203
   Tom Dedeurwaerdere (FNRS, Université de Louvain)

9. Une base commune et quelques liens surprenants 231
   Edward Zalta (Université de Stanford)

Troisième partie
Causalité et naturalisme

10. Norms, Contents, Dependencies and Naturalisms 265
    Daniel Laurier (Université de Montréal)

11. Comment défendre la causalité des états mentaux dans une perspective pragmatique 291
    André Leclerc (Université fédérale de la Paraiba)

12. Is Mental Causation Compatible With the Causal Completeness of Physics 311
    Wilson Mendonça (Université fédérale de Rio de Janeiro)

Quatrième partie
Rationalité et décision

13. How to Make a Decision 325
    Storrs McCall (Université McGill)

14. Rationality from a Logical Point of View 339
    Mathieu Marion (Université du Québec, Montréal)

15. L'atomisme logique et la logique de la décision de Ramsey 361
    Michel Paquette (Collège de Maisonneuve)

Présentation des auteurs 377

Remerciements

Notre ouvrage collectif constitue les Actes d'un colloque international bilingue sur l'action, les attitudes et la décision que nous avons organisé en hommage à notre regretté collègue J.-Nicolas Kaufmann à Trois-Rivières du 3 au 5 octobre 2002. Nous remercions le Fonds de Développement Académique du Réseau (FODAR) de l'université du Québec de nous avoir aidé à organiser ce colloque. Nous remercions également le Conseil de la Recherche en Sciences Humaines du Canada (CRSH) et le Fonds québécois de la recherche sur la société et la culture (FQRSC) de nous avoir octroyé des subventions qui nous ont permis de couvrir les frais de production et d'édition de ce livre.

Préface

DANIEL VANDERVEKEN ET DENIS FISETTE

Le présent ouvrage collectif contient les Actes d'un colloque international bilingue sur l'action, les attitudes et la décision que nous avons organisé en hommage à notre regretté collègue J.-Nicolas Kaufmann à Trois-Rivières du 3 au 5 octobre 2002. Nicolas Kaufmann, qui était professeur à l'Université du Québec à Trois-Rivières, a contribué à l'essor de la philosophie de l'action et de la phénoménologie au Québec. Notre ouvrage commence par cette préface et un hommage de Daniel Vanderveken en l'honneur de Kaufmann. L'ouvrage présente et discute d'hypothèses, d'enjeux et de théories contemporaines sur l'action, les attitudes, la rationalité et la décision. On y trouve un manuscrit inédit de Kaufmann intitulé *Phenomenology as Analysis of Mind and Action*. Notre ouvrage se divise en quatre parties.

La première partie intitulée ***Pensées, actions et engagements*** contient des contributions de John Searle, Daniel Vanderveken, Candida Jaci de Sousa Melo et Raimo Tuomela traitant de problèmes généraux de la philosophie de l'esprit et de l'action. Ils concernent la nature des attitudes et des actions, leurs relations et l'intentionnalité des agents lors de leurs actions intentionnelles, délibérations, et activités sociales. Dans le premier chapitre, « **Désir, Délibération et Action** », Searle critique l'analyse courante du raisonnement pratique et de la délibération en philosophie et théorie de la décision. Il dénonce les principes classiques selon lesquels tout agent rationnel a un ensemble satisfaisable de désirs et quiconque a des croyances et des désirs primaires au commencement d'une délibération est *ipso facto* tenu d'avoir à la fin des désirs et des intentions secondaires. Pour bien formuler les principes valides d'inférence pratique à l'œuvre dans la délibération, il convient selon Searle de mieux analyser les attitudes, les actions et leurs relations.

L'analyse courante traite des choix, préférences et désirs des agents sans reconnaître leur véritable nature intentionnelle. Searle préconise une conception plus fine de la rationalité et du syllogisme pratique. Il explique pourquoi les désirs diffèrent radicalement des croyances aussi bien logiquement que phénoménologiquement. Il décrit ensuite la nature propre aux intentions. Les agents ont parfois des désirs qu'ils savent être irréalisables. Par contre ils croient toujours être capables d'exécuter leurs intentions. Searle analyse les relations entre attitudes et actions en traitant des raisons d'agir. Il souligne que les agents ont d'autres raisons d'agir que leurs désirs, notamment leurs engagements antérieurs, leurs obligations et leurs devoirs. Searle évite soigneusement la réduction courante des raisons extérieures aux causes physiques. La causalité intentionnelle est à ses yeux fort différente de la causalité physique. Des croyances, désirs et intentions préalables ne peuvent sans doute être pour l'agent des raisons d'agir. Cependant pareilles attitudes ne le forcent pas réellement à l'action. Entre les intentions préalables des agents et leur exécution dans la vie courante, il y a selon Searle un écart, tout comme entre leurs désirs et croyances primaires et la formation de leurs intentions préalables à l'issue de toute délibération. Comme les agents agissent sur la base de raisons et d'intentions, il leur arrive d'être faibles, mais leur faiblesse de volonté (l'*akrasia*) n'est pas de l'auto duperie. Searle explique pourquoi.

Dans le second chapitre, « **Attitudes, tentatives et actions** », Daniel Vanderveken traite de la forme logique des actions. Les philosophes ont surtout analysé les actions intentionnelles que les agents tentent d'accomplir dans le monde. Par contre, les logiciens ont négligé l'intentionnalité propre à l'action humaine. Vanderveken entend combler la lacune en élaborant une logique où les actions intentionnelles ont la primauté, comme en philosophie. Dans son optique, toute action qu'un agent accomplit sans le vouloir aurait pu en principe être tentée. Qui plus est, toute action involontaire est l'effet d'actions intentionnelles à la base desquelles il y a les tentatives premières de l'agent. Il entend expliquer logiquement la nature des tentatives et l'engendrement d'actions. Les agents sont ou à tout le moins se sentent libres d'agir. Comme Belnap, Vanderveken préconise une logique de l'action compatible avec l'indéterminisme et la liberté de l'agent. Les propositions ayant les mêmes conditions de vérité ne sont pas les contenus des mêmes attitudes et actions. Vanderveken exploite les ressources d'une logique propositionnelle prédicative non classique avec modalités et temps ramifié qui distingue les propositions ayant différentes valeurs cognitives. Il explique quelles croyances, désirs et intentions font partie des actions intentionnelles et quelles sont les conditions de possession et de satisfaction de telles attitudes. Vanderveken critique l'analyse logique courante à la Hintikka des attitudes selon laquelle les agents sont soit parfaitement rationnels, soit totalement irrationnels. Il explique pourquoi il arrive aux agents d'être incohérents tout en sauvant leur rationalité minimale. Il révise la logique traditionnelle de l'action en tenant compte de l'intentionnalité des agents afin d'expliquer les conditions de succès des actions intentionnelles et les formes d'engendrement d'actions (volontaires ou non).

Dans le troisième chapitre, « **De la nature et des limites des pensées conceptuelles** », Candida Jaci de Sousa Melo traite des attitudes et des actes de pensée à contenu propositionnel. Elle considère aussi bien les actes mentaux privés dans le for intérieur que les actes illocutoires publics. Selon Searle, tout agent qui possède une attitude pourrait en principe l'exprimer lors d'un acte illocutoire. Suite à ce principe d'exprimabilité, la théorie du succès des actes illocutoires impose, comme le remarque Melo, des limites à l'usage du langage restreignant ce que les agents peuvent penser, de même que la théorie de la satisfaction des actes illocutoires fixe des limites au monde restreignant ce dont les agents peuvent avoir l'expérience. Il en résulte que la logique illocutoire est en un sens *transcendantale*. Ses lois nécessaires et universelles gouvernant le succès et la satisfaction reflètent respectivement les formes *a priori* de la pensée conceptuelle et de l'expérience humaines. Voilà des idées du premier Wittgenstein et de Kant reformulées dans le cadre du tournant linguistique préconisé par la théorie des actes de discours. Pour qu'il y ait satisfaction d'un état ou acte de pensée conceptuelle en philosophie de l'esprit, il ne suffit pas qu'il y ait correspondance entre l'esprit de l'agent et le monde. Il faut que la correspondance soit établie selon la direction d'ajustement propre à cette pensée. Or il existe lors des déclarations mentales et verbales, selon Melo, une double direction d'ajustement entre l'esprit et le monde que Searle n'a pas considérée. L'auteure établit le parallélisme entre les quatre directions possibles d'ajustement entre l'esprit et le monde et les quatre directions d'ajustement entre le langage et le monde de la théorie des actes de discours. Elle généralise les résultats obtenus aux pensées purement mentales et explique en détail pourquoi le langage impose différentes limites à la pensée et à l'expérience.

Dans le quatrième chapitre, « **Le mode-nous et le mode-je** », Raimo Tuomela traite de la nature des attitudes et des actions dans le monde social. Jusqu'à récemment, la philosophie traditionnelle a surtout considéré les actions et les attitudes dont l'agent a une intentionnalité purement individuelle du genre « Je fais ceci », « Je crois ou je désire ceci ». Cependant les agents humains vivent en société. Ils ont beaucoup de croyances, de désirs et de buts communs et souvent ils entendent agir ensemble afin d'atteindre pareils buts. Leur intentionnalité est alors irréductiblement conjointe, du genre « Nous faisons ensemble ceci » et « Nous partageons l'intention de faire ensemble ceci ». Selon Tuomela, pour bien décrire le monde social, il faut absolument distinguer les deux formes d'intentionnalité *à la nous* et *à la je*. Parfois les agents agissent ou pensent en tant que membres d'un groupe et parfois seulement de façon privée. Tuomela souligne que l'intentionnalité conjointe *à la nous* est irréductible à l'intentionnalité purement individuelle *à la je*. Certaines actions, comme se mettre d'accord, ne peuvent qu'être accomplies selon le mode *nous* ; elles sont par nature conjointes. Mais bien d'autres (comme lever une table) sont parfois accomplies par plusieurs agents au même moment selon le mode individuel. C'est seulement quand le contenu de leur intention est de la forme « *Nous* faisons cette action » que les agents entendent pleinement coopérer et faire chacun leur part dans l'action commune. Tuomela explique les différences entre les deux modes d'intentionnalité et il distingue différentes formes de chaque mode d'intentionnalité. Il illustre sa conception par des exemples et en considérant des situations en théorie des jeux. Il explique enfin pourquoi, en bien des circonstances, les agents ont plus de chances de parvenir à leurs fins en agissant selon le mode conjoint plutôt que chacun pour soi selon le monde purement individuel.

Dans la deuxième partie de l'ouvrage intitulée *Phénoménologie, ontologie et philosophie de l'esprit*, nous avons regroupé, autour d'un texte de Nicolas Kaufmann, quatre études qui traitent diversement de la contribution de la phénoménologie classique, principalement de la phénoménologie de Husserl, à des questions centrales de la philosophie contemporaine dans les domaines de la philosophie de l'esprit, de la théorie de l'action et de l'ontologie formelle. Le chapitre cinq, « **Phenomenology as Analysis of Mind and Action** », est un manuscrit sur lequel travaillait Kaufmann avant son décès tragique. Malgré son caractère inachevé, ce texte est représentatif du travail de Kaufmann en ce qu'il réunit deux de ses principaux champs d'intérêt en philosophie, à savoir l'esprit et le comportement rationnel, et qu'il y préconise la méthode qu'il appelle l'analyse phénoménologique. Sa principale préoccupation dans ce texte consiste justement à identifier les principaux traits caractéristiques de l'analyse phénoménologique que Denis Fisette commente dans le chapitre suivant, « *L'intentionnalité des phénomènes mentaux et l'action* ». Selon ce dernier, l'approche préconisée par Kaufmann s'apparente à ce qu'on appelle « la lecture frégéenne de la phénoménologie », dont l'idée principale réside dans la tentative d'unifier en une seule théorie la thèse intentionnaliste de base de Brentano et des phénoménologues avec la thèse sémantique de Frege (son concept de signification). Kaufmann soutient en effet que le cœur de la phénoménologie de Husserl repose sur la thèse suivant laquelle la théorie de la signification de Frege permettrait à la fois de résoudre les difficultés d'une conception immanentiste de l'intentionnalité que l'on retrouve chez Brentano, par exemple, et d'élaborer une théorie relationnelle de l'intentionnalité. Fisette se demande à quelles conditions cette théorie de l'intentionnalité pourrait nous être utile devant les problèmes auxquels nous faisons face actuellement en philosophie de l'esprit. Une de ces conditions consiste à surmonter le fossé apparent entre le naturalisme philosophique, qui est la position dominante en philosophie de l'esprit, et les critiques radicales que Frege et la phénoménologie ont opposé à une forme analogue de naturalisme. Or la phénoménologie, au sens restreint d'analyse intentionnelle comme le veut Kaufmann, ou encore en tant que psychologie descriptive, est relativement autonome par rapport au programme philosophique plus ambitieux de Husserl, et c'est à cette condition, soutient Fisette, que la phénoménologie peut intervenir efficacement dans le contexte contemporain. Dans la dernière section, il examine quelques traits caractéristiques de l'analyse intentionnelle et se penche sur la question de sa pertinence et de son efficacité dans le domaine des phénomènes mentaux et de l'action.

Les contributions de Jean-Luc Petit et de Tom Dedeurwaerdere portent sur une question largement débattue depuis quelques années par les philosophes de l'esprit, à savoir la légitimité de recourir à la phénoménologie (classique) dans les sciences cognitives. Le point de départ de Jean-Luc Petit dans sa contribution sont les recherches récentes dans les neurosciences et les sciences cognitives en général. Il cherche à montrer que les résultats obtenus dans ce domaine au cours des deux dernières décennies contredisent « une conception objectivante de l'esprit comme un système de représentations » et vont plutôt dans le sens d'une conception dynamique de l'esprit orientée vers l'action. Le titre de son chapitre, « **Objectivism and Anti-objectivism in Cognitive Neuroscience** », désigne justement l'opposition entre le représentationalisme classique et la phénoménologie comprise ici comme la « théorie husserlienne de la constitution transcendantale », c'est-à-dire comme la théorie de l'intentionnalité comprise ici, comme dans le texte de Kaufmann, en termes de corrélation entre noèse et noème. D'où l'idée d'une « neuro-phénoménologie » comme programme de recherche introduit initialement par Francesco Varela dans les sciences cognitives et que Petit applique à des thèmes aussi différents que la reconnaissance du visage, la somatologie et l'intersubjectivité.

Dans son chapitre intitulé « **Le naturalisme en philosophie de l'esprit et la critique du fonctionnalisme** », Tom Dedeurwaerdere cherche à montrer que l'obstacle majeur auquel font face les différents programmes de naturalisation dans la philosophie de l'esprit et les sciences cognitives réside dans une conception de l'esprit héritée du fonctionnalisme classique, plus précisément dans une conception représentationaliste de l'esprit qui, apparemment, ne tient pas compte des dimensions contextuelles et corporelles de la cognition auxquelles la phénoménologie accorde énormément d'importance. Il soutient que, même en écartant son interprétation représentationaliste, l'on peut néanmoins conserver les acquis essentiels du fonctionnalisme et élargir son programme de recherche dans le sens des recherches contemporaines sur la cognition située et l'esprit étendue. Il propose d'élargir ce programme dans deux directions : d'une part, dans le sens du fonctionnalisme biologique de Millikan et, d'autre part, dans le sens des travaux de Andy Clark sur la cognition. Il soutient que cette perspective est la plus viable, sinon la seule, qui permet de dépasser l'alternative bien connue entre naturalisme faible et naturalisme fort, et elle fournit les éléments essentiels d'un programme fiable de naturalisation en philosophie de l'esprit.

Dans le dernier chapitre de cette partie, « **Une base commune et quelques liens surprenants** », Edward Zalta se penche sur une question centrale dans la tradition phénoménologique, à savoir le problème des universaux et le statut ontologique des entités abstraites. Zalta aborde cette question par le biais de la théorie de l'objet développée dans l'école de Graz par Alexius Meinong et son étudiant Ernst Mally. Zalta y retrace la genèse de la théorie de la double prédication, qu'il défend lui-même depuis le début des années 1980, chez des philosophes comme

J. N. Findlay, H.-N. Castaneda et Parsons, théorie qui se veut explicitement une contribution à la théorie de l'objet de Meinong. Suivant cette théorie, qui postule l'existence d'objets abstraits, il y a une différence entre deux modes de prédication : l'encodage d'une propriété et son exemplification. Un objet concret *exemplifie* des propriétés alors que les objets abstraits, plus précisément les objets fictifs comme carré rond ou montagne d'or, *encodent* les propriétés d'être rond ou dorée. Zalta montre que cette distinction entre deux modes de prédication peut servir de base à une théorie formelle de l'objet et soutient que, malgré les apparences, cette théorie remonte à Platon et qu'on en retrouve différentes versions chez des philosophes aussi connus que Frege, Kripke et même Gödel.

La troisième partie de l'ouvrage, *Causalité et naturalisme*, réunit trois contributions qui portent sur des questions centrales de la philosophie contemporaine. Daniel Laurier se penche sur la question de savoir si le normativisme sémantique est compatible avec le naturalisme sémantique, alors qu'André Leclerc et Wilson Mendonça s'intéressent à la notion de causalité mentale et examinent différents arguments qui contestent le bien-fondé de cette notion. Le point de départ de Daniel Laurier dans son chapitre « **Norms, Contents, Dependencies and Naturalisms** » est le problème psychophysique qu'il formule, dans la première partie de son texte, comme l'opposition entre le normativisme sémantique, qui veut que l'explication des phénomènes sémantiques ait recours à des normes, et le naturalisme sémantique qui prétend que la description de ce phénomène ne requiert rien de plus que les termes naturels qui font partie de l'appareil descriptif des sciences naturelles. Laurier soutient que seule une interprétation cognitiviste de la thèse de la normativité permet d'éviter le dualisme et de surmonter l'opposition entre norme et fait. Pour ce faire, il conçoit d'abord les phénomènes sémantiques comme des contenus d'actes et reformule la thèse normativiste en fonction des différentes formes de contenu. Il oppose ensuite deux manières de concevoir le caractère normatif du contenu, à savoir le fondationnalisme et le cohérentisme, et opte pour ce dernier en ce qui a trait au contenu conceptuel. Cependant, contre les tenants de la stratégie cohérentiste, il n'admet pas que l'on puisse dériver des contenus conceptuels les contenus non conceptuels. Il conclut que la seule forme de sémantique naturaliste qui soit compatible avec la sémantique normative est celle qui admet des termes normatifs dans son vocabulaire, mais elle ne semble pas compatible avec une forme non triviale de sémantique normative.

Comme l'indique le titre de son chapitre, « **Comment défendre la causalité des états mentaux dans une perspective pragmatique** », André Leclerc tâche de défendre une position qui s'apparente au réalisme pragmatique face aux objections épiphénoménistes et éliminativistes contre la causalité mentale et plus généralement contre le vocabulaire intentionnaliste utilisé par le sens commun et la plupart des philosophes de l'esprit pour décrire et expliquer le comportement rationnel. Suivant l'épiphénoménisme, les états mentaux *qua* états mentaux étant causalement inertes, ils ne sont d'aucune utilité dans l'explication de l'action ; suivant l'éliminativisme, l'appareil conceptuel dont se sert le sens commun pour expliquer le comportement sensé représente bien une théorie, mais celle-ci est fausse et est appelée à être remplacée dans un avenir prochain par une théorie neuroscientifique qui, elle, répondrait aux standards reconnus par la communauté scientifique. Leclerc oppose à ces deux objections l'argument de la pétition de principe : l'épiphénoménisme comme l'éliminativisme présupposeraient ce qu'elles cherchent à nier ou à éliminer, et ce tant sur le plan épistémologique que sémantique.

Dans son chapitre « **Is Mental Causation Compatible with the Causal Completeness of Physics ?** », Wilson Mendonça cherche à réfuter la thèse suivant laquelle la causalité mentale est réductible à la causalité physique, ou bien doit être abandonnée parce qu'elle est incompatible avec le principe de la clôture causale du monde physique, principe selon lequel tout changement physique a une explication physique complète. Son point de départ est l'argument tant discuté de la surdétermination de Jaegwon Kim qui conteste le rôle causal des propriétés mentales qui surviennent sur des propriétés physiques. Contre Kim, il soutient que la solution au problème de la causalité mentale est de trouver le cadre métaphysique approprié qui allie la notion de survenance avec le principe de la clôture causale de la physique.

La dernière partie de l'ouvrage intitulée *Rationalité et décision* réunit trois contributions logico philosophiques de Storrs McCall, Mathieu Marion et Michel Paquette qui traitent de la rationalité des agents lors de leurs prises de décision et délibérations. Dans son chapitre « **How to Make a Decision** », Storrs McCall considère la question centrale qui consiste à bien peser le pour et le contre avant de prendre une décision à l'issue d'une délibération. Par nature, chaque décision d'un agent requiert un *choix* entre plusieurs actions futures relativement incompatibles que l'agent est ou à tout le moins croit alors être capable d'accomplir. L'agent a en général des raisons pour et contre l'accomplissement de chacune de ces actions, et le processus de la délibération (la *bouleusis* chez Aristote) consiste à *peser* ces raisons afin de déterminer une liste rangée d'options, et finalement à *choisir* l'une d'entre elles. Cependant le processus de peser les raisons lors d'une délibération en vient-il vraiment à déterminer une seule action et à éliminer toutes les alternatives, ou bien toutes les actions en question restent-elles ouvertes jusqu'au moment de la décision ? La faiblesse possible de la volonté de l'agent indiquerait plutôt le contraire. Mais si cela est le cas, quel mécanisme neuronal engendre chacun des états neuronaux possibles qui correspondent aux actions alternatives et deviennent accessibles au cerveau jusqu'au moment du choix ? Comment le cerveau sélectionne-t-il l'action gagnante ? Il nous faudrait un modèle du système nerveux central qui rende tout cela possible, en déterminant un mécanisme probabiliste et indéterministe à la base de l'ensemble des choix possibles lors de la délibération. Ce mécanisme devrait en outre avoir la capacité de sélectionner ses propres états futurs. Aucune avancée en neuroscience ne semble pouvoir fournir même de loin pareil modèle.

Dans le chapitre « **Rationality from a Logical Point of View** », Mathieu Marion, partant de considérations ambiguës de Carnap sur les robots quant aux exigences de rationalité et discutant des thèses de Turing et de Church sur l'indécidabilité, soutient que la théorie de la décision rationnelle doit tenir compte des limites des machines à calculer numériques en plus de celles des machines de Turing. Certains problèmes traitables par des machines de Turing ne le sont pas par les machines à calculer numériques. Marion considère pareilles machines comme de véritables machines humaines à calculer idéalisées. Marion caractérise ainsi les calculs *faisables par des agents* en philosophie comme étant ceux que l'on dit en logique *faisables en un temps polynomial*. Marion signale des antécédents de sa position en théorie du choix rationnel. Hector Levesque a adopté un point de vue semblable aux fins de l'Intelligence Artificielle. Selon la thèse de la complexité de Turing avancée par Levesque, les machines à calculer numériques travaillent à la même vitesse que les machines de Turing. Il en résulte que les problèmes intraitables en un temps polynomial par les machines de Turing sont intraitables tout court en un temps polynomial et donc physiquement irréalisables. Sur la base de pareilles considérations, Marion entend améliorer la conception de Cherniak de la rationalité minimale des agents humains. Certes il faut une position intermédiaire entre les théories qui attribuent aux agents humains la rationalité parfaite et celles qui ne leur attribuent aucune rationalité. Les agents ne font pas toutes les inférences valides, mais ils en font certaines. Comment déterminer lesquelles ? Marion propose d'exploiter son point de vue en considérant les seules inférences faisables en un temps polynomial. Il conclut en critiquant l'analyse courante de la rationalité dans la théorie de la décision.

Dans le dernier chapitre, « **L'atomisme logique et la logique de la décision de Ramsey** », Michel Paquette examine un problème concernant les fondements de la logique de la décision. Ramsey a le premier exposé une conception subjective des probabilités et présenté son interprétation des probabilités comme une théorie de la croyance partielle. Paquette montre qu'il importe de formuler avec précision les principes fondamentaux de Ramsey, même si lui-même doutait de l'exactitude de sa théorie. En réalité Ramsey doutait de l'adéquation descriptive de sa théorie, mais lorsqu'on l'interprète de façon normative, sa théorie a des mérites qu'il ne faut pas sous-estimer. Comme Sobel, Paquette considère que les fondements que Ramsey propose en logique de la décision ont l'intérêt d'être neutres relativement à l'opposition entre les théories évidentielles et les théories causales de la décision. Ensuite Paquette analyse le concept clé de *proposition éthique neutre* de Ramsey. Il signale une difficulté logique incontournable à la définition de ce concept — difficulté que Sobel avait mise en évidence — et son diagnostique est de repousser le problème vers l'atomisme logique sous-jacent à la construction de Ramsey. Il examine une solution *ad hoc* qui fonctionne dans des cas simples mais pas en général. Après quoi, il discute de l'interprétation approfondie du problème de la mesure des degrés de croyance. Selon Richard Bradley, on peut régler le problème si l'on évite de distinguer les mondes par les options conditionnelles qui expriment les enjeux. La question est de savoir s'il existe une variante de la théorie de Ramsey que l'on peut construire de cette façon. Bradley en propose une dont Paquette discute les mérites. À la fin, Paquette fait le bilan des difficultés rencontrées. Il conclut que les concepts de Ramsey n'ont pas encore reçu l'explication exacte et rigoureuse qu'ils méritent.

In memoriam
J.-Nicolas Kaufmann[1]

DANIEL VANDERVEKEN

Il est difficile de rendre hommage à un ami très proche avec lequel on a partagé si longtemps des expériences communes, surtout si l'on pense qu'il aurait sans doute préféré que rien ne se fasse ni ne se dise après sa mort tragique. Cependant, J.-Nicolas Kaufmann a tellement donné de joie, appris de choses et inspiré de respect, d'ambition et d'admiration qu'il est impossible qu'il s'en aille comme cela sans qu'on lui rende hommage et qu'on le remercie.

Nicolas Kaufmann était un humaniste, un esprit de grande finesse, doué d'une vaste culture et d'une érudition impressionnante. Les étudiants l'appelaient « une encyclopédie ambulante ». C'était un véritable citoyen du monde. Il parlait et écrivait plusieurs langues vivantes : l'italien, la langue de sa mère, l'allemand, sa langue de famille et d'école, le romanche, langue de sa Suisse natale, le français, sa langue d'université (il a étudié la philosophie et la psychologie à l'université de Louvain), l'anglais, sa langue de conférence et de publication dans les congrès et ouvrages internationaux ainsi que le portugais, la langue du Brésil qu'il a tant aimé et auquel il a consacré tant d'énergie dans les dix dernières années de sa vie. Il avait fait les humanités classiques et il était capable à Louvain au cours ou à l'examen de traduire immédiatement sans grammaire ni dictionnaire un texte philosophique écrit en grec ancien ou latin.

---

[1] Cet hommage qui a été lu le 3 octobre 2002 au début de notre colloque *Actions, attitudes et décision* à Trois-Rivières a été publié dans le n° 3 du Volume 100 de la *Revue Philosophique de Louvain*, p. 627–31 en 2002. Nous remercions vivement la revue philosophique de Louvain de nous avoir donné l'autorisation de republier l'hommage.

C'était un travailleur forcené. Il a obtenu au mérite une bourse d'études de l'université catholique de Louvain et il a été engagé par cette université pour travailler aux archives Edmund Husserl dont il était spécialiste. Il nous étonnait tous par sa grande capacité de travail. Il se rendait chaque jour tôt le matin au bureau et travaillait souvent la nuit à la maison. Il avait tellement lu et voulait toujours se tenir au courant. On trouve dans sa bibliothèque les oeuvres majeures dans la langue originale des grands philosophes grecs, français, allemands et anglo-saxons. C'était un chercheur éminent en philosophie de l'esprit et de l'action. Il avait la grande originalité d'utiliser à la fois les ressources de la phénoménologie et celles de la philosophie analytique. Il était expert consulté en phénoménologie et en théorie de la décision. Son objectif principal de recherche était d'examiner à la lumière des résultats obtenus en philosophie analytique de l'action les fonctions qu'assignent les différentes théories de la décision rationnelle aux états intentionnels et de caractériser les standards de rationalité qui leur sont propres dans le cadre de l'approche naturaliste en philosophie de l'esprit. La question générale étant de savoir comment rendre compte dans l'approche naturaliste du caractère normatif propre à la rationalité.

Il a fait en décembre 2000, à un congrès international de philosophie de l'esprit au Brésil, une conférence inoubliable sur le thème « La phénoménologie comme analyse de l'esprit et de l'action ». Tout l'auditoire était ébloui. Il a été nommé à cette occasion membre honoraire de la nouvelle société brésilienne de philosophie de l'esprit. Il m'avait promis une version anglaise du texte de sa conférence pour l'anthologie *Logic, Thought and Action* parue chez Springer en 2005 dont je suis l'éditeur. Il n'a malheureusement pas eu le temps de la terminer. Depuis lors Denis Fisette et moi avons reconstitué avec l'aide de Geoffrey Vitale cette version anglaise. C'est le chapitre 5 du présent ouvrage qui est dédié comme l'a été mon anthologie à sa mémoire.

J.-Nicolas Kaufmann était porté aussi bien vers les arts que la philosophie et les sciences. Il était extrêmement érudit en musique classique et il assistait aux meilleurs concerts publics ou privés au Québec. Il jouait plusieurs instruments depuis l'enfance où il participait à des concerts familiaux dans la maison de ses parents. Son propre violon, qu'il a reçu de sa mère et qu'il considérait comme une relique, se trouve dans cette salle funéraire. Nicolas aimait beaucoup le chant. Sa voix était très belle et il lui arrivait fort souvent de chanter seul ou avec d'autres.

Lors de nos fêtes, il chantait aussi bien des chansons classiques comme les poèmes de Goethe en allemand que des chansons populaires italiennes (*la pollenta*), romanches, brésiliennes ou françaises. Cela l'enchantait et nous procurait tant de plaisir. Nicolas était passionné de peinture et pratiquait cet art. Deux de ses tableaux se trouvent dans cette salle. Il aimait aussi beaucoup l'architecture : il a visité tant de monuments classiques.

Il était également fort soucieux de politique et il prônait le bien-être pour tous aussi bien dans les pays riches que dans le tiers-monde. Suivant l'exemple de sa mère, qui avait contribué à la formation du parti socialiste suisse et pour laquelle il avait une véritable vénération, il s'est personnellement engagé pour défendre les droits des travailleurs en revendiquant dans le contexte de la mondialisation des modes de production permettant la reconnaissance et l'estime de soi. Voyez le texte cité de sa conférence « Turbulences dans le monde du travail : quelles perspectives ? » dans la page avec sa photo devant ses livres ! Nicolas Kaufmann avait un grand souci de vérité. Il entendait faire des assertions vraies conformes à la réalité. Pour ce faire, il se documentait et allait voir ce qui se passait autant qu'il le pouvait. Il avait un profond sens de la démocratie. Il savait bien qu'il ne suffit pas qu'une délibération soit prise à la majorité par des pairs pour que l'action décidée soit pour autant juste. Mais il se rangeait démocratiquement à pareilles décisions tout en gardant l'opinion qui lui était propre.

Nicolas Kaufmann était en particulier tout à fait opposé à la vision purement comptable, « gestionnaire » selon ses mots, de l'université. Cependant, il se préoccupait de choses comptables. Il était responsable départemental du plan d'aide à l'université et nous exhortait à y contribuer. Il était fort soucieux d'engager les étudiants avec ses subventions de recherche et ses primes de direction. À ses yeux, pour faire une évaluation correcte d'une université, il fallait faire beaucoup plus que comparer chaque année le montant des salaires des professeurs de chaque département à celui provenant de l'inscription de leurs étudiants. Il fallait aussi considérer les activités et les subventions de recherche des professeurs et surtout ce que les étudiants bien formés allaient dans l'avenir apporter à la société. Et il disait avec un brin d'ironie : même si le bilan comptable était sans déficit, encore faudrait-il que l'université remplisse bien sa mission fondamentale traditionnelle d'enseignement et de recherche. Qu'elle contribue, d'une part, à bien former les étudiants en initiant les meilleurs à la recherche et, d'autre part, au progrès de la connaissance.

Nicolas Kaufmann a œuvré de toutes ses forces à la poursuite de cette mission. C'était un professeur exigeant mais extrêmement apprécié par les étudiants. Il était toujours disponible à leur égard. Et il aimait discuter avec eux au café et au restaurant des choses qui leur importaient. Vous avez entendu l'hommage de deux d'entre eux : Carlos Eduardo Loddo, étudiant de doctorat brésilien avec lequel il s'était lié d'amitié et dont il connaissait bien les parents, et Jean Proux qui venait de soutenir une thèse de doctorat sur la théorie des émotions sous sa direction. Vous avez aussi écouté le poème que lui a consacré Candida Jaci de Sousa Melo dont il était le directeur de thèse. Plusieurs étudiants de Nicolas ont accédé à des charges importantes comme celles de ministre ou de professeur d'université. Nicolas était par ailleurs très actif dans les tâches à la collectivité intellectuelle. Il passait chaque année des semaines entières à évaluer avec un grand souci de justice les demandes de bourses des étudiants, de subvention de recherche des professeurs ou de soutien financier des revues savantes. Il siégeait régulièrement dans les comités officiels d'évaluation à Québec et Ottawa. Cette année, fort malheureusement il n'y siégera plus.

Nicolas était, je le répète, un chercheur reconnu en philosophie de l'esprit et de l'action. Il se souciait en outre d'initier à la recherche les étudiants et de contribuer à la poursuite du programme collectif de recherche sur la communication et la coordination des actions en cours à l'université du Québec à Trois-Rivières. Il dirigeait depuis longtemps une équipe de recherche sur la théorie de la décision rationnelle et de l'interaction qui a fait partie des deux groupes de recherche successifs en philosophie analytique et sur la communication de notre université. Son expertise était indispensable. Je me rappelle d'un texte inédit important sur le paradoxe de Kavka qu'il a présenté et qui a stimulé notre réflexion sur l'intentionnalité l'année dernière : « Un agent rationnel peut-il avoir des intentions qu'il n'a aucune raison de réaliser ? ». Nul doute qu'il faudrait publier un recueil contenant ses écrits les plus importants en n'oubliant pas ceux qui sont inédits ou publiés en allemand ou en portugais.

Je terminerai mon hommage en rappelant les qualités humaines de Nicolas : sa délicatesse, sa grande sensibilité, sa discrétion, sa politesse, son sens du devoir, sa générosité, son souci et respect des autres ainsi que sa soif de vivre pleinement et d'aller jusqu'au bout. Elles expliquent pourquoi tant de gens de milieux si différents lui ont été si attachés.

Nicolas Kaufmann n'était pas un intellectuel dans une tour d'ivoire. Il aimait beaucoup la vie sociale et découvrir le monde. Il avait le goût de se divertir et participait avec grande animation aux festivités. Il était fort amusant, parfois même excessif dans ses divertissements. Il fut, par exemple, champion à Louvain dans l'art de boire avec célérité quantité de bières. Il se mettait de l'huile dans la gorge pour boire plus vite sans activer la pomme d'Adam. Il a ainsi gagné maintes compétitions. Son score, si ma mémoire est bonne, a été de soixante-deux bières. Ce qui est tout à fait surprenant pour un homme aussi mince et de taille moyenne. Nicolas Kaufmann arrivait aux fêtes et réunions amicales avec plusieurs bouteilles de bon vin ou de champagne. Il amenait des plats succulents aux pique-niques auxquels il participait. J'ai rarement vu quelqu'un d'aussi généreux.

Nicolas fut apprécié dans les milieux sociaux les plus divers. En Belgique, il jouait avec le fils du roi dans un groupe musical et avait accès à des réceptions de la noblesse lors de ses études à Louvain. Il participait aussi aux grèves et manifestations étudiantes. Il a toujours été fort soucieux des conditions de vie des autres. À Brasilia, il a ouvert en juillet 2000 la session sociale du symposium brésilien pour l'avancement des sciences (la SBPC) devant un parterre de ministres. Cependant, il faisait beaucoup plus que donner des conférences et des cours au Brésil. Il militait pour le progrès social dans ce pays riche où il y a tant de pauvreté. Étant fort délicat, très sensible et soucieux du bien-être des défavorisés, il savait comment partager les formes de vie populaire et dire à chacun les mots qu'il fallait sur le ton juste en la circonstance appropriée. Il était parfois très touchant. Je l'ai vu plusieurs fois au Brésil inviter de pauvres gens affamés ou des enfants abandonnés à partager son repas. Ceux-ci l'invitaient parfois en retour dans la *favela* où il avait le courage de se rendre à ses risques et périls, là où la police n'ose pas s'aventurer. Il n'a jamais été menacé par ceux qui l'invitaient. Bien au contraire, il a toujours été accueilli chaleureusement.

Nicolas avait sans nul doute des qualités morales et intellectuelles fort rares en ce monde actuel. Il était parmi nous un véritable trésor. Maintenant qu'il a disparu, nous commençons seulement à prendre conscience de tout ce que nous avons perdu.

Cher Nicolas, nous ne t'oublierons jamais.

Que Dieu te porte secours !

Ton ami, Daniel Vanderveken.

**Première partie
Pensée, action et engagement**

1
Désir, délibération et action[1]

JOHN R. SEARLE (UNIVERSITÉ DE CALIFORNIE À BERKELEY)

1 Introduction

Cet article[2] est un rapport provisoire portant sur mes efforts de tenter de comprendre des traits logiques des désirs liés à la rationalité et aux actions. Je débute avec une discussion de la raison pratique et de ce que l'on appelle parfois « le syllogisme pratique ».

Les discussions du raisonnement pratique et du syllogisme hypothétique qu'il m'a été donné de voir révèlent habituellement — quoique pas

---

[1] Ce texte est la traduction française du chapitre de Searle « Desire, Deliberation and Action » paru in D. Vanderveken (éd) *Logic, Thought and Action* chez Springer en 2005, p. 49–78. Cette traduction a été faite par Nicolas Payette et révisée par Daniel Vanderveken. Nous remercions John Searle de nous avoir autorisé à publier cette traduction.

[2] La première version de cet article a été présentée lors d'une conférence sur la raison pratique à Stanford il y a quelques années. Des versions plus récentes ont été présentées lors d'une conférence sur Aristote à l'université de Rochester et lors d'autres conférences sur la raison pratique à l'Université de Dayton et à l'Université de Santa Clara. J'ai aussi discuté de ces sujets lors de séminaires à Berkeley et à Rutgers. Au cours de ces nombreuses discussions, j'ai bénéficié de tant de critiques qu'il m'est impossible de reconnaître ici toutes mes dettes. Je me souviens particulièrement des critiques formulées, entre autres, par Michael Bratman, John Etchemendy, Bernard Williams, Ernest LePore, Dagmar Searle, Deborah Modrak, Barbara Horan, Brian McLaughlin et Thomas Nagel.

Action, Rationalité & Décision — Action, Rationality & Decision.
Daniel Vanderveken et Denis Fisette (dirs).
Copyright © 2008.

toujours — une conception de la rationalité que je pense probablement erronée et qui, si elle l'est effectivement, l'est profondément.

Je me souviens de cette conception de la rationalité comme étant celle de la théorie économique apprise lors de mes études de premier cycle, et c'est aussi celle qui est mise de l'avant par plusieurs versions de la théorie de la décision. Si elle est aussi répandue que je le pense, elle vaut la peine d'être examinée de très près. J'espère ne pas être tendancieux en la désignant comme « la conception classique ». Selon cette conception, la rationalité humaine est au moins en partie constituée par les préceptes de la raison pratique. Cette conception suppose que nous, les êtres humains, sommes dotés d'un ensemble de désirs avant tout usage de la raison pratique et que, sur la base de ces désirs *primaires*, nous raisonnons à l'aide de nos croyances sur le monde pour former des désirs *secondaires*[3] (ou des intentions, ou selon certains points de vue, de véritables actions) sur la façon de satisfaire nos désirs primaires ; selon ce point de vue, nous raisonnons à partir de nos « fins », lesquelles sont déterminées par nos désirs primaires, et nos croyances à propos des « moyens », pour former des désirs envers ces moyens. Ainsi, un exemple paradigmatique de raisonnement pratique serait le cas de l'homme qui, ayant un désir primaire d'aller à Paris et un ensemble de croyances quant aux moyens de se rendre à Paris, raisonne alors de façon à former, par exemple, le désir secondaire d'acheter un billet d'avion.

Cette conception suppose implicitement, et parfois explicitement, un ensemble de contraintes que la rationalité impose aux désirs humains.

1) La rationalité exige que l'ensemble des *désirs* soit *cohérent*. Il y aura bien sûr des conflits du genre où la satisfaction d'un désir vient en frustrer un autre, mais un agent rationnel ne peut à la fois vouloir que p et vouloir que non-p[4].

2) La rationalité exige que les *préférences* d'un agent soient *bien ordonnées* avant qu'il n'entame la délibération. Puisque le raisonnement pratique implique habituellement l'attribution de res-

---

[3] Pour autant que je sache, la première personne à utiliser la terminologie « primaire » et « secondaire » pour décrire cette distinction fut Thomas Nagel (1970).

[4] Par exemple : « Les croyances et les désirs peuvent difficilement être des raisons d'agir à moins d'être cohérents. Ils ne doivent pas impliquer de contradictions logiques, conceptuelles ou pragmatiques » (Elster 1983: 4).

sources limitées (par exemple, l'argent) pour parvenir à des fins concurrentes, il est essentiel que l'agent rationnel ait un ordre de préférences bien établi.

3) La rationalité exige que l'agent ayant une combinaison appropriée de croyances et de désirs soit par le fait même engagé à certains désirs secondaires (ou intentions, etc.) et le but d'une logique déductive de la raison pratique est d'énoncer les principes selon lesquels ceux-ci peuvent être logiquement dérivés des désirs primaires et des croyances.

Je pense que tous ces principes sont faux. Et ils ne le sont pas de façon inoffensive, à la façon des abstractions de la science qui nous donnent des modèles idéalisés d'une vérité importante même s'ils sont littéralement faux (par exemple, les systèmes sans frottement). Traiter ces principes comme vrais nous a mené à une conception erronée de la véritable nature de la raison pratique. Je pense que bien des gens seraient prêts à concéder qu'ils sont littéralement faux, mais à soutenir que cela n'est pas vraiment important, parce que nous n'essayons pas de construire une simple description, mais bien un modèle du comportement rationnel, et qu'il importe peu que ce modèle ne soit pas littéralement vrai tant qu'il nous permet de saisir le phénomène. Je pense, au contraire, que la conception classique nous empêche d'obtenir certains aperçus importants. Je n'essaierai pas de fournir un modèle alternatif, mais j'essaierai d'énoncer certains faits qui, je pense, devraient imposer des contraintes à un tel modèle. Mes investigations se sont toutefois ouvertes sur une série d'autres sujets et je crains qu'elles se soient maintenant étendues au-delà de mes attentes. Je commencerai par discuter de la possibilité d'une logique déductive de la raison pratique.

*
**

On nous dit parfois que la raison pratique consiste à raisonner sur ce qu'il faut faire ; de même que la raison théorique consiste à raisonner sur ce qu'il faut croire. Mais si c'est bien le cas, il devrait nous sembler intriguant de ne pas disposer d'analyse généralement acceptée de la structure logique déductive de la raison pratique alors que nous en avons apparemment une de la raison théorique déductive. Après tout, les processus par lesquels nous découvrons les meilleures façons d'atteindre nos buts nous semblent être tout aussi rationnels que les processus par lesquels nous découvrons les implications de nos différentes croyances. Alors pourquoi semblons-nous disposer d'une logique aussi puissante d'un côté, mais pas de l'autre ?

Pour voir en quoi le problème consiste, penchons-nous sur la façon dont il est apparemment résolu pour la raison théorique. Nous avons besoin de distinguer les questions de relations logiques des questions de psychologie philosophique. De grandes avancées ont été faites en logique déductive lorsque, au dix-neuvième siècle, Frege a séparé les questions de psychologie philosophique (les « lois de la pensée ») des questions de relations logiques. Après Frege, il a semblé que si l'on trouvait les bonnes relations logiques, la psychologie philosophique serait relativement facile. Par exemple, une fois que l'on comprend les relations de conséquence logique entre les propositions, les questions correspondantes à propos des croyances semblent assez simples. Si je sais que les prémisses « tous les hommes sont mortels » et « Socrate est un homme » impliquent conjointement la conclusion « Socrate est mortel », alors je sais déjà que quiconque *croit* en ces prémisses est *engagé* à croire cette conclusion ; que quand on *sait* que ces prémisses sont vraies, il est *justifié* d'*inférer* la vérité de cette conclusion, etc. En bref, il semble y avoir au sein de la raison théorique un ensemble de parallèles assez rapprochés entre des notions « logiques » comme celles de prémisse, de conclusion et de conséquence logique d'un côté, et des notions « psychologiques » comme celle de croyance, d'engagement et d'inférence de l'autre. La raison de cet ensemble de parallélismes, c'est simplement que les états psychologiques ont des contenus propositionnels et qu'ils héritent par le fait même de certaines caractéristiques des relations logiques entre les propositions. Une assertion que *p*, par exemple, a les mêmes conditions de vérité qu'une croyance que *p* : cette assertion et cette croyance ont donc les même conséquences logiques. Le principe tacite qui a si bien marché avec la logique assertorique, c'est que si l'on décrit correctement les relations logiques, la majeure partie de la psychologie philosophique suivra d'elle-même.

Maintenant, à supposer que l'on accepte cette distinction entre les relations logiques et la psychologie philosophique, comment tout cela est-il supposé fonctionner pour la raison pratique ? Quelles sont les relations logiques dans la raison pratique et quelles pressions exercent-elles sur la psychologie philosophique ? Voici quelques questions qui pourraient être posées sur les relations logiques : Quelle est la structure logique formelle d'un argument pratique ? En particulier, peut-on obtenir une définition de la validité formelle de la raison pratique comme on le peut pour la raison « théorique » déductive ? La logique pratique utilise-t-elle les mêmes règles d'inférence que la logique assertorique ou en exige-t-elle d'autres ? Les questions portant sur la psychologie philosophique concerneraient le caractère des états intentionnels dans le raisonnement pratique, leur relation avec la structure logique de la délibération et leurs relations avec l'action. Voici quelques-unes des questions appartenant à cet ensemble : Quels genres d'états intentionnels figurent en toute délibération et comment sont-ils reliés ? Quels genres de choses peuvent constituer des raisons d'agir — croyances, désirs, motivations, préférences, obligations ? Quelle est la nature de la motivation et comment la délibération peut-elle en fait motiver (mener à, ou causer) l'action ? Comment la faiblesse de la volonté est-elle possible ?

2   Trois modèles de la raison pratique

Considérons, pour commencer, quelques tentatives de décrire la structure formelle de la raison pratique. Je limiterai la discussion au prétendu raisonnement des moyens vis-à-vis des fins puisque la plupart des auteurs en la matière pensent que toute ou à tout le moins la majeure partie de la raison pratique, consiste à délibérer de moyens pour atteindre des fins. Assez étrangement, il n'y pas de description facile ni exempte de controverse de la structure formelle du raisonnement moyens-fins, et il n'y a pas de consensus général à ce sujet. Dans la littérature philosophique, il y a une variété déconcertante de modèles formels de ce genre de raisonnement, et il y a même des désaccords fondamentaux sur les éléments spéciaux de ces raisonnements — s'agit-il de désirs, d'intentions, de décisions (*fiats*), d'impératifs, de normes, de noèmes ou de quoi[5] ? Beaucoup de philosophes parlent de façon assez évasive du modèle croyances-désirs de l'explication et de la délibération, mais quelle structure ce mo-

---

[5] Pour une bonne revue de la littérature, voir Aune (1977).

dèle est-il censé avoir exactement ? De nombreux philosophes[6] ont suggéré que le modèle suivant est le modèle correct :

Je veux atteindre (la fin) F.

Je crois que si j'utilise (le moyen) M, j'accomplirai F.

Donc, je veux faire M.

On peut représenter ceci sous la forme schématique :

DÉS (J'atteins F.)

CRO (Si je fais M, j'atteindrai F.)

Donc, DÉS (Je fais M.)

Mais il semble que cela ne puisse pas être correct, car des prémisses de cette forme n'engagent tout simplement pas quelqu'un à avoir le désir correspondant (et encore moins l'intention correspondante). Pour bien voir cela, il faut se rappeler que beaucoup des fins F auxquelles on peut penser sont triviales et que beaucoup de moyens M sont ridicules. Par exemple, j'aimerais qu'il y ait moins de gens dans ce métro et je crois que si je tuais tous les autres passagers, il serait moins rempli. Quelqu'un *pourrait* bien sûr former un désir homicide dans un métro rempli de gens, mais il semble absurde de soutenir que la rationalité m'*engage* à un désir de tuer juste sur la base de mes autres croyances et désirs. Ce schéma pourrait tout au plus rendre compte des raisons *possibles* de former un désir. Quelqu'un qui a les croyances et les désirs appropriés a une motivation possible pour désirer M, mais il n'y a pas d'*engagement* à un tel désir.

---

[6] Par exemple, Kenny (1975). Cette forme n'est pas toujours décrite explicitement comme étant à propos des croyances et des désirs. Kenny donne l'exemple suivant :
   Je dois être à Londres à 16 h 00.
   Si je prends le train de 14 h 30, je serai à Londres à 16h00.
   Donc, je prendrai le train de 14 h 30.
J'espère que je ne déforme pas son point de vue en présentant l'exemple explicitement comme une inférence à propos de croyances, de désirs et d'intentions.

On dit parfois que ce schéma échoue parce qu'il n'y a pas de relation d'implication entre le contenu propositionnel des prémisses et la conclusion. En effet, si on regarde seulement le contenu propositionnel, l'inférence est coupable du sophisme de l'affirmation du conséquent. Certains philosophes pensent que la forme standard de la raison pratique se retrouve dans les cas où les moyens sont une condition nécessaire pour atteindre la fin. Ainsi, ils souscrivent au modèle suivant (ou à des variantes) :

DÉS (J'atteins la fin F.)

CRO (La seule façon d'atteindre F, c'est par le moyen M.) (ce qui est parfois énoncé comme : « M est une condition nécessaire de F » ou « pour accomplir F, je dois faire M »)

Donc, DÉS (Je fais M.)

Mais, ici aussi, quand on pense en termes d'exemples tirés de la vraie vie, il semble être hors de question qu'il s'agisse d'une explication générale de la raison pratique. En général, il y a bien des moyens, dont beaucoup sont ridicules, pour atteindre n'importe quelle fin ; et dans les rares cas où il n'y a qu'un moyen, il peut être si absurde qu'il est tout à fait hors de question. Supposez que vous poursuiviez une fin qui vous plaît : vous voulez aller à Paris, devenir riche ou marier un Républicain. Dans le cas de Paris, par exemple, il y a plusieurs façons d'y parvenir. Vous pourriez marcher, nager, prendre un avion, un bateau, un kayak ou une fusée ; vous pourriez creuser un tunnel sous la terre ou y aller en passant par la lune ou le Pôle Nord. Dans de très rares cas, il pourrait n'y avoir qu'un seul moyen d'atteindre une fin. Pour autant que je sache, il n'y a pas de moyen rapide de se débarrasser des symptômes de la grippe à moins de mourir soudainement. Donc, selon le modèle précédent, si je veux sérieusement (souhaite, ai l'intention de) me débarrasser vraiment rapidement des symptômes de ma grippe, je devrais me suicider. Ce modèle, comme le premier, n'a que bien peu d'applications. Comme explication de la structure générale de la raison pratique, il est voué à l'échec[7].

Dans le premier exemple, il n'y avait pas de relation d'implication entre le contenu propositionnel des prémisses et la conclusion ; mais bien dans le deuxième. Le fait que les relations d'implication n'engendrent pas d'engagement à un désir secondaire révèle un contraste important entre la logique des croyances elles-mêmes et la logique des combinaisons de croyances et désirs. Si je crois que p et je crois que (si p alors q), alors je suis engagé à une croyance en la vérité de q. Mais si je veux p et je crois que (si p alors q), je ne suis pas engagé à vouloir q. Maintenant pourquoi y a-t-il une différence ? Quand nous comprendrons cela, nous serons plus près de comprendre pourquoi il n'y a pas de logique plausible de la raison pratique.

Essayons à nouveau de construire un modèle logique formel de la raison pratique. Généralement, lorsque vous avez un désir, une intention ou un but, vous ne cherchez pas n'importe quels moyens ; pas plus que vous ne cherchez les seuls moyens ; vous cherchez les meilleurs moyens (comme le dit Aristote, vous cherchez les moyens « les meilleurs ou les plus faciles »). Et, si vous êtes rationnel, lorsqu'il n'y a de bon moyen, ou à tout le moins de moyen raisonnable, vous abandonnez alors ce but. De plus, vous n'avez pas juste un but, mais si vous êtes rationnel vous évaluez et choisissez vos buts à la lumière de... eh bien, de quoi ? Nous devrons revenir à ce point plus tard. Mais pour l'instant, supposez que vous avez choisi un but et que vous l'avez évalué comme rationnel. Supposez que vous voulez sérieusement aller à Paris, c'est-à-dire que vous avez « décidé d'y aller », que vous essayez de voir quelle est la meilleure façon de vous y rendre et que vous concluez que c'est par avion. Y a-t-il un modèle formel plausible de la logique du raisonnement moyens-fins dans un tel cas ?

En pareil cas, la forme de l'argument semble être la suivante :

DÉS (Je vais à Paris.)

---

[7] Aune (1977), qui voit que le premier modèle est inadéquat pour des raisons semblables à celles que j'ai mentionnées, n'arrive cependant pas à voir que le même genre d'objections semble s'appliquer au second modèle.

CRO (La meilleure façon, tout bien considéré, est d'y aller en avion.)

Donc, DÉS (J'y vais en avion.)

Si nous séparons les questions de relations logiques des questions de psychologie philosophique — comme j'ai insisté pour que nous le fassions — nous voyons que, d'un point de vue logique, cet argument, tel qu'il se présente, est un enthymème. Pour être formellement valide, il exigerait une prémisse supplémentaire de la forme :

DÉS (Si je vais à Paris, j'y vais de la meilleure façon, tout étant bien considéré.)

Si on ajoute cette prémisse, l'argument est valide selon les standards de la logique classique. Posons que P = je vais à Paris, Q = j'y vais de la meilleure façon et R = j'y vais en avion. Sa forme est alors :

$$P$$
$$P \rightarrow Q$$
$$Q \leftrightarrow R$$
$$\overline{}$$
$$R$$

Bien que l'argument ne préserve pas la vérité, parce que deux de ses prémisses et sa conclusion n'ont pas de valeur de vérité, cela n'importe pas vraiment puisque l'argument préserve la satisfaction et que la vérité n'est qu'un cas particulier de satisfaction. La vérité est la satisfaction dans le cas des représentations ayant la direction d'ajustement des mots au monde.

J'ai fait une tentative sympathique de trouver un modèle logique formel de la conception traditionnelle du raisonnement moyens-fins, la conception remonte à Aristote, et c'est le mieux que je puisse faire. J'ai aussi essayé de présenter sa structure formelle, d'une façon qui me semble être meilleure que les autres versions que j'ai vues. Mais je crois que le modèle reste inadéquat et sans espoir. De nouveau, comme dans les exemples précédents, il semble que les relations logiques ne correspondent pas de la bonne façon à la psychologie philosophique. Cela n'est pas du tout clair qu'une personne rationnelle qui a toutes ces prémisses doive avoir, ou même être engagée à avoir, un désir d'aller en avion. De plus, pour rendre cela plausible, nous avons dû introduire une prémisse d'allure assez louche à propos de vouloir faire les choses « de la meilleure façon, tout étant bien considéré. » Et pourtant il semble que toute tentative d'énoncer formellement la structure d'un argument pratique de ce genre exigerait en général une telle prémisse, mais ce qu'elle signifie n'est pas du tout clair. Que veut-on dire par « la meilleure façon » et que veut-on dire par « tout étant bien considéré » ? Remarquez aussi que de telles prémisses n'ont pas d'équivalent dans les cas classiques de raison théorique. Quand on raisonne en se basant sur la croyance que tous les hommes sont mortels et que Socrate est un homme pour arriver à la conclusion que Socrate est mortel, on n'a besoin d'aucune prémisse à propos de ce qui serait la meilleure chose à croire, tout étant bien considéré.

Après plusieurs tentatives infructueuses, j'en suis venu avec réticence à la conclusion qu'il est impossible d'obtenir une logique formelle de la raison pratique qui soit adéquate pour les faits de la psychologie philosophique. Pour montrer pourquoi il en est ainsi, je me tourne maintenant vers une discussion de la nature du désir.

3 La structure du désir

Afin de comprendre les faiblesses de ma logique révisée de la raison pratique, et afin de comprendre les obstacles généraux auxquels fait face une logique formelle de la raison pratique, nous devons nous pencher sur quelques caractéristiques générales du désir et, tout particulièrement, nous pencher sur les différences entre les désirs et les croyances. Pour sauver du temps et de l'espace, je vais simplement prendre pour acquise et correcte l'explication générale des désirs, croyances, intentions et autres attitudes dans *Intentionality* (Searle 1983). En particulier, je vais tenir pour acquis que, contrairement à la grammaire de surface des énoncés concernant les désirs, les désirs eux-mêmes ont des propositions complètes comme contenu intentionnel (ainsi, « Je veux ton auto » signifie que « Je veux que j'aie ton auto ») ; que les désirs ont une direction d'ajustement de l'esprit au monde ; et que les désirs n'ont pas les mêmes restrictions sur leur contenu intentionnel que les intentions. Les intentions doivent porter sur des actions futures ou présentes de l'agent et doivent avoir une causalité auto-référentielle intégrée à leur contenu intentionnel. Les désirs n'ont pas de telle condition causale et peuvent être à propos de n'importe quoi, dans le passé ou le présent. De plus, je prendrai pour acquis que les conceptions habituelles de la distinction *de re/de dicto* sont désespérément confuses, de même que l'est le point de vue selon lequel les désirs sont intensionnels avec un s. La distinction *de re/de dicto* se conçoit proprement comme une distinction entre différentes sortes d'énoncés portant sur des désirs, et non entre différentes sortes de désirs. La thèse selon laquelle tous les désirs, les croyances, etc., sont généralement intensionnels est tout simplement fausse. Les *énoncés sur* les désirs, les croyances, etc., sont généralement intensionnels. Les désirs et les croyances eux-mêmes ne le sont généralement pas, bien qu'ils puissent l'être dans des cas bizarres[8].

Lorsqu'un état de choses est désiré afin de satisfaire un autre désir, il vaut mieux se rappeler que chaque désir fait alors partie d'un désir plus large. Si je veux me rendre à mon bureau pour obtenir mon chèque de paye, il y a en effet un désir dont le contenu est simplement : je veux que (je vais à mon bureau). Mais il fait partie d'un désir plus large dont le contenu est : je veux que (j'obtienne mon chèque de paye en allant à mon bureau). Cette caractéristique est partagée par les intentions. Si j'ai l'intention de faire *a* afin de faire *b*, j'ai alors une intention complexe dont la forme est : j'ai l'intention que (je fais *b* par le moyen de faire *a*). J'en dirai plus là-dessus plus tard.

La première caractéristique à remarquer à propos de désirer (vouloir, souhaiter, etc.), par laquelle le désir diffère de la croyance, c'est qu'un agent peut, de façon cohérente et en toute connaissance de cause, à la fois vouloir *p* et vouloir la négation de *p*, alors qu'il ne peut de façon cohérente et en toute connaissance de cause, à la fois croire *p* et croire la négation de *p*. Et cette thèse est plus forte que la thèse selon laquelle un agent peut de façon cohérente avoir des désirs qui ne peuvent être simultanément satisfaits à cause de caractéristiques qu'il ne connaît pas. Par exemple, Œdipe peut vouloir marier une femme sous la description « ma fiancée » et ne vouloir marier aucune femme sous la description « ma mère » même si, en fait, c'est une seule femme satisfait les deux descriptions. Mais j'affirme qu'il peut de façon cohérente à la fois vouloir marier Jocaste et vouloir ne pas marier Jocaste sous la même description. Les cas

---

[8] Pour une discussion des questions touchant à l'intentionnalité avec un s et à la distinction *de re/de dicto*, voir Searle (1983), chapitres 7 et 8.

typiques sont des cas où il a certaines raisons de vouloir la marier et certaines raisons de ne pas le vouloir. Par exemple, il peut vouloir la marier — parce que, disons, il la trouve belle et intelligente et, en même temps, ne pas vouloir la marier — parce que, disons, elle ronfle et fait craquer ses jointures. De tels cas sont communs, mais il est aussi important de faire remarquer qu'une même personne pourrait trouver les mêmes caractéristiques à la fois désirables et indésirables. Il pourrait trouver sa beauté et son intelligence aussi exaspérantes qu'attrayantes et il pourrait trouver ses habitudes de ronflement et de craquage de jointures aussi attendrissantes que répugnantes. (Imaginez qu'il se dise en lui-même : « C'est merveilleux qu'elle soit si belle et si intelligente, mais en même temps c'est un peu ennuyeux ; qu'elle reste assise là à être belle et intelligente toute la journée. Et c'est exaspérant de l'entendre ronfler et craquer ses jointures, mais en même temps il y a là quelque chose d'attendrissant. C'est tellement humain. ») Telle est la condition humaine.

Pour comprendre ce point et ses conséquences pour la raison pratique, il faut investiguer plus à fond. Il est de coutume, et je pense largement correct, de distinguer, comme le fait la conception classique, les désirs primaires des désirs secondaires ou dérivés. Il est littéralement vrai de dire à mon agent de voyage que « Je veux acheter un billet d'avion. » Mais je n'ai ni convoitise, ni envie particulière, ni passion pour les billets d'avion — ce ne sont que des « moyens » pour parvenir à des « fins ». Un désir qui est primaire relativement à un certain désir peut être secondaire relativement à un autre. Mon désir d'aller à Paris est primaire relativement à mon désir d'acheter un billet d'avion mais secondaire relativement à mon désir de visiter le Louvre. La distinction entre désirs primaires et secondaires sera donc toujours relative à une certaine structure où un désir est motivé par un autre. C'est là précisément l'image qui est incorporée dans la conception classique de la raison pratique. Dans de tels cas, comme je viens de le noter, la spécification complète du désir secondaire fait référence au désir primaire. Je veux plus qu'acheter un billet, je veux acheter un billet afin de me rendre à Paris.

Une fois que l'on comprend le caractère des désirs secondaires, on peut voir qu'il y a au moins deux façons dont des agents pleinement rationnels peuvent former des désirs conflictuels. Premièrement, tel que mentionné plus haut, un agent peut simplement avoir des inclinations conflictuelles. Mais deuxièmement, il peut former des désirs conflictuels à partir d'ensembles cohérents de désirs primaires accompagnés de croyances quant aux meilleurs moyens de les satisfaire. Prenez l'exemple de l'homme qui en arrive par raisonnement à vouloir aller à Paris en avion. Un tel homme a un désir secondaire d'aller en avion motivé par un désir d'aller à Paris accompagné de la croyance que la meilleure façon d'y aller est en avion. Mais le même homme pourrait avoir construit une inférence pratique du genre : je ne veux rien faire qui me donne la nausée ou qui me terrifie, mais aller où que ce soit en avion me donne la nausée et me terrifie, donc je ne veux aller nul part en avion, et par conséquent je ne veux pas aller à Paris en avion. Il est assez facile d'argumenter ainsi selon le schéma de raisonnement pratique que j'ai suggéré plus haut : tout bien considéré, la meilleure façon de satisfaire mon désir d'éviter la nausée et la terreur est de ne pas aller à Paris en avion. Puisqu'on peut décrire cela comme un raisonnement pratique, il semble que *la même personne, en utilisant deux chaînes indépendantes de raisonnement pratique, peut rationnellement former des désirs secondaires incohérents à partir d'un ensemble cohérent de ses croyances actuelles et d'un ensemble cohérent de désirs primaires*. Un ensemble cohérent de « prémisses » va engendrer des désirs secondaires incohérents comme « conclusions ». Ceci n'est pas une caractéristique paradoxale ou accidentelle du raisonnement à partir de croyances et de désirs, mais plutôt une conséquence de certaines différences essentielles entre la raison pratique et la raison théorique.

Examinons plus à fond ces différences : en général, il est impossible d'avoir un ensemble de désirs, même un ensemble cohérent de désirs primaires, sans avoir des désirs incohérents ou à tout le moins être rationnellement motivé à en avoir. Ou pour le dire de façon un peu plus précise : si vous prenez l'ensemble des désirs et des croyances d'une personne à n'importe quel moment de sa vie, et que vous en tirez les désirs secondaires qui peuvent être rationnellement motivés à partir de ses désirs primaires, en admettant que ses croyances soient vraies, vous trouverez des désirs incohérents. Je ne sais pas comment démontrer cela, mais on peut utiliser autant d'exemples qu'on en veut pour l'illustrer. Prenons l'exemple d'aller à Paris en avion. Même si les avions ne me donnent pas la nausée et ne me terrifient pas, je ne veux pas dépenser d'argent ; je ne veux pas m'asseoir dans un avion ; je ne veux pas manger de la nourriture d'avion ; je ne veux pas faire la file à l'aéroport ; je ne veux pas m'asseoir à côté de quelqu'un qui fume, qui est trop gros ou qui essaie de mettre son coude là où moi j'essaie de mettre le mien. En fait, il y a un tas d'autres choses que je ne veux pas faire mais qui constituent le prix à payer, au propre comme au figuré, pour satisfaire mon désir d'aller à Paris en avion. Une réponse possible à cela, implicite dans au moins une partie de la littérature, consiste à invoquer la notion de préférence. Je préfère aller à Paris en avion et être inconfortable à ne pas aller à Paris en avion et être confortable. Mais cette réponse, bien qu'acceptable jusqu'à un certain point, implique à tort que les préférences soient établies antérieurement au raisonnement pratique ; alors qu'il me semble plutôt qu'elles sont souvent produites par le raisonnement pratique. Des préférences ordonnées sont des produits caractéristiques de la raison pratique et ne peuvent donc pas être traitées comme sa présupposition universelle. Tout comme c'est une erreur de supposer qu'une personne rationnelle doit avoir un ensemble de désirs qui soit cohérent, c'est une erreur de supposer que des personnes rationnelles doivent avoir un ordre établi de leurs désirs (ou de combinaisons de ceux-ci) avant délibération.

Ce qui nous mène à la conclusion suivante : même si nous limitons notre discussion de la raison pratique aux cas de raisonnement moyens-fins, il ressort que la raison pratique implique essentiellement l'attribution de désirs conflictuels (et d'autres sortes de raisons conflictuelles), contrairement à la raison théorique qui n'implique pas essentiellement l'attribution de croyances conflictuelles. C'est pourquoi, lors de notre tentative de donner un schéma plausible à la conception classique de l'inférence pratique, nous avons eu besoin d'ajouter une étape cruciale à vouloir quelque chose « de la meilleure façon, tout étant bien considéré ». Une telle étape est caractéristique de toute reconstruction rationnelle du processus de raisonnement moyens-fins parce que « la meilleure façon » est simplement celle qui réconcilie le mieux tous les désirs conflictuels qui pèsent sur le cas. Néanmoins, cela a aussi pour conséquence que la formalisation que j'ai donnée de la conception classique est essentiellement une trivialisation du problème, parce que la partie difficile n'en a pas été analysée : comment en arrive-t-on à la conclusion que telle ou telle façon est « la meilleure façon de faire quelque chose, tout étant bien considéré » et comment réconcilions-nous les conclusions incohérentes d'ensembles concurrents de pareilles dérivations valides ?

Si tout ce dont on disposait était la conception classique du raisonnement sur les moyens d'atteindre des fins, il faudrait, pour parvenir à la conclusion d'un argument à la base d'une action, parcourir tout un ensemble d'autres chaînes d'inférences de ce genre et trouver ensuite une façon de trancher entre les désirs conflictuels. *La conception classique fonctionne sur la base du principe, correct, que n'importe quel moyen pour atteindre une fin désirable est désirable dans la mesure où il mène bel et bien à cette fin. Mais le problème est que, dans la vie réelle, n'importe quel moyen peut être indésirable, et le sera généralement, pour toutes sortes d'autres raisons et que le modèle n'offre aucun moyen de montrer comment résoudre ces conflits.*

On voit que la situation est pire dès qu'on considère une autre caractéristique des désirs, que j'ai déjà signalée. Une personne qui croit que p et que (si p, alors q) est engagée à la vérité de q ; mais une personne qui désire que p et qui croit que (si p, alors q) n'est pas engagée à désirer que q. Si vous croyez les prémisses, vous êtes engagé à croire que q, au moins dans la mesure où, premièrement, vous ne pouvez croire la négation de q sans contradiction ; et, deuxièmement, vous ne pouvez, en toute cohérence, admettre que vous croyez que p et que (si p, alors q) tout en niant que vous avez la croyance que q.

Bien sûr, vous n'êtes pas engagé dans le sens où vous devez effectivement avoir *formé* la croyance que q. Vous pourriez croire que p et que (si p, alors q) sans avoir pensé plus loin. (Quelqu'un pourrait croire que 29 est un chiffre impair et qu'il ne peut être divisé sans reste par 3, 5, 7 ou 9 et que n'importe quel nombre qui satisfait ces conditions est un nombre premier sans jamais en avoir tiré la conclusion, c'est-à-dire formé la croyance, qu'il s'agit d'un nombre premier.) Mais ces conditions ne valent tout simplement pas pour les combinaisons de désirs et de croyances. Vous pouvez vouloir que p et croire que (si p, alors q) sans être engagé à vouloir que q. Par exemple, il n'y a rien de *logiquement* incorrect quand un couple voulant avoir une relation sexuelle croit que si cela arrive elle tombera enceinte, sans pourtant vouloir qu'elle le devienne.

On peut résumer ces points sur le désir et la distinction entre le désir et la croyance de la façon suivante : les désirs ont deux caractéristiques spéciales qui font qu'il est impossible d'avoir une logique formelle de la raison pratique qui soit parallèle à notre supposée logique formelle de la raison théorique. Nous pouvons nommer la première caractéristique « la nécessité de l'incohérence ». Tout être rationnel, dans la vie réelle, est condamné à avoir des désirs incohérents. Nous pouvons appeler la seconde « l'indétachabilité du désir ». Des ensembles de désirs et de croyances comme « prémisses » n'engagent pas nécessairement l'agent à un désir correspondant comme « conclusion », même dans les cas où le contenu propositionnel des prémisses entraîne le contenu propositionnel de la conclusion. Ces deux thèses rendent ensemble compte du fait qu'il n'y a dans la littérature philosophique aucune analyse de la structure déductive de la raison pratique tant soit peu plausible. Selon mon point de vue, elles expliquent pourquoi il est impossible de donner une telle analyse si par « raison pratique » nous entendons la structure du raisonnement fait à partir de désirs pour des « fins » et de croyances sur les « moyens » pour arriver à des intentions quant aux moyens, et si par « structure logique déductive » nous entendons quoi que ce soit qui ressemble à nos systèmes de logique déductive existants.

La morale est la suivante : pour autant que je sache, la recherche d'une structure logique déductive formelle de la raison pratique est peu judicieuse. De tels modèles n'ont pas ou peu d'applications, ou s'ils sont corrigés de façon à ce qu'ils s'appliquent à la vie réelle, ils ne peuvent que banaliser la caractéristique essentielle de la délibération pratique : la réconciliation des désirs conflictuels (et, de façon générale, des raisons d'agir conflictuelles) et la formation de désirs rationnels sur la base de cette réconciliation. Nous pouvons toujours construire un modèle déductif de n'importe quelle partie de raisonnement ; mais lorsqu'un trait essentiel du raisonnement est qu'il contient à la fois p et la négation de p, comme lorsque que je veux que p et je veux qu'il ne soit pas vrai que p, la logique déductive ne nous éclaire aucunement puisqu'elle ne peut s'accommoder de telles incohérences. Le modèle doit ou bien prétendre qu'il n'y a pas d'incohérences, ou bien prétendre qu'elles ont été résolues (« de la meilleure façon, toutes les choses étant bien considérées »). La première voie est empruntée par les modèles que j'ai critiqués au début, la deuxième voie est empruntée par ma version révisée. La possibilité, et même l'inévitabilité, de désirs contradictoires fait que la conception classique ne nous éclaire en rien en tant que modèle de la structure de la délibération. De plus, même si vous bâclez le modèle en banalisant le problème, vous n'arrivez jamais à l'engagement à un désir comme conclusion de l'argument. Le *modus ponens* ne sert tout simplement pas à faire que les combinaisons de désirs et de croyances engagent l'agent à un désir de la conclusion.

4 Explication de la différence entre désir et croyance

Maintenant, pourquoi devrait-il y avoir pareilles différences ? Qu'est-ce qui rend la psychologie philosophique du désir si logiquement différente de la croyance ? Eh bien, toute réponse à cela doit être tautologique, et donc décevante, mais la voici tout de même :

Premièrement, rappelons-nous de la structure générale des états intentionnels. La structure en est $S(p)$, où « S » exprime le mode psychologique et « p » le contenu propositionnel, le contenu qui détermine les conditions de satisfaction. Cette structure est commune aux croyances et aux désirs. Lorsque le mode est la croyance, le contenu propositionnel représente un certain état de choses comme existant actuellement. Mais lorsque le mode est le désir, le contenu propositionnel ne fonctionne pas de façon à représenter un état de choses actuel, mais plutôt un état de choses *désiré*, qui peut être actuel, inexistant, possible, impossible ou ce que vous voudrez. Et le contenu propositionnel représente l'état de choses sous les aspects que l'agent trouve désirables.

Autant les désirs que les croyances ont un contenu propositionnel, les deux ont une direction d'ajustement, les deux représentent leurs conditions de satisfaction et les deux représentent leurs conditions de satisfaction sous certains aspects. Alors quelle est la différence qui explique les différentes propriétés logiques des désirs et des croyances ? La différence provient des différentes directions d'ajustement. Le rôle des croyances est de représenter comment sont les choses. Dans la mesure où la croyance remplit ou non ce rôle, elle sera respectivement vraie ou fausse. Le rôle des désirs n'est pas de représenter comment sont les choses, mais comment nous aimerions qu'elles soient. Et les désirs peuvent remplir ce rôle même si les choses ne deviennent pas comme nous aimerions qu'elles soient. Il n'y a rien d'incorrect à avoir des désirs insatisfaits en tant que désirs, alors qu'il est incorrect d'avoir des croyances insatisfaites en tant que croyances : car elles sont fausses. Elles ne remplissent pas alors leur rôle de représenter comment les choses sont. Les désirs réussissent à remplir leur rôle de représenter comment nous voudrions que les choses soient, même dans les cas où les choses ne sont pas comme nous voudrions qu'elles soient, c'est-à-dire même dans les cas où leurs conditions de satisfaction ne sont pas remplies. En gros, quand ma croyance est fausse, c'est ma croyance qui est fautive. Quand mon désir est insatisfait, c'est le monde qui est fautif.

Les deux points, l'incohérence et l'indétachabilité, dérivent tous deux de ce trait sous-jacent aux désirs : les désirs sont des inclinations envers des états de choses (possibles, actuels ou impossibles) sous certains aspects. Il n'y a pas nécessairement d'irrationalité à l'oeuvre dans le fait d'être incliné et ne pas être incliné envers le même état de choses sous le même aspect. De plus, le fait qu'une personne soit inclinée envers un état de choses sous un aspect, de pair avec la connaissance des conséquences de l'existence de cet état de choses, ne garantit pas que, si cette personne est rationnelle, elle sera inclinée à ces conséquences.

Mais si vous essayez d'affirmer des thèses parallèles à propos de la croyance, cela ne fonctionne pas. Les croyances sont des convictions que des états de choses existent sous certains aspects. Mais on ne peut pas rationnellement être convaincu à la fois qu'un état de choses existe et qu'il n'existe pas sous le même aspect. Et le fait qu'une personne soit convaincue de l'existence d'un état de choses sous un aspect, de pair avec la connaissance des conséquences de l'existence de cet état de choses, garantit bel et bien que, si cette personne est rationnelle, elle sera convaincue de (ou à tout le moins engagée à croire) ces conséquences.

Ces particularités du désir sont aussi caractéristiques d'autres genres de représentations avec la direction d'ajustement du monde aux mots. Les caractéristiques d'incohérence et d'indétachabilité s'appliquent aux besoins et aux obligations aussi bien qu'aux désirs. Je peux avec cohérence avoir des besoins et obligations incohérents et je n'ai pas nécessairement besoin des conséquences de mes besoins, ni ne suis obligé par les conséquences de mes obligations[9].

---

[9] Personne ne peut néanmoins avoir de façon cohérente des intentions incohérentes ou émettre des ordres incohérents, même s'ils ont aussi la direction d'ajustement du monde à l'esprit. Pourquoi pas ? Je n'en suis pas sûr, mais je crois que la raison est qu'ils sont faits pour causer des actions et ne peuvent donc pas remplir leur fonction si nous permettons à un agent d'avoir de façon cohérente des intentions incohérentes ou d'émettre des ordres incohérents. Il est correct — jusqu'à un certain point — pour un locuteur de dire, de façon réflexive : « J'aimerais à la fois que tu restes et que tu partes ». Il est toutefois irrationnel s'il dit à la fois « Part ! » et « Reste ! », et vous êtes tout aussi irrationnel si vous formez simultanément l'intention de partir et de rester. Il est incohérent d'avoir des intentions et des ordres incohérents parce que les intentions et les ordres sont faits pour causer des actions, et il ne peut y avoir d'actions incohérentes. Pour les mêmes raisons, les intentions et les ordres impliquent tous deux la croyance que l'action est possible, mais il n'est pas plausible d'accomplir une conjonction d'actions incompatibles. Les désirs et les obligations n'ont pas de telles conditions.

En s'opposant à cette analyse, quelqu'un pourrait dire : « Voyez, quand je crois quelque chose, ce que je crois, c'est que c'est vrai. Alors si je crois quelque chose et que je sais que ça ne peut pas être vrai à moins que quelque chose d'autre soit vrai, alors ma croyance et ma connaissance doivent aussi m'engager à la vérité de cette autre chose. Mais pourquoi, alors, n'est-ce pas la même chose pour le désir ? Quand je veux quelque chose, ce que je veux c'est que cette chose arrive, mais si je sais qu'elle ne peut arriver à moins que quelque chose d'autre arrive, alors je dois sûrement être engagé à vouloir cette autre chose. » Mais cette analogie ne tient pas. Si je veux forer votre dent pour obturer votre carie et que je sais que forer votre dent vous causera de la douleur, il n'en résulte pas que je suis alors engagé à vous causer de la douleur ni encore moins à vouloir causer de la douleur. Et la preuve de cette distinction est très simple : si je ne vous cause pas de douleur, l'une de mes croyances est alors fausse, mais aucun de mes désirs n'est alors insatisfait.

Lorsque je veux quelque chose, je le veux sous certains aspects. « Oui, mais quand je crois quelque chose, je n'y crois aussi que sous certains aspects. Les énoncés à propos des croyances sont tout aussi opaques que ceux à propos des désirs. » Oui, mais il y a une différence : quand quelque chose est désiré sous certains aspects c'est, en général, ces aspects qui la rendent désirable. En effet, la relation entre les aspects et les raisons de désirer est assez différente de celle que l'on retrouve dans le cas de la croyance, *puisque la spécification des raisons pour désirer quelque chose est, en général, déjà une spécification du contenu du désir* ; mais la spécification de l'évidence sur la base de laquelle je possède une croyance ne fait pas elle-même partie, en général, de la spécification de la croyance. Les raisons de croire sont liées aux propositions crues différemment que les raisons de vouloir sont liées aux propositions désirées, car, en général, la spécification des raisons de vouloir fait partie ce que l'on veut. Si quelqu'un veut quelque chose pour une raison, alors cette raison fait partie du contenu de son désir.

Par exemple, si je veux qu'il pleuve afin que mon jardin grandisse, alors je veux à la fois qu'il pleuve et que mon jardin grandisse. Si crois qu'il va pleuvoir et je crois que la pluie va faire grandir mon jardin, alors je crois à la fois qu'il va pleuvoir et que mon jardin va grandir. Mais il y a une différence cruciale. Si je veux qu'il pleuve *afin que* mon jardin grandisse, alors ma raison de vouloir qu'il pleuve fait partie du contenu complet du désir complexe entier. Ma raison de croire à la fois qu'il va pleuvoir et que mon jardin va grandir, d'un autre côté, aura plutôt à voir avec toutes sortes de données sur la météorologie, sur la fiabilité des prédictions des journaux et la fonction de l'humidité dans la croissance des plantes. Toutes ces considérations constituent de l'évidence pour la vérité de ma croyance, mais elles ne constituent pas elles-mêmes le contenu de cette croyance. Mais dans le cas de mon désir, le rôle des raisons n'est pas du tout comme le rôle des évidences, car les raisons donnent les aspects sous lesquels le phénomène en question est désiré. Bref, les raisons font partie du contenu du désir complexe.

En somme : les croyances ont la direction d'ajustement de l'esprit au monde. Leur rôle est de représenter comment sont les choses. Les désirs ont la direction d'ajustement du monde à l'esprit. Leur rôle n'est pas de représenter comment sont les choses, mais comment nous aimerions qu'elles soient. C'est la notion de « comment sont les choses » qui bloque la simple possibilité d'entretenir consciemment des croyances contradictoires, et cela exige un engagement aux conséquences de nos croyances, mais il n'y a pas de tel obstacle ni de telles exigences lorsqu'il est question de la façon dont nous voudrions que les choses soient. En dépit de certaines similarités formelles, la croyance est donc radicalement différente du désir, à la fois dans ses caractéristiques logiques et phénoménologiques.

Pour ces raisons, il est trompeur de penser à la raison théorique comme raisonnant sur ce que l'on doit croire, comme nous pensons à la raison pratique comme raisonnant sur ce que l'on doit faire. Ce que l'on devrait croire dépend de ce qui est le cas. La raison théorique ne porte donc que de façon dérivée sur ce qu'il faut croire. Elle porte d'abord et avant tout sur ce qui est le cas — ce qui doit être le cas étant données certaines prémisses. De plus, nous pouvons maintenant voir qu'il est même trompeur de croire qu'il y a une « logique » de la raison théorique. Il n'y a que la logique — et celle-ci s'occupe des relations logiques, par exemple entre les propositions. La logique nous en dit plus sur la raison théorique que sur la raison pratique parce qu'il y a une forte connexion entre les contraintes rationnelles sur la croyance et les relations logiques entre les propositions. Cette connexion dérive du fait que, pour le répéter, les croyances sont supposées être vraies. Mais il n'y a aucune connexion aussi forte entre la structure du désir et la structure de la logique. Tous les faits du monde ne peuvent m'engager à avoir une inclination si je n'ai tout simplement pas envie de l'avoir. Et je peux avoir des inclinations conflictuelles même en toute connaissance des faits, et j'en ai effectivement.

Si nous pouvions apprécier pleinement ces points, nous pourrions voir que plusieurs modèles de la rationalité humaine en théorie de la décision sont vraiment plutôt fous. C'est, par exemple, une conséquence standard de la théorie bayésienne de la décision que, si j'accorde deux valeurs différentes à des fins différentes et si je suis rationnel, il doit alors y avoir une quelconque probabilité mathématique à laquelle j'accepterais de parier un dénouement contre l'autre. Si, par exemple, je valorise ma vie et si je valorise une pièce de dix centimes, il doit y avoir une probabilité à laquelle je parierais ma vie contre dix centimes. Maintenant, je tiens à le dire : il n'y a aucune probabilité à laquelle je parierais ma vie contre dix centimes, et je crois qu'il n'y a rien d'irrationnel dans mon refus de le faire. Et même s'il y avait une telle probabilité, il n'y a aucune probabilité à laquelle je parierais la vie de mon enfant contre dix centimes. Et ça n'est pas parce que l'une ou l'autre de nos vies a une « valeur infinie ». Je pense que la vie de personne n'a de valeur infinie. C'est plutôt parce que l'échelle sur laquelle je valorise ma vie n'est pas la même que celle sur laquelle je valorise une pièce de dix centimes. Et cela est vrai même s'il y a des points où ces échelles s'entrecroisent.

Les réponses que l'on reçoit à ce genre d'objections révèlent une conception profondément erronée de la nature du choix, de la préférence, du désir et de la rationalité. Les réponses standards consistent toujours à traiter les choix, les préférences et les désirs comme s'ils étaient dépourvus d'intentionnalité, et donc comme si les *assertions* de choix et de préférence étaient toujours pleinement extensionnelles. La réponse standard à ce genre d'objections est donc de dire la chose suivante : je suis, en tant qu'agent rationnel, disposé à parier ma vie contre dix centimes, si la probabilité est suffisamment favorable, parce que je suis disposé à faire des choses qui sont *extensionellement équivalentes* à cela. Ainsi, par exemple, si quelqu'un m'offrait mille dollars pour le conduire à l'aéroport, j'accepterais immédiatement. Maintenant, il est possible de diviser le trajet jusqu'à l'aéroport en unités si petites que, pour chacune de ces unités, j'accepte dix centimes pour conduire cette distance. J'augmenterai aussi la probabilité de ma propre mort par rapport à la probabilité que j'aurais eu de mourir si j'étais resté chez moi. Il semble donc découler de cela qu'il y a une probabilité à laquelle je suis disposé à parier ma vie contre dix cents durant ces instants. Mais cette réponse est erronée. Du fait que je désire être dans un état *a*, et du fait que je sais que *a* se produit seulement si *b* se produit, il ne s'ensuit tout simplement pas que je suis logiquement engagé à désirer être dans l'état b^{10}. (Dans ce cas, le fait qu'il soit rationnel pour moi d'adhérer à l'affaire dans son ensemble n'exige pas que je sois disposé à adhérer séparément à chaque parcelle de l'affaire.)

5 Raisons internes et raisons externes

Je veux maintenant me pencher sur la question connexe à propos de la relation entre le désir et l'action. Dans sa forme la plus simple et la plus rudimentaire : peut-il y avoir pour un agent des raisons d'agir qui ne fassent pas appel à quelque désir antérieurement existant de cet agent ? Cette question est supposée avoir reçu une réponse négative de la part de Hume et, selon une interprétation possible, une réponse positive de la part de Kant. Elle a fait récemment surface sous une forme légèrement différente dans un problème posé par Bernard William (1981). Peut-il y avoir des « raisons externes » pour qu'un agent agisse aussi bien qu'il peut y avoir des « raisons internes » ? Les raisons internes font appel à l'« ensemble subjectif motivationnel » de l'agent, les raisons externes n'y font pas appel. Williams, dans l'esprit de Hume, prétend qu'il n'y a pas de raisons externes, que les énoncés de raisons externes sont toujours faux.

Le cœur de l'argument semble être qu'une raison pour un agent doit être capable de motiver cet agent à agir, et qu'il est impossible qu'une raison puisse motiver rationnellement un agent à agir à moins de faire appel à une motivation existante. Il est difficile de savoir comment aborder cette affirmation sans une analyse plus poussée de la motivation et des relations entre la motivation et l'action. Si on accepte la conception traditionnelle selon laquelle toute motivation est une forme de désir, alors la thèse selon laquelle il n'y a pas de raisons externes s'ensuit immédia-

---

[10] Une erreur semblable afflige la doctrine traditionnelle des préférences révélées en économies. Comme Sen (1973) le fait remarquer, les théoriciens traditionnels essaient de traiter les préférences de façon purement extensionnelle, uniquement en termes de comportement manifeste de l'agent. Mais on ne peut pas faire fonctionner le système en le traitant de façon purement extensionnelle. Le théoricien doit réintroduire subtilement les représentations mentales par la porte d'en arrière sous peine de voir le système s'effondrer. Si les préférences révélées étaient supposées être entièrement révélées en termes de comportement, l'âne de Buridan révélerait alors une préférence pour la famine.

tement comme une conséquence logique triviale. Selon cette conception, aucune raison ne peut être une raison pour laquelle l'agent délibère, à moins de faire déjà appel à un désir antérieurement existant de l'agent. Si la raison pratique consiste à raisonner à partir de désirs et de croyances alors, trivialement, vous ne pouvez pas construire de raisonnement pratique à partir de croyances sans avoir également des désirs. Mais le problème est qu'il y a encore beaucoup de cas de raisons d'agir qui ne font pas appel au modèle classique.

Quelqu'un pourrait rejeter la conception classique et insister néanmoins sur le fait qu'il n'y a pas de raisons externes (c'est là, je suppose, la position de Williams). Mais comment cet argument est-il supposé se présenter exactement ? Il semblerait que l'argument puisse se révéler tout aussi trivial, même indépendamment de la conception classique. Pourquoi ? Eh bien la prémisse que les deux clans admettent est la suivante :

Prémisse 1. Pour qu'une raison soit une raison d'agir pour un agent, elle doit être en mesure de motiver cet agent.

Et la conclusion est :

Pour qu'une croyance (ou une assertion) fonctionne comme une raison, étant donnés seulement son contenu et la rationalité, elle doit faire appel à une motivation préexistante de l'agent.

Mais maintenant, quelle est la prémisse supplémentaire qui est supposée nous mener à cette conclusion ? Ce doit être quelque chose comme ce qui suit :

Prémisse 2. La seule façon dont une croyance (ou une assertion) pourrait rationnellement motiver un agent, c'est en faisant appel à une motivation préexistante de l'agent.

Mais si c'est bien l'argument, il ne constitue vraiment pas une amélioration par rapport à la conception classique. Il ne fait que substituer la notion plus générale de « motivation » à la notion originale de « désir ».

Une façon légèrement différente de voir le même point est la suivante. L'intérêt de la thèse selon laquelle il n'y a pas de raisons externes dépend de façon cruciale de son explication de la motivation, car elle doit en donner une qui puisse montrer comment il est impossible à des croyances accompagnées de processus rationnels de fournir une base rationnelle aux motivations. Toute la question tient à ce fil. Si les motivations sont toujours censées être des désirs ou des impulsions semblables à des désirs et que les désirs sont à leur tour conçus selon la conception classique, alors la fausseté de la position externaliste en résulte trivialement. D'un autre côté, si elles ne sont pas des désirs ainsi conçus, que sont-elles alors ? Williams est inhabituellement vague sur ce sujet[11]. Mais supposons que quelqu'un prétende être entièrement motivé par sa réflexion sur l'Impératif Catégorique de Kant. Qu'en dit-on ? Que son ensemble motivationnel doit avoir une « disposition d'évaluation » pour agir sur la base de l'Impératif Catégorique ? Ou que ses processus de raisonnement ne peuvent avoir été purement rationnels ? Sans un compte rendu indépendant de la motivation, nous n'avons aucun moyen naturel de savoir ce que cela signifie de rejeter la conception classique tout en insistant sur la position internaliste. De plus, même interprété uniquement comme un élément du français ordinaire, le mot « motivation » est source de confusion parce qu'il tend à être ambigu, entre en gros « raison » et « impulsion » (*urge*), c'est-à-dire entre une base rationnelle et une inclination ressentie.

À certains moments, il semble que Williams n'essaie pas tant de donner un argument pour la position internaliste que de transférer le fardeau de la preuve du côté de l'externaliste. Interprété ainsi, son objectif n'est pas de montrer qu'il est impossible qu'il y ait des raisons externes, mais plutôt qu'il n'y a en vue aucun argument montrant qu'elles sont possibles dans les faits. Acceptons ce fardeau. Mon objectif sera de montrer que la thèse selon laquelle toute raison d'agir doit faire appel à une motivation préexistante a des conséquences que l'on sait indépendamment être absurdes. Si nous supposons que l'agent doit avoir une motivation préexistante à laquelle une raison fait appel avant que la rationalité puisse avoir sur lui quelque influence, alors le discours imaginaire suivant devrait être pourvu d'un sens qu'il ne semble pas avoir. Supposez que vous m'ayez

---

[11] Il dit que tous les éléments de l'ensemble motivationnel subjectif peuvent être caractérisés « formellement » comme des désirs, mais nous avertit que cela pourrait nous faire oublier que l'ensemble « peut contenir des choses telles que des dispositions d'évaluation, des schémas de réactions émotionnelles, des loyautés personnelles et de nombreux projets, comme ils peuvent être abstraitement désignés, qui incarnent les engagements de l'agent » (Williams 1981: 105).

prêté mille dollars et que j'aie promis de vous les rendre à telle ou telle date. Supposez que cette date arrive et que vous me rappeliez mon obligation et me demandiez de vous payer. Supposez que je dise alors :

« J'admets que j'ai fait une promesse et j'admets que les promesses créent des obligations. J'admets que cette promesse était une chose sur laquelle vous comptiez et qu'il n'est pas possible de défaire ou d'invalider pareille promesse. J'admets même que cette promesse particulière a créé une obligation impérative, qu'elle n'entre en conflit avec aucune autre obligation ou autre sorte de raisons que je pourrais avoir, et que je n'ai aucune raison de ne pas faire ce que j'ai promis. Mais le fait est que je ne trouve rien dans mon ensemble motivationnel subjectif préexistant qui me motive à tenir des promesses en général, ou cette promesse en particulier, de faire de ce que j'ai promis. Je n'ai donc aucune raison de vous rembourser les mille dollars, absolument aucune raison. Ce n'est pas que je n'ai pas de raison suffisante ni qu'il y a des raisons plus fortes de ne pas le faire, mais plutôt je n'ai *aucune raison que ce soit* de faire ce que j'ai promis. L'obligation de faire l'action n'est donc pas une raison pour moi de la faire. J'ai lu le professeur Williams à ce sujet et je suis assuré que, à moins qu'une raison puisse faire appel à mon ensemble motivationnel préexistant, il n'y a pas de raison pour moi d'agir. Vous aurez sans aucun doute toutes sortes de choses vilaines à dire sur mon compte, mais vous ne pouvez pas montrer qu'il y a quelque incohérence, irrationalité, aspect illogique ou déraison dans mon refus d'admettre qu'il y a quelque raison pour moi de vous rembourser. »

Pourquoi ce discours est-il absurde ? La réponse brève est que c'est parce que les obligations sont des raisons d'agir, et que reconnaître quelque chose comme une obligation, c'est déjà reconnaître que c'est une raison d'agir indépendamment de nos motivations préexistantes. Mais comment, demande Williams, comment pareille raison pourrait-elle motiver ? Pour répondre à cette question, il nous faut maintenant nous tourner vers la relation entre les raisons et les désirs, et entre les raisons et les états intentionnels en général. Je veux parvenir au problème de la relation que la raison entretient avec les désirs et l'action en commençant avec le problème de la relation que la raison entretient avec la croyance et l'acceptation.

Comme nous avons eu l'occasion de le remarquer maintes fois, il y a plusieurs différences importantes entre les raisons d'agir et les raisons de croire ou d'accepter, entre la raison pratique et la raison théorique, mais le mot « raison » veut dire la même chose dans les deux cas et nous trouverons plus facilement ce qui ne va pas dans le premier discours si nous voyons ce qui ne va pas dans le discours imaginaire suivant :

« Je reconnais que vous m'avez apporté de l'évidence en faveur de la vérité de la proposition que *p* ; et même de l'évidence irrésistible. J'admets aussi qu'il n'y a pas d'évidence contre la proposition. Mais je ne vois pas en quoi vous m'avez donné quelque raison d'*accepter* ou de *croire p*. Pour que votre évidence soit une raison pour moi de l'accepter ou de le croire, elle devrait faire appel à quelque chose dans mon ensemble motivationnel préexistant. Mais il n'y a rien dans mon ensemble motivationnel à quoi votre évidence fait appel, il n'y a donc pas de raisons pour moi de croire cette proposition. L'évidence, après tout, concerne ce sur quoi porte la proposition. En quoi concernerait-elle mon état mental de la croire ou mon comportement de l'accepter ? »

Maintenant, en quoi exactement ce discours est-il incorrect ? Tout comme le premier discours considère la relation entre l'obligation et les raisons d'agir comme étant purement externe, le second considère comme étant purement externe la relation entre l'évidence et les raisons de croire. « Eh bien pourquoi n'est-elle pas externe ? Après tout, c'est une chose de croire une proposition ; c'en est une autre de reconnaître quelque chose comme une évidence de la vérité de cette proposition. On peut facilement avoir l'une sans l'autre. »

La relation n'est pas externe parce que les croyances sont un certain type d'état intentionnel, ce qui les soumet aux contraintes de la rationalité. Spécifiquement, les croyances sont un type d'état intentionnel dont le rôle est de représenter comment sont les choses. Reconnaître quelque chose comme une évidence, c'est déjà reconnaître une raison — et donc une motivation — pour l'accepter ou la croire. Si vous pensez aux croyances et aux évidences seulement comme à une foule de phénomènes neutres, alors il semblera mystérieux qu'il y ait quelque connexion essentielle. Mais bien sûr, il ne s'agit pas d'objets neutres. Il y a une série de relations internes entre la croyance, l'évidence et la vérité : la croyance est une croyance en la vérité et l'évidence est de l'évidence pour la vérité. Avoir de l'évidence et savoir que c'est de l'évidence, c'est *ipso facto* avoir des motifs ou des raisons de croire. Remarquez, de plus, que si j'adopte une croyance sur la base d'évidence écrasante, je n'ai pas besoin en plus d'un désir général de croire les propositions qui sont supportées par de l'évidence écrasante. De tels désirs dérivent de la façon dont l'évidence fonde la croyance ; mais la réciproque n'est pas le cas, c'est-à-dire que la relation de support entre l'évidence et la croyance ne dérive pas d'un quelconque désir de ce genre. (Comment pourrait-on ne *pas* avoir ce désir ?)

Mon objectif ici n'est pas d'essayer de donner une explication générale de la relation d'évidence et de la relation de support entre l'évidence et la croyance, mais simplement de nous rappeler leur existence. Je pense qu'il est évident que la rationalité peut motiver la croyance et je veux maintenant montrer qu'elle peut motiver le désir. Le rôle de cette digression dans la raison théorique est de nous aider à retirer son déguisement au non-sens déguisé en nous montrant comment il ressemble au non-sens évident. Pourrait-il y avoir des raisons qui fournissent un support rationnel à des états et à des événements psychologiques sans faire appel à des motivations préexistantes ? Évidemment. L'évidence me fournit une motivation à croire la proposition ; la reconnaître comme évidence, c'est reconnaître la motivation.

Pour le répéter, il y a maintes différences entre raison théorique et raison pratique et maintes différences entre croyances et désirs, mais il ne me semble pas plus mystérieux en principe qu'un ensemble de raisons « externes » puissent motiver un désir qu'elles puissent motiver une croyance. Quiconque reconnaît que ceci ou cela est une évidence irrésistible pour p, ou que p résulte de prémisses dont elle accepte la vérité, reconnaît alors qu'elle a une raison, et de ce fait une motivation, de croire p. Bien sûr, la rationalité à elle-seule ne garantit pas qu'elle ira effectivement jusqu'à croire p. Tout ce que la rationalité, ajoutée à l'ensemble des propositions, peut fournir, ce sont des bases ou des raisons d'accepter ou de croire p. De même, quiconque reconnaît avoir une obligation impérative de faire quelque chose reconnaît aussi avoir des bases ou des raisons, et de ce fait une motivation, de la faire. Bien sûr, de telles considérations à elles-seules ne garantissent pas qu'il aura effectivement un désir d'agir, se sentira effectivement motivé à agir et ira effectivement jusqu'à accomplir l'action. Tout ce que la rationalité peut fournir, ce sont des bases ou des raisons pour désirer agir. La reconnaissance des raisons peut, par des processus rationnels, causer à la fois des désirs et des croyances, mais la rationalité à elle-seule ne garantit pas que ces états causeront effectivement quoique ce soit.

Il est peut-être important d'insister sur ce dernier point puisque Williams semble penser que le théoricien des raisons externes est engagé à l'idée que la reconnaissance d'une raison externe, ajoutée à la rationalité, doit *garantir* la création d'une motivation interne. Il dit que : « l'assertion de raisons externes devra elle-même être prise comme sensiblement équivalente à, ou à tout le moins comme impliquant la thèse que si l'agent délibérait rationnellement, quelles que soient les motivations qu'il ait eues à l'origine, il en viendrait à être motivé » (Williams 1981: 109). Mais le théoricien n'a nul besoin de soutenir quoi que ce soit d'aussi fort. La thèse est plutôt que la délibération rationnelle *peut* servir de base à un désir là où il n'y en avait pas avant, et non pas qu'elle *doit* le faire.

À supposer même que cela fonctionne pour l'évidence et la croyance, comment cela fonctionne-t-il pour les obligations et les désirs ? Cela n'est pas mon objectif que d'essayer de donner une explication générale des obligations, pas plus que cela l'était de donner une explication générale de l'évidence. Je veux néanmoins nous rappeler certaines de leurs relations logiques :

1. *X* a une obligation de faire *a*

implique

2. *X* a une raison de faire *a*.

Et

3. *X* reconnaît qu'il a une obligation de faire *a*

implique

4. *X* reconnaît qu'il a une raison de faire *a*

ce qui implique

5. *X* reconnaît qu'il a une motivation à faire *a*.

Supposons maintenant que *X* satisfait effectivement 1–5. *X* a alors des bases rationnelles pour vouloir faire *a*, pour avoir l'intention de faire *a* et pour faire *a*.

Bien sûr, répétons-le, rien de tout cela n'implique qu'il va effectivement vouloir le faire, qu'il va avoir l'intention de le faire ou qu'il le fera. Pas plus que, dans le cas théorique, l'ensemble parallèle de relations entre l'évidence et la croyance, ou la validité déductive et l'acceptation, n'implique que l'agent va effectivement croire ce pour quoi il reconnaît avoir de l'évidence écrasante ou qu'il va accepter ce pour quoi il reconnaît avoir une preuve déductive. Dans les deux cas, la rationalité et les contenus intentionnels fournissent des bases rationnelles pour des contenus intentionnels additionnels ; ils ne garantissent pas de façon causale leur occurrence. Remarquez en outre que nous n'avons pas besoin d'une prémisse supplémentaire affirmant que l'agent veut remplir ses obligations, pas plus que d'une prémisse affirmant que l'agent veut croire les propositions pour lesquelles il a l'évidence écrasante dans le cas théorique.

Alors comment cela fonctionne-t-il lorsque l'agent forme sur des bases intentionnelles ces contenus intentionnels additionnels ? Il y a au moins trois possibilités. Premièrement, il peut, sur la base d'une délibération former un désir d'agir, puis sur la base de ce désir former une intention préalable, puis exécuter cette intention préalable en agissant. Deuxièmement, il peut sauter la première étape et former uniquement une intention préalable, puis agir sur la base de cette intention. Troisièmement, il peut simplement passer à l'acte (Aristote : il agit sur-le-champ). Cette forme d'intentionnalité est révélatrice parce qu'elle montre dans tous les cas que le désir ou l'intention joue le rôle d'un désir secondaire basé sur une obligation et non sur un désir primaire. La référence à l'obligation devient une partie du contenu du désir secondaire ou de l'intention, même s'il n'y a jamais eu besoin qu'il y ait un désir primaire. Ainsi, lorsqu'il forme un désir secondaire basé sur la reconnaissance de l'obligation, la forme de ce désir est la suivante :

DÉS (Je le fais afin de remplir mon obligation.)

Ces trois cas passent le test contrefactuel pour identifier les désirs et les intentions dérivées : si je n'avais pas été soumis à une obligation, je n'aurais pas voulu ni eu l'intention de le faire. Ces cas impliquent tous les trois la formation d'un désir ou d'une intention rationnellement motivés.

Il reste un puzzle. Pourquoi est-il si facile de voir comment les croyances peuvent être rationnellement motivées, alors que l'idée que des désirs puissent être rationnellement motivés se heurte à une terrible résistance ? Eh bien, il y a plusieurs raisons. La plus importante est qu'il y a une différence dans la directement d'ajustement, que j'ai mentionnée ci-haut. La croyance est reliée à la vérité, et donc à l'objectivité, d'une façon dont ne l'est pas le désir. Deuxièmement, en ce qui concerne le désir, il est facile de faire l'erreur que j'ai mentionnée, de penser que si un désir *peut être* rationnellement motivé par quelque considération, alors cette considération *doit* effectivement causer ce désir *dans tous les cas*. Mais troisièmement, je pense que la conception classique exerce une puissante emprise sur notre imagination, et que celle-ci émerge dans ce cas de la manière suivante :

Il fait partie de notre concept de désir et d'action volontaire que tout ce que quelqu'un fait volontairement, à un certain niveau de désir, il désire le faire. Si je l'ai fait volontairement, alors mon action volontaire était l'expression ou la manifestation d'un désir de le faire, par définition. Ceci est compatible avec le fait que je pourrais avoir préféré faire autre chose mais avoir été empêché de la faire (contrainte) ou que je pourrais ne pas en avoir été empêché mais avoir néanmoins fait quelque chose d'autre que ce que je voulais faire (akrasie). Mais toutes les actions intentionnelles sont, en tant que telles, les expressions de quelque niveau de désir. Il semble donc que, à moins que j'aie eu un désir *antérieur*, il n'y a aucune façon dont la délibération rationnelle à partir des faits pourrait m'avoir motivé.

C'est là, je crois, l'erreur cruciale. L'erreur est de supposer que le désir doit toujours être la base de la raison et jamais la raison la base du désir. Si vous pensez au désir comme à un fluide vital (qui gicle du ça freudien, disons), il ne semblera alors pas seulement mystérieux, mais bien impossible que la reconnaissance de quelque phénomène puisse à elle seule motiver un désir. Mais il devrait alors sembler mystérieux et impossible que la reconnaissance de la vérité doive en motiver rationnellement l'acceptation, ou que la reconnaissance d'évidence écrasante doive rationnellement motiver la croyance.

L'idée de base que j'essaie de faire passer dans cette section peut être résumée de la façon suivante : même si toute action est l'expression d'un désir, il peut néanmoins y avoir des raisons d'agir externes, des raisons qui ne font pas appel à un désir préexistant ou une autre motivation ressemblant à un désir, parce que l'admission des faits plus la rationalité peuvent à eux seuls motiver le désir interne. Dans de tels cas, la raison externe (exemple : j'ai fait une promesse) peut fournir les bases de la motivation interne (exemple : je veux le faire parce que j'ai promis de le faire). Notre échec à voir cela dérive d'une mauvaise conception de la nature de la rationalité.

6 Faiblesse de la volonté

Parfois, et même très fréquemment, il arrive que quelqu'un s'engage dans un processus de délibération, prenne une décision bien considérée, forme alors une intention ferme et inconditionnelle d'agir et, au moment venu, n'accomplit pas l'action. Maintenant si la relation entre la délibération et l'intention est à la fois causale et rationnelle ou logique, c'est-à-dire si les processus rationnels causent les intentions et si les intentions à leur tour causent des actions par causalité intentionnelle, alors comment pourrait-il jamais y avoir d'authentiques cas de faiblesse de la volonté ? Dans la section précédente, nous avons répondu à la première moitié de cette question. Les processus rationnels peuvent fournir les bases sur lesquelles former des désirs et des intentions, même si dans bien des cas l'agent peut ne pas effectivement former le désir ou l'intention. Dans cette section, nous tenterons de répondre à la deuxième moitié : comment peut-il y avoir des cas où un agent forme une intention pleinement inclusive et inconditionnelle de faire quelque chose, et où il s'abstient néanmoins de faire cette chose alors que rien ne l'empêche de la faire ? Étonnamment, bien des philosophes pensent qu'une telle chose est impossible et ils ont avancé d'ingénieux arguments pour montrer qu'elle est impossible, que les cas apparents sont en fait des cas d'autres choses. Hélas, ces cas sont non seulement possibles, mais aussi bien trop communs. Voici un exemple de cas très courant : un étudiant forme l'intention ferme et inconditionnelle de travailler mardi soir sur sa dissertation de fin de session, rien ne l'empêche d'y travailler, mais lorsque vient minuit, il a finalement passé la soirée devant la télévision à boire de la bière. De tels cas sont très fréquents, n'importe quel professeur peut le confirmer. Nous devrions vraiment insister pour que notre explication de l'akrasie ne soit considérée adéquate qu'à condition qu'elle admette que l'akrasie est fort commune dans la vie réelle et n'implique pas d'erreur logique.

Eh bien, comment de tels cas pourraient-ils être possibles ? Retournons la question et demandons-nous plutôt pourquoi on pourrait douter de leur possibilité ou en être interloqué, puisqu'ils sont si courants dans la vraie vie. Je crois que l'erreur fondamentale, une erreur qui a caractérisé la philosophie analytique de l'action pendant près de quarante ans, est de mal concevoir la relation entre les antécédents d'une action et la performance d'une action. Il y a en philosophie analytique une tradition qui commence avec Hare (1952) et qui va jusqu'à Davidson (1980), selon laquelle de purs cas de faiblesse de la volonté n'arrivent jamais. Il est logiquement impossible qu'ils arrivent. Selon l'explication de Hare, il apparaît que si l'agent agit de façon contraire à sa conviction morale déclarée, cela montre qu'il n'avait pas vraiment la conviction morale qu'il prétendait avoir. Selon l'explication de Davidson, il apparaît que si l'agent agit de façon contraire à ses intentions, alors il n'avait pas vraiment l'intention inconditionnelle d'agir. Autant Hare que Davidson soutiennent des variantes de l'idée de base selon laquelle quelqu'un qui forme un jugement évaluatif catégorique en faveur d'une action doit effectuer cette action (à moins, bien sûr, qu'il en soit empêché, etc.) Conséquemment, si l'action n'est pas accomplie, il s'ensuit qu'il n'y avait pas vraiment de jugement évaluatif catégorique, mais, selon l'explication de Davidson, seulement un jugement de valeur à première vue ou conditionnel.

Contre ces analyses, on peut soulever l'objection évidente selon laquelle on peut faire n'importe quelle sorte de jugement évaluatif sans toutefois agir sur la base de ce jugement. C'est-à-dire que le problème avec les analyses de l'akrasie proposées par ces philosophes tient à ce qu'elles négligent le fait que les antécédents de l'action puissent être de n'importe quelle sorte : engagements moraux, évaluations fermes, intentions inconditionnelles pleinement formées, etc. Et quoi qu'il en soit, il est logiquement possible que l'agent puisse volontairement s'abstenir d'agir conformément au contenu de ces antécédents. Il y a simplement un gouffre entre les antécédents de l'action, quels qu'ils soient, et l'accomplissement effectif de l'action, et c'est ce qui rend possible l'akrasie. La seule façon dont la tradition de Hare-Davidson peut éviter cette objection est d'inclure la notion d'action intentionnelle dans celle d'évaluation. Mais ces analyses n'évitent alors la fausseté qu'au prix de la circularité. Il fait maintenant partie de la définition d'avoir une certaine sorte d'antécédent pour une action que d'agir conformément à cet antécédent. Le problème de l'akrasie, répétons-le, est que tout genre d'antécédent, dans la mesure ou il est décrit sans circularité, c'est-à-dire de façon à ne pas impliquer trivialement l'accomplissement de l'action, est tel qu'il est toujours possible pour un agent rationnel pleinement conscient d'avoir le genre d'antécédent approprié (par exemple, le type approprié de jugement moral, d'intention inconditionnelle, etc.) et néanmoins de ne pas agir conformément à cet antécédent. De plus, cela n'est pas chose rare. Cela arrive tout le temps à ceux qui essaient de perdre du poids ou d'arrêter de fumer.

Dans sa forme la plus brute, l'erreur que nous faisons, qui rend intriguant le fait qu'il puisse y avoir de l'akrasie, dérive d'une conception erronée de la causalité. Nous pensons que les antécédents de l'action produisent l'action selon des modèles simples de causalité, et qu'il doit donc y avoir un problème avec les causes si l'action n'a pas eu lieu. Si, par exemple, nous pensons à la causalité selon le modèle de boules de billard qui se frappent ou de leviers activant des roues d'engrenage, il nous semble alors impossible d'avoir les causes sans avoir les effets. Si les intentions causent le comportement, si l'intention était présente et si l'agent n'a pas entrepris l'action prévue, cela ne peut être que parce qu'une autre cause a interféré, ou parce que ce n'était pas le type d'intention que nous pensions avoir, ou quelque chose de ce genre.

La causalité intentionnelle diffère toutefois de la causalité des boules de billard sous certains aspects importants. Les deux sont des cas de causalité, mais dans le cas des désirs et des intentions, une fois que les causes sont présentes, elles ne forcent toujours pas l'agent à agir ; l'agent doit *agir sur la base de* ces raisons ou de son intention. Dans le cas de l'action volontaire, il y a un certain espace de jeu entre le processus de délibération et la formation d'une intention, puis il y a de nouveau un jeu entre une intention et son exécution effective.

Comme d'habitude lorsqu'il s'agit d'intentionnalité, il vaut mieux penser aux cas d'akrasie en se mettant à la première personne. Eh bien, que se passe-t-il quand je forme une intention et que je n'agis pas sur la base de celle-ci ? Suis-je toujours empêché d'agir, dans de tels cas, par des causes, conscientes ou inconscientes, qui me font agir de façon contraire à mes intentions ? Bien sûr que non. Est-ce qu'au bout du compte, dans de tels cas, il s'avère que l'intention était défectueuse, conditionnelle ou inappropriée, c'est-à-dire qu'il ne s'agissait pas d'une intention catégorique, inconditionnelle, sans entraves, mais seulement d'une intention conditionnelle, formée sans réfléchir ? Une fois de plus, bien sûr que non. Il est possible, nous le savons tous, qu'une intention soit aussi forte et inconditionnelle que vous le voulez, que rien ne vienne interférer, mais que néanmoins l'action ne soit pas accomplie.

Pour voir comment l'akrasie arrive, nous devons nous rappeler comment les actions s'accomplissent dans les cas normaux, sans akrasie.

Lorsque je forme une intention, il me reste à agir sur la base de l'intention que je viens de former. Je ne peux pas attendre passivement de voir si l'action arrive, comme je peux le faire dans le cas des boules de billard. Mais du point de vue de la première personne, le seul point de vue qui compte vraiment, les actions ne sont pas seulement des choses qui arrivent, elles ne sont pas juste des événements qui adviennent : mais plutôt du point de vue subjectif, elles sont *faites* ; elles sont, par exemple, entreprises, initiées ou lancées. Prendre votre décision ne suffit pas : encore vous faut-il agir. C'est dans cet espace de jeu entre l'intention et l'action que l'on trouve la possibilité, et même l'inévitabilité, de certains cas de faiblesse de la volonté. À cause de l'inévitabilité des désirs conflictuels, lors de la plupart des actions préméditées, il sera possible que surviennent des désirs conflictuels de ne pas faire la chose que l'on avait décidé de faire.

Que se passerait-il si l'akrasie était vraiment impossible ? Imaginez un monde dans lequel, dès qu'une personne a formé l'intention inconditionnelle d'accomplir une action (et qu'elle satisfait toutes les conditions antécédentes que vous voulez ajouter, comme former un jugement de valeur catégorique favorable à cette action, s'enjoindre moralement d'agir, etc.), l'action s'ensuit alors par nécessité causale, à moins qu'une autre cause surpasse le pouvoir causal de l'intention ou à moins que l'intention faiblisse et perde son pouvoir de causer l'action. Ce que cette fantaisie nous demande d'imaginer, c'est un monde où les intentions ont une relation aux actions selon le modèle de leviers qui entraînent d'autres leviers ou de boules de billard qui frappent d'autres boules de billard. Mais si le monde fonctionnait vraiment comme cela, nous n'aurions pas besoin d'*agir sur la base de* nos intentions. Nous pourrions, pour ainsi dire, attendre qu'elles agissent par elles-mêmes. Cependant nous ne pouvons attendre, il nous faut toujours agir.

En bref, l'akrasie n'est que le symptôme d'une certaine sorte de liberté, et nous la comprendrons mieux si nous explorons plus à fond cette liberté. Selon une certaine conception classique de la prise de décision, nous atteignons parfois un « point de choix », un point où nous sommes confrontés à un ensemble d'options parmi lesquelles nous pouvons — ou parfois nous devons — choisir. Contre cette conception, je soutiens qu'à n'importe quel moment d'éveil conscient dans nos vies, nous sommes confrontés à un ensemble indéfini, et même à proprement parler infini, de choix. Nous sommes toujours à un point de choix et les choix sont infinis.

En ce moment je peux remuer mes orteils, bouger ma main gauche, ma main droite, ou partir pour Tombouctou. Tout acte conscient, toute intention ou action, contient la possibilité de ne pas accomplir cette action, mais d'accomplir plutôt une autre. Toutes ces options, à l'exception d'une minuscule poignée, seront écartées d'emblée parce qu'infructueuses, indésirables ou même ridicules. Mais parmi l'ensemble de ces possibilités, il y en aura une poignée que nous aimerions effectivement accomplir, par exemple : boire un autre verre, aller au lit, prendre une marche ou simplement arrêter de travailler et lire un roman qui nous évade.

Maintenant la façon caractéristique dont l'akrasie survient est la suivante : comme résultat d'une délibération nous formons une intention. Mais lorsque vient le temps d'agir, il y a un ensemble indéfini de choix qui s'offrent à nous et plusieurs de ces choix sont attirants ou motivés par d'autres raisons. Lors de nombreuses actions que nous accomplissons pour une raison, il y a des raisons conflictuelles pour ne pas faire cette action mais autre chose. Parfois, nous agissons sur la base de ces raisons plutôt que sur celle de notre intention initiale. La solution au problème de l'akrasie est aussi simple que cela.

Avec toutes ces exigences conflictuelles qui pèsent sur nous, il peut sembler intriguant que nous agissions parfois au mieux de notre jugement. Cela n'est toutefois pas aussi intriguant si nous nous rappelons à quoi peuvent bien nous servir la délibération et les intentions préalables. Elles servent en bonne partie à réguler notre comportement. Un comportement sain n'est pas qu'une série d'actes spontanés, chacun motivé par les considérations du moment. La formation par délibération d'intentions préalables nous permet d'y mettre de l'ordre et de satisfaire ainsi de plus nombreux objectifs à long terme.

Il est commun de tracer une analogie entre l'akrasie et l'auto duperie (*self deception*) et il y a en effet certaines similarités. Une forme d'akrasie caractéristique est celle qui oppose le devoir au désir, au même titre qu'une forme caractéristique d'auto duperie est celle-ci qui oppose les raisons aux désirs. Par exemple, l'amant se dupe lui-même en se disant que sa bien aimée lui est fidèle, même s'il est confronté à la preuve du contraire, parce qu'il veut désespérément croire en sa fidélité. Mais il y a aussi certaines différences cruciales, la plupart concernant la direction d'ajustement. L'akrasique peut tout laisser flotter à la surface. Il peut se dire : « Oui, je sais que je ne devrais pas fumer une autre cigarette et que j'ai fermement résolu d'arrêter, mais j'en ai néanmoins très envie ; je vais donc agir contre mon meilleur jugement et en fumer une. » Mais celui qui se dupe ne peut se dire : « Oui, je sais que la proposition que je crois est certainement fausse, mais je veux vraiment la croire ; je vais donc la croire contre mon meilleur jugement. » Voir les choses ainsi n'est pas se duper, c'est tout simplement irrationnel et peut-être même incohérent. Afin de satisfaire son désir de croire ce qu'il sait être faux, l'agent doit en supprimer la connaissance. « L'akrasie » est le nom d'un certain type de conflit entre des états intentionnels, où c'est le mauvais côté qui gagne. « L'auto duperie » n'est pas le nom d'un type de conflit, mais plutôt le nom d'une façon d'éviter les conflits en supprimant le côté indésirable. Le nom d'une forme de dissimulation de ce qui serait un conflit, et même une incohérence, si on permettait au conflit d'émerger à la surface. La forme de ce conflit est :

J'ai de l'évidence écrasante que p (et peut-être même je sais que p) mais je veux très fortement croire la négation de p.

Mais le conflit ne peut pas être gagné par le désir s'il émerge sous cette forme. Pour que le désir gagne, le conflit lui-même doit être supprimé et c'est pourquoi il s'agit d'un cas d'auto duperie. L'akrasie est une forme de conflit, mais pas une forme d'incohérence logique ou d'irrationalité. L'auto duperie est une façon de dissimuler ce qui serait une forme d'incohérence ou d'irrationalité si on lui permettait de faire surface. Pour ces raisons, l'auto duperie exige logiquement la notion d'inconscient ; l'akrasie ne l'exige pas. L'akrasie est souvent accompagnée par l'auto duperie de façon à supprimer le conflit. Par exemple, le fumeur se dit en lui-même : « Fumer n'est pas vraiment si mauvais que ça pour moi, et puis la thèse disant que ça cause le cancer n'a jamais été prouvée. »

Pour résumer ces différences : l'akrasie et l'auto duperie ne sont pas vraiment similaires sur le plan de la structure. L'akrasie a typiquement la forme suivante :

Il serait mieux de faire A, mais je fais volontairement et intentionnellement B.

Il n'y a pas du tout d'absurdité logique ou d'incohérence ici, bien qu'il y ait un conflit entre des désirs incompatibles.

L'auto duperie a typiquement la forme :

Consciemment : je crois qu'il n'est pas vrai que *p*.

Inconsciemment : j'ai de l'évidence écrasante que *p* et je veux très fortement croire la négation de *p*.

Références

Aune, Bruce (1977). *Reason and Action*. Dordrecht, Holland : D. Reidel Publishing Company.

Elster, John (1983). *Sour Grapes : Studies in the Subversion of Rationality*. Cambridge, England : Cambridge University Press.

Nagel, Thomas (1970). *The Possibility of Altruism*. Oxford : Clarendon Press.

Kenny, Anthony (1975). *Will, Freedom and Power*. London, England : Basil Blackwell.

Hare, R.M. (1952). *The Language of Morals*. Oxford : Oxford University Press.

Davidson, Donald (1980). « How is Weakness of Will Possible ? ». In *Actions and Events*. Oxford and New York : Oxford University Press, pp. 21–42.

Searle, John R. (1983). *Intentionality : An Essay in the Philosophy of Mind*. Cambridge, England : Cambridge University Press.

Sen, A. K. (1973). « Behavior and the Concept of Preference ». Reprinted in *Rational Choice*, ed. by John Elster. New York : New York University Press, 1986, pp. 60–81.

Williams, B. (1981). « Internal and External Reasons ». In *Moral Luck, Philosophical Papers 1973–1980*, pp. 101–13.

2
Attitudes, tentatives et actions
Daniel Vanderveken (Université du Québec, Trois-Rivières)

> Résumé. — Contrairement aux philosophes qui ont surtout analysé les actions intentionnelles que les agents tentent d'accomplir dans le monde, les logiciens ont négligé l'intentionnalité propre à l'action humaine. Mon but est de combler la lacune en élaborant une logique de l'action où les actions intentionnelles ont la primauté comme en philosophie. Dans mon optique, tout agent qui accomplit sans le vouloir une action aurait pu en principe la tenter. Qui plus est, cette action involontaire est l'effet d'actions intentionnelles de l'agent à la base desquelles il y a ses tentatives premières. Ma logique de l'action contient une théorie des tentatives, du succès et de l'engendrement des actions. Les agents sont ou à tout le moins se sentent libres d'agir. Quoiqu'il en soit, leurs actions ne sont pas déterminées. Ma théorie de l'action comme celle de Belnap admet l'indéterminisme et elle est compatible avec la liberté des agents. Elle adopte une conception ramifiée du temps. Les propositions ayant les mêmes conditions de vérité ne sont certes pas les contenus des mêmes attitudes des agents humains. J'utiliserai une logique propositionnelle non classique tenant compte des prédications afin de bien distinguer les attitudes et les actions dont le contenu est différent. On ne peut expliquer les actions sans traiter des croyances, désirs et intentions des agents. Je réviserai l'analyse logique traditionnelle des attitudes due à Hintikka afin de rendre compte de la rationalité réelle des agents qui sont parfois incohérents mais restent cependant minimalement rationnels (Cherniak). J'expliquerai les conditions de possession et de satisfaction des croyances, désirs et intentions des agents ainsi que leurs engagements. Cet article est une contribution à la logique de la raison pratique. Je formulerai des lois fondamentales de la logique de l'action et des attitudes cognitives et volitives. Contrairement à Belnap, je tiendrai compte de l'intentionnalité des agents afin d'expliquer les conditions de succès de leurs actions intentionnelles ainsi que les formes d'engendrement de leurs actions.

Action, Rationalité & Décision — Action, Rationality & Decision.
Daniel Vanderveken et Denis Fisette (dirs).
Copyright © 2008.

Je ne traiterai que des actions et attitudes individuelles et instantanées qui sont les plus simples d'un point de vue logique. Parmi les actions qu'un seul agent accomplit à un moment, il y a ses mouvements corporels instantanés comme lever le bras, proférer des sons, des effets de pareils mouvements comme toucher un objet et saluer quelqu'un, des actes mentaux comme choisir et juger, des actes illocutoires comme demander et perlocutoires comme plaire. Quiconque agit intentionnellement a des croyances, désirs et intentions individuelles au moment même de son action. Les actions (et attitudes) individuelles instantanées font partie des autres genres d'actions (et d'attitudes) qui durent pendant un intervalle de temps qu'elles soient individuelles comme se promener (et persévérer) ou communes à plusieurs agents comme dialoguer (et avoir un consensus).

Afin de contribuer aux fondements de la logique de l'action, je tâcherai de répondre à des questions philosophiques générales comme : Quelle est la nature des actions intentionnelles ? Quelles croyances, désirs et intentions en font partie ? Comment expliquer les conditions de possession et de satisfaction de pareilles attitudes ? Les actions tentées ont des *conditions de succès* : soit les agents les réussissent, soit ils les ratent. Comment définir le succès et l'échec ? Le plus souvent on accomplit intentionnellement une action afin d'en accomplir une autre. On bouge les pieds afin de marcher. Les actions volontaires sont liées par la relation d'être des moyens de parvenir à des fins (Aristote). Cependant nos actions intentionnelles ont des effets involontaires dans le monde. En marchant sur la glace un agent peut parfois sans le vouloir glisser. Quelles relations logiques existent entre les actions intentionnelles et les involontaires ? Certains genres d'actions en contiennent d'autres. Nul ne peut respirer sans bouger ni supplier sans demander. L'agent ne pourrait accomplir une action du premier genre sans pour autant accomplir une action du second. Qui plus est, certaines instances d'actions en engendrent *parfois* d'autres. Quiconque fait une promesse qu'il n'a pas l'intention de tenir ment. Quelles lois fondamentales gouvernent l'*engendrement d'actions* ? Comment un agent parvient-il à accomplir des actions par le fait d'en accomplir d'autres ? Est-ce que toutes les actions d'un agent à un moment sont engendrées par une action intentionnelle de base de cet agent ? Si oui, quelle est sa nature ? Quelles sont les différentes espèces d'engendrement d'action et comment les expliquer ? De quelle théorie de la vérité a-t-on besoin en logique des attitudes et de l'action ? Les attitudes et actions intentionnelles sont dirigées vers des faits du monde que les agents sont en principe capables de représenter. Quiconque a une croyance est capable de déterminer quel fait doit arriver dans le monde pour que sa croyance soit vraie. En accomplissant des actions les agents transforment le monde. Lorsqu'ils agissent intentionnellement, cela fait partie de leurs intentions. Quelle est la nature des propositions qui attribuent des attitudes et actions aux agents ?

Le plan de l'article est le suivant. Dans la première section je présenterai la logique propositionnelle prédicative et j'expliquerai pourquoi beaucoup de propositions logiquement équivalentes n'ont pas la même valeur cognitive. Dans la seconde je procéderai à l'analyse des conditions de possession et de satisfaction des croyances, désirs et intentions en expliquant la rationalité imparfaite mais minimale des agents humains. Dans la troisième section je formulerai les principes de ma logique de l'action en expliquant la primauté des actions intentionnelles. Dans mon approche, quand un agent accomplit à son insu une action, il aurait pu en principe la tenter et cette action involontaire est engendrée par ses actions intentionnelles. À la base de tout agir il y a des tentatives premières qui sont les véritables actions intentionnelles de base de l'agent. Cependant, tous les effets non voulus des actions intentionnelles ne sont pas des actions, mais seulement ceux qui sont historiquement contingents et que l'agent aurait pu tenter. En bougeant nous agitons inévitablement des particules subatomiques. Parfois nous subissons des échecs. Pareils événements nous arrivent. Ce ne sont pas de véritables actions. Car les premiers sont inévitables et les seconds impossibles à tenter. J'utiliserai une idéographie logique capable d'exprimer outre les modalités, le temps et les actions individuelles des agents, leurs tentatives ainsi que leurs croyances, désirs et intentions. J'énumérerai les principales lois valides de ma logique dans la dernière section après avoir critiqué le scepticisme de Searle à l'encontre de la logique de la raison pratique.

1 Considérations philosophiques sur les propositions et la vérité

La logique philosophique classique réduit à la suite de Carnap (1956) les propositions à leurs conditions réelles de vérité. Les propositions strictement équivalentes (celles qui sont vraies en les mêmes circonstances possibles) sont identifiées. Cependant, toutes ces propositions n'ont pas la même valeur cognitive. On peut croire que Paris est une capitale sans croire qu'elle est une capitale et pas un érythrocyte. Pour avoir la seconde croyance il faut comprendre la propriété d'être érythrocyte. Quand on tente de mettre un livre sur la table, on ne tente pas alors de faire en sorte que ce livre soit sur la table et dans l'espace. On sait que le livre est un objet matériel dans l'espace quoi que l'on fasse. De façon générale nous savons peu de propositions nécessairement vraies en vertu de notre compétence. Nous apprenons *a posteriori* beaucoup de propriétés essentielles des objets du monde. Par *propriété essentielle* d'un objet j'entends ici une propriété qu'il a réellement en toute circonstance possible. Chaque personne humaine possède le même code génétique et a les mêmes parents en toute circonstance. Autrement ce ne serait pas elle. Cependant beaucoup ignorent leur code et certains leurs parents. On a donc besoin d'un critère d'identité propositionnelle plus fin que celui de l'équivalence stricte en logique de l'action et des attitudes. Il faut en outre expliquer les *possibilités subjectives* en plus des *objectives*. Il nous arrive de croire et de tenter de faire des choses impossibles. La logique traditionnelle ne traite que des *possibilités objectives*. Les propositions *objectivement possibles* sont celles qui sont vraies en au moins une circonstance possible. Elles représentent des faits qui pourraient exister en un cours possible d'histoire de ce monde. Les propositions *subjectivement possibles* par contre sont celles qui sont vraies selon au moins un agent en au moins une circonstance possible. Certains se trompent sur l'identité de leurs parents. Ils croient alors des propositions objectivement impossibles.

La logique traditionnelle de la croyance et du désir, qui ignore les possibilités purement subjectives, est incompatible avec les données de base de la philosophie de l'esprit. Selon la logique épistémique standard fondée par Hintikka (1971), ce sont des circonstances possibles qui sont compatibles avec la vérité des croyances des agents à un moment. On dit qu'un agent *croit une proposition à un moment* quand cette proposition est vraie en toutes les circonstances possibles compatibles avec ce qu'il croit alors. Il en résulte que tous les agents humains sont censés être *logiquement omniscients*, c'est-à-dire croire toutes les propositions nécessairement vraies. En outre quiconque croit une proposition est censé *ipso facto* croire toutes celles qu'elle implique logiquement. Enfin les agents sont censés être soit *parfaitement rationnels* soit *totalement irrationnels*. En effet, quand au moins une circonstance possible est compatible avec les croyances d'un agent, ce dernier ne peut alors croire de proposition nécessairement fausse. Autrement, il est censé croire n'importe quoi.

Cependant, comme les philosophes grecs l'avaient déjà souligné, il est paradoxal de croire que toute proposition est vraie. C'est le paradoxe du sophiste. Qui plus est, nous devons apprendre bien des propositions nécessairement vraies et il nous arrive d'être incohérents aussi bien en science que dans la vie courante. Les problèmes sont bien pires dans le cas de la logique traditionnelle du désir qui procède selon la même approche[12]. Car, contrairement à ce qui se passe dans le cas des croyances, il ne suffit pas d'apprendre qu'une chose est impossible pour cesser alors de la désirer.

On a proposé d'introduire en logique des *circonstances impossibles* où des propositions nécessairement fausses seraient vraies. Pareille introduction théorique est très *ad hoc* et elle n'est ni nécessaire ni suffisante. Je préconise de garder les seules circonstances possibles et de changer d'approche. Les *circonstances possibles* sont des *possibilités objectives*. Les objets y ont donc réellement toutes leurs propriétés essentielles. Pour expliquer les *possibilités subjectives* qui ne sont pas objectives, j'ai proposé une théorie plus fine du sens et de la vérité qui permet, on le verra, une analyse des véritables attitudes et tentatives. Ma logique propositionnelle non classique[13] est *prédicative* en ce sens qu'elle analyse la forme des propositions en tenant compte des prédications que nous faisons en les comprenant. Voici ses principes :

Chaque proposition a une *structure finie de constituants*. En l'exprimant, nous *prédiquons* des *attributs* (des propriétés ou relations) d'*objets* auxquels nous nous référons *via des concepts*. Comme Frege et Russell l'avaient souligné, quand nous comprenons les conditions de vérité d'une proposition, nous comprenons quels attributs les objets de référence doivent posséder en une circonstance possible pour que cette proposition y soit vraie. Dans mon optique, nous n'avons pas directement à l'esprit les *objets individuels* comme les corps matériels et les personnes qui persistent dans l'espace et le temps. Nous avons plutôt à l'esprit des *concepts* et nous nous référons *indirectement* aux individus en les subsumant sous des concepts parfois dépourvus de dénotation. Pareille analyse rend compte des attitudes dirigées vers des objets inexistants

---

[12] Elle dit qu'un agent désire à un moment le fait représenté par une proposition quand cette proposition est vraie en toutes les circonstances possibles compatibles avec la réalisation de ses désirs à ce moment.

[13] Pour une explication plus détaillée voir ma contribution dans Vanderveken (2005a).

voire impossibles. Elle explique aussi pourquoi certaines attitudes et tentatives concernent les objets qui tombent sous certains concepts sans pour autant concerner les mêmes objets sous d'autres concepts. Jocaste est la mère d'Oedipe. En épousant Jocaste Oedipe a donc marié sa propre mère. Cependant, il croyait alors avoir une autre mère. Il n'a donc pas épousé intentionnellement sa mère quand il a marié Jocaste. Les propositions dont la structure de constituants est différente n'ont pas la même valeur cognitive.

En plus de tenir compte de la structure de constituants des propositions, la logique prédicative fournit une meilleure explication de leurs *conditions de vérité*. Notre connaissance du monde est incomplète. Nous ignorons les valeurs de vérité de nombreuses propositions car nous ignorons les dénotations réelles de la plupart de leurs concepts et attributs en bien des circonstances passées, présentes et *a fortiori* dans le futur. Chaque concept donne des *critères d'identité* pour l'objet de référence. Mais peu de critères d'identité permettent d'*identifier* l'objet. Cependant nous pouvons en principe penser à des dénotations que les concepts et attributs que nous avons à l'esprit pourraient avoir. Le chef de police à la recherche d'un meurtrier peut à tout le moins penser à différentes personnes qui auraient pu commettre le crime. Il lui arrive même d'en suspecter certaines. Outre les dénotations objectives réelles propres à nos concepts et attributs il y a leurs dénotations subjectivement possibles. Pour cette raison, je préconise de considérer en tout usage et interprétation du langage d'autres *assignations possibles de dénotation* aux attributs et concepts que *la seule assignation standard de la dénotation réelle* qui associe par hypothèse à chacun sa dénotation réelle en chaque circonstance. Les assignations possibles de dénotation sont des fonctions du même type que l'assignation réelle. Chacune associe à tout concept individuel un objet individuel unique ou aucun en chaque circonstance possible. Selon l'assignation réelle, le meurtrier d'un individu est son meurtrier réel quand pareil meurtrier existe. Selon d'autres assignations, c'est une autre personne. Selon certaines enfin ce meurtrier n'existe pas. Dans le même ordre d'idées, chaque assignation possible de dénotation associe à toute propriété d'individus en chaque circonstance l'ensemble des individus sous concepts qui possèdent selon elle cette propriété. Quand nous avons à l'esprit des concepts et propriétés, seules certaines assignations possibles de dénotations sont alors compatibles avec nos croyances. Supposons que selon le chef de police au début de son enquête le meurtrier est un grand homme. Alors toutes les assignations possibles de dénotation selon lesquelles ce meurtrier est petit sont incompatibles avec ce que le policier croit alors. Dans mon optique, ce sont des assignations possibles de dénotation aux sens plutôt que des circonstances possibles qui sont compatibles avec les croyances des agents. Voilà ma façon de traiter des possibilités subjectives. Les *assignations possibles de dénotation* que je préconise de considérer respectent bien entendu les *postulats de signification* que les agents ont intériorisés en apprenant le langage. Les meurtriers sont des tueurs et les mères des femmes selon toutes les assignations possibles de dénotation. Aucune proposition n'est à la fois vraie et fausse en une circonstance selon une assignation possible de dénotation. Les agents peuvent se tromper mais ils respectent à tous le moins les postulats de signification gouvernant les mots qu'ils comprennent en parlant et en pensant.

Dans mon optique, les propositions sont d'abord et avant tout *vraies ou fausses en des circonstances possibles selon des assignations possibles de dénotation* à leurs concepts et attributs. Celui qui exprime ou comprend une proposition en un contexte d'énonciation ignore souvent sa valeur de vérité en ce contexte. Il sait juste en comprenant cette proposition qu'elle est alors vraie selon certaines assignations possibles de dénotations à ses constituants et fausses selon les autres. Ainsi chaque proposition élémentaire attribuant une propriété extensionnelle à un objet sous un concept est vraie en une circonstance selon une assignation possible de dénotation quand, selon cette assignation, l'individu qui tombe sous le concept en cette circonstance y a la propriété prédiquée. Autrement, la proposition est fausse en cette circonstance selon la même assignation. La plupart des propositions ont donc beaucoup de *conditions possibles de vérité*. Quand une proposition est vraie selon une assignation de dénotation en un certain ensemble de circonstances possibles, cette proposition serait alors par hypothèse vraie en toutes et seulement ces circonstances si l'assignation de dénotation en question était l'assignation réelle. Nous ignorons quelle est l'assignation réelle. Mais pour qu'une proposition soit *vraie en une circonstance*, il faut bien entendu qu'elle y soit *vraie selon l'assignation réelle* de dénotation. Ainsi parmi toutes les conditions de vérité possibles d'une proposition, il y a bien *ses conditions de vérité réelles* dont parle Carnap lesquelles correspondent à l'ensemble des circonstances possibles où cette proposition est vraie selon l'assignation réelle de dénotation. Ma logique distingue les possibilités subjectives des possibilités objectives. Une proposition est *subjectivement possible* quand elle vraie en au moins une circonstance possible selon au moins une assignation *possible* de dénotation. Elle pourrait alors être vraie selon un agent. Pour qu'elle soit *objectivement possible*, il faut qu'elle soit en plus vraie selon l'assignation *réelle* de dénotation en au moins une circonstance possible. Chaque possibilité objective est subjective mais pas l'inverse. Voilà pourquoi notre rationalité est imparfaite.

Pour que deux propositions soient identiques il faut qu'elles aient la même structure de constituants et qu'elles soient vraies en les mêmes circonstances possibles selon les mêmes assignations possibles de dénotation. Il y a donc deux raisons pour lesquelles certaines propositions strictement équivalentes ont une valeur cognitive différente. Beaucoup n'ont pas la même structure de constituants. Il faut avoir à l'esprit différents concepts ou attributs pour les exprimer. Telles sont les propositions nécessairement vraies à propos de différents objets et celles qui prédiquent des attributs différents des mêmes objets (que Cicéron est identique à lui-même et qu'il est ou non écrivain). Mon critère d'identité propositionnelle distingue en outre les propositions strictement équivalentes dont nous ne savons pas qu'elles sont vraies en les mêmes circonstances possibles. Pareilles propositions ont en effet différentes conditions possibles de vérité. La proposition nécessairement vraie que la mère d'Oedipe est sa mère a une valeur cognitive fort différente de la proposition qu'elle est Jocaste. La première proposition est une *pure tautologie* dans ma terminologie : elle est vraie en toute circonstance possible selon toute assignation possible de dénotation à ses constituants. Nous savons donc tous *a priori* qu'elle est vraie en vertu de notre compétence linguistique. Elle est à la fois nécessairement, analytiquement et *a priori* vraie. La seconde proposition que la mère d'Oedipe est Jocaste est juste une *vérité nécessaire objective*. Elle est certes vraie en toute circonstance possible selon les assignations possibles de dénotation qui associent à ses deux sens leur dénotation réelle. Cependant, elle est fausse selon les autres qui n'attribuent pas à Jocaste sa propriété essentielle d'être la mère d'Oedipe. Ainsi Oedipe a pu croire qu'elle était fausse, alors qu'elle était nécessairement vraie.

2 Les circonstances possibles et modalités en logique des attitudes et de l'action

Les agents humains vivent dans un monde indéterministe où le futur est ouvert. Quand un agent accomplit une action, il aurait pu ne pas la faire ou en faire une autre. Il aurait aussi pu avoir d'autres attitudes. Notre monde étant indéterministe, bien des faits (états de choses, événements, actions) peuvent en outre avoir des effets futurs incompatibles. Seule la conception ramifiée du temps est compatible avec l'indéterminisme et la liberté de l'agent. Selon cette conception ramifiée, chaque *moment* représente un *état possible complet du monde à un certain instant* et la relation causale et temporelle d'antériorité / postériorité entre moments est *partielle* plutôt que linéaire. Les moments d'énonciation sont des exemples paradigmatiques de moments du temps. Quand on dit qu'un agent accomplit maintenant une action on dit qu'il accomplit cette action au moment de l'énonciation. Par souci de simplicité j'adopterai ici une conception discontinue des suites de moments du temps. D'une part, il y a un chemin causal unique vers le passé. Chaque moment est précédé par au plus un autre moment passé directement antérieur et deux moments distincts ont toujours un ancêtre historique commun dans leur passé. D'autre part, il y a fort souvent différents chemins futurs possibles : plusieurs moments alternatifs incompatibles succèdent alors directement à un même moment. Par conséquent, l'ensemble *Temps* des moments du temps a la structure formelle d'un arbre de la forme suivante :

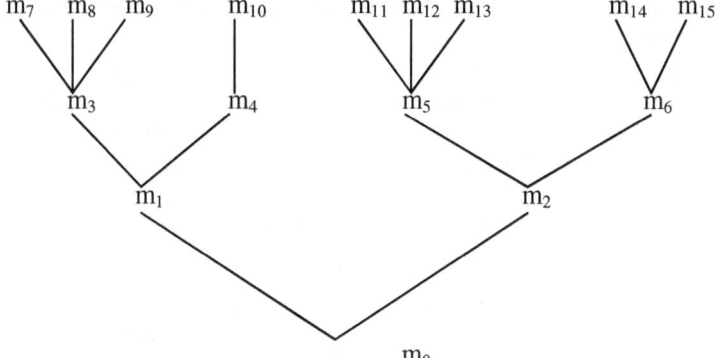

Une chaîne maximale de moments de temps qui se suivent est appelée une *histoire*. Elle représente un *cours possible d'histoire du monde*. Quand l'histoire a un premier et un dernier moment, le monde a selon elle un commencement et une fin. Les *circonstances* en lesquelles les propositions sont vraies ou fausses en logique de l'action sont des paires *m/h* d'un *moment* du temps *m* et d'une *histoire h* à laquelle ce moment appartient. Grâce aux histoires, la logique peut analyser des notions modales importantes comme la *vérité établie*, la *nécessité* et la *possibilité historique* en plus des notions temporelles classiques et indexicales. Certaines propositions sont *vraies* à un moment selon toutes les histoires auxquelles ce moment appartient. Leur vérité est alors *établie*[14] (en symboles : *ÉtabliP*) peu importe comment le monde continue. Les propositions passées ont une valeur de vérité établie à chaque moment car le passé est unique. Toutes les histoires auxquelles appartiennent un moment ont le même passé à ce moment. La valeur de vérité des propositions *passées* ne dépend donc aucunement des histoires considérées. Il en va de même pour les propositions qui attribuent des attitudes ou des actions aux agents. Quiconque croit ou fait quelque chose à un moment, croit ou fait alors cette chose quelle que soit l'histoire considérée. Contrairement au passé qui est unique, le futur est ouvert. Le monde peut continuer de plusieurs façons après les moments indéterministes. Ainsi la vérité des propositions futures n'est pas établie : elle dépend de la continuation historique du moment que l'on considère. Supposons qu'un agent lance maintenant un dé parfait. Il y a alors différentes continuations possibles du monde où le dé retombera sur différents côtés. Comme Belnap l'a souligné, la proposition future qu'il *sera le cas que P* est vraie à un moment *m* d'une histoire *h* quand P est vraie à un moment *m'* qui lui est postérieur *en cette même histoire*.

Quand il y a plusieurs continuations historiques possibles d'un moment, celle qui adviendra est sans doute encore indéterminée à ce moment. Cependant si le monde continue, il continuera d'une seule façon. Comme Occam l'a souligné (Prior 1967, chap. 6), chaque moment aura donc une continuation historique future unique, quelle qu'elle soit. L'indéterminisme n'empêche aucunement cela. On peut même représenter arbitrairement cette continuation historique en chaque modèle. C'est

---

[14] Je reprends ici la terminologie de Belnap et Perloff (1992) qui utilisent le mot anglais « settled ».

en vertu de leur intentionnalité que les agents sont tous naturellement tournés vers la continuation historique réelle à chaque moment de leur existence. La logique doit absolument représenter cela en distinguant au moins conceptuellement la continuation réelle des autres continuations historiques possibles. Soit h_m l'*histoire propre* à chaque moment m en un modèle. Si m est le dernier moment d'une histoire h, alors cette histoire h est obligatoirement h_m. Si par contre, il continue, alors les moments qui lui sont postérieurs dans la continuation actuelle de ce moment ont tous par hypothèse la même histoire propre ; $h_m = h_{m'}$ quand $m' \in h_m$. Parmi toutes les histoires possibles, l'une sera *le cours actuel d'histoire de notre monde*. C'est l'histoire propre au moment présent (*maintenant*) qui est actuel. Dans cet ordre d'idées, une proposition est *vraie à un moment m* en un modèle quand elle est vraie à ce moment selon l'histoire h_m qui lui sera propre dans ce modèle. Certaines propositions sont temporellement marquées par un moment. Telle est la proposition [au moment m]P qui est vraie en une circonstance quelconque quand P est vraie au moment m.

La *nécessité historique* est une notion modale beaucoup plus forte que la *vérité établie*. Pour la définir, on a besoin de quantifier sur les moments co-instantanés. L'ensemble *Instant* de tous les *instants* est une partition de l'ensemble *Temps* de tous les moments contenant exactement un moment de chaque histoire et respectant l'ordre temporel des histoires. On dit que les moments qui appartiennent au même instant sont *co-instantanés*. Tels sont ceux qui sont dans une même ligne horizontale dans la figure précédente, par exemple, les moments m_3, m_4, m_5 et m_6. La proposition qu'il est *alors nécessaire* que P (en symboles : $\Box P$) est vraie en un moment m selon une histoire quand P est vraie à tous les moments qui lui sont co-instantanés. Le fait représenté est alors non seulement *établi* mais aussi *inévitable*. Selon la philosophie traditionnelle, aucune action ni intention d'un agent n'est inévitable. Qui plus est, les causes et les effets possibles des actions d'un agent sont toujours des résultats possibles de ce qui s'est passé jusqu'alors. Pour bien expliquer *la pertinence historique* il convient de distinguer les moments co-instantanés appartenant à des histoires ayant le même passé. J'appellerai pareils moments des moments *alternatifs*. Les moments m_7, m_8 et m_9 sont alternatifs dans la figure précédente. Ils représentent comment le monde pourrait être immédiatement après le moment m_3. La *nécessité logique* est plus forte que la nécessité historique. La proposition qu'il est *logiquement nécessaire* que P (en symboles : ■P) est vraie en une circonstance quand la proposition P est vraie en toute circonstance possible. $\blacksquare P =_{def} Always \Box P$. En pareil cas le fait représenté est à tout moment inévitable. La notion de tautologie est la notion modale la plus forte. La proposition que P est tautologique (en symboles : *TautologiqueP*) est vraie en une circonstance quand la proposition P est vraie en toute circonstance selon toute assignation possible de dénotation. Le fait représenté est alors analytiquement inévitable aussi bien objectivement que subjectivement.

3 Analyse des croyances, désirs et intentions des agents

À la base de toute action intentionnelle il y a des croyances, désirs et intentions de l'agent. Pareilles attitudes sont des attitudes propositionnelles composées d'un mode psychologique M et d'un contenu propositionnel P dirigées vers le fait du monde représenté par leur contenu. Elles ont pour cette raison des conditions de possession et de satisfaction logiquement liées. Les croyances sont *satisfaites* quand elles sont *vraies*, les désirs quand ils sont *réalisés* et les intentions quand elles sont *exécutées*. Tout agent d'une attitude est dans un état mental : il représente comment les choses doivent être dans le monde pour que son attitude soit satisfaite. Quiconque ressent un désir est capable de déterminer ce qui doit se passer dans le monde pour que son désir soit réalisé. Je traiterai d'abord des croyances et désirs dont le mode psychologique est primitif. Ensuite je considérerai les intentions qui sont des attitudes volitives plus complexes que les désirs (voir Vanderveken 2006).

J'ai déjà souligné les défauts de l'analyse logique courante des croyances et désirs. J'entends expliquer leurs véritables conditions de possession et de satisfaction. Tout d'abord, selon la phénoménologie (Brentano), nos attitudes sont *dirigées vers* les faits que représente leur contenu propositionnel. Quiconque possède une attitude propositionnelle particulière doit alors avoir à l'esprit consciemment ou non les attributs et les concepts de son contenu. Quand il ne les a pas consciemment à l'esprit, il est à tout le moins capable de les exprimer. Autrement, il ne pourrait déterminer les conditions de satisfaction de son attitude. Or une attitude avec des conditions de satisfaction totalement indéterminées serait sans contenu ; ce ne serait donc pas une véritable attitude. Deuxièmement, selon mon approche, ce sont des assignations possibles de dénotation aux constituants propositionnels plutôt que des circonstances possibles qui sont compatibles avec la satisfaction des attitudes des agents à différents moments. A chaque agent a et moment m du temps, correspond en effet l'ensemble $Croyance_m^a$ des assignations possibles de dénotation aux concepts et attributs qui sont *compatibles avec la vérité des croyances* de cet agent à ce moment. Par hypothèse, l'ensemble $Croyance_m^a$ est l'ensemble de toutes les assignations possibles de dénotation aux concepts et attributs quand l'agent a n'a aucun sens à l'esprit au moment m. Autrement, c'est un sous-ensemble propre non vide d'assignations possibles de dénotation. Aucun agent humain ne peut tout croire. Quand nous avons à l'esprit des sens, certaines, mais pas toutes les assignations possibles de dénotation à ces sens, sont compatibles avec ce que nous croyons alors. Dans mon optique, un *agent a croit une proposition à un moment m* (quelle que soit l'histoire considérée) quand il a alors à l'esprit tous les concepts et attributs de cette proposition et qu'elle est vraie à ce moment selon toutes les assignations possibles de l'ensemble $Croyance_m^a$ compatibles avec ce qu'il croit alors. Nous ignorons ce qui se passera plus tard dans le monde. Cependant, nous avons maintenant bien des croyances dirigées vers le futur. Comme Occam l'a souligné, pour que pareilles croyances soient vraies, il faut que les choses soient à un moment postérieur comme nous le croyons maintenant dans **la** continuation historique actuelle de ce moment.

On peut analyser le désir selon la même approche que la croyance. À chaque agent a et moment m du temps, correspond l'ensemble non vide $Désir_m^a$ des assignations possibles de dénotation qui sont *compatibles avec la réalisation des désirs* de cet agent à ce moment. Il existe une différence importante entre le désir et la croyance. Il nous arrive de croire en l'existence de faits qui ne pourraient pas selon nous ne pas arriver. Par contre, quand nous désirons l'existence d'un fait, nous croyons alors que ce fait pourrait ne pas arriver. Car chaque désir contient une *préférence*. Quiconque ressent un désir distingue *ipso facto* deux façons différentes dont le monde pourrait être : selon la première qu'il préfère, les choses du monde sont comme il le désire, selon la seconde, elles ne le sont pas. Ainsi pour qu'un agent a *désire* à un moment m le fait représenté par une proposition, il ne suffit pas qu'il ait à l'esprit tous ses concepts et attributs et que cette proposition soit vraie à ce moment selon toutes les assignations possibles de dénotation de $Désir_m^a$ compatibles avec ce qu'il désire alors. Il faut en outre que cette proposition ne soit pas selon l'agent tautologique ; qu'elle soit *fausse* en une circonstance selon lui au moment *m*. Aucun fait analytiquement inévitable ne peut être désiré.

Ma logique de la croyance et du désir tient compte de la réalité psychologique. Nous avons aussi bien des croyances et des désirs inconscients que conscients. Pour qu'un agent ait une croyance ou un désir conscient il faut qu'il ait alors consciemment à l'esprit son contenu propositionnel. Pour qu'il l'ait inconsciemment il suffit qu'il puisse l'exprimer. Nous avons certes des croyances fausses et des désirs insatisfaits. Dans ce cas, l'assignation *réelle* de dénotation aux concepts et attributs est incompatible avec ce que nous croyons et désirons alors. Notre connaissance et nos croyances sont limitées. Quand nous ignorons la dénotation de certains sens en certaines circonstances, de nombreuses assignations possibles de dénotation à ces sens en ces circonstances sont alors compatibles avec nos croyances. Contrairement à l'approche traditionnelle, mon analyse explique pourquoi *nous ne sommes pas logiquement omniscients ni parfaitement rationnels*. Nous n'avons pas à l'esprit même inconsciemment tous les concepts et attributs. Car notre langage propre à chaque moment a des capacités expressives limitées. Voilà pourquoi nous ignorons bien des vérités nécessaires. Enfin, il nous arrive de croire et de désirer des choses impossibles. Dans ce cas, les assignations possibles de dénotation compatibles avec ce que nous croyons ou désirons ne respectent pas des propriétés essentielles des objets auxquels nous pensons. L'identité de nos parents n'est déterminée par aucun postulat de signification. Nous pouvons croire en avoir d'autres. Mon approche résout les paradoxes épistémiques traditionnels. Toutefois les agents humains restent *minimalement cohérents et rationnels* dans mon optique. Ils ne peuvent croire ni désirer n'importe quoi et leurs croyances et désirs en contiennent d'autres. En effet *il y a toujours des assignations possibles de dénotation aux sens compatibles avec la satisfaction de leurs croyances et désirs*, et pareilles assignations, et donc leurs attitudes, obéissent aux postulats de signification. Quiconque comprend une proposition respecte en vertu de sa compétence les postulats de signification. Quand il s'agit d'une pure contradiction (fausse en toute circonstance selon toute assignation possible de dénotation), il est alors certain de sa fausseté. Nul ne peut croire ni désirer des choses contradictoires. Les choses ne pourraient jamais être ainsi selon aucun agent. Certains espèrent encore que l'arithmétique soit complète (une proposition nécessairement fausse si la preuve de Gödel est correcte). Cependant aucun ne pourrait croire ni désirer à la fois la complétude et l'incomplétude de l'arithmétique (une pure contradiction). Il arrive souvent que nous désirons simultanément quelque chose (être à Paris dimanche prochain) pour une raison (écouter un concert) et une autre incompatible (être à Bruxelles au même moment) pour une autre raison (célébrer l'anniversaire d'un ami). Cependant quand on analyse bien leur forme logique, pareils désirs ne sont pas des désirs catégoriques avec un contenu propositionnel contradictoire, comme Searle le pense dans le précédent chapitre. Car la raison en question fait partie du contenu de ces désirs.

Descartes tend à analyser les attitudes propositionnelles comme étant des sommes de croyances et de désirs. Cependant, bien des attitudes de modes différents comme les regrets et les tristesses contiennent les mêmes désirs et croyances. En outre nos intentions sont bien plus que la somme d'un désir d'accomplir une action et d'une croyance que nous en sommes capables. J'ai enrichi l'analyse cartésienne en procédant à une explication plus complète des modes psychologiques. Sans doute, toutes les attitudes cognitives (les prévisions, les certitudes, les convictions, les surprises) contiennent des croyances et toutes les volitives (les souhaits, les vouloirs, les plaisirs) des désirs. Cependant les deux catégories traditionnelles de la cognition et de la volition ne sont pas suffisantes. Les modes psychologiques complexes comme le savoir et l'intention ont d'autres composantes dont il faut tenir compte. Ils ont une *façon spéciale* de croire ou de désirer, des *conditions* propres *sur leur contenu propositionnel* ou des *conditions préparatoires* particulières. Grâce à pareille décomposition j'ai défini récursivement l'ensemble des modes psychologiques possibles. Comme Descartes l'avait anticipé, les deux modes de *croyance* et de *désir* sont primitifs. Ils n'ont aucune façon cognitive ou volitive, aucune condition sur le contenu ni aucune condition préparatoire particulière. Les autres modes sont obtenus en leur ajoutant des façons et des conditions spéciales.

Qu'en est-il du mode psychologique d'*intention* ? Quiconque a une intention ressent un désir si fort qu'il est disposé à agir tôt ou tard dans le monde afin de satisfaire ce désir. Il veut rendre existant le fait désiré dans le monde. Cette façon volitive spéciale $\varpi_{intention}$ propre au mode psychologique d'intention restreint la relation de compatibilité avec la réalisation de ses désirs. Pour chaque agent a et moment m, $\varpi_{intention}(a,m) \subseteq$ *Désir*$_m^a$. Quiconque possède une *intention* entend alors agir tôt ou tard. Parfois il entend agir au moment même de l'intention. Il a alors une *in-*

tention présente d'agir (ce que Searle appelle une *intention en action*). Parfois l'agent a l'intention d'agir à un moment ultérieur. Il a alors une *intention préalable*. Un agent peut avoir aujourd'hui l'intention de se promener demain. Après-demain, il ne pourra plus avoir cette intention. Car l'action en question sera alors passée. Voilà les conditions θ$_{\text{intention}}$ sur le contenu propositionnel propres au mode psychologique des intentions. Le contenu des intentions de chaque agent *a* à un moment *m* doit appartenir à l'ensemble θ$_{intention}(a,m)$ des propositions représentant une action présente ou future de cet agent relativement à ce moment. Seul l'agent lui-même peut avoir l'intention individuelle qu'*il* agisse. Aucun autre agent ne le peut. Comme les forces illocutoires les modes psychologiques ont des *conditions préparatoires*. L'agent d'une attitude ou d'un acte illocutoire à un moment *présuppose* que les conditions préparatoires sont alors remplies. Le mode d'intention comme la force d'engagement a la condition préparatoire Σ$_{\text{intention}}$ que l'agent est capable de faire l'action. Quand il en est incapable, l'engagement et l'intention sont défectueux. Dans le cas illocutoire, le locuteur peut sans doute mentir afin de tromper l'allocutaire. Dans le cas psychologique, par contre, l'agent ne peut se mentir à lui-même. Quiconque a une *intention* croit donc être capable de l'exécuter. Autrement ce ne serait pas une véritable intention. Il croit alors disposer de moyens pour l'exécuter[15].

D'un point de vue logique, les conditions de possession et de satisfaction des attitudes propositionnelles sont entièrement déterminées par leur mode psychologique et leur contenu propositionnel. Chaque composante d'un mode détermine une condition nécessaire particulière de possession des attitudes pourvues de ce mode. De façon générale, un agent *a* possède *une attitude cognitive (ou volitive) de la forme M(P) à un moment m* quand il *croit* (ou *désire*) alors le contenu propositionnel *P,* il ressent à ce moment sa croyance (ou son désir) de *P* de la *façon cognitive ou volitive* propre à son mode *M*, la proposition *P* satisfait alors les conditions sur le *contenu propositionnel* de ce mode et enfin cet agent *présuppose et croit* alors toutes les propositions déterminées par *les conditions préparatoires* de son mode relativement à son contenu. En particulier, un agent *a l'intention* de *P* à un moment quand le contenu propositionnel P repré-

---

[15] Pour chaque agent *a*, moment *m* et contenu propositionnel *P*, Σ$_{\text{intention}}(a,m,P)$ contient la proposition que l'agent *a* est capable de *P* et donc que *P* alors possible et que l'agent en a les moyens.

sente alors une action présente ou future de cet agent par rapport à ce moment, quand il éprouve alors un tel désir de *P* qu'il est disposé à faire cette action et enfin quand il présuppose et croit alors en être capable et donc en avoir les moyens. Parfois les agents humains désirent et ont l'intention de faire des choses impossibles. Il leur arrive même de désirer des choses qu'ils *savent* être impossibles. Mais ils ne peuvent par contre avoir l'intention de faire pareilles choses car ils savent alors qu'ils en sont incapables.

La notion générale de *satisfaction* est basée sur celle de *correspondance*. Le plus souvent, l'agent d'une attitude ou d'un acte illocutoire entend *établir une correspondance* entre ses idées et les choses dans le cas psychologique et entre ses mots et les choses dans le cas illocutoire. Son attitude et son acte illocutoire ont alors de véritables conditions de satisfaction. La notion de *satisfaction* est une généralisation de la notion de *vérité* qui s'applique aux attitudes et aux actes illocutoires dont la direction d'ajustement n'est pas vide. Tout comme il y a quatre directions possibles d'ajustement entre les mots et les choses, il y a quatre directions possibles d'ajustement entre l'esprit et les choses. Les *attitudes cognitives* comme les actes assertifs ont *la direction d'ajustement* qui va *de l'esprit aux choses*. Ces attitudes sont *satisfaites* quand leur contenu propositionnel est *vrai*. Les idées de l'agent correspondent alors aux choses telles qu'elles sont ou seront dans le monde. Quand l'agent réalise que cela n'est pas le cas, il change d'office ses idées. Il n'en va pas de même pour les attitudes volitives dont la direction d'ajustement va des choses à l'esprit. Car en cas d'insatisfaction, le monde est alors fautif, et non l'agent. Souvent ce dernier garde ses désirs et reste insatisfait. Celui qui possède une attitude volitive *désire en général l'existence du fait* représenté par le contenu, *peu importe comment pareil fait advient* dans le monde. Pour cette raison, la satisfaction de beaucoup d'attitudes volitives exige seulement la *vérité* de leur contenu propositionnel. Les choses sont alors comme l'agent le désire, sans qu'importe la cause de leur existence.

Les seules exceptions à cette règle sont des attitudes volitives comme les volontés et les intentions dont la façon volitive requiert que les choses s'ajustent aux idées de l'agent parce qu'il les désire telles. Pareilles attitudes ont des *conditions de satisfaction sui référentielles* comme les forces d'ordre et de promesse dont elles sont les conditions de sincérité. Il ne suffit pas que leur contenu propositionnel soit vrai dans l'histoire de leur moment. Il faut qu'il le soit *à cause d'elles*. Ainsi pour qu'un agent exécute une intention préalable formée à un moment, il ne suffit pas que il fasse plus tard l'action en question dans la continuation future de ce moment. Il faut qu'il la fasse afin de satisfaire cette intention. Quand l'agent a oublié son intention préalable ou qu'on l'oblige à faire l'action, il n'exécute pas alors l'intention. Il n'y a pas de satisfaction sui référentielle sans *causalité intentionnelle* (Searle). L'acte illocutoire ou l'attitude en question est alors une *raison pratique* pour laquelle survient le fait représenté par son contenu. Par conséquent, pour qu'une assignation possible de dénotation soit compatible avec l'exécution des intentions d'un agent à un moment, il ne suffit pas qu'elle soit compatible avec la réalisation de ses désirs à ce moment. Il faut en outre que l'agent ait alors selon cette assignation toutes ses intentions à ce moment et que les actions visées surviennent selon l'assignation *à cause de* ces mêmes intentions. On a besoin d'une constante de *raison* ρ en logique des attitudes et de l'action. La proposition selon laquelle P est vraie à cause de Q (en symboles : [ρPQ]) est vraie à un moment quand Q représente une raison théorique ou pratique pour laquelle survient le fait représenté par P.

Il arrive que plusieurs agents accomplissent intentionnellement la même action au même moment en le sachant. Tous trinquent en même temps à la santé de la même personne. Parfois leur action collective est juste la somme de leurs actions individuelles. Chacun exécute à ce moment son intention de trinquer individuellement. D'autres fois les agents partagent l'intention conjointe qu'*ils* fassent tous ensemble la même action. Cela arrive quand deux personnes entendent se serrer la main pour sceller un accord. Dans ce cas l'action visée n'est pas une action individuelle du genre « Je fais ceci » mais plutôt une action conjointe du genre « Nous le faisons ensemble » exigeant de la coopération. Chacun des deux entend sans doute bouger sa propre main (voilà des actions individuelles). Mais leur but est bien alors de coordonner leur mouvement afin de se serrer la main. Aucun d'entre eux ne pourrait faire ni avoir l'intention de faire seul pareille action conjointe qui a les deux protagonistes comme agents. Comme Searle et Tuomela l'ont souligné, les agents ont alors une intention conjointe irréductible à la somme de leurs intentions individuelles. Avec mon appareil conceptuel, je peux analyser avec précision le mode psychologique des intentions conjointes instantanées. Deux agents *possèdent une intention conjointe à un moment* quand leur intention est alors de faire ensemble une action commune de la forme « Nous faisons P » (conditions sur le contenu propositionnel), en faisant chacun leur part individuelle dans son accomplissement (façon volitive tout à fait spéciale de *coopération*) et ils présupposent et croient chacun alors partager cette intention et être à deux capables de l'exécuter (conditions préparatoires nouvelles). La plupart des actions conjointes sont des actions comme jouer, danser et dialoguer qui durent pendant un intervalle de temps. La présente explication des intentions conjointes est donc fort restreinte.

4 Action, temps et modalités dans la logique philosophique

À la différence des fonctions de vérité, les propositions modales, temporelles, d'attitudes et d'action contiennent plus de propositions élémentaires que leurs arguments. On fait des nouvelles prédications en les exprimant. Ainsi en pensant qu'il est impossible que Dieu se trompe, nous faisons plus qu'attribuer à Dieu la propriété de ne pas se tromper. Nous Lui attribuons aussi la propriété modale d'infaillibilité, à savoir qu'Il ne se trompe en aucune circonstance possible. De même, quiconque croit que Dieu existe, fait plus qu'attribuer à Dieu la propriété d'existence, il Lui attribue aussi la propriété d'être existant selon lui. Quand nous pensons faire en sorte que quelqu'un soit plus riche nous nous attribuons la propriété de l'enrichir. Enfin, quand nous pensons que certains tentent de se faire élire nous leur attribuons la propriété d'être candidat à une élection.

Comme on l'a vu, les valeurs de vérité de beaucoup de propositions modales et temporelles dépendent à la fois des moments du temps et des cours possibles d'histoire du monde. Cependant quand un agent possède une attitude propositionnelle à un moment il est établi qu'il a alors cette attitude. Cela résulte de mon explication des attitudes. De même quand un agent accomplit à un moment une action il l'accomplit alors peu importe comment le monde continue. Il convient d'expliquer cela avec précision. *Les moments du temps sont liés en vertu des actions des agents* (voir Vanderveken 2005b). Non seulement les agents répètent des actions instantanées du même genre à des moments successifs. Il leur arrive de boire à plusieurs reprises. Mais beaucoup d'actions présentes ont des effets futurs. Celui qui boit de l'arsenic mourra. En outre il arrive aux agents d'accomplir des actions du même genre à des moments alternatifs. Supposons qu'un joueur est dans une position de vainqueur dans une partie d'échec : ce joueur gagne alors la partie s'il avance une pièce quelconque. Dans ce cas, il est le vainqueur à tous les moments alternatifs où il joue cette partie. D'un point de vue logique, à chaque agent a et moment de temps m correspond l'ensemble $Action_m^a$ des moments alternatifs à m qui sont *compatibles avec toutes les actions* de cet agent à ce moment. Pareils moments compatibles sont tous, comme le dit Chellas (1992), « sous le contrôle — ou réactifs aux actions » de l'agent à ce moment. Quand l'agent a fait quelque chose au moment m, cette chose advient alors à tous les moments compatibles avec ses actions à ce moment. Quand, par contre, il ne fait rien à ce moment, tous les moments alternatifs à m appartiennent alors à l'ensemble $Action_m^a$.

Dans mon optique, pour qu'un moment soit compatible avec toutes les actions d'un agent à un autre moment, cet agent doit y accomplir exactement les mêmes actions. Ma relation de compatibilité avec les actions est donc *réflexive, symétrique et transitive*. Tous les agents persistent dans le monde. Ce qu'un agent fait à chaque moment dépend de la façon dont le monde a été jusqu'alors. La relation temporelle d'antériorité postériorité est constitutive de la relation d'ordre causal. Quand on parle des causes et des effets possibles des actions d'un agent, il s'agit toujours des résultats possibles de ce qui s'est passé jusqu'alors. C'est pourquoi la relation de compatibilité avec les actions satisfait la *condition de la pertinence historique*. Comme Belnap et Perloff l'ont souligné, pour qu'un moment soit compatible avec toutes les actions d'un agent à un autre moment, les deux moments doivent appartenir à des histoires ayant le même passé.

Grâce à la nouvelle relation de compatibilité, la logique de l'action peut analyser quelles propositions sont vraies étant donné les actions individuelles instantanées des agents. La proposition que *P est vraie vu ce que l'agent a fait* (en symboles : ΔaP) est vraie à un moment m quelle que soit l'histoire considérée quand la proposition P est vraie selon toutes les histoires à tous les moments de $Action_m^a$ compatibles avec les actions de cet agent à ce moment. La vérité des propositions de la forme ΔaP est bien *établie* à chaque moment. Chellas (1992) tend à identifier la notion d'action avec l'opération modale normale correspondant au connecteur Δ. Cependant toute proposition de la forme ΔaP est vraie quand il est historiquement nécessaire que P. Or, comme les philosophes médiévaux l'avaient déjà souligné, les faits inévitables existent quoique l'on fasse. Par conséquent, la véritable proposition que l'agent *a fait en sorte que P* (dans mon symbolisme $[aFaitP]$) est plus forte que la proposition selon laquelle P est vraie vu ce que cet agent fait. Elle implique que la proposition *P* ne soit pas historiquement nécessaire. Belnap et Perloff ont souligné cela. À leurs yeux, $[aFaitP] =_{def} (\Delta aP \& \neg \Box P)$.

Dans leur théorie de l'action, Belnap et Perloff utilisent la *logique du temps ramifié* et la *théorie des jeux* de von Neumann. Les agents font des choix en agissant. La notion d'agir et de choisir à un moment est censée contraindre le cours des événements futurs à certains sous-ensembles d'histoires accessibles à ce moment. Belnap et Perloff (1992) ont d'abord étudié les actions dues à un choix passé de l'agent. Cependant, fort souvent nous faisons spontanément des actions que nous n'avions pas l'intention préalable de faire. Je n'ai jamais eu l'intention d'utiliser la phrase que j'écris maintenant. Qui plus est, il arrive que les agents n'exécutent pas leurs intentions préalables. Enfin beaucoup d'actions humaines sont causées par une tentative de l'agent qui en a l'intention présente au moment même de leur accomplissement. Par la suite, Belnap, Perloff et Xu (2001) ont étudié les actions tournées vers le futur dues à un choix présent de l'agent. J'entends considérer ici toutes les actions que les agents font individuellement à un moment, peu importe si elles exécutent ou non une intention préalable et si elles concernent le présent ou le futur. Chaque *action intentionnelle* contient à mes yeux une *tentative* de l'agent. Cette tentative exécute toujours une intention présente, une *intention en action* à la Searle (1983), seulement parfois une intention préalable. La plupart des mouvements volontaires de notre corps sont spontanés. Nous bougeons alors nos membres au moment même nous le tentons. La logique de l'action de Belnap a le mérite de prendre fort sérieusement en considération *le double ordre temporel et causal du monde*. Elle tient compte l'avancement des sciences.

J'entends poursuivre son approche en prenant en considération l'intentionnalité propre aux agents humains afin d'expliquer la nature de leurs actions intentionnelles et les différentes formes d'engendrement de leurs actions. Comme il n'y a pas d'action sans tentative, mon idéographie contient une nouvelle constante logique de *tentative* en plus de la constante d'*action*. Les formules de la forme $[aTenteP]$ expriment la proposition que ***l'agent a tenté de faire P.*** Elles représentent des tentatives instantanées d'un seul agent. À de rares exceptions, les philosophes et les logiciens de l'action ont jusqu'à présent négligé les tentatives. Il s'agit d'expliquer leur nature. En philosophie de l'esprit, les tentatives sont liées aux intentions. Premièrement, tout agent qui fait une tentative la fait intentionnellement. Il n'y a pas de tentative involontaire. Deuxièmement, quiconque tente une action à un moment a alors l'intention de la faire[16]. Enfin et surtout, les intentions et les tentatives ont la même direction d'ajustement qui va du monde à l'esprit et leurs conditions de satisfaction sont liées. Dans les deux cas, l'agent doit faire en sorte que les choses en viennent à correspondre à ce qu'il vise. Une intention est *satisfaite* quand l'agent l'*exécute*, une tentative quand il *atteint son objectif*. Il y a cependant une différence ontologique entre les intentions et les tentatives. Les intentions sont des *états mentaux* alors que les tentatives sont elles des *actions mentales*. Les agents *ont consciemment ou non* leurs intentions, alors qu'ils *font consciemment* leurs tentatives. Faire une tentative c'est *agir* afin d'atteindre un objectif, par exemple, lever le bras afin de saluer quelqu'un. Chaque tentative contient une *intention en action*. Il importe de distinguer la tentative elle-même de l'action tentée et l'intention de son exécution. Bien des intentions ne sont pas exécutées tout comme bien des tentatives ratent. Pour qu'un agent exécute une intention, il faut d'abord qu'il tente de l'exécuter. Il n'y a pas d'exécution d'intention sans tentative. Il arrive que l'agent oublie ses intentions préalables. Il arrive aussi qu'il ne tente pas de les exécuter au moment approprié parce qu'il est alors faible de volonté ou qu'il les révise. Parfois l'agent tente d'exécuter son intention, mais il peut alors échouer. Pour que l'agent réussisse à atteindre son objectif, il faut qu'il fasse une bonne tentative en une circonstance appropriée. Le prêtre rate sa tentative de baptiser l'enfant quand il se trompe de nom propre (mauvaise tentative) ou de bébé (mauvais objet de référence). En règle générale, la *réussite* d'une tentative n'implique pas sa *satisfaction*.

D'un point de vue philosophique, les tentatives sont un genre très spécial d'action. Tout d'abord, chaque tentative individuelle est *personnelle* et *subjective*. Seul l'agent lui-même peut faire sa propre tentative. Nul autre ne le peut. Ainsi quand deux agents différents réussissent à faire la même chose (par exemple boire), ils la font grâce à différentes tentatives personnelles (dans ce cas, différents mouvements volontaires). De plus, aucune tentative n'est déterminée. Notre volonté est apparemment libre. Quiconque fait une tentative aurait pu tenter autre chose ou ne rien tenter du tout. Troisièmement, les tentatives sont des actions intrinsèquement

---

[16] Bratman (1992) critique ce principe. Mais ses contre-exemples ne fonctionnent pas ou concernent des actions intentionnelles qui ne sont pas momentanées mais durent pendant un intervalle de temps.

intentionnelles. Enfin, chaque tentative individuelle est une action *réussie* en ce sens tout à fait particulier qu'aucun agent ne peut rater de faire sa tentative. Quiconque tente de faire une tentative la fait *ipso facto*. C'est tautologique. Une tentative est essentiellement un *acte mental*. Celui qui tente de lever le bras échoue quand une force externe l'en empêche. Mais cet agent a quand même alors mentalement tenté de lever son bras. Il a eu consciemment à l'esprit *l'intention en action* correspondante. Parmi toutes les actions intentionnelles, les tentatives ont donc des conditions de succès tout à fait particulières. Il suffit de les tenter pour les réussir. À mes yeux, les tentatives de bouger directement les membres de son propre corps sont de véritables *actions de base* au sens de Goldman. Quand un agent veut vraiment tenter directement de bouger, la tentative résulte à tout le moins de sa volonté, qu'il soit ou non dans une condition standard (Goldman 1970: 65). L'intention présente crée alors une tentative, qu'il y ait ou non mouvement. Cependant tout agent d'une tentative a un autre objectif que celui de faire sa tentative et il peut rater cet autre objectif. Quand il le rate, il a souvent l'*expérience* de sa tentative. Cette expérience lui *présente* les conditions de succès de l'action tentée dans le cas corporel ; elle les lui *représente* dans le cas verbal.

Comme il y a différents genres de buts et d'objectifs, il y a différents genres de tentatives. À la base les agents tentent de faire une action individuelle au moment même de leur tentative, par exemple, accomplir alors un acte illocutoire élémentaire. Pareilles tentatives sont individuelles comme l'acte visé. Parfois plusieurs agents tentent ensemble d'accomplir au moment même une action irréductiblement conjointe comme sceller leur accord. Leur tentative est alors comme leur intention irréductiblement conjointe. Quoiqu'il en soit de l'action visée, les agents qui tentent d'agir au moment présent réussissent ou ratent alors leur tentative. En cas de satisfaction, l'action tentée est établie au moment même de la tentative. Les autres espèces de tentatives sont tournées vers le futur. Les agents humains qui persistent dans le monde et vivent en société planifient leurs actions. Ils ont en plus de leurs objectifs présents des objectifs futurs individuels et collectifs. Ils font des choses afin que d'autres choses adviennent dans le futur. Je suis maintenant en train d'écrire un chapitre que j'entends publier dans un ouvrage collectif. La satisfaction des tentatives dirigées vers le futur est encore indéterminée au moment même où elles ont lieu. Le monde continuera-t-il après ces tentatives ? Si oui, que se passera-t-il après ? Les agents peuvent réussir à atteindre leur but selon certaines continuations historiques possibles du moment de leur tentative et rater selon d'autres. Celui qui mise maintenant une somme d'argent à la roulette gagnera seulement si la roulette s'arrête à l'endroit misé dans le futur actuel.

Comment expliquer avec précision les conditions de succès et de satisfaction des tentatives individuelles ? Tout d'abord, les moments du temps sont logiquement liés en vertu des tentatives des agents, comme ils le sont par leurs actions. À chaque agent a et moment m correspond bien l'ensemble des moments alternatifs où cet agent réussit à faire toutes les tentatives qu'il tente de faire à ce moment. On a vu qu'il suffit de tenter de faire une tentative pour la faire et que toutes les actions d'un agent à un moment sont engendrées par ses tentatives à ce même moment. Par conséquent, les moments où l'agent a réussit à faire toutes les tentatives qu'il tente de faire à un moment m sont par définition ceux qui sont compatibles avec toutes les actions de cet agent à ce moment. Ils appartiennent donc à l'ensemble $Action_m^a$. La plupart du temps nous tentons de faire des choses possibles. Beaucoup de moments alternatifs sont alors compatibles avec l'atteinte de nos objectifs. Quand notre objectif est au présent nous atteignons alors cet objectif à ces moments compatibles. Autrement, nous l'atteindrons à un moment postérieur dans leur continuation future actuelle. Il nous arrive toutefois d'avoir l'intention et de tenter de faire des choses impossibles. En pareils cas nous croyons à tort être capables d'atteindre nos objectifs. Il n'y a alors aucun moment compatible avec la satisfaction de pareilles tentatives ni aucun moment compatible avec l'exécution de pareilles intentions. On peut cependant représenter dans mon approche les conditions de satisfaction de toutes les tentatives, qu'elles soient réalisables ou non, comme celles des intentions qui en font partie. D'une part, il y a bien pour chaque agent a et moment de temps m l'ensemble $Intention_m^a$ de toutes les assignations possibles de dénotation qui sont *compatibles avec l'exécution des intentions* de cet agent à ce moment. De même, il y a l'ensemble $Tentative_m^a$ de toutes les assignations possibles de dénotation qui sont *compatibles avec la satisfaction des tentatives* de cet agent à ce même moment. Par nature, ces deux ensembles sont logiquement liés. Tout agent a l'intention de faire ses tentatives. Par conséquent, $Tentative_m^a \subseteq Intention_m^a \subseteq Désir_m^a$. Qui plus est, comme les tentatives sont des actions, chaque agent fait les mêmes tentatives à tous les moments compatibles avec ce qu'il fait. Ainsi $Tentative_m^a = Tentative_{m'}^a$ quand $m' \in Action_m^a$.

Les tentatives ont la direction d'ajustement du monde à l'esprit. Pour que la tentative d'un agent soit satisfaite en un cours possible d'histoire de ce monde il faut que l'agent y fasse cette tentative. Par conséquent toutes les assignations possibles de dénotation qui sont compatibles avec la satisfaction des tentatives d'un agent à un moment sont également compatibles avec leur succès à ce même moment. Autrement dit, l'agent a fait bien au moment m selon chaque assignation possible de l'ensemble $Tentative_m^a$ toutes les tentatives qu'il fait alors. Cependant il ne suffit pas qu'une proposition P soit vraie à un moment m selon chaque assignation possible de $Intention_m^a$ pour que l'agent a ait alors l'intention de P. On a vu qu'aucun fait analytiquement inévitable ne peut être désiré. De même il ne suffit pas qu'une proposition P soit vraie à au moment m selon chaque assignation possible de $Tentative_m^a$ pour que l'agent a fasse alors la tentative de P. Il faut en outre que la proposition P en question représente bien un but que pourrait avoir cet agent à ce moment. Comme les tentatives sont des actions intentionnelles, elles ont les mêmes conditions sur le contenu propositionnel que les intentions. L'ensemble But_m^a des propositions représentant les buts que tente d'atteindre l'agent a au moment m fait donc partie de l'ensemble $\theta_{intention}(a,m)$. Ces buts sont des actions présentes ou futures que cet agent a alors l'intention de faire.

Voici quelques postulats de signification gouvernant l'ensemble But_m^a. Tout d'abord, l'ensemble But_m^a est vide quand l'agent a n'existe pas au moment m. Seul un agent conscient peut faire une tentative. Quand l'ensemble But_m^a n'est pas vide, il est fini. Les agents humains à cause de leur finitude ne peuvent faire qu'un nombre fini de prédications et donc de tentatives à chaque moment. On a vu que les agents tentent toujours de faire quelque chose dans le monde au moment même de leur tentative. Par conséquent, quand l'ensemble $Buts_m^a$ n'est pas vide, il contient des propositions de la forme [Au moment m] P représentant des actions de l'agent a au moment m. Comme Searle l'a souligné dans le précédent chapitre, les agents agissent, disons plutôt, ils font leurs tentatives *pour certaines raisons pratiques*, parce qu'ils ont des croyances, désirs et intentions au moment de ces tentatives parfois à cause d'actes illocutoires antérieurs ou simultanés. Il leur arrive d'être motivés par différentes raisons. Ils font une chose promise à la fois pour tenir leur promesse et afin d'obtenir une faveur. Néanmoins ils ne feraient pas leurs tentatives s'ils n'avaient plus de raison pratique. Car leurs raisons pratiques sont les véritables causes intentionnelles de leurs tentatives. Chaque agent a de mêmes raisons pratiques de faire ses tentatives à chaque moment compatible avec ses actions.

Dans mon optique, une proposition de la forme [$aTenteP$] selon laquelle l'agent a fait une tentative de P est vraie à un moment m quelle que soit l'histoire considérée quand à chaque moment $m' \in Action^a_m$ compatible avec ses actions alors, cet agent a consciemment l'intention de P (P représente alors un de ses buts possibles) et la proposition P est vraie au moment m' selon toutes les assignations possibles de dénotation de $Tentative^a_m$ compatibles avec la satisfaction des tentatives de cet agent à ce moment. Chaque tentative est donc bien établie et son agent croit alors pouvoir en atteindre l'objectif. En outre l'agent tente bien de faire chacune de ces tentatives[17]. Comme les agents sont minimalement rationnels, ils ne tentent jamais de faire des choses qu'ils savent *a priori* être nécessaires ou impossibles. Aucune proposition tautologique ni contradictoire ne représente donc l'objectif d'une tentative. De même, les agents ne tentent jamais ni n'ont jamais l'intention de faire quelque chose dans le passé. Car aucune proposition passée relativement au moment m n'appartient à l'ensemble $\theta_{intention}(a,m)$. Finalement, une raison pratique pour laquelle survient chaque tentative de l'agent est bien sa double intention de faire sa tentative ainsi que d'atteindre son objectif.

Comme Searle l'a souligné, la logique des désirs et des intentions est fort différente de celle des croyances. Les agents peuvent simultanément avoir une intention et croire que l'exécution de cette intention aura un certain effet sans pour autant désirer ni avoir l'intention de produire cet effet. Celui qui refuse une offre peut croire qu'il irritera l'interlocuteur sans pour autant désirer ni avoir l'intention de provoquer pareille irrita-

---

[17] Car $Action^a_m$ est une relation d'équivalence et $Tentative^a_m = Tentative^a_{m'}$ quand $m' \in Action^a_m$.

tion. En pareil cas, il y a un conflit entre les intentions et les croyances de l'agent à un moment. Certaines assignations possibles de dénotation compatibles avec l'exécution des intentions de cet agent ne sont pas compatibles avec la vérité de ses croyances au même moment. Car l'effet non voulu de l'action visée n'a pas lieu selon les premières assignations. Les agents savent que certaines de leurs croyances pourraient être fausses. Ce conflit entre le volitif et le cognitif arrive quand l'agent croit ou même sait que l'effet non voulu est une conséquence inévitable de l'action visée. Bratman et Searle ont donné beaucoup d'exemples convaincants. Une intention préalable de P et une croyance qu'il est alors nécessaire que si P alors Q n'engage donc pas l'agent à avoir l'intention préalable de faire Q. Chacun sait qu'il peut à tort croire que certains effets non voulus sont inévitables. Il serait plus heureux s'ils ne se produisaient pas. Il convient donc de réviser le principe de Kant : « Quiconque tente de réaliser une fin veut les moyens nécessaires ou les effets qu'il sait fait partie de la réalisation de cette fin ». Ce principe ne s'applique pas aux *intentions préalables*. Cependant les agents sont rationnels ; ils doivent coordonner minimalement leurs attitudes cognitives et volitives en tentant d'agir dans le monde. Ainsi une forme restreinte du principe de Kant « Tout agent qui veut la fin est engagé à vouloir les moyens nécessaires » s'applique aux tentatives comme elle s'applique aux intentions en action selon Searle (2001). Quand un agent tente d'atteindre un objectif et qu'il *sait* que pour l'atteindre il doit faire autre chose, cet agent tente alors l'autre chose. Pareille restriction du principe Kantien est valide dans ma logique.

Reste maintenant à expliquer la nature des *actions intentionnelles* en général. À mes yeux, *accomplir intentionnellement* une action c'est juste *réussir à l'accomplir*. Comme les philosophes de l'action l'ont souligné, pour qu'un agent réussisse à faire des choses, il ne suffit pas qu'il les tente et qu'elles arrivent. Il faut en outre qu'elles arrivent *à cause de* sa propre tentative. L'agent ne réussit pas quand c'est la nature ou quelqu'un d'autre qui fait les choses en question. Comment expliquer la *causalité intentionnelle* ? Parfois la tentative de l'agent est *la cause* même des choses tentées. Cependant il y a souvent surdétermination causale. Les choses tentées arrivent pour différentes raisons et pas seulement à cause de la tentative de l'agent. Parfois d'autres agents l'ont fait également. Dans ce cas, il n'est pas vrai que si l'agent n'avait pas fait sa tentative, les choses tentées ne seraient pas survenues. La tentative de l'agent est alors *une raison pratique parmi d'autres* de l'atteinte de son objectif. Sur la base de pareilles considérations, je propose la définition suivante des actions intentionnelles où j'utilise la constante de raison pratique ρ plutôt que le conditionnel contraire au fait □→. Un agent *fait intentionnellement P* (symboliquement [*aRéussitP*]) quand primo, cet agent fait la tentative de *P*, secundo, *P* est vraie vu ce que cet agent fait, tertio *P* n'est pas alors nécessaire et *quarto P* est en outre vraie à cause de sa tentative. Ainsi [*aRéussitP*] =$_{def}$ ([*aTenteP*]) ∧ [Δ*aP*] ∧ (¬□*P*) ∧ [ρ[Δ*aP*][*aTenteP*]]. Il arrive qu'une tentative *rate*. Dans ce cas, l'agent tente de faire quelque chose mais sa tentative ne la cause pas. Cela arrive quand la chose tentée est inévitable ou quand l'agent ne fait pas alors de bonne tentative. [*aRateP*] =$_{def}$ ([*aTenteP*]) ∧ ([¬Δ*aP*] ∨ (□*P*) ∨ (¬ρ[Δ*aP*][*aTenteP*])). Les notions de succès et d'échec concernent les seules actions intentionnelles. Aucun agent ne réussit à accomplir ses actions involontaires. Il lui arrive juste de les accomplir. Un agent peut accomplir consciemment une action sans la tenter, par exemple, user ses chaussures en marchant. Pareille action consciente n'est pas intentionnelle au sens propre.

Comment traiter de toutes les actions individuelles qu'elles soient intentionnelles ou non ? Dans mon optique, un agent *fait en sorte que P* quand primo, cet agent pourrait alors tenter *P*, secundo, *P* est vraie étant donné ce qu'il fait, tertio, *P* n'est pas alors nécessaire et quarto *P* est vraie à cause d'une tentative qu'il fait alors. Autrement dit, [*aFaitP*] =$_{def}$ [Δ*aP*] ∧ (◊[*aTenteP*]) ∧ (¬□*P*) ∧ (∃p(*aTente*p ∧ ((ρ[Δ*aP*][*aTente*p])) où ∃ est le quantificateur existentiel et p est une variable propositionnelle. Ce que les agents font à chaque moment est l'effet de leurs tentatives à ce moment. Il n'y a pas d'action sans tentative simultanée de l'agent. Par conséquent, les agents morts n'agissent plus même si leurs actions passées peuvent encore avoir des effets après leur mort. Selon les philosophes, certaines actions intentionnelles, appelées nos *actions de base*, sont à la base de toutes nos actions. Telles sont dans mon approche les tentatives *premières* des agents à cause desquelles surviennent toutes leurs autres actions volontaires ou non. L'action de base d'un agent est le plus souvent une tentative personnelle de bouger au moment même son propre corps. Autrement c'est une tentative d'accomplir un acte de pensée conceptuelle purement mental comme une conjecture dans le soliloque. En utilisant le *conditionnel contraire au fait*, je dirai qu'un agent *accomplit son action de base* en faisant une tentative à un moment quand il n'aurait alors accompli aucune action s'il n'avait pas fait cette tentative. Ainsi [*aFait à la baseP*] $=_{\text{def}}$ [*aTenteP*] $\wedge$ ($\forall$p ($\neg$[*aTenteP*] $\Box\to$ $\neg$[*aFait*p]))[18]. Étant des tentatives, les actions de base sont réussies quand elles sont accomplies. Elles engendrent toutes les autres actions de l'agent. Par exemple, à la base de toute communication, l'agent tente d'émettre des signes.

5 Lois valides fondamentales de ma logique des attitudes et de l'action

Dans le chapitre précédent, Searle est fort sceptique à l'égard de la logique de la raison pratique. Sans doute le désir et les autres attitudes volitives ont à cause de leur direction propre d'ajustement du monde à l'esprit des propriétés (comme l'indétachabilité et l'inévitabilité de l'incohérence) qui compliquent leur formalisation logique. En outre nul n'est forcé d'exécuter ses intentions. Cependant pareilles propriétés ne mettent aucunement en question la logique des attitudes et de l'action. Searle est même tenu d'admettre l'existence de relations logiques intériorisées d'engagement et d'incompatibilité entre attitudes et actions à cause de principes mêmes de sa philosophie. Selon lui tout agent d'une attitude a à l'esprit ses conditions de satisfaction et tout agent d'une action intentionnelle les conditions de succès de cette action.

Ce n'est pas parce qu'elles ont la direction d'ajustement du monde à l'esprit qu'il n'y a pas de logique propre (de théorie récursive de la possession et de la satisfaction) des attitudes volitives tout comme ce n'est pas parce qu'ils ont la direction d'ajustement du monde au langage qu'il n'y a pas de logique propre (de théorie récursive du succès et de la satisfaction) des actes illocutoires engageants et directifs. Au contraire, les attitudes volitives sont logiquement liées entre elles et avec les attitudes cognitives en vertu de leurs conditions de possession et de satisfaction que j'ai définies récursivement. Tout dépend des composantes de leur mode et de leur contenu propositionnel. De même les actes intentionnels sont logiquement liés entre eux et avec des attitudes en vertu des conditions de succès et de satisfaction de leurs tentatives. Ma logique permet d'expliquer des particularités d'attitudes volitives comme leur indétachabilité et le fait que l'on puisse désirer des choses que l'on croit impossi-

---

[18] La formule ($P \Box\to Q$) exprime la proposition que s'il était le cas que P alors il serait aussi le cas que Q.

ble. Elle permet aussi de réviser la conception courante de la rationalité. Les agents humains sont *imparfaitement rationnels*. Ils sont parfois incohérents. Ils ne sont pas logiquement omniscients. Ils ignorent des vérités nécessaires et même des tautologies. Pour croire une tautologie un agent doit avoir à l'esprit ses concepts et attributs. Les agents ne font pas non plus toutes inférences théoriques valides.

Cependant ils restent *minimalement cohérents*. Ils ne peuvent croire qu'une tautologie soit fausse. $\models TautologiqueP \Rightarrow [\neg aCroit\neg P]$ où $\models$ est le symbole habituel de *validité logique*. Quiconque a à l'esprit une tautologie *sait a priori* qu'elle est nécessairement vraie. Par conséquent les agents savent que certains faits ne pourraient pas arriver sans d'autres. Il y a une relation d'*implication forte* entre propositions beaucoup plus fine que l'implication *stricte* de C.S. Lewis. Une proposition P *implique fortement* une autre Q (en symboles : $(P \mapsto Q)$) quand on ne peut l'exprimer sans avoir à l'esprit les propositions élémentaires de l'autre (les prédications de $\Box P$ contiennent celles de Q) et qu'il est tautologique qu'elle implique l'autre ($Tautologique(P \Rightarrow Q)$). L'implication forte est décidable, finie, analytique, antisymétrique[19] et les agents en sont a priori au courant en vertu de leur compétence. Quiconque a à l'esprit une proposition a également à l'esprit chaque proposition qu'elle implique fortement et sait *a priori* qu'elle l'implique. Car par hypothèse il comprend tous ses concepts et attributs et la première ne peut être vraie selon lui en une circonstance sans que la seconde le soit également. Ainsi la relation d'implication forte est compatible avec les croyances et les savoirs des agents, alors que l'implication stricte ne l'est pas. $\not\models \blacksquare(P \Rightarrow Q) \Rightarrow ([aCroitP] \Rightarrow [aCroitQ])$. Mais $\models (P \mapsto Q) \Rightarrow ([aCroitP] \Rightarrow [aCroitQ])$. L'implication forte est en outre partiellement compatible avec nos désirs, intentions et tentatives. Quiconque désire quelque chose désire *ipso facto* toutes les choses analytiquement évitables qu'elle contient. $\models ((P \mapsto Q) \wedge \neg TautologiqueQ) \Rightarrow ([aDésireP] \Rightarrow [aDésireQ])$. Pour qu'une intention d'un agent en contienne une autre, il ne suffit pas que le contenu propositionnel de la première implique fortement celui de la seconde. Il faut que le contenu de la seconde représente un but que pourrait alors avoir cet agent. Chacun sait que pour supplier il

---

[19] Deux propositions sont identiques quand chacune implique fortement l'autre.

faut dire ce que l'on désire. Ainsi quiconque a l'intention de supplier quelqu'un a l'intention de lui parler.

5.1 Lois générales d'action

En agissant les agents transforment le monde au moment de leur action. Ils rendent alors existants des faits dans le monde. $\models ([aFaitP] \Rightarrow ÉtabliP)$. Aucune action ne peut changer le passé. Mais certaines de nos actions présentes ont des effets futurs. Lorsqu'un joueur d'échec met son adversaire dans une situation de pat, il est établi alors qu'aucun d'entre eux ne gagnera la partie. Pour qu'une action présente rende existant un fait futur il faut que ce fait soit alors établi et que le moment de cette action ait alors une continuation historique. Rappelons que toutes les propositions futures sont fausses à chaque moment final. Aucune action ne peut rendre existant un fait inévitable. En bougeant son corps tout agent bouge inévitablement des particules subatomiques dans l'air. Cependant, cet événement n'est pas en soi une action. Car l'agent n'aurait pu faire autrement. $\models ([aFaitP] \Rightarrow \neg\Box P)$. Quiconque fait une chose et fait une autre fait alors les deux. $\models ([aFaitP] \wedge ([aFaitQ]) \Rightarrow ([aFait(P \wedge Q)])$ Mais la réciproque n'est pas vraie. Car toute proposition est identique à sa conjonction avec une tautologie. $P = (P \wedge (P \Leftrightarrow P))$. Or nul agent ne peut faire ni même tenter des choses analytiquement inévitables. $\models TautologiqueP \Rightarrow [\neg aTente \neg P]$. Les actions elles-mêmes sont des faits que les agents causent dans le monde. Par conséquent, $\models([aFaitP] \Rightarrow [aFait[aFaitP]$ et $\models([aFaitP] \Rightarrow Établi[aFaitP])$ Selon ma logique, les agents sont libres en ce sens minimal que leurs actions ne sont pas déterminées. $\models ([aFaitP] \Rightarrow \Diamond \neg [aFaitP])$ et $\models \neg \Box [aFaitP]$. En outre toute action involontaire aurait pu être intentionnelle. $\models([aFaitP] \Rightarrow \Diamond[aTenteP])$. Par conséquent, nos erreurs et nos échecs ne sont pas vraiment des actions que nous faisons mais plutôt des événements qui nous arrivent. Car aucun d'entre nous ne peut véritablement tenter de se tromper ou d'échouer. Les énoncés de la forme « Je tente de ne rien faire », « Je ne fais rien », « La présente assertion est fausse » et « La présente assertion est ratée » sont paradoxaux. Rappelons que toute tentative est volontaire et réussie. $\models[aTenteP] \Rightarrow [aTente[aTenteP]]$ et $\models[aTenteP] \Rightarrow [aRéussit[aTenteP]]$.

Il y a une *loi de fondation pour les actions intentionnelles*. Nous ne pouvons faire qu'un nombre fini de tentatives et donc d'actions intentionnelles. C'est en faisant la tentative qui est son action intentionnelle de base que chaque agent accomplit alors toutes ses actions. Deux agents accomplissent parfois des actions individuelles du même type au même moment. Mais leurs actions intentionnelles contiennent différentes tentatives personnelles. En tentant de faire quelque chose un agent ne tente pas de provoquer tout effet de cette chose. Cependant quiconque tente d'atteindre un but tente *ipso facto* d'atteindre les buts plus faibles que ce but contient. $\models ((P \mapsto Q) \wedge \Diamond[aTenteQ]) \Rightarrow ([aTenteP] \Rightarrow [aTenteQ])$. Chacun sait qu'une question est une demande de réponse. C'est une implication forte. Voilà pourquoi toute question contient une demande.

5.2 Lois d'engendrement d'actions

En faisant certaines actions à certains moments les agents en font d'autres. Une action *engage fortement un agent à* une autre quand il ne pourrait alors accomplir la première sans accomplir la seconde. ([*FaireP*] ▶ a [*FaireQ*]) $=_{df} \Box([aFaitP] \Rightarrow [aFaitQ])$ Une action contient une autre quand elle engage fortement tout agent à cette autre à tout moment. Ma logique de l'action explique pourquoi certaines instances d'actions en *engendrent* parfois d'autres au sens de Goldman. Pour qu'une action d'un agent à un moment engendre une autre, il ne suffit pas que l'agent accomplisse alors la première et que celle-ci l'engage fortement à la seconde. Il faut que la première constitue la seconde à cause d'un fait contingent particulier existant dans la situation où cet agent agit : une proposition est alors vraie à tous les moments compatibles avec ses actions. Il arrive que plusieurs actions d'un agent causent une même autre action. L'action de faire toutes ces actions engendre alors l'autre action. Si l'agent n'avait fait aucune d'entre elles il n'aurait pas alors fait l'autre. Ainsi [*aFaitP*] engendre [*aFaitQ*] $=_{def}$ [*aFaitP*] $\wedge \exists p((\Box((P \wedge p) \Rightarrow Q) \wedge ((\Delta ap) \wedge (\neg \Box Q) \wedge (\Diamond[aTenteQ] \wedge (\neg[aFaitP] \Box \rightarrow \neg[aFaitQ]))$.

- *L'engendrement causal physique*. Parfois en faisant quelque chose *P* un agent *a* fait alors autre chose *Q* car ce qu'il fait la cause physiquement. En poussant l'interrupteur l'agent allume une lampe. En tentant de proférer des sons il utilise oralement un énoncé. Dans ce cas, la première action *engendre par causalité physique* la seconde selon Goldman. L'agent agit alors dans une situation où une certaine condition *R* est remplie à tous les moments compatibles avec ses actions. Par exemple, l'électricité est en marche et la lampe est reliée à l'interrupteur à chacun de ces moments. En vertu d'une *loi de la nature* il est alors vrai que $\Box((P \wedge R) \Rightarrow Q)$. Ainsi quand l'agent pourrait tenter Q et que cet effet Q est évitable, on peut conclure qu'il fait aussi l'autre action. Il la fait consciemment quand il fait consciemment la première et qu'il est au courant du lien de cause à effet entre les deux. Autrement il la fait inconsciemment.

– *L'engendrement conventionnel* : Parfois c'est en vertu d'une convention en vigueur que l'action d'un agent en constitue alors une autre. Quiconque avance une pièce qui tire sur le roi de l'adversaire fait échec au roi en vertu des règles du jeu d'échec. Quiconque dit littéralement « Merci ! » à quelqu'un tente le remercier en vertu de la signification des mots proférés. En pareils cas, la première action *engendre conventionnellement* la seconde selon Goldman. L'agent agit alors dans une situation R où ce qu'il fait P *compte comme* autre chose Q à cause d'une convention en vigueur. Souvent l'agent fait intentionnellement la première action afin de faire la seconde grâce à la convention. Quand cependant il ignore cette convention, ou quand il fait involontairement la première action, il accomplit alors la seconde involontairement.

– *L'engendrement simple :* Parfois l'agent agit dans une situation R où par définition ce qu'il fait P constitue autre chose Q. Quiconque met son bras sur quelque chose la touche. Quiconque exprime une attitude qu'il n'a pas fait alors un mensonge. Selon Goldman, la première action *engendre* alors *simplement* la seconde. En pareil cas, on a l'implication forte : $((P \wedge R) \mapsto Q)$. Selon la théorie des actes de discours chaque tentative d'accomplir un acte illocutoire *engendre simplement* cet acte quand les conditions de succès sont remplies dans le contexte de l'énonciation.

– *L'engendrement par augmentation :* Un cas spécial d'engendrement simple a lieu quand l'action engendrée engage fortement l'agent à l'action qui l'engendre. Quiconque affirme une proposition future par rapport au moment de l'énonciation fait alors une prédiction. Quiconque demande une réponse pose une question. En pareils cas, l'action qui engendre $[aFaitP]$ est augmentée par un fait R de la situation qui la transforme en une action $[aFaitQ]$ avec plus de conditions de succès. Il est vrai alors que $([aFaitQ] \mapsto ([aFaitP] \wedge R)$. C'est en accomplissant des actes illocutoires de force primitive que les locuteurs accomplissent ceux de force complexe. C'est en affirmant le contraire de ce que vient d'affirmer quelqu'un qu'on le contredit. Le premier acte engendre par augmentation le second.

Notons que l'engendrement dépend de faits particuliers existant dans la situation même de l'action. Quand il n'y a pas d'électricité on n'allume pas de lumière en poussant sur l'interrupteur. Celui qui avance une pièce sans tirer sur le roi de l'adversaire ne lui fait pas échec. Celui qui bouge sans rencontrer d'obstacle ne touche rien. L'engendrement d'actions intentionnelles exige beaucoup. Le nombre des actions intentionnelles engendrées par nos actions de base est donc assez limité. Par contre nos actions de base engendrent beaucoup d'actions involontaires, parfois fort inattendues. Ainsi, en agissant intentionnellement nous faisons involontairement bien des choses que parfois nous n'aurions pas dû ni même voulu faire.

Références

Belnap, N. et M. Perloff (1992). « The Way of the Agent ». *Studia Logica* LI, pp. 463–84.
Belnap, N., M. Perloff, et Ming Xu (2001). *Facing the Future Agents and Choices in Our Indeterminist World*. Oxford : Oxford University Press.
Bratman, M. (1992). *Intentions, Plans and Practical Reason*. Cambridge, MA : Harvard University Press.
Carnap, R. (1956). *Meaning and Necessity*. Chicago : University of Chicago Press.
Chellas, B. F. (1992). « Time and Modality in the Logic of Agency ». *Studia Logica* LI, pp. 485–518.
Goldman, A. (1970). *A Theory of Human Action*. Princeton, NJ : Princeton University Press.
Hintikka, J. (1971). « Semantics for Propositional Attitudes ». In *Reference and Modality*, dir. par L. Linsky. Oxford : Oxford University Press, pp. 145–67.
Prior, A. N. (1967). *Past, Present and Future*. Oxford : Oxford Clarendon Press.
Searle, J. R. (1983). *Intentionality*. New York : Cambridge University Press.
——. (2001). *Rationality in Action*. Bradford Books. Cambridge, MA : The MIT Press.
——. (2008). « Désir, délibération et action ». In *Action, rationalité et décision - Action, Rationality and Decision*, dir. par D. Vanderveken et D. Fisette. Londres : College Publications, pp. 19–39.
Vanderveken, D. (2005a). « Propositional Identity, Truth according to Predication and Strong Implication ». In *Logic, Thought & Action*, dir. par D. Vanderveken. Dordrecht : Springer, pp. 185–216.
——. (2005b). « Attempt, Success and Action Generation : A Logical Study of Action Generation ». In *Logic, Thought & Action*, dir. par D. Vanderveken. Dordrecht : Springer, pp. 315–42.

——. (2006). « Fondements de la logique des attitudes ». *Manuscrito* XXIX, n°2, pp. 351–98.

3

De la nature et des limites des pensées conceptuelles

CANDIDA JACI DE SOUSA MELO (UNIVERSITÉ DU QUÉBEC, TROIS-RIVIÈRES)

> « Je peux douter de tout,
> je dois même commencer par là,
> mais je ne peux douter sans penser,
> et si je pense, il faut que je sois. »[1]

1 Introduction

Une tâche importante de la philosophie de l'esprit est celle de déterminer quelle est la nature et quelles sont les limites propres à la pensée et à l'expérience humaines. Cette tâche a préoccupé beaucoup de philosophes au cours de l'histoire dont Platon, Aristote, R. Descartes, E. Kant, L. Wittgenstein, G. Ryle, P. Grice et P. F. Strawson. Elle continue d'être un défi.

Un tournant s'est cependant produit avec Wittgenstein, lequel a tenté dans son *Tractatus logico-philosophicus* de déterminer les frontières de la

---

[1] C'est ainsi qu'André Bridoux exprime le cogito de Descartes dans son introduction à *Descartes Œuvres et Lettres*, Bibliothèque de la Pléiade, Éditions Gallimard, 1953, p. 17.

Action, Rationalité & Décision — Action, Rationality & Decision.
Daniel Vanderveken et Denis Fisette (dirs).
Copyright © 2008.

pensée et du monde à partir de celles du langage[2]. Il y a aujourd'hui des résultats nouveaux en théorie des actes de discours qui permettent de développer la perspective de Wittgenstein. Le but principal de ce travail est d'utiliser ces nouveaux résultats afin de mieux expliquer la nature des limites imposées à la pensée conceptuelle et à l'expérience.

Selon les fondateurs de la théorie des actes de discours, les propriétés sémantiques des symboles linguistiques dérivent de l'intentionnalité des locuteurs qui les utilisent. La philosophie de l'esprit est donc à la base de celle du langage. Comme signifier et communiquer des pensées sont des actions intentionnelles, les agents humains doivent faire des tentatives pour les accomplir. Ces tentatives sont des actions conscientes et intrinsèquement intentionnelles. Quiconque fait une tentative, la fait consciemment et volontairement[3]. Ainsi, j'adopte le principe philosophique général selon lequel les agents humains ont par nature la conscience grâce à laquelle ils ont une identité ; l'intentionnalité qui les dirige vers la réalité et les rend capables d'agir dans le monde ; et la rationalité qui leur donne des raisons théoriques et pratiques. Ces trois propriétés mentales sont constitutives de la faculté de penser et de parler.

En adoptant les principes que l'intentionnalité fonde l'usage du langage et que les premières unités de signification dans la compréhension et l'usage du langage sont des actes de pensée plutôt que des propositions isolées, il est possible de montrer que toute pensée conceptuelle a une direction propre d'ajustement entre l'esprit et le monde[4]. Ces principes sont importants pour expliquer les conditions d'exprimabilité des pensées. La théorie des actes de discours est fondée sur l'idée que toute pensée conceptuelle est en principe exprimable par le moyen du langage via l'accomplissement des actes illocutoires. Comme les actes illocutoires sont intrinsèquement intentionnels, leur accomplissement exige une tentative du locuteur. Dans mon optique, les tentatives d'accomplir pareils actes illocutoires sont aussi des actes de discours d'un autre niveau dont l'importance est capitale. Car c'est en faisant ces tentatives que les locu-

---

[2] Cette thèse est défendue par des grands interprètes de Wittgenstein comme Stenius (1964: 218–21) et Black (1964: 5; 307).
[3] Cette thèse est développée d'avantage dans mon article « Signification et Action » soumis à la revue philosophique canadienne *Dialogue*.
[4] Pour une approche plus complète de ce principe, voir l'ouvrage *Intentionality* de John R. Searle (1983) ainsi que mon article « Possible Directions of Fit between Mind, Language and the World » (de Sousa Melo 2002).

teurs signifient peu importe s'ils accomplissent ou non les actes illocutoires visés. Ce sont donc les véritables actes de signification lors de l'usage du langage. J'ai analysé ailleurs[5] les conditions de félicité de ces actes de signification qui sont inhérents à l'expression et à la communication des pensées conceptuelles.

Dans ce travail, je tirerai certaines conséquences du *principe d'exprimabilité* des pensées à contenu propositionnel, liées aux conditions de félicité des actes illocutoires. L'article est divisé en trois sections et comprend une conclusion. La prochaine section est consacrée à l'analyse de la nature des pensées conceptuelles. Dans la suivante, je traiterai des limites imposées à la pensée conceptuelle et à l'expérience. La conclusion montrera pourquoi les limites de la pensée et du monde sont différentes.

2 De la nature des pensées conceptuelles

Dans son livre *Intentionality*, John Searle a souligné qu'il y a à la fois des états et des actes de pensées conceptuelles et ces deux types de pensées à contenu propositionnel ont une structure formelle analogue. D'une part, les *actes élémentaires de pensée conceptuelle* sont de la forme F(P), avec une force F (qui est illocutoire dans le cas verbal) et un contenu propositionnel P. D'autre part, les *états élémentaires de pensée conceptuelle* sont de la forme M(P) avec un mode psychologique M et un contenu propositionnel p. Dans les deux cas, un contenu propositionnel représente les faits vers lesquels les pensées sont dirigées. C'est pour cette raison qu'elles appartiennent à la catégorie des pensées conceptuelles. Selon Frege (1971), nous ne pouvons nous référer à des objets qu'en les subsumant sous des concepts. Car les agents humains peuvent seulement avoir à l'esprit des concepts d'objets. En exprimant des propositions nous prédiquons des attributs (propriétés et relations) des objets auxquels nous faisons référence. Ainsi, les contenus propositionnels de nos pensées conceptuelles (les propositions) ont comme constituants des *concepts* qui servent à *référer* et des *attributs* qui servent à *prédiquer*.

---

[5] J'analyse les conditions de félicité des actes de signification dans mon article « Signification et Action » mentionné pus haut. Mon analyse est basée sur la logique des attitudes et de l'action de D. Vanderveken qu'il présente dans le chapitre 2 de ce même livre.

Dans l'ouvrage *Fondations of Illocutionary Logic*[6], Searle et Vanderveken ont élaboré une théorie des conditions de succès et de satisfaction des actes illocutoires que nous accomplissons en parlant. Leur logique illocutoire formalise des lois qui régissent l'accomplissement et la satisfaction de pareils actes de pensée. Selon ces auteurs, la théorie du succès des actes illocutoires fixe des limites à l'usage du langage qui restreignent ce que nous pouvons penser. De même, la théorie de la satisfaction de pareils actes fixe des limites au monde qui restreignent notre expérience. Ainsi, les lois nécessaires et universelles qui régissent le succès et la satisfaction des actes illocutoires reflètent les formes *a priori* des pensées conceptuelles et de l'expérience humaine. Searle et Vanderveken reprennent, dans une nouvelle perspective, les idées que Wittgenstein a soutenues dans son *Tractatus logico-philosophicus*[7]. Les deux espèces de pensées conceptuelles sont logiquement liées. En effet, l'expression d'un état mental fait partie de l'accomplissement de tout acte de pensée conceptuelle (qu'il soit privé ou public). Nous exprimons des croyances en faisant des jugements et des assertions ; nous exprimons des intentions en faisant des tentatives et des engagements ; nous exprimons des désirs en faisant des demandes, des volontés en donnant des ordres et nous exprimons des regrets en faisant des excuses. C'est la raison pour laquelle les actes illocutoires ont des conditions de sincérité. Searle le dit explicitement :

> A third connection between states and speech acts is that, in the performance of each illocutionary act with a propositional content, we express a certain Intentional state with that propositional content, and that intentional state is the sincerity condition of that type of speech act. (Searle 1983: 9)[8]

---

[6] *Foundations of Illocutionary Logic* de Searle et Vanderveken (1985) marque un tournant en philosophie du langage naturel ou ordinaire.

[7] Voir les conclusions de Vanderveken (1990).

[8] Dans ses écrits, Searle ne parle pas d'actes mentaux. Cependant, il les présuppose quand il défend la thèse que la signification des mots est dérivée de l'intentionnalité des locuteurs. Cette thèse centrale de son système philosophique est basée sur l'idée selon laquelle communiquer linguistiquement c'est plus que prononcer des mots. Les agents doivent comprendre ce qu'ils tentent de signifier en accomplissant des actes de discours. En bref, ils pensent ce qu'ils veulent communiquer. Les actes illocutoires sont donc d'abord et avant tout des actes de pensée conceptuelle que les agents font. C'est d'ailleurs ce que Vanderveken (1990: 56) dit explicitement.

Selon le principe d'exprimabilité, toute attitude humaine possible est exprimable lors de l'accomplissement d'un acte illocutoire. Autrement, elle n'aurait pas de condition de satisfaction bien déterminée. En outre, la satisfaction de n'importe quel acte de pensée conceptuelle implique la satisfaction de l'état mental exprimé. Ainsi, en partant des lois de la logique illocutoire qui régissent les conditions de succès et de satisfaction des actes illocutoires, je discuterai des limites respectives imposées à la pensée et à l'expérience.

2.1   Des conditions de possibilité des pensées conceptuelles

À la différence d'autres actions humaines, les actes de pensée conceptuelle ne peuvent qu'être accomplis *intentionnellement*[9] à cause d'une tentative de l'agent. C'est pourquoi les actes de pensée conceptuelle ont des conditions de succès. Par définition, les *conditions de succès* d'un acte sont celles qui doivent être remplies pour que l'agent réussisse sa tentative d'accomplir cet acte. La logique illocutoire de Searle et Vanderveken (1985) a procédé à l'analyse des conditions de succès des actes illocutoires qui sont les actes de pensée conceptuelle que nous tentons d'accomplir en parlant.

Selon l'idée centrale de la philosophie du langage naturel[10], nous ne pouvons parler sans penser. Nous pouvons sans doute penser sans parler. Cependant, quand nous pensons, nous pouvons alors en principe exprimer nos pensées par les moyens du langage. Ceci est en accord avec Wittgenstein (1921/1993: §4.116) qui disait : « Tout ce qui peut être pensé peut être exprimé. Tout ce qui se laisse exprimer se laisse exprimer clairement ». Le langage est le *véhicule* des pensées à contenu propositionnel dirigées vers les faits du monde. Selon cette thèse, tout agent humain est capable de déterminer dans quelles conditions ses propres pensées conceptuelles sont satisfaites. S'il *a* un désir, il est capable de déter-

---

[9] Tout acte est par définition une action. Si un comportement est constitué d'actions alors, il est constitué d'états et d'actes mentaux. Je considère que le comportement public des agents (leurs actions publiques) est une manifestation de leurs pensées.
[10] J'adopte l'expression langage naturel plutôt que langage ordinaire pour désigner les langues développées au long de l'Histoire par différentes populations humaines qui servent aux besoins quotidiens des agents qui les utilisent par opposition aux *langues formelles* ou *artificielles* inventées par les mathématiciens, les logiciens et les scientifiques de la computation. W. G. Lycan (1999) fait de même.

miner ce qui doit se passer dans le monde pour que son désir soit satisfait. S'il *a* une intention, il est capable de déterminer comment exécuter cette intention. S'il *fait* un jugement, il est capable de déterminer comment les choses doivent être dans le monde pour que son jugement soit satisfait. C'est pourquoi, toute pensée conceptuelle qu'a un agent, il peut en principe l'exprimer par le langage en accomplissant un acte illocutoire. Une pensée inexprimable aurait en effet des conditions de satisfaction tout à fait indéterminées : ce ne serait pas véritablement une pensée avec un contenu.

Certaines conséquences du *principe d'exprimabilité* des pensées ont été tirées en théorie des actes de discours. Selon Austin, Searle, et Searle et Vanderveken, les actes illocutoires sont les unités premières de signification et de communication dans l'usage et la compréhension du langage. Nous ne pouvons parler en signifiant quelque chose sans tenter d'accomplir des actes illocutoires[11]. Par conséquent, toute pensée conceptuelle exprimable (par les moyens du langage) est exprimable en *tentant d'accomplir* un acte illocutoire. Autrement elle ne serait pas bien déterminée et donc impossible[12].

Disons qu'un acte illocutoire est *performable* quand il peut être accompli dans au moins un contexte possible d'énonciation. Par exemple, l'acte d'exprimer de la tristesse face au départ d'une personne qui nous est chère, est un acte illocutoire performable. Les actes illocutoires *imperformables* sont ceux qu'il est impossible d'accomplir. Par exemple, nous ne pouvons promettre d'avoir fait quelque chose dans le passé. Selon la théorie des actes de discours, les conditions de succès des actes illocutoires et les conditions de succès des tentatives d'accomplir ces actes sont liées. Un acte illocutoire est performable si et seulement si nous pouvons tenter de l'accomplir. Les limites que la logique illocutoire impose aux actes illocutoires performables sont donc les mêmes que celles qu'elle impose aux tentatives de les accomplir et par conséquent aux actes de signification.

Nous pouvons déduire du principe d'exprimabilité la conclusion suivante : les pensées conceptuelles que nous ne pourrions jamais réussir à

---

[11] Voir Austin (1962), Searle (1969: 19) et Searle et Vanderveken (1985).
[12] Dans cette perspective, le principe d'exprimabilité est analytique. Pour une analyse plus détaillée, je conseille la lecture de mon article « De la relation entre la pensée et le langage selon trois approches philosophiques majeures » de Sousa Melo (2006).

exprimer en utilisant le langage sont des pensées impossibles. Wittgenstein a défendu cette idée dans le *Tractatus* en disant que toute pensée possible se laisse exprimer par des énoncés *logiquement bien formés* du langage. Toutefois, remarquons-le, certains énoncés bien formés comme « Je promets de faire ceci et je n'ai pas l'intention de le faire », « Je vous ordonne d'avoir fait ceci hier » et « La présente assertion est fausse » ne peuvent jamais être utilisés littéralement avec succès. Car ils expriment *toujours* des actes illocutoires imperformables que nous ne pouvons même pas tenter d'accomplir. Vanderveken (1990: 154) les appelle des énoncés *illocutoirement incohérents*. Par conséquent, pour bien déterminer les limites de la pensée à partir de celles du langage, il faut considérer en plus de la forme grammaticale des énoncés, la forme logique des actes illocutoires qu'ils expriment. Car ceux-ci sont des unités constitutives de la signification du langage. Parmi les pensées conceptuelles impossibles il y a celles dont l'expression (littérale) est toujours un acte illocutoire imperformable. La nouveauté par rapport à Wittgenstein réside dans l'intermédiaire des actes illocutoires. Les pensées que nous pouvons avoir, nous devons en principe pouvoir les exprimer par les moyens du langage en *tentant* d'accomplir des actes illocutoires[13]. C'est ainsi que les limites de la pensée se montrent dans les limites du langage, selon la théorie des actes de discours (Vanderveken 1990: 220–7).

Il arrive cependant que des agents humains utilisent des énoncés illocutoirement incohérents. Dans ce cas, ou bien ils ne comprennent pas ce qu'ils disent (quel est l'acte illocutoire littéral), ou bien ils veulent dire autre chose (ils entendent alors accomplir des actes illocutoires non littéraux) (Vanderveken 1990: 59–60). Selon la logique illocutoire, les agents humains ne peuvent même pas *tenter* d'accomplir des actes illocutoires imperformables. Car ils sont des agents *minimalement rationnels*[14] : quand ils tentent d'accomplir une action quelle qu'elle soit verbale ou non, ils croient qu'ils peuvent réussir. Sinon ils n'en auraient pas l'intention et ils ne feraient même pas leur tentative. Dans le cas particulier des actes illocutoires imperformables, les agents savent *a priori* en comprenant leurs conditions de succès qu'ils sont imperformables. C'est pourquoi ils ne tentent jamais de les accomplir.

---

[13] Pour cela, il faut parfois enrichir le langage en donnant à un mot un sens nouveau.
[14] Au sens de Christopher Cherniak (1986).

Par conséquent, toute pensée conceptuelle possible qu'un agent humain peut *réussir à exprimer,* en signifiant qu'il la possède, doit *obéir* aux *lois logiques nécessaires et universelles* qui gouvernent le *succès* des actes illocutoires. C'est pour cette raison que ces lois, en déterminant ce qui est possible de signifier, déterminent les *conditions de possibilité des pensées conceptuelles.* Selon la théorie des actes de discours, en les formulant on trace les *frontières de la pensée.*

2.2 Des conditions de possibilité de l'expérience

Parmi les thèses les plus générales de la philosophie de l'esprit il y a celle selon laquelle *l'esprit est dirigé vers le monde.* Selon des phénoménologues comme Brentano (1924) et Husserl (1913), l'*intentionnalité* est une propriété inhérente à l'esprit humain en vertu de laquelle des événements mentaux sont dirigés vers la réalité. Toutes les pensées conceptuelles ont l'intentionnalité comme trait essentiel. D'abord, *les attitudes propositionnelles sont des états intentionnels* orientés vers des objets et des faits *représentés* par leur contenu et pourvus de certains modes psychologiques. Ainsi, lorsqu'un agent croit quelque chose, il est dirigé vers un fait sous le mode de croyance. Il croit que certaines choses sont telles et telles dans le monde.

En outre, les *actes de pensée conceptuelle sont des actions intentionnelles* que les agents font *consciemment.* En les accomplissant, ils lient leur contenu propositionnel au monde avec une *force mentale* qui est proprement *illocutoire* dans le cas verbal. Il est important de rappeler que l'agent essaie le plus souvent d'établir une *correspondance* entre ce qu'il pense et les choses selon une *direction d'ajustement* déterminée par la force. Par exemple, lorsqu'un agent fait un jugement ou une assertion, il entend alors représenter comment les choses sont dans le monde. Son acte a la direction d'ajustement de l'*esprit aux choses.* Lorsqu'il fait un engagement ou une demande, il entend que les choses deviennent telles qu'il les représente. Il entend qu'une action présente ou future transforme le monde à cette fin. Son acte a la direction d'ajustement des *choses à l'esprit.* Lorsqu'un agent fait une déclaration, il entend alors changer, au moment présent, des choses représentées par le fait même de sa déclaration. Quand la déclaration est verbale, par exemple, une donation, il fait les choses qu'il dit faire par le simple fait de le dire. Lorsque la déclaration est purement mentale quand, par exemple, un théoricien définit un nouveau concept sans mot dire, il fait alors ce qu'il pense faire par le simple fait de le penser. J'ai montré ailleurs (2002) pourquoi les actes de déclaration ont la *double direction d'ajustement* entre *l'esprit et les choses*.

Les pensées comme les joies et les tristesses, les félicitations et les excuses ne sont pas vraies ou fausses à la manière des croyances, des jugements et des assertions, ni réalisées ou mises en exécution à la manière des intentions et des engagements. Elles sont tout simplement appropriées ou non. L'agent, dans ce cas, ne veut pas établir de correspondance. Il présuppose seulement que le fait représenté existe et que le type d'état mental exprimé convient à ce fait. C'est pourquoi elles n'ont pas de condition de satisfaction.

Toutes les autres pensées conceptuelles ont des *conditions de satisfaction*. Ainsi, les jugements et les assertions sont satisfaits quand ils sont vrais, les intentions quand elles sont mises à exécution, les promesses quand elles sont tenues, les désirs quand ils sont comblés et les demandes quand elles sont accordées. Selon Searle et Vanderveken (1985), pour qu'il y ait satisfaction il ne suffit pas qu'il y ait correspondance entre l'esprit et le monde et que les choses soient dans le monde comme l'esprit les pense. Il faut aussi que la correspondance soit établie selon la direction d'ajustement appropriée. Pour tenir une promesse, il ne suffit pas de faire la chose promise ; il faut la faire afin de tenir cette promesse. (Si l'agent ne fait pas la chose promise pour cette raison, il ne tient pas alors sa promesse). Les pensées conceptuelles ayant la direction d'ajustement des choses à l'esprit doivent être la *cause* de leur propre satisfaction.

Selon la philosophie du langage, aucun agent ne peut avoir une pensée conceptuelle sans comprendre les conditions de satisfaction qui lui sont propres, c'est-à-dire sans savoir ce qui devrait se passer dans le monde pour que cette pensée soit satisfaite. Pour cette raison, nous pouvons en principe représenter les faits du monde dont nous avons *l'expérience* en ayant une pensée dirigée vers eux. Wittgenstein exprime cette idée en disant que nous pouvons en principe dire ce dont nous avons l'expérience. Le langage est aussi le moyen de *représenter* les faits d'expérience. Par conséquent, tout *fait d'expérience vécue* peut en principe être représenté par une pensée conceptuelle dont le contenu propositionnel est *vrai*[15]. De même, tout *fait d'expérience possible* peut en principe être représenté par une pensée conceptuelle dont le contenu propositionnel *pourrait être vrai*. Les faits possibles d'expérience peuvent donc être représentés par des *pensées satisfaisables*. Pareilles pensées conceptuelles sont exprimées par des énoncés *véri-conditionnellement cohérents* exprimant des *actes illocutoires satisfaisables*. Par exemple, l'assertion que le Québec sera souverain est satisfaisable ; elle est vraie selon au moins un cours possible d'histoire du monde.

Toutes les pensées conceptuelles *dirigées vers des faits possibles* doivent donc *obéir* aux *lois logiques nécessaires et universelles* qui gouvernent la *satisfaction* des actes illocutoires. C'est la raison pour laquelle ces lois déterminent les *conditions de possibilité de l'expérience*. Les concevoir c'est découvrir *les frontières du monde*. Remarquons que les limites que le langage impose au monde ne sont pas identiques à celles qu'il impose à la pensée. Beaucoup d'actes illocutoires insatisfaisables sont performables. Il arrive que les agents humains utilisent avec succès des énoncés véri-conditionnellement incohérents. Nous pouvons affirmer que le temps est cyclique. Dans ce cas, nous affirmons qu'un fait impossible existe. (La prochaine section 3.2 est consacrée aux cas d'insatisfaisabilité des pensées conceptuelles).

3 Des limites des pensées conceptuelles et de l'expérience humaine

3.1 De l'imperformabilité de certains actes de pensée conceptuelle

Lorsque la logique illocutoire détermine les conditions de succès des actes de discours, elle fixe des limites à l'usage réussi du langage, à la performance, et même aux tentatives d'accomplissement des actes illocutoires. En fixant des conditions aux pensées conceptuelles performables, la théorie du succès de cette logique fixe donc des limites à la pensée : elle restreint ce qui peut être pensé à partir de ce qui peut être signifié. Le langage est donc *plus* que le véhicule des pensées. Il est la *structure for-*

---

[15] Selon la fameuse théorie de la correspondance, élaborée pour la première fois par Aristote dans la *Métaphysique*, IV, 7, 1011. b 26 et suivantes ; aussi V, 29, 1024 b 25, un contenu propositionnel est vrai quand le fait qu'il représente existe dans le monde.

melle sans laquelle il n'y aurait pas de pensée. Ceci est en accord avec l'idée de Wittgenstein (1921/1993: §5.61) selon laquelle « ...Ce que nous ne pouvons penser, nous ne pouvons le penser ; Nous ne pouvons donc davantage *dire* ce que nous ne pouvons penser ». Nul ne peut accomplir ni dire avec succès qu'il accomplit un acte illocutoire imperformable.

L'imperformabilité des actes illocutoires de certaines formes montre les frontières de la pensée. Ainsi, en expliquant les raisons pour lesquelles certains actes illocutoires élémentaires[16] sont *imperformables* on explique aussi pourquoi les pensées qui leur correspondent sont impossibles. Parlons de cela à présent.

Selon la logique illocutoire, les *conditions de succès* des actes illocutoires élémentaires sont entièrement déterminées par la nature de leur *force* et de leur contenu propositionnel. Un acte illocutoire de la forme F(P) est accompli avec succès en un contexte d'énonciation quand :

a) le locuteur réussit à atteindre le *but illocutoire* de la force F sur le contenu propositionnel P avec le *mode d'atteinte de but illocutoire* de la force ;

b) il présuppose les propositions déterminées par les *conditions préparatoires* de F relativement à P dans le contexte ;

c) et il exprime avec le *degré de puissance* de F les états mentaux de la forme M(P) dont les modes M appartiennent aux *conditions de sincérité* de F.

Voyons l'exemple d'un agent qui veut promettre d'aider quelqu'un. Pour réussir à faire cette promesse :

1) L'agent doit exprimer littéralement la proposition qu'il aidera l'interlocuteur en sa présence. Ce faisant, il doit se référer à lui-même et prédiquer qu'il va aider l'interlocuteur dans le contexte d'énonciation (*condition sur le contenu propositionnel* d'une promesse).

---

[16] Les actes illocutoires de la forme F(P) sont parmi les plus simples. Pour cette raison, ils sont appelés *élémentaires*. Il existe d'autres types d'actes illocutoires plus complexes comme les actes de dénégation et les actes de discours conditionnels.

2) Il doit aussi réussir à atteindre le but engageant sur ce contenu propositionnel : il doit effectivement s'engager à l'aider (*but illocutoire* d'une promesse), en se plaçant sous l'obligation de faire l'action promise (*mode d'atteinte* particulier du but illocutoire de la force de promesse).

3) Il doit, en outre, présupposer qu'il est capable d'aider l'interlocuteur et que cette action est bonne pour lui (*conditions préparatoires*).

4) Enfin, il doit exprimer fortement son intention d'aider l'interlocuteur (*condition de sincérité* et *degré de puissance*).

Il en résulte les cas suivants d'imperformabilité de pensées conceptuelles :

Le premier cas d'imperformabilité est dû à la *force*. Les actes de pensée conceptuelle ayant des composantes impossibles de même que ceux ayant des composantes incompatibles sont imperformables : ils ne peuvent jamais être accomplis en aucun contexte. Ainsi, tout acte de pensée conceptuelle dont la force a des conditions de sincérité impossibles est imperformable. Car nous ne pouvons avoir ni même exprimer des états mentaux impossibles. Voila pourquoi, l'énoncé déclaratif « Quelle joie, hélas mon ami est parti » est illocutoirement incohérent. De même, tout acte de pensée conceptuelle dont la force a des conditions de sincérité et des conditions préparatoires incompatibles est imperformable. Car nous ne pouvons exprimer des états mentaux incompatibles avec ce que nous présupposons. On ne peut à la fois exprimer de la tristesse à propos d'un fait et présupposer que celui-ci nous est propice. Ainsi, l'énoncé déclaratif « Quelle tristesse, heureusement, le Brésil a gagné la coupe du monde de football » est illocutoirement incohérent. Cependant, comme certains actes imperformables sont satisfaisables, des énoncés illocutoirement incohérents peuvent être véri-conditionnellement cohérents. C'est le cas du dernier énoncé.

Le second cas d'imperformabilité d'acte de pensée conceptuelle concerne à la fois leur force et leur contenu propositionnel : Les actes de pensée conceptuelle dont la force a une direction non vide d'ajustement et le contenu propositionnel est une pure contradiction[17] sont à la fois imperformables et insatisfaisables.

Nous savons tous *a priori* qu'une pure contradiction est fausse et qu'elle ne peut jamais être vraie. Nous ne pouvons ordonner à personne de faire des choses contradictoires. Par exemple, l'ordre de marcher sans bouger est imperformable. Nous savons tous *a priori* qu'il est impossible d'obéir à un tel ordre. Les énoncés qui servent à exprimer de tels actes sont à la fois illocutoirement et véri-conditionnellement incohérents. Tel est l'énoncé impératif « Marche sans bouger ! ». Il en va de même pour les énoncés paradoxaux comme « La présente assertion est fausse » (paradoxe du menteur), « Je ne tiendrais pas la présente promesse », « Toute assertion est fausse » (paradoxe du scepticisme), « Désobéissez à toute directive ! ».

Selon les philosophes de la théorie des actes de discours, les agents humains sont *minimalement cohérents*. Voila pourquoi ils n'essayent jamais d'accomplir des actes illocutoires qu'ils savent *a priori* être insatisfaisables. Pour cette raison, il existe une *loi de la cohérence minimale* (Vanderveken 1988: 145–6) qui gouverne le but illocutoire : *nous ne pouvons réussir à atteindre les buts illocutoires assertif, engageant, directif, et déclaratoire sur une pure contradiction*. Les énoncés de la forme $f(p \wedge \neg p)$, où f est un marqueur de force avec une direc-tion non vide d'ajustement sont à la fois illocutoirement et véri-conditionnellement incohérents. Ils expriment des actes illocutoires de la forme $F(P \wedge \neg P)$ à la fois imperformables et insatisfaisables. Les agents ne parlent donc jamais littéralement quand ils utilisent pareils énoncés.

De même : *les actes de pensée conceptuelle dont la force est incompatible avec leur propre contenu propositionnel sont imperformables*. Dans ce cas, la force ne peut jamais être atteinte sur le contenu propositionnel. Nous ne pouvons réussir à atteindre le but illocutoire directif que sur un contenu propositionnel représentant une action présente ou future de

---

[17] La logique propositionnelle de la logique illocutoire n'identifie pas toutes les propositions ayant les mêmes conditions de vérité. Elle tient compte des actes de référence et de prédication que nous faisons en exprimant les propositions et de la façon dont nous comprenons leurs conditions de vérité. Il existe beaucoup de propositions nécessairement fausses (par ex que les lois de l'arithmétique sont prouvables) que nous pouvons croire. Les pures contradictions sont celles dont nous savons *a priori* la fausseté en vertu de notre compétence. La forme logique des pures contradictions est décrite dans Vanderveken (2002).

l'interlocuteur. C'est pourquoi nous ne pouvons demander à personne d'avoir fait quelque chose dans le passé. De même, nous ne pouvons prédire que des propositions futures. Pareils cas d'imperformabilité n'ont rien à voir avec l'imperformabilité du contenu propositionnel. La prédiction imperformable qu'il a toujours été vrai que $2 + 2 = 4$ a un contenu propositionnel nécessairement vrai.

Conclusion : Parmi les actes de pensée conceptuelle imperformables il y a ceux dont les composantes de leur force F sont impossibles ou incompatibles ; il y a ceux dont la force F et le contenu propositionnel P sont incompatibles ; et il y a ceux dont la force F a une direction non vide d'ajustement et le contenu propositionnel P est une pure contradiction.

3.2 De l'insatisfaisabilité de certains actes de pensée conceptuelle

Considérons à présent *l'insatisfaisabilité des pensées conceptuelles*. Lorsque la logique illocutoire détermine les conditions de satisfaction des actes illocutoires, elle fixe des frontières à l'expérience et au monde. En effet, nous ne pouvons jamais avoir l'expérience des faits représentés par des pensées conceptuelles insatisfaisables. Car leur contenu représente des faits impossibles à satisfaire. Par exemple, l'assertion que le temps est cyclique ne peut être vraie en aucun cours d'histoire possible du monde. Son contenu propositionnel est nécessairement faux ; il représente un fait dont il est impossible d'avoir l'expérience.

L'existence de tels actes de pensées insatisfaisables montre qu'il y a des limites à ce qui peut exister dans le monde et être l'objet d'expérience. Cependant beaucoup d'actes de pensée conceptuelle insatisfaisables peuvent être accomplis avec succès car les agents humains sont souvent incohérents. Il leur arrive d'affirmer des propositions dont la vérité est impossible. Et ils ne font pas toutes les inférences logiques. Bref, ils ne sont pas parfaitement rationnels.

Cependant, quand ils accomplissent des actes de pensée conceptuelle insatisfaisables, comme l'assertion que le temps est cyclique, ils ne savent pas alors *a priori* en vertu de leur compétence que leur contenu propositionnel est nécessairement faux. Car, même s'ils ne sont pas *parfaitement cohérents* (dans leurs pensées et raisonnements) ils sont à tout le moins *minimalement cohérents*. Voilà pourquoi seulement certains actes de pensée conceptuelle insatisfaisables peuvent être accomplis avec succès. Par exemple, l'assertion que le temps est cyclique est performable mais pas celle qu'il est à la fois cyclique et pas cyclique.

Toutes ces explications servent à montrer que les deux notions d'imperformabilité et d'insatisfaisabilité des actes de pensée conceptuelle n'ont pas la même extension. Certains actes de pensée conceptuelle sont performables sans être satisfaisables et *vice versa* d'autres sont satisfaisables sans être performables. Il y a donc une différence entre les limites de la pensée et les limites de l'expérience, en ce sens que ce qui limite la pensée ne limite pas pour autant l'expérience. De même, ce qui limite le monde ne limite pas pour autant la pensée. Les actes de pensée conceptuelle que nous pouvons faire sont différents de ceux qui peuvent être satisfaits. Nous pouvons penser que les lois de l'arithmétique sont prouvables. Cette pensée est cependant nécessairement fausse. De même, beaucoup de propositions passées sont vraies. Cependant nous ne pouvons réussir à les prédire.

Je parviens maintenant à la conclusion suivante : les pensées conceptuelles dont le contenu propositionnel représente des *faits impossibles* sont orientées vers des faits dont il est impossible d'avoir l'expérience (même s'il est possible d'y penser !). Les énoncés qui les expriment, expriment des actes de pensée insatisfaisables. La thèse de Wittgenstein selon laquelle les frontières du langage sont les frontières du monde est ici reformulée. Il nous arrive d'avoir et même d'exprimer des pensées conceptuelles insatisfaisables. Il y a des énoncés bien formés comme « Le temps est cyclique » qui expriment toujours des *actes illocutoires insatisfaisables*. Ce sont les énoncés *véri-conditionnellement incohérents*. Par conséquent, pour bien déterminer les limites de l'expérience à partir de celles du langage, il faut considérer en plus de la forme grammaticale des énoncés, les conditions de satisfaction des actes illocutoires qu'ils expriment. Car ceux-ci sont des pensées représentant des faits qui peuvent exister ou non dans le monde. La nouveauté par rapport à Wittgenstein tient au fait que ce sont les actes illocutoires insatisfaisables qui imposent des limites au monde. Ils restreignent ce dont les agents humains peuvent avoir l'expérience. C'est ainsi que les limites du monde se montrent aussi dans les limites du langage selon la théorie des actes de discours.

En bref, *ce qui limite l'expérience peut ne pas limiter la pensée*. En parlant de la machine à remonter le temps, nous avons des pensées représentant des faits impossibles dont nous ne pouvons jamais avoir l'expérience. Il existe, en revanche, des pensées à la fois impossibles à avoir et à satisfaire. Dans ce cas, ce qui limite la pensée limite aussi l'expérience. C'est le cas des jugements, assertions, engagements et directives contradictoires comme le jugement que je peux douter sans penser, l'assertion que la terre est et n'est pas ronde, la promesse de ne tenir aucune promesse et l'ordre de réfléchir sans penser qui sont à la fois imperformables et insatisfaisables.

D'un point de vue logique, il faut donc distinguer quatre cas limites d'actes de pensée conceptuelle. Premièrement, les actes de pensée conceptuelle imperformables montrent qu'il *existe des limites à la pensée*. Certains d'entre eux peuvent néanmoins être satisfaits. Comme ceux dont le contenu propositionnel est cohérent mais ne satisfait pas aux conditions sur le contenu propositionnel de la force. Par exemple, la prédiction que $4 > 3$. Deuxièmement, les actes de pensée conceptuelle insatisfaisables montrent qu'il *existe des limites à l'expérience* même si certains d'entre eux peuvent être accomplis. Par exemple, l'assertion que le temps est cyclique. Troisièmement, les actes de pensée conceptuelle à la fois imperformables et insatisfaisables montrent qu'il *existe des limites communes à la pensée et à l'expérience*. Comme ceux dont la force a une direction non vide d'ajustement et dont le contenu propositionnel est contradictoire. Par exemple, l'ordre de réfléchir sans penser. Et quatrièmement, les actes de pensées conceptuelles qui sont nécessairement satisfaits montrent *qu'il y a un ordre a priori*[18] *dans le monde*. Beaucoup d'actes de pensée conceptuelle sont nécessairement satisfaits. Par exemple, ceux dont le contenu propositionnel est *nécessairement vrai*. L'assertion que $2 + 2 = 4$ est toujours vraie qu'elle soit faite ou non. Les énonciations des énoncés qui servent à exprimer de tels actes de pensées sont donc *nécessairement satisfaites*. Certains faits existent dans tous les mondes possibles, que nous y pensions ou non.

Remarquons cependant *qu'il n'y pas d'actes illocutoires toujours et nécessairement réussis*. Selon la philosophie de l'action, à la base même de la théorie des actes de discours, les agents humains sont libres, en tout cas leurs actions (et donc leurs actes de pensée conceptuelle) ne sont pas déterminées. Tout acte qu'un agent accomplit, mentalement ou verbalement, il aurait pu ne pas le faire. Il aurait même pu ne pas tenter de le

---

[18] Le fait qu'un agent ne peut avoir certaines pensées sans en avoir d'autres montre qu'il y a un *ordre logique a priori de la pensée conceptuelle*.

faire. Qui plus est, en certains contextes inappropriés, les agents ne réussissent pas à accomplir l'acte de pensée conceptuelle visé[19]. Il y a aussi des contextes possibles d'énonciation où le locuteur ne parle pas et n'a aucune intention d'accomplir un acte illocutoire (il dort). Il n'y a donc pas d'acte illocutoire nécessairement réussi en tout contexte d'usage du langage.

Par contre, certaines tentatives d'accomplir des actes de discours (certains actes de signification) sont nécessairement réussies. Ce sont des actes de pensée conceptuelle dont la tentative d'accomplissement est toujours à la fois réussie et satisfaite. Ainsi, tout agent qui dit littéralement « Je pense » ou « Je parle » et tente donc d'affirmer qu'il pense ou qu'il parle, réussit *ipso facto* à faire l'assertion en question et il rend cette assertion vraie. Les énoncés qui servent à exprimer de tels actes de pensée sont ceux dont l'énonciation littérale est analytiquement réussie et satisfaite (Vanderveken 1990: 49). C'est ainsi qu'il faut, selon Vanderveken (1990: 275), analyser le « *Cogito, ergo sum* » de Descartes (1641: 275).

4 Conclusion

En prenant comme base trois traits essentiels de l'esprit humain (la conscience, l'intentionnalité et la rationalité), j'ai développé la thèse selon laquelle les lois nécessaires et universelles régissant l'usage réussi du langage régissent également l'exercice de la pensée conceptuelle.

Le premier Wittgenstein pensait que les frontières de la pensée et celles du monde étaient les mêmes. Il disait que « La pensée contient la possibilité des faits qu'elle pense. Ce qui est pensable est aussi possible » et « Les frontières de mon langage sont les frontières de mon monde » (Wittgenstein 1921/1993: §§3.02 et 5.6). À ses yeux, tout ce que nous pouvons penser pourrait exister dans le monde. Si Wittgenstein avait eu raison, les pensées conceptuelles imperformables et insatisfaisables seraient les mêmes.

---

[19] Cependant, comme souligne Vanderveken dans le précédent chapitre, les tentatives de faire des tentatives ne peuvent elles-mêmes rater. Nous ne pouvons pas tenter de faire une tentative sans réussir cette tentative. Mais quand la tentative de faire un acte illocutoire est mal faite, par exemple, quand le locuteur se trompe de mots, l'acte illocutoire tenté peut lui être raté. J'explique cela en détail dans l'article « Signification et action » mentionné plus haut.

Or, j'ai montré, grâce aux ressources de la logique illocutoire, que cela n'est pas le cas. Certaines pensées conceptuelles imperformables sont satisfaisables. Par conséquent, les limites de la pensée sont bien différentes des limites de l'expérience.

D'une part, j'ai montré qu'il existe des pensées exprimables par le moyen du langage qu'il est impossible d'avoir et même de tenter. Les pensées conceptuelles ayant une direction d'ajustement des choses à l'esprit doivent être orientées vers le présent ou le futur. Nous savons *a priori* qu'aucune directive ou promesse dirigée vers le passé n'est satisfaisable. Comme nous sommes minimalement rationnels, nous ne tentons jamais d'accomplir pareils actes de pensée que nous savons *a priori* être condamnés à l'échec. Les énoncés illocutoirement incohérents expriment des pensées conceptuelles impossibles. Il y a donc des limites à ce que nous pouvons penser et à ce que nous pouvons vouloir dire en parlant.

D'autre part, j'ai aussi montré qu'il y a des pensées conceptuelles dont la satisfaction est impossible. Les agents ne peuvent pas avoir l'expérience des faits impossibles représentés par les pensées conceptuelles dont le contenu propositionnel est nécessairement faux. Les énoncés véri-conditionnellement incohérents expriment des pensées conceptuelles insatisfaisables. Il y a donc des limites au monde et à ce dont nous pouvons avoir l'expérience.

Enfin, j'ai mis en évidence, non seulement que le langage est la faculté par excellence qui véhicule la pensée, mais en plus qu'il est l'œuvre de la raison. Wittgenstein dit à la fin du *Tractatus logico-philosophicus* (§7) : « Sur ce dont on ne peut parler, il faut garder le silence ». Il trace ainsi la frontière à l'expression des pensées. Et c'est la logique qui fixe cette frontière en montrant quelle est la forme des énoncés bien formés (pourvus de sens) qu'il appelle propositions. Quand nous utilisons des énoncés mal formés (lesquels n'ont aucune signification) nous ne pensons ni exprimons rien, à moins que nous parlions non littéralement et tentions alors d'accomplir des actes illocutoires non littéraux. Dans ce cas, il existe alors d'autres énoncés bien formés que nous aurions pu utiliser pour signifier ce que nous voulions dire et tenter d'accomplir les actes illocutoires non littéraux visé. Selon Wittgenstein (§5.6), « Les frontières de mon langage sont les frontières de mon monde ». La logique articule les formes *a priori* de la pensée et de l'expérience au sens de Kant. C'est pourquoi il affirme ensuite « la logique est transcendantale »[20] (§6.13). Je pense comme D. Vanderveken (1990: 59), que les lois nécessaires et universelles régissant le succès et la satisfaction des pensées conceptuelles sont transcendantales au sens de Kant (1781: 79) et de Wittgenstein. D'une part, elles déterminent les conditions de possibilité d'expression réussie des pensées, et d'autre part, elles déterminent les conditions de possibilité d'expérience.

Références

Allison, H. (1983). *Kant's Transcendental Idealism. An Intrepretation and Defense*. New Haven and London : Yale University Press.

Aristote. Métaphysique.

——. (1989). *De l'âme*. Texte établi par A. Jannone. Traduction et notes de E. Barbotin. Paris : Gallimard.

Austin, John L. (1970). *Philosophical Papers*. Seconde édition. Oxford : Clarendon Press. Trad. par Lou Albert et Anne-Lise Hacker (1994). *Écrits philosophiques*. Paris : Seuil .

Austin, John L. (1962). *How to Do Things with Words*. Oxford : Clarendon Press.

Benoist, Jocelyn (1997). Phénoménologie, sémantique, ontologie : Husserl et la tradition logique autrichienne. Paris : PUF.

Black, M. (1964). *A Companion to Wittgenstein's "Tractatus"*. Cambridge : Cambridge University Press.

Brentano, F. (1924). *Psychologie vom Empirischen Standpunkte*. Leipzig : Felix Meiner. Traduction anglaise de Antos C. Rancurello, D. B. Terrell et Linda McAlister (1973). London and New York : Routledge.

Carruthers, P. (1998). *Language, Thought and Consciousness*. Cambridge : Cambridge University Press.

Cherniak, C. (1986). *Minimal Rationality*. M.I.T. Press.

Descartes, R. (1641). *Méditations* [*Meditationes de Prima Philosophia*]. Rééditée in R. Descartes (1953), *Œuvres et Lettres*, dir. par A. Bridoux. Paris : Gallimard, Bibliothèque de la Pléiade.

Descartes, R. (1649). *Les passions de l'âme*. Rééditée in Descartes (1953), *Œuvres et Lettres,* dir. par A. Bridoux. Paris : Gallimard, Bibliothèque de la Pléiade.

---

[20] Wittgenstein utilise le mot « transcendantal » dans le sens de Kant.

De Sousa Melo, Candida Jaci (2002). « Possible Directions of Fit between Mind, Language and the World ». In *Essays in Speech Acts Theory*, dir. par D. Vanderveken et S. Kubo. Amsterdam, Philadelphia : John Benjamins, p. 109–17.

———. (2006). « De la relation entre la pensée et le langage selon trois approches philosophiques majeures ». *Language and Thought. Manuscrito* XXIX, n° 2 (juil.-déc.), pp. 597–636.

Frege, Gottlob (1971). « La pensée ». In *Écrits logiques et philosophiques*. Traduction française de Claude Imbert. Paris : Seuil.

Guyer, Paul, ed. (1992). *The Cambridge Companion to Kant*. Cambridge : Cambridge University Press.

Hacker, P. M. S. *Wittgenstein Meaning and Mind*. An analytical commentary on the *Philosophical Investigations*, volume 3. Oxford : Basil Blackwell.

Hanna, R. (2001). Kant and the Foundations of Analytic Philosophy. Oxford : Clarendon Press.

Husserl, E. (1913). *Recherches Logiques II*. Trad. par H. Élie avec la collaboration de L. Keikel & R. Schérer (1962). Paris : PUF.

Kant, E. (1781). *Critique de la Raison Pure*. Trad. par A. Tremesaygues et B. Max Black (1965). Paris : PUF.

Lycan, W. G. (1999). « Philosophy of Language ». In *The Cambridge Dictionary of Philosophy*, 2ᵉ édition, dir. par Robert Audi. Cambridge University Press, pp. 673–76.

Mele, R. A. (1997). *The Philosophy of Action*. Oxford and New York : Oxford University Press.

Russell, B. (1976). *An Inquiry into Meaning and Truth*. London : George Allen and Unwin.

Ryle, G. (1949). *The Concept of Mind*. Chicago : University of Chicago Press.

Searle, John R. (1969). *Speech Acts*. Cambridge : Cambridge University Press.

———. (1983). *Intentionality*. Cambridge : Cambridge University Press.

———. (2001). *Rationality in Action*. Cambridge, Massachusetts : MIT Press.

Searle, J. R. et D. Vanderveken (1985). *Foundations of Illocutionary Logic*. Cambridge : Cambridge University Press.

Stenius, E. (1964). *Wittgenstein's Tractatus*. Oxford University Press.

Vanderveken, D. (1988). *Les actes de discourse*. Buxelles : Pierre Mardaga.

——. (1990). *Meaning and Speech Acts, Volume I* : *Principles of Language Use*. Cambridge : Cambridge University Press.

——. (1992). « La forme logique des contenus de nos pensées conceptuelles ». In *Essais sur le langage et l'intentionnalité*, dir. par Daniel Laurier et François Lepage. Montréal/Paris, Bellarmin/Vrin, pp. 283–305.

——. (1997). « La logique illocutoire et l'analyse du discours ». In *Le Dialogique*. Paris : Peter Lang.

——. (2002). « L'ontologie formelle et la théorie de la vérité selon la prédiction propres à la logique illocutoire ». In *La responsabilité de la raison — Hommage à Jean Ladrière*, dir. par J.-F. Malherbe. Louvain, Paris, Bibliothèque philosophique de Louvain, Éditions de l'Institut Supérieur de Philosophie, Édition Peeters, pp. 261–82.

——. (2003). « Attempt, Success and Action Generation ». *Mental Causation*, Manuscrito XXV, pp. 323–56.

Vanderveken, D. et S. Kubo, dir. (2002). *Essays in Speech Act Theory*. Amsterdam, Philadelphia : John Benjamins.

Wittgenstein, L. (1921/1993). *Tractatus Logico-Philosophicus*. Traduction anglaise de D.F. Pears et B.F. McGuiness. Londres : Routledge & Kegan Paul, 1921. Traduction française de Gilles Gaston Granger. Paris: Gallimard, 1993.

4

Le mode-nous et le mode-je[1]

RAIMO TUOMELA (UNIVERSITÉ DE HELSINKI)

1 Introduire la collectivité

Le monde social, particulièrement dans ses aspects macroscopiques, ne peut être étudié adéquatement sans distinguer le fait d'avoir une attitude ou d'agir en tant que *membre d'un groupe* ou en tant que *personne privée*. Ces notions intuitives sont au centre de ma distinction entre le « mode-nous » (*we-mode*) et le « *mode-je* » (*I-mode*). Dans le présent article, je présenterai des analyses détaillées de ces deux notions et je montrerai que le mode-nous n'est pas réductible au mode-je. Je considérerai aussi le problème de savoir si en certains contextes il est requis ou tout simplement meilleur de penser et d'agir selon le mode-nous plutôt que le mode-je. Il n'en reste pas moins que beaucoup de sous-entendus seront à clarifier au fil de l'analyse. J'entamerai donc cette dernière par la discussion générale de la question et proposerai une analyse plus détaillée dans les sections 2 et 3.

---

[1] Ce chapitre est la traduction française du texte de Tuomela « The We-Mode and the I-Mode » paru in Frederick Schmitt (dir.), *Socializing Metaphysics*, Rowman and Littlefield, 2003, pp. 93–127. La traduction a été faite par Marc-André Vaudreuil et révisée par Daniel Vanderveken. Nous remercions Patricia Zline du Rowman and Littlefield Publishing Group de nous avoir donné l'autorisation de publier cette traduction.

Permettez-moi d'illustrer la distinction entre le mode-je et le mode-nous en considérant l'attitude de poursuivre un but. Une personne peut avoir comme objectif de ventiler une pièce, d'obtenir son doctorat ou encore tout simplement de se procurer une crème glacée. Voici normalement des buts « privés » ou « quasi-privés » qui peuvent être partagés, quand ils sont considérés comme des buts non indexicaux. D'un autre côté, certaines personnes peuvent partager l'objectif commun de réduire la taille du trou dans la couche d'ozone ou de construire ensemble une maison. Ces derniers genres de buts sont collectifs. Les buts collectifs sont de prime abord attribués à des collectivités (d'agents) ou à plusieurs agents collectivement ou conjointement. Dans un sens dérivé et distribué, on peut aussi dire que les agents particuliers adoptent des buts collectifs, et cela présuppose que ceux-ci croient que d'autres ont ou auront aussi le but collectif en question. Si notre but est de réduire la taille du trou dans la couche d'ozone, ce but, pour cette raison, peut aussi être attribué à chacun d'entre nous.

Concernant les buts, je discuterai ici uniquement des buts *intentionnels*, c'est-à-dire ceux que les agents ont l'intention d'atteindre. Les buts peuvent être considérés ici comme des contenus d'intention que les agents peuvent avoir, selon le mode-je ou le mode-nous. Je voudrais surtout ici mettre l'emphase sur deux aspects propres aux buts (Tuomela 2000a: chapitre 2). Premièrement, un but visé en mode-je est un but qu'un agent rationnel doit nécessairement croire pouvoir atteindre (ou pouvoir probablement atteindre) au moyen de ses propres actions. Deuxièmement, un but en mode-je est quelque chose dont l'atteinte est *prima facie* « pour » (ou encore « pour le bénéfice de ») celui qui vise le but. Par contre, lorsqu'un agent possède un but selon le mode-nous, il n'est pas nécessaire qu'il croie qu'il puisse seul atteindre ce but. Les agents rationnels qui visent collectivement un but en mode-nous doivent plutôt croire mutuellement qu'ils peuvent (ou peuvent probablement) atteindre effectivement leur but, au moyen de leurs activités collectives. Un but collectif en « mode-nous » vaut d'abord et avant tout « pour » (ou encore pour l'usage de) la collectivité en question et, dans ce contexte, est équivalent à un but visé en mode-nous. L'aspect « usage » du but se rapporte ici à l'utilisation d'expressions appropriées telles que « Nous réaliserons p », en tant que prémisses dans des situations de raisonnement de groupe, d'activités non verbales liées à la poursuite du but en question, et enfin, en principe, au recours à un état de réalisation du but à des fins collectives une fois que le but a été atteint. (En ce qui concerne la notion de groupe social ou de collectivité, nous supposons seulement que les membres croient qu'ils appartiennent au groupe en question, et n'avons pas besoin ici d'une analyse plus approfondie.)

Peu importe ce que l'on entend dans le détail par un but collectif entier en mode-nous, il devra satisfaire une condition de collectivité, que ne satisfait pas un but en mode-je (ou un but privé). Avant de discuter cette condition, laissez-moi caractériser les attitudes sociales, ou de manière plus spécifique les « attitudes (faibles) en mode-nous », à partir d'une autre perspective (Tuomela 1995: chapitre 1, 2000a et 2002). Les attitudes en mode-nous (*we-attitudes*) sont des attitudes impliquant des croyances collectives. Nous considérons ici les attitudes en mode-nous d'une personne dans son rapport à une attitude « simple », que nous nommerons ATT, attitude qui possède un certain contenu p. ATT peut être interprété ici comme un simple désir, un but, une intention, une croyance, un souhait, etc. Une attitude en mode-nous (*we-attitude*), dans sa substance même, se définît comme suit relativement à un groupe social, g : a) la personne possède ATT(p) ; b) elle croit que les autres membres de g possèdent également ATT(p) ; c) elle croit (ou est pour le moins disposée a croire) qu'il est mutuellement cru (ou, dans un cas plus faible, qu'il est simplement cru) que les membres du groupe possèdent ATT(p). Si l'attitude en mode-nous (que l'on peut désigner par ATTN(p)), telle que nous venons de la définir, exprime un but, ce dernier doit être soit un but privé en mode-je ou un but collectif en mode-nous.

Considérons comme exemple l'objectif qu'ont certaines personnes de visiter Naples. Ce but peut être exprimé par l'énoncé « Notre but est de visiter Naples ». Si visiter Naples était seulement le but privé de chacune des personnes en question (ce qui est linguistiquement possible vu l'énoncé exprimant le but en question), alors le but de chaque personne serait satisfait après qu'elle ait visité Naples. Cependant, en ce qui concerne le mode-nous au sens proprement collectif, cela ne suffit pas. Car, dans ce dernier cas, les personnes doivent collectivement adhérer au but du groupe en visant à ce que chacune d'entre elles parvienne à visiter Naples. En conséquence, leur adhésion collective (*collective acceptance*) doit se concrétiser de telle manière que les membres du groupe s'engagent collectivement à faire en sorte que chacun d'entre eux visite bel et bien Naples. Cette attitude s'oppose bien entendu à l'attitude en mode-je, selon laquelle chaque personne veille elle-même à visiter Naples, en réalisant ainsi son but privé.

Un but collectif en mode-nous partagé par les divers participants devra par conséquent satisfaire la *condition collective* (*CC*) suivante :

> (*CC*) Il est vrai sur des bases « quasi-conceptuelles » et donc nécessairement vrai que le contenu de but p est satisfait pour un membre d'une collectivité g et tout autant pour g, si et seulement si il est satisfait par chaque membre de g.

La caractérisation « sur des bases quasi-conceptuelles » est utilisée ici afin de mettre en lumière que le contenu p est lui aussi collectif en vertu du fait que les membres de g adhèrent collectivement au but collectif (sans qu'il s'agisse nécessairement d'un consentement coordonné et planifié). L'adhésion collective concerne la proposition volitive « Notre but est p » (ou la proposition équivalente « Nous atteindrons l'objectif p ») laquelle a nécessairement la même valeur de vérité pour eux que la proposition mentionnée ci-dessus. Dans (*CC*), la notion de satisfaction pour celui qui poursuit un but exige que l'événement ou l'état de pleine réalisation du but se produise sur la base d'un effort collectif des membres du groupe (voir note 4). L'adhésion collective implique ici que chaque participant a accepté de poursuivre le but et vise ainsi à contribuer à sa réalisation. Les participants sont censés être collectivement engagés à ce qu'ils ont accepté, et partager tous la croyance mutuelle qu'ils ont tous adhéré. En somme, on peut dire que les membres construisent des buts collectifs par leurs activités conceptuelles, par leur adhésion et leur consentement collectifs[2].

---

[2] L'adhésion collective doit être interprétée conformément à l'énoncé de la « Thèse de l'adhésion collective » (*TAC*) discutée, par exemple, par Tuomela et Balzer (1999) : un énoncé s est *collectif* (ou *social-collectif*), en un sens essentiellement « constructiviste », dans un groupe g, si et seulement si nous pouvons affirmer à propos de g que : a) les membres de g acceptent collectivement que s, et b) qu'ils acceptent que s, si et seulement si on peut correctement l'affirmer. La clause a) constitue la supposition de l'adhésion collective catégorique à s, tandis que la clause b) est une caractérisation partielle du genre d'adhésion collective dont nous avons ici besoin.

En symboles logiques, (où *APG* signifie agir pour le groupe et *AC* adhésion collective) : (*TAC**) l'énoncé s est collectif (ou social collectif) en un sens premier constructiviste, si et seulement si $APG\ (AC\ (g,s)\ \&\ (AC\ (g,s) \Leftrightarrow s))$.

Nous pouvons aussi dire qu'un but collectif généralisé est un but commun qui par sa nature conceptuelle est atteint simultanément aux yeux des participants, et que les exécutions simultanées des intentions collectives personnalisées des individus désirant agir ensemble sont nécessairement liées par l'adhésion collective dont nous avons parlé. L'adhésion collective peut pour ainsi dire varier en intensité et s'étendre d'une adhésion commune, planifiée, à une « croyance adhésion » (*acceptance-belief*) partagée (cf. Tuomela et Balzer 1999, Tuomela 2002). Plus le consentement collectif impliqué sera intense, plus la nécessité sera forte. En général, le contenu de (*AC*) doit être assumé comme étant mutuellement connu par les participants. Cependant, il n'est pas nécessaire que les agents aient des croyances directement liées à (*AC*) — le lien peut être engendré de manière détournée en vertu des croyance *de re* qu'ils possèdent quant au fait qu'ils sont engagés dans le même projet. Une attitude en mode-je ne satisfait pas (*AC*), même si pour une certaine raison le but des membres en venait à être simultanément satisfait (ou encore insatisfait)[3].

Ici nous avons affaire à une situation en mode-nous, à condition que le groupe soit aussi engagé collectivement (*EngCo*) à l'énoncé exprimant la proposition qui a été acceptée. Ainsi, du point de vue du théoricien, cette situation se laisse ainsi formuler : APG (AC (*g,s*) & *EngCo* (*g,s*)), dans laquelle *s* peut être ATT (nous,*p*), « nous » étant ici le pronom collectif (*participants pronoun*) de *g*. Par conséquent, s réfère à une attitude en mode-nous (*we-attitude*). L'adhésion collective a pour résultat de produire et d'adopter une attitude en mode-nous (*we-attitude*) appropriée (appartenant soit à la famille d'intention, soit à la croyance d'une famille d'attitudes) et d'agir conformément à cette attitude. Voir Tuomela et Balzer (1999) et Tuomela (2002: chapitre 5).

[3] Cependant, on peut aussi prendre en considération la notion de contenu collectif d'une manière plus large. Ainsi, Miller et Tuomela (2001) définissent comme suit la notion de contenu collectif : Le but *P* d'un agent *X* possède un contenu collectif si et seulement si (*X* croit qu'il y a une croyance mutuelle que) *P* est satisfait pour *X* si et seulement si il est satisfait pour plusieurs individus membres partageant *P* du groupe de *X*.

Selon cette définition, la satisfaction d'une attitude collective (ici [l'atteinte] d'un but) implique nécessairement un contenu collectif. Cependant, nous devons garder en tête que l'action qui cause la satisfaction de pareille attitude peut être une action d'une seule personne plutôt qu'une action impliquant plusieurs personnes. Cette dernière fait aussi partie intégrante des attitudes collectives en mode-nous dans le sens suivant : comme les autres elle implique, au moins jusqu'à un certain degré, que le groupe soit engagé face au contenu collectif. Nous pouvons maintenant distinguer une action collective réalisant l'engagement collectif en question, c'est-à-dire une action par laquelle les agents veulent s'assurer que le but est atteint (ou dont la réalisation est constante, si tel est le cas). Appe-

Les évidences propres à (*CC*) peuvent être généralisées à n'importe quelle attitude, que ce soit un souhait, un désir, un vœu, etc. Considérons une attitude arbitraire ATT dont le contenu est *p* :

(*CC**) Il est vrai sur des bases « quasi-conceptuelles » et donc nécessaire que le contenu *p* d'ATT est satisfait pour un membre de *g*, et pour *g* lui-même, si et seulement si il est satisfait pour tous les membres de *g*.

De manière générale, dans le présent contexte, l'énoncé exprimant l'attitude collectivement acceptée peut concerner une attitude partagée en mode-nous (*shared we-attitude*) ATTN(*p*). Dans le cas des buts collectifs visés (et des intentions correspondantes) l'énoncé *s* exprimant l'attitude est de la forme de : « Nous exécuterons *p* », où « exécuterons » exprime la visée d'intention et *p* représente l'état du but atteint. Dans le cas des croyances collectives (qui à proprement parler seront des adhésions et peuvent être appelées « croyances acceptées »), l'énoncé *s* pourrait prendre la forme : « Nous croyons que *p* » ou « C'est notre point de vue que *p* ». Dans le cas des souhaits, on pourrait avoir un énoncé du type : « Nous souhaitons que *p* », et ainsi de suite. D'autre part, des assertions normatives peuvent être impliquées. Ainsi, *s* peut aussi être : « Tous les membres de *g* devraient faire *X* lorsque *C* ». En fait, je propose que s soit compris dans un sens plus général, comme un énoncé « cité entre points » (*dot-quoted sentence*), .*s*., selon le langage de Sellars, pouvant donc aussi être considéré comme un énoncé représentant des états mentaux (*mental*

---

lons-la une action-c, et distinguons-la clairement de l'action concrète que l'on fait comme un moyen pour autre chose (action-m), laquelle conduit (normalement comme une cause) à l'état du but poursuivi (*goal-state*). Je suggère de traiter une action-c comme appartenant aux présuppositions sous-jacentes plutôt qu'au contenu. Néanmoins, une attitude-c, étant une action commune en mode-nous au sens large, est requise pour les attitudes collectives généralisées en mode-nous (*full-blown we-mode collective attitudes*).

Nous avons souligné que si la croyance adéquate pour un but exigeait que [l'action] soit réalisée ensemble par plusieurs personnes, alors il s'agit d'un but collectif. Mais s'il s'agit d'une action-m, ce critère fournit à la collectivité une condition nécessaire mais non suffisante. La « Thèse du consentement collectif » (*TAC*), formulée dans la note 1, fournit quant à elle à la collectivité une condition suffisante et nécessaire (Tuomela (2000a), ainsi que Tuomela et Balzer (2002)). La *TAC* est fondamentalement plus concluante, parce qu'elle concerne (implicitement) les actions-c et non les actions-m.

sentence) ou une pensée en « mentalais » (*mentalese*)[4]. Un énoncé cité entre points *.s.* joue le même rôle dans un langage ou dans un système représentationnel que l'énoncé *s* peut jouer dans notre langue, en l'occurrence la langue française.

On peut aussi montrer que, pour le groupe, le consentement collectif est nécessairement équivalent à la proposition acceptée dans les attitudes collectives (c'est-à-dire la formule *TAC* de la note 2), quand on suppose que l'adhésion collective à *s* implique l'engagement collectif à cet effet, et donc la vérité de la condition collective (généralisée) (voir Tuomela 2000a). L'hypothèse que l'adhésion collective implique pour le groupe un engagement collectif fait de ATTN(p) une attitude en mode-nous au sens fondamental (voir le critère a1 dans la Section 2).

Je me pencherai plus loin sur le cas des groupes structurés en considérant ceux qui ne le sont pas comme un cas particulier des structurés, c'est-à-dire des cas spéciaux ayant une structure « vide ». Je pense plus particulièrement à la structure des positions sociales en termes de normes sociales, qui sont soit des normes régulatrices soit des normes proprement sociales au sens de Tuomela (1995: chapitre 1). Dans les deux cas, nous devons faire intervenir une codification normative des normes sociales, que j'ai déjà expliquée en termes de *systèmes* (normatifs) *de tâches* (*task-right systems*) attribuables aux positions de groupe.

Celui qui tient une position dans le groupe peut, en un sens instrumental faible, remplir ses tâches sans s'être engagé aux objectifs constitutifs du groupe. Il peut fonctionner instrumentalement (ou mieux encore, quasi-fonctionner) comme un membre du groupe seulement en effectuant son « travail », c'est-à-dire seulement en s'occupant de ses tâches propres sans même avoir l'intention d'agir *pour* le groupe et sans même viser à faire progresser les buts et valeurs de base du groupe. Il en viendrait, pour ainsi dire, à accomplir les gestes et actions adaptés, mais sa raison d'effectuer une tâche de groupe *T* se formulerait grossièrement comme suit : « J'accomplis *T* parce que cela sert mes intérêts personnels », et non pas : « J'accomplis *T*, au moins en partie, parce qu'il s'agit de ma tâche et parce qu'elle sert (ou du moins n'entre pas directement en contradiction avec) les intérêts du groupe ». (Nous pouvons alors dire qu'en agissant

---

[4] Sellars a élaboré sa philosophie du langage et de l'esprit dans de nombreux articles depuis la fin des années quarante. Voir en particulier Sellars (1963), (1969) et (1981).

l'agent a comme motif d'agir partiel d'« agir pour le groupe » (*forgroupness*). Ceci est requis pour l'agir institutionnel, du moins dans une certaine mesure. On peut aussi affirmer que sans un niveau suffisant d'agir institutionnel en mode-nous, l'institution ne peut être maintenue et n'existe pas proprement comme une institution, et cela justement parce qu'une institution est constituée comme un phénomène de groupe requérant l'agir pour le groupe (cf. Tuomela 2002: chapitre 6). Quant à l'aspect fonctionnel du « maintien » (*maintenance*), il dépend de la qualité du succès du groupe dans ses tentatives d'atteindre ses buts constitutifs. Ainsi, l'agir sur la base de raisons privées n'est pas un dysfonctionnement pour l'atteinte des objectifs du groupe.

La conséquence de ma supposition est que, même s'il reste que les véritables activités généralisées de groupe requièrent une pensée et une action en mode-nous, il n'en demeure pas moins certain que ceux qui possèdent une position sociale, ou, plus généralement, certains membres du groupe qui agissent en tant que membres du groupe, peuvent agir en mode-je, dans un sens faible, et ce aussi longtemps qu'un degré acceptable de fonctionnement général est maintenu dans le groupe. De telles raisons personnelles peuvent concerner les intérêts essentiels du groupe, mais demeurent tout de même adoptées pour le bénéfice personnel d'un membre du groupe (d'ailleurs un agent peut retirer de la satisfaction personnelle du succès du groupe). Le présent argument à propos du fonctionnement de l'agir en mode-je s'applique aussi au fait de suivre une norme en général et même au fait de respecter un accord, et ce pour autant qu'il y ait une certaine quantité d'actions en mode-nous dans le groupe. En considérant le dernier exemple, on peut adopter une attitude instrumentale envers un accord et seulement contribuer à son respect aussi longtemps qu'une telle activité n'est pas trop coûteuse ou se révèle globalement plus utile qu'une violation de l'accord.

Ce qui manque dans les divers cas de mode-je, c'est l'agir dans une perspective de groupe (*forgroupness*) ainsi que l'engagement collectif à respecter l'accord. Un tel engagement collectif n'implique pas seulement l'engagement de réaliser sa part de l'entente, mais aussi l'engagement d'agir dans un sens plus large (notamment en fournissant de l'aide, de la persuasion, de la coercition, etc.) dans les contextes où les autres participants tentent de respecter l'accord et cela bien entendu pour le bénéfice du groupe lui-même. Chaque participant, par conséquent, admet qu'il est responsable vis-à-vis des autres de la réalisation de sa tâche et est normativement (au moins dans un sens à la fois instrumental et social) en droit de s'attendre à ce que les autres fassent leur part.

Pour les fins de cet article, nous avons uniquement besoin de faire intervenir une notion faible d'engagement collectif en mode-nous. Prenons l'exemple de deux personnes, disons vous et moi. Si nous sommes collectivement engagés à une proposition s (ou pour être plus précis, .s.) exprimant notre action commune ou notre projet (ou quelque autre contenu commun) ce qui suit doit être vrai : je me considère engagé à s et agirai en conséquence, en partie parce que je crois devoir utiliser s comme une prémisse dans mes raisonnements en situation de groupe et devoir agir sur la base de cette vérité en tant que membre du groupe ; je crois que vous êtes aussi engagés de manière similaire à s et agirez en conséquence, en partie à cause de vos pensées normatives similaires aux miennes. De plus, nous croyons tous les deux que l'autre partage les mêmes croyances mutuelles. Ici on peut dire : « Nous ferons X ensemble », et nous discutons au sujet de nos engagements respectifs en vue de la réalisation de s pour le bénéfice du groupe. Dans la présente acception faible de l'engagement collectif, mon explication s'élabore seulement en termes de croyances en mode-nous partagées (*shared we-belief*) et l'engagement collectif est par le fait même analysé dans les termes des attitudes consistant à s'engager à un *item*. Ainsi, la communication n'est pas requise, tout comme l'est encore moins la production explicite de l'entente. (Notez que le consentement collectif n'a pas besoin d'impliquer un engagement collectif et cela même dans ce sens faible). Ce que nous avons ici est déjà une version faible de l'engagement collectif en mode-nous — engagement qui doit être clairement distingué d'une mise en relation de divers engagements privés (c'est-à-dire en mode-je).

Nous pouvons parler à la fois d'un regroupement de personnes qui sont collectivement engagées à utiliser un énoncé et, de manière dérivée, de chacune d'entre elles comme étant ainsi engagées collectivement.

2 Fonctionner comme membre de groupe

Dans la prochaine section, j'analyserai en détail les notions de mode-nous et de mode-je. Ces notions dépendent de la notion de fonctionner (c'est-à-dire de penser et d'agir) comme un membre de groupe. Rappelons que quelqu'un peut aussi agir comme membre d'un groupe en mode-je, bien que tous les membres ne peuvent pas, tant sur une base constitutive que fonctionnelle, agir (toujours) selon le mode-je, mais doivent avoir une raison collective (au sens d'« agir pour le groupe ») qui motive leur action. La présente section est consacrée à l'analyse de la notion de fonctionner (d'agir) comme membre d'un groupe.

Dans n'importe quel groupe, il est possible d'accomplir librement des actions en tant que membre d'un groupe, pour autant que ces actions — ou, de manière plus générale, ces activités, incluant des activités mentales — restent dans le champ d'« intérêt » du groupe, c'est-à-dire pour autant qu'elles appartiennent à des sujets d'intérêt qui sont significatifs pour le groupe. De telles actions doivent être (rationnellement) collectivement acceptées par le groupe (essentiellement par l'entremise de la force normative liée au consentement du groupe (*normative, group-binding group acceptance*) ou encore sur la base d'un consentement en mode-nous (*we-acceptances*) des membres du groupe ou de la majorité d'entre eux)[5]. La croyance ou le consentement non normatif pourraient prendre ici la forme d'un consentement collectif en mode-nous (*we-acceptance*) à l'intérieur du groupe, g : Idéalement, l'ensemble des membres accepte qu'un thème, T, soit d'intérêt pour le groupe, et, par le fait même, chacun croit que l'ensemble des autres membres de g acceptent et partagent la même croyance. Ainsi nous avons une notion d'intérêt de groupe : le thème T fait partie de la sphère d'intérêt du groupe, si et seulement si T entraîne un consentement en mode-nous au sujet de son inclusion dans la sphère d'intérêt du groupe g. La *sphère d'intérêt* du groupe g est formée d'un ensemble de thèmes $\{T_i, ..., T_m\}$. Un thème T_i faisant partie de la sphère d'intérêt du groupe est constitué d'une série de contenus impliquant, mais ne se réduisant pas à des actions ou à des activités (types) X_j visant la satisfaction ou le maintien de ce dernier contenu ; nous nommerons l'ensemble qu'ils forment X_i. Considérant l'union de l'ensemble des actions formant X_i, c'est-à-dire $U_i X_i$, il est possible de classer ces actions, comme nous le verrons plus loin, selon le point de vue de celui qui agit à titre de membre du groupe.

Le cas général est celui d'un groupe structuré à partir de diverses positions (le cas d'un groupe non structuré peut être interprété comme un cas spécial, sans position particulière, par-delà le statut de membre du groupe). Je classerai premièrement les types d'action faisant partie de la

---

[5] Voir Tuomela (1995: chapitre 7) et (2002: chapitre 5).

sphère d'intérêt du groupe (structuré), c'est-à-dire les actions faisant partie de la sphère $U_i X_i$:

Le cas général est celui d'un groupe structuré. Dans ce dernier cas, je classerai les types d'actions faisant partie de la sphère d'intérêt de g, c'est-à-dire les actions faisant partie de la sphère $U_i X_i$:

1) Les actions positionnelles (liées à une position ou à un rôle au sein du groupe), lesquelles comprennent i) les actions (ou les tâches) que celui qui détient la position en question *doit* effectuer, peut-être d'une manière particulière, dans certaines circonstances, et ii) les actions qu'il peut (qu'il lui est permis) d'accomplir en d'autres circonstances ;

2) Les actions que les autres normes du groupe (les normes qui ne sont pas spécifiquement liées à certaines positions) ou les *standards* du groupe requièrent ou permettent ;

3) Les actions [individuelles] et les actions communes qui ne doivent pas, ou du moins n'ont pas besoin, d'appartenir aux classes précédentes, et qui sont basées sur la formation d'intention en situation ou sur un accord qui n'a pas été codé dans un système de droit de tâches (*task-right system*) appartenant à g, ou dans les normes de g, mais qui tout de même restent cohérentes avec les actions de type 1) et 2) ;

4) Les activités ou actions choisies librement (et aussi les actions communes), incluant des actions et des activités qui ne sont pas du type 1) à 3), qui, même si elles ne sont pas incompatibles avec ces dernières, restent des actions se situant à l'intérieur de la sphère d'intérêt de g et sont collectivement et *raisonnablement* acceptées par, ou acceptables pour, les membres de g comme étant des actions d'un tel genre.

Le fonctionnement en tant que membre d'un groupe exigerait une analyse plus approfondie, que j'éviterai en faisant les simplifications qui suivent. Une chose doit être immédiatement soulignée : les classes précédentes sont des *classes d'actions*. Les attitudes peuvent être appréhendées de façon similaire. Par le fait même, nous pouvons parler du contenu des attitudes en plus des actions à l'intérieur de la sphère d'intérêt du groupe *g*, et, nous pourrions ajouter les attitudes aux actions dans le classement précédent. L'aspect le plus important à prendre en considération ici est que ces attitudes sont basées sur le consentement et, par conséquent, peuvent être acquises suite à une action intentionnelle.

Essentiellement, fonctionner en tant que membre d'un groupe revient à agir intentionnellement à l'intérieur de la sphère d'intérêt du groupe. Une telle action peut être aussi bien réussir qu'échouer. Ce qui est requis, c'est que le membre du groupe en question tente intentionnellement d'agir de façon adéquate en fonction de ce qu'il considère être la sphère d'intérêt du groupe de manière à ne pas violer les buts centraux et constitutifs du groupe, ses *standards* et ses normes (de manière brève on peut dire son *ethos*). L'*ethos* est à tout le moins une sorte de de raison présupposée sous-jacente à l'action d'un membre du groupe dans ce contexte. (Notons que la notion d'*ethos* peut être comprise d'une manière large, selon laquelle chaque groupe peut-être considéré comme possédant un *ethos* — des fins ou des croyances fondamentales ou quelque chose d'analogue.)

Comme il a été dit plus haut, la réussite complète de l'action tentée ne sera pas requise. Il peut ainsi y avoir des échecs dus à de fausses croyances sur les normes et les *standards* du groupe, au manque de compétence ou encore à certains obstacles environnementaux. *Fonctionner comme membre d'un groupe g*, en invoquant une position dans un groupe structuré, est équivalent à agir intentionnellement, avec l'objectif de satisfaire ou du moins de ne pas contredire l'*ethos* de *g*, selon l'un des sens (1)–(4), ou de tenter d'agir ainsi. J'utiliserai plus loin cette notion quand je discuterai de ce que c'est que fonctionner (penser ou agir) en qualité de membre d'un groupe. Au lieu de fonctionner en tant que membre d'un groupe, quelqu'un peut être membre sans agir *toujours* comme membre du groupe et peut agir à l'intérieur de la sphère d'intérêt du groupe, en désobéissant à l'*ethos* du groupe (quelqu'un peut même poser des actes de trahison envers le groupe et son *ethos*). Comme nous l'avons souligné, même si au niveau du groupe, fonctionner comme membre d'un groupe est un phénomène en mode-nous accompagné de la raison constitutive d'agir pour le groupe (*inbuilt forgroupness reason*), un membre du groupe peut tout de même fonctionner comme membre (relativement à *g*) selon le sens faible du mode-je de la section 1.

Les actions du type 1) relèvent des actions positionnelles typiques consistant à agir en tant que membre de *g* dans une position donnée. La sous-classe ii) de 1) est ainsi constituée d'actions que celui qui détient une position peut éventuellement choisir d'accomplir[6]. Toutefois, les classes 2)–4) peuvent aussi exister dans les cas positionnels et dans d'autres cas. Notez aussi que dans le cas des groupes non structurés, la classe 1) est vide. La notion de consentement collectif rationnel propre à la classe 4) est posée comme prenant en compte ce qui est généralement présupposé de l'action dans la communauté en question. Ainsi elle respectera les exigences et les critères généralement admis dans le classement des actions à l'intérieur de cette communauté. (Je mentionnerai dans la quatrième section des cas d'activités mentales qui tombent sous la définition de la classe 4), et dans cette classe, mon approche admet aussi des actions non intentionnelles, basées sur de fausses croyances, d'un membre du groupe ; mais, règle générale, je me concentrerai sur les actions intentionnelles)[7].

Outre la notion *standard* d'agir en tant que membre d'un groupe élaborée plus haut, certaines fins poursuivies requièrent des notions supplémentaires[8]. Le présent article fera référence à deux notions plus faibles. Premièrement, mentionnons la notion faible d'agir comme membre d'un groupe. Cette notion est basée sur le fait que les membres du groupe partagent un *ethos*, mais sont seulement engagés sur une base privée (et non collective) à lui. Ainsi un groupe de femmes peut faire pousser des fleurs dans un jardin communautaire et viser de cette manière à donner une plus belle apparence à leur petit village. Chacune d'entre elles est engagée de manière seulement privée à rendre le village plus beau, mais elles savent — ou croient mutuellement — que les autres sont engagées de manière similaire. Les actions des participantes peuvent être mais ne sont pas nécessairement interdépendantes. Nous avons ici affaire à une action accomplie en tant que membre d'un groupe, selon le sens faible du mode-je. De manière plus précise, agir comme membre d'un groupe dans un

---

[6] Le *système de droit de tâche* (*task-right system*) spécifiant i) et ii) peut contenir des normes régulatrices et des normes proprement sociales au sens de Tuomela (1995: chapitre 1).
[7] Voir Tuomela (2002: chapitres 3–4) pour les comportements collectifs pertinents « gouvernés par des schèmes ».
[8] Voir Tuomela (2002) pour une discussion liée à l'engagement collectif.

sens *faible* revient à agir dans un contexte de groupe, tout en partageant le même *ethos*, *E*, que les autres, et à s'engager à ne pas violer ce dernier. Ne pas violer *E* peut aussi seulement être une préoccupation qui n'est pas explicitement visée. Seul l'engagement privé à *E* est impliqué ici. Deuxièmement, nous avons la notion extrêmement générale d'*agir dans un contexte de groupe*. Cela signifie, grossièrement, qu'agir dans l'espace public du groupe, en fonction d'enjeux d'une certaine importance pour le groupe, particulièrement liés à l'« atmosphère sociale » et à la cohésion du groupe est alors important. On peut agir dans un contexte de groupe sans nécessairement agir dans la sphère d'intérêt du groupe. Il est évident que toute action qu'un agent accomplit comme membre d'un groupe (selon l'un des sens mentionnés plus haut) revient à agir en contexte de groupe, mais ce qui est ici intéressant est bien évidemment que lors de certaines actions en contexte de groupe les agents n'agissent pas en tant que membre du groupe. Voici un exemple spécifique : un groupe, ayant terminé une tâche ou un travail appartenant à sa sphère d'intérêt, décide d'aller se baigner (ou de s'offrir un genre quelconque de loisir). Cette action n'est pas une action que chacun accomplit en tant que membre du groupe mais reste tout de même une action faite en contexte de groupe qui peut causalement affecter l'atmosphère sociale à l'intérieur du groupe.

3 Les variétés de mode-je et de mode-nous

Dans ce qui suit, je présenterai des analyses précises du mode-je et du mode-nous. Ces analyses améliorent et complètent celles que j'ai faites auparavant (Tuomela, 1984, 1995, 2000a et Tuomela 2002).

Dans ce contexte, mes variables de classification les plus importantes sont les suivantes : 1) groupe structuré *versus* groupe non structuré (avec la simplification que dans un groupe normativement structuré chaque membre occupe une position, ce qui exclut les groupes mixtes) ; 2) fonctionner en qualité de membre de groupe *versus* ne pas fonctionner (pleinement) en cette qualité ; 3) agir pour le groupe (dans l'intérêt du groupe, contribuer à la satisfaction de l'*ethos* du groupe, et ainsi à ses buts et à ses propres fins) *versus* agir pour soi-même (pour son propre intérêt, contribuer à la satisfaction de ses propres buts et fins privés) ; 4) être un membre de groupe engagé de manière seulement privée *versus* être un membre dont toute la personne est engagée collectivement comme membre de groupe.

Dans les analyses qui suivent, toute personne *A*, dont nous discutons les attitudes, est censée être un membre du groupe *g* en question, et j'interpréterai le consentement collectif comme étant une *attitude en mode-nous* (*we-attitude*)[9]. L'appartenance à un groupe *g* n'implique pas plus ici que le fait de se considérer soi-même comme étant un membre de *g*, et typiquement aussi, que les autres membres de *g* ont tendance à adopter la même considération.

Dans le cas d'un groupe structuré selon des positions, nous pouvons imaginer un cas où *p* est « *A* doit effectuer *X* en *C* », *A* est un certain détenteur de position. Supposons aussi la croyance ATT = (consentement), « le groupe *g* accepte comme son opinion propre que *A* doit effectuer *X* en *C* ». Au niveau de ce qui est commun au groupe et en adoptant un point de vue « interne », on obtient la proposition suivante : « Nous, les membres de *g*, acceptons collectivement que selon notre opinion, c'est-à-dire celle de *g*, *A* doit effectuer *X* en *C* ». Le groupe *g* se trouve ainsi lié à la croyance que *p*. On peut ainsi affirmer que *g* est « engagé par son opinion » (*view-committed*). Ainsi le consentement collectif dans le présent cas implique l'engagement collectif envers un *item* collectivement accepté, en ce sens que les membres se sont collectivement engagés à se servir du contenu *p* dans leurs inférences pertinentes (via la proposition *s* dans laquelle *p* intervient en tant qu'élément) et à agir sur la base de sa vérité lorsqu'ils agissent en tant que membres du groupe. Nous pouvons aussi ajouter — de manière équivalente, au sujet de l'analyse — que les membres du groupe dans ce cas sont engagés collectivement à l'usage approprié de la phrase « sellarsienne » citée entre points, .*p*., possédant la forme logique *C*(nous, .*p*.), où *C* représente la croyance de consentement (ici *C* est supposé s'appliquer à la fois à des agents collectifs comme « nous » et à des agents seuls membres du groupe). Dans un cas plus général, les membres du groupe peuvent être de manière analogue engagés collectivement à utiliser la phrase exprimant l'attitude-nous (*we-attitude-expressing sentence*) ATT (nous, .*p*.) ou encore, ce qui me semble équivalent, ils seraient collectivement engagés face au contenu *p*, où

---

[9] Voir Tuomela et Balzer (1999) et Tuomela (2002: chapitre 5) pour cette dernière supposition.

l'engagement-ATT implique qu'ils sont engagés de la façon spécifique dont l'exige la direction d'ajustement propre à ATT à l'intérieur du contexte du consentement collectif pour le groupe. Dans le cas des intentions et des attitudes volitives, la direction d'ajustement va du « monde vers l'esprit » ; dans le cas des croyances et autres attitudes cognitives elle va « de l'esprit vers le monde » ; tandis que dans le cas d'émotions (à l'exception des possibles croyances qu'elles peuvent impliquer) la direction d'ajustement est vide (voir Searle 2001).

La discussion à propos de l'engagement envers la phrase s concerne les usages inférentiels appropriés de .s. tandis que la discussion à propos du fait d'être ATT-engagé à p constitue une manière moins « linguistique » de parler de l'engagement en question.

Les membres du groupe sont engagés collectivement à utiliser s (ou plutôt .s.) non seulement dans leurs inférences théoriques et pratiques manifestes et leurs actions publiques adéquatement fondées sur de telles inférences, mais aussi dans leurs délibérations privées (assumant qu'une certaine version de la théorie de l'analogie de la pensée est vraie, de sorte que nous puissions utiliser soit .s. ou sa contre-partie en « mentalais » (*Mentalese*), dans le présent contexte ou bien sûr aussi prendre .s. pour couvrir les usages mentaux). Les contextes dans lesquels l'engagement devient manifeste en action sont — dans mon système quasi-sellarsien — en partie basés sur des règles de pensée de direction monde-esprit, esprit-esprit, esprit-monde, dans le cas couvert (*covert*), ainsi que sur des règles linguistiques de direction monde-langage, langage-langage, langage-monde dans le cas manifeste (*overt*). (À partir de maintenant et à l'avenir, je n'utiliserai pas explicitement des phrases citées entre points, même si elles représentent ma manière « officielle » d'illustrer la question — toujours en gardant à l'esprit que dans le cas le plus général nous devrions parler de « représentations de pensée » ou de quelque chose d'équivalent plutôt que d'utiliser l'expression linguistique « énoncé ».)

Le cas de groupe est en général plus « chargé intellectuellement » que le cas privé, et le groupe (c'est-à-dire « nous ») n'est pas, de par sa nature, comparable avec le « Je ». Même si un agent singulier peut posséder des croyances en confrontation directe avec la réalité du genre « Ceci est une table brune », dans les cas de groupe, le concept « nous » doit intervenir lorsque la pensée conceptuelle est en jeu. Ainsi, dans le véritable cas de groupe (où le groupe fonctionne comme une unité), la formulation correspondante dans le cas de confrontation directe avec la réalité est :

« Nous croyons que ceci est une table brune » (ou « Notre opinion est que ceci est une table brune » ou quelque chose d'analogue). L'idée ici est que le sujet ayant cette croyance doit être engagé envers le contenu et cela requiert aussi bien une expression grammaticale. Au moins dans tout les cas « conatifs » (liés à l'action) comme le fait de planifier et d'exécuter une action collective, une telle réflexion sur l'attitude (par exemple une croyance) est requise (mais voir la note 4 plus bas pour un cas particulier non-expressif et non-conatif).

Plus précisément, quand un groupe adopte collectivement une opinion, ce groupe se lie lui-même à cette opinion, et cela entraîne une certaine pression du groupe, comme une correction éventuelle par les autres membres. Ceci donne un contenu social normatif à l'engagement collectif, puisqu'il y a dès lors des attentes sociales normatives sur ce qui doit être fait. Ici, les membres du groupe sont engagés socialement les uns envers les autres afin de faire ce qui est requis ou approprié. L'engagement collectif intégral (*full-blow collective commitment*) inclut ainsi l'engagement social. On obtient aussi un plaidoyer en faveur d'un engagement plus fort que celui qui accompagne les croyances privées, parce que le groupe est impliqué à la fois dans le contenu conceptuel propre à l'attitude et dans le maintien de cette attitude. Dans le cas d'un engagement privé, l'aspect normatif n'est pas requis : l'agent a seulement besoin de s'être lui-même lié — de telle sorte qu'il persiste, si cela est pertinent du point de vue rationnel, à maintenir l'attitude en question.

Je vais maintenant définir quelques notions centrales. Mon analyse fournit des critères pour le « genre de mode » (*modeness*) du point de vue de la troisième personne. Cependant les agents sont généralement supposés agir intentionnellement et savoir pertinemment ce qu'ils font sous une certaine description. Dans mes définitions, j'utiliserai la formule « engagement-ATT » pour désigner les dispositions aux actions nécessaires afin de satisfaire ou de garder ATT. Ainsi dans le cas où ATT est l'intention, l'engagement-ATT requiert l'usage approprié de la proposition acceptée s en particulier que les membres du groupe soient disposés à faire en sorte que le contenu de s, ici « Nous ferons X » (où « ferons » est utilisé de manière conative), soit vrai. Le cas d'une croyance de consentement requiert la disposition à agir en fonction de la vérité de « Notre opinion est p ». Dans tous les cas, les membres sont engagés à utiliser la phrase s dans des inférences théoriques et pratiques appropriées. L'engagement-

ATT envers *p* signifie, par conséquent, agir de la manière requise par et appropriée à ATT dans l'objectif de satisfaire *p* ou d'agir sur la base de sa vérité, et ainsi de suite, selon le cas. Notez que *s* est censé exprimer l'attitude ATT avec un contenu *p*, et par le fait même *s* contient ATT et *p* pour ainsi dire à titre d'élément. Par exemple, nous pouvons avoir *s* = ATT(nous, *p*) et ici nous pouvons dire que l'engagement primaire, lié à la direction d'ajustement (qui à son tour est déterminée par ATT), concerne *p*. Cependant, il y a aussi l'engagement supplémentaire à utiliser *s* dans les contextes appropriés (c'est-à-dire avec l'intention d'affirmer ou de prendre comme prémisse l'énoncé « Nous allons faire *X* », lorsque l'on est interrogé sur ce que les participants vont faire ensemble). Permettez-moi de rappeler que lorsque ATT(nous, *p*) a été collectivement acceptée, les participants partagent l'attitude en mode-nous, ATTN, envers *p* (comprise plus bas comme appartenant à la sphère d'intérêt du groupe).

Dans mes analyses, la notion de groupe peut être comprise dans un sens faible n'impliquant pas que ce groupe puisse agir (au sens objectif ou au sens intersubjectif). Cependant, les membres du groupe doivent croire (soit *de dicto*, c'est-à-dire sous une certaine description, soit *de re*, c'est-à-dire dans le sens d'une connaissance directe de tous les membres ou du moins de certains membres typiques du groupe) qu'ils sont membres de ce dernier. Le groupe est « nous » pour eux, mais il n'est pas nécessaire que ce nous soit « conatif », c'est-à-dire un nous menant à des activités collectives, il peut n'être qu'un nous « non conatif », fondé sur les choses communément expérimentées de la préoccupation commune. La notion de fonctionner en tant que membre d'un groupe doit bien entendu être comprise dans le sens analysé précédemment. Le groupe *g* en question peut être structuré ou non. Voici les analyses de base discutées dans ce qui suit :

a1) Un agent *A*, membre du groupe *g*, adopte une certaine attitude ATT, dont le contenu est *p* selon le *mode-nous* en ce groupe dans une certaine situation *C* quand *A* adopte ATT avec un contenu *p* et que cette attitude (et par le fait même la phrase qui l'exprime) a été acceptée collectivement (et est vue comme telle mutuellement) dans *g* comme l'attitude de *g*, et que *A* fonctionne (c'est-à-dire expérimente, pense ou agit) en tant que membre de *g* selon le sens normal ou selon un sens plus fort et est engagé en mode-nous (*we-committed*) selon la manière ATT envers le contenu *p*, au moins en partie pour *g* (c'est-à-dire pour l'utilité de *g*), en *C*.

a2) Un agent *A*, membre du groupe *g*, a une certaine attitude ATT, dont le contenu est *p* selon le *mode-nous faible* en ce groupe dans une situation *C* quand *A* adopte l'ATT avec un contenu *p* et fonctionne comme un membre du groupe *g* au sens normal ou dans le sens plus fort de la représentation, et est aussi engagé en mode-nous (*we-committed*) selon la manière ATT, envers le contenu *p*, au moins en partie dans l'intérêt de *g* (c'est-à-dire pour l'usage de *g*) en *C*.

b1) Un agent *A*, membre du groupe *g*, adopte une certaine attitude ATT, dont le contenu est *p* selon le mode-je normal en *g* dans une certaine situation *C* quand *A* possède ATT avec un contenu *p* et fonctionne comme un membre du groupe *g* selon le sens a) faible, et est engagé de manière privée selon la manière ATT envers le contenu *p*, au moins en partie pour lui-même, en *C*.

b2) Un agent *A*, membre du groupe *g*, a une certaine attitude ATT, dont le contenu est *p* selon le *mode-je pro-groupe* en *g* dans une certaine situation *C* quand *A* possède ATT avec un contenu *p*, fonctionne comme un membre de *g* selon le sens a) (sens faible), et est engagé de manière privée selon la manière ATT envers le contenu *p*, en partie pour lui-même et en partie pour *g*, en *C*.

b3) Un agent *A*, membre du groupe *g*, adopte une certaine attitude ATT, dont le contenu est *p* selon un *mode-je instrumental* relativement à *g* dans une certaine situation *C* quand *A* fonctionne comme un membre de *g* dans le sens posé en a) (sens faible), ou agit dans le contexte de groupe de *g*, adopte ATT avec un contenu *p*, et est engagé de manière privée selon la manière ATT envers le contenu *p*, cela au moins en partie pour lui-même, en *C*.

c) Un agent A possède une certaine ATT avec un contenu *p* selon un *mode privé* en une certaine situation *C* quand *A* a ATT et est engagé de manière purement privée selon la manière ATT envers le contenu *p* en *C*.

Nous pouvons maintenant rendre compte des modes d'action sur la base des modes d'attitude et du « pourquoi » d'une relation (« pourquoi » exprime ici généralement à la fois la raison et la cause de l'action) : une action est accomplie selon un certain mode quand elle est exécutée sur la base d'une attitude au mode correspondant. De plus, nous pouvons tenir les raisons psychologiques effectives pour les contenus des attitudes ou, dans certains cas particuliers, pour les attitudes elles-mêmes[10]. Alors, la présente description d'une action effectuée en vertu d'une attitude d'un mode donné revient à affirmer que cette action est effectuée pour la raison exprimée par le contenu de cette attitude ou, dans certains cas, par cette attitude elle-même, de sorte que la raison possède le même mode que l'attitude. En ce sens, il est permis de parler, par exemple, de raisons d'agir en mode-nous et en mode-je.

Permettez-moi maintenant de justifier les définitions précédentes des différents modes. Dans tous les exemples qui précèdent, le membre du groupe en question peut fonctionner comme un membre du groupe — même dans les cas qui impliquent uniquement un engagement privé. En a1), a2) et b3), il lui est effectivement requis de fonctionner en tant que membre du groupe. Dans les cas a1) et a2) d'agir en mode-nous, la raison pour laquelle il doit nécessairement fonctionner en tant que membre du groupe est évidente — autrement il n'y aurait aucun sens à exiger de lui d'agir pour la raison du groupe supposée respecter l'*ethos*. Dans le cas b3), le point essentiel de la définition consiste à mettre en lumière et expliquer la manière par laquelle une personne peut, pour ainsi dire, mimer une véritable activité de groupe en mode-nous sans véritablement s'y engager intérieurement, c'est-à-dire sur la base de sa propre motivation. De manière générale, une personne peut agir ouvertement de manière appropriée et même agir pour la bonne raison (par exemple la raison du groupe) sans être véritablement motivée par l'activité en question. Les « modes » que j'analyse ici ne requièrent pas comme tels qu'une personne, sur le plan motivationnel, adopte corps et âme les raisons et les actions en question. Je commenterai plus bas la question de la situation motivationnelle.

La première d'entre elles, a1) donne l'idée principale de la modalité-nous (*we-modeness*) fondée sur le consentement collectif accompagné de l'engagement collectif. Cette explication permet à *p* de satisfaire la condition de collectivité (*CC*) (comme il a été démontré dans Tuomela (2000a: chapitre 2)). Les cas paradigmatiques d'attitudes en mode-nous sont des intentions collectives (*we-intentions*) impliquant un engagement collectif (tout comme c'est le cas dans les analyses proposées par exemple dans Tuomela (1995: chapitre 3)), des actions communes fondées sur des in-

---

[10] Voir Tuomela (2000) et Searle (2001) pour une telle interprétation.

tentions partagées collectivement (*shared we-intentions*), tout comme des attitudes et des actions normatives liant le groupe. Un agent peut ici être engagé à fonctionner en tant que membre d'un groupe, soit parce selon cet agent le groupe a une valeur intrinsèque soit encore parce que son engagement a une valeur instrumentale à ses yeux. Ce dernier cas exemplifie le sens le plus plein selon lequel il peut s'identifier au groupe.

Le critère a2) est aussi central, mais il ne satisfait pas comme telle la condition de collectivité (*CC*). Ainsi, si l'attitude en question est une attitude collective en mode-nous au sens propre, (*CC*) doit aussi être posée comme remplie. a2) requiert essentiellement, dans le cas de groupe non structuré, qu'un membre, *A*, lorsqu'il agit comme un membre du groupe, soit disposé à satisfaire ou, dans le cas d'un contenu collectif comme une action commune, à contribuer à la satisfaction du contenu du but et à y être collectivement engagé. (« Engagé en mode-nous » (*we-committed*) serait peut-être une meilleure formulation.) L'engagement collectif ou « engagement en mode-nous » signifie ici minimalement que l'agent est engagé et tient les autres participants comme étant également engagés d'une manière similaire et, en plus, assume que cette dernière croyance est partagée mutuellement au sein du groupe. En d'autres termes, *A* est engagé en mode-nous envers l'action commune *X*. Si *A* est personnellement engagé envers *X*, il sera disposé à accomplir *X* ou à contribuer à son accomplissement. Les exigences de l'engagement collectif viennent renforcer la disposition personnelle en ajoutant un aspect social, c'est-à-dire un engagement social envers les autres.

Le fait qu'ici les membres du groupe aient une certaine attitude et agissent en fonction de sa satisfaction, confère une unité au groupe en fonction du processus lié à l'usage approprié de *s* et au fait d'être engagé à son contenu (à *p* au sens de l'ATT qui lui est liée quand *s* = ATT(nous,*p*)). Ainsi l'argument de base en faveur de a2) s'articule, pourrait-on dire, en terme de fonctionnalité. Dans le cas le plus faible, les participants ne sont pas tenus, par exemple, de s'aider ou de se contraindre moralement les uns les autres dans le processus de satisfaction, même si tel est le cas lorsque les participants partagent l'attitude en question sur la base de leur entente (et ainsi d'un fort consentement collectif). Il n'en reste pas moins que, même dans le cas le plus simple, l'agent *A* est supposé agir au moins en partie pour le groupe, c'est-à-dire selon une manière qui soit fidèle aux buts et objectifs du groupe, de telle sorte que le groupe soit au moins en partie considéré par l'agent comme étant le bénéficiaire de la satisfaction de ATT.

Ce que la notion de forte modalité-nous (*we-modeness*) définie en a1) ajoute est la nécessité d'un consentement collectif à l'attitude en tant qu'elle est l'attitude du groupe. Alors, la formule TAC de la note 2 sera satisfaite et, par conséquent, la condition de collectivité pour ATT sera elle aussi satisfaite. Ainsi, étant donné que ATT est partagée dans le groupe, il s'agit évidemment d'une attitude collective partagée en mode-nous. S'il y a un conflit entre la motivation individuelle et la motivation du groupe, cette dernière l'emporte. Voilà pourquoi, quand quelqu'un agit en mode-nous comme membre du groupe — selon le sens a1) ou le sens a2) — il accomplit l'action positionnelle appropriée. Lorsque l'agent est supposé agir en partie pour son groupe, cela signifie normalement que sa motivation pour le groupe est plus importante que sa motivation à agir pour lui-même. Il en va de même lorsqu'il agit en partie pour lui-même.

Nos analyses nous font conclure que a1) implique a2).

Je souhaite que a2) soit compris comme désignant un cas très faible de modalité-nous (*we-modeness*). Nous pensons par exemple à une situation dans laquelle deux ou plusieurs personnes ont l'expérience (la perception) de la même chose ensemble (disons d'un lapin qui saute devant eux), de façon non réflexive et croyant de manière rudimentaire ou collectivement (*we-believing*) qu'ils ont bel et bien une telle expérience, mais sans être nécessairement forcés d'agir ensemble en vertu de cette expérience. Dans ce contexte, les membres du groupe doivent être censés « fonctionner » dans le sens particulier d'une expérience orientée vers le contenu p selon la manière ATT (comme, par exemple, en se concentrant perceptuellement sur le fait qu'il y a là un lapin ou encore en se concentrant par la pensée sur la ville de Vienne, etc.) et aussi sur le fait que les autres sont orientés de manière similaire. Nous pouvons dire qu'une ATT active ou fréquente est requise plutôt qu'une ATT simplement dispositionnelle[11].

---

[11] Cette idée faible et appuyée par l'expérience peut aussi être formulée comme suit, en liant explicitement ensemble, dans le simple cas dyadique A et B suivant : A et B agissent et ont une relation en mode-nous et forment un « nous » (provisoirement cependant) si et seulement si il y a une ATT et un contenu P, tel qu'ils partagent la même attitude en vue du même contenu P, et sont collectivement ATT-engagés à P, et disposés en outre à exprimer leur attitude « Nous partageons ATTN(P) » (c'est-à-dire par quelque chose qui remplit la fonction d'une phrase citée entre points), lorsqu'on les interroge par exemple à ce sujet.

Cependant, après réflexion (si par exemple on les interroge à ce sujet), on suppose qu'ils seront enclins à dire des choses comme « Nous partageons ATT(p) » (par exemple, « Nous regardions un lapin ensemble »), lorsque la dimension de partage se résume au fait qu'ils ont la même attitude collective à l'égard de p, c'est-à-dire qu'ils partagent ATTN(p). Ainsi il sont de cette manière faible et conditionnelle engagés collectivement à p, constituant une prémisse, et aussi à « Nous partageons ATTN(p) ». Planifier une action commune et agir en commun exige un tel niveau de cognition et de réflexion.

Le cas b1) de mode-je est simple en tant qu'il ne fait intervenir aucune considération liée au groupe à l'exception du fait que l'agent est tenu pour un membre du groupe, tandis qu'il « n'est pas en service » (*off duty*) et possède l'attitude et agit à titre de personne privée (même si techni-

---

Le partage actif de l'ATTN(p) entraîne que chacun des agents a une ATT(p) et se concentre sur elle, et croit d'une manière active et fréquente que l'autre a aussi une ATT(p) et aussi que chacun d'entre eux y croit de son côté.

J'aimerais référer le lecteur à la conception que se fait Schutz des relations en mode-nous (*we-relation*), qui est intuitivement similaire à ce qui a été dit précédemment. Selon lui, « la relation en face-à-face dans laquelle les partenaires sont soucieux et participe de manière sympathique à la vie de chacun des autres, au moins pour une courte durée, nous l'appelons la « relation collective pure » (*pure We-relationship*) » (Schutz, 1967, p.164). La relation collective pure doit être distinguée de la « vie dans la relation *collective* (*we-relationship* » : « De plus, lorsque je me trouve dans la relation collective pure, je me trouve vraiment dans notre flux commun de conscience » (p.167). « La relation collective pure implique notre souci de la présence des autres et aussi la conscience de chacun d'entre nous que l'autre se soucie de nous » (p.168). Dans son dernier ouvrage, il donne cet exemple : « Parmi ces objets dont nous faisons l'expérience dans le présent vivant il y a le comportement et la pensée des autres. En écoutant quelqu'un lire à haute voix, par exemple, nous avons l'impression d'assister immédiatement au déroulement de sa pensée. Mais — et ce point est évidemment décisif — notre attitude est alors bien différente de celle que nous adoptons lorsque nous nous tournons par la réflexion vers notre propre flux de conscience. Nous accédons à la pensée de l'Autre dans son présent vivant et non *modo praeterito* ; c'est-à-dire que nous l'appréhendons comme un « maintenant » et non comme un « tout juste passé » » (Schutz, 1962, p.13). Pour s'exprimer de façon familière, la réflexion est toujours « un pas » derrière l'expérience du présent vivant. Nous n'avons pas l'espace pour commenter comme il faudrait les propos de Schutz. Laissez-moi cependant ajouter que ceux-ci, bien qu'ils soient par ailleurs très intéressants, sont gâchés par une analyse insuffisante des états mentaux (propositionnels) et des conditions dans lesquelles ils se réalisent. Pour un lecteur moderne, des expressions comme « flux de conscience » exigent d'être analysées.

quement son action peut — ou peut ne pas — satisfaire ma définition de ce qu'est agir en tant que membre de groupe). Il existe une relativité de groupe (*group relativity*) à l'égard de *g*, et il est permis à l'agent d'adopter une attitude en mode-nous à l'égard d'un autre groupe. Notons que la définition c) du mode privé rend l'agent complètement « libéré du groupe », puisqu'elle ne comprend aucun rapport à un groupe, c'est-à-dire à aucun groupe en général : il ne fonctionne pas intentionnellement en tant que membre d'un groupe.

Nous pouvons en conclure, de façon triviale, que c) entraîne b1).

En ce qui concerne b2), *A* cherche ici en quelque sorte à satisfaire l'attitude en grande partie sur une base privée, et ce pour le groupe, ou du moins en partie pour le bénéfice de celui-ci. Ainsi même s'il n'agit pas comme membre d'un groupe, son attitude reflète une certaine considération pour le groupe (*pro-group thinking*). Lorsque nous sommes en mesure d'établir quantitativement une certaine somme de motivation disponible, nous pouvons exiger qu'en b2) au moins la moitié de la motivation de *A* soit investie dans le fait de servir les buts et les objectifs primaires du groupe. Qu'arrive-t-il s'il y a conflit entre les motivations individuelles et les motivations du groupe ? Supposons que l'objectif du groupe exige de *A* qu'il fasse *X*, alors que sa motivation personnelle le conduit à faire non-*X*. Il y a alors deux possibilités :

(i) La motivation collective l'emporte dans une situation de conflit (situation qualitative) ; ou, si l'utilité pour *A* de faire l'action socialement motivée *X* n'est pas moindre que l'utilité encourue par ne pas faire *X* (utilité mesurée quantitativement), alors *A* fera *X* ;

(ii) la motivation personnelle l'emporte dans une situation de conflit (situation qualitative) ; ou, si l'utilité tirée de *X* n'est pas absolument supérieure à celle obtenue de non-*X*, alors *A* fera *X*.

Évidemment, le premier cas est plus orienté que le second en fonction du groupe. Soulignons que même dans la situation (i), l'action en mode-nous l'emporte sur l'action en mode-je orientée socialement, car, si les deux modes conduisent à l'accomplissement de *X*, l'engagement est collectif lors du mode-nous, mais seulement privé lors du mode-je. Comme l'engagement collectif ajoute une dimension sociale (l'engagement d'un individu auprès des autres qu'il fera *X*, accompagné des attentes normatives de ceux-ci), *A* est plus facilement disposé à abandonner (l'accomplissement de) *X* dans le cas du mode-je que dans le cas du mode-nous. Remarquons que selon notre analyse b2) est compatible avec b1).

La notion du mode-je instrumental b3) est aussi une notion simple et évidente. La personne *A* adopte une attitude strictement instrumentale et pense — peut-être seulement — à ses propres buts et objectifs personnels. L'idée centrale est qu'il utilise d'une certaine manière le groupe comme un instrument à ses propres fins (lesquelles peuvent être en soi égoïstes ou altruistes). Afin d'être en mesure de faire cela, il agit comme un membre du groupe, bien qu'en fin de compte pour une mauvaise raison, même si ses actions et ses paroles sont les bonnes. Ce qu'il fera dans le type de situation de motivation en conflit que nous avons abordé précédemment est laissé ouvert par la définition b3), tout dépendant en grande partie du contexte.

Il est à noter que nous pouvons agir d'une façon presque fidèle au mode-je en faveur du groupe (*I-mode pro-group*), dans un contexte de groupe, sans se comporter strictement comme un membre du groupe au sens faible. (On peut par exemple se conformer accidentellement à l'*ethos* ou faire des choses qui contribuent indirectement à l'*ethos*.) Afin de rendre plus analogue et plus comparable l'analyse du mode-nous et du mode-je, j'ai néanmoins eu recours au comportement en tant que membre d'un groupe au sens faible en b1) et b2), mais pas dans le cas b3), à l'intérieur duquel il faut placer presque tout ce qui appartient à la sphère d'intérêt du groupe.

Les notions ainsi définies de mode-nous et de mode-je n'épuisent pas bien entendu la liste de tous les cas intéressants. Ainsi, quelqu'un pourrait produire une analyse plus fine des formes d'engagement que nous avons mentionnées plus haut, grâce aux distinctions que nous ferons dans la prochaine section. De même, concernant b2), on peut distinguer par exemple l'engagement d'un membre du groupe, qui s'engage en privé *envers lui-même* à agir dans l'intérêt du groupe, de son engagement *envers les autres* — ou *envers le groupe* — à agir ainsi. Le cas le plus fort ou le plus « favorable au groupe » (« *groupish* ») formulé dans la définition b2) du mode-je comporte l'engagement privé, qui est pour le groupe, et seulement pour le groupe (la dimension privée se réduisant alors à zéro), et devant le groupe.

En somme, nous pouvons dire qu'un individu peut s'identifier de différentes manières au groupe. La façon la plus forte de s'identifier est évidemment celle de a1) ; la deuxième façon de a2) est forte mais plus faible que la première. b2) implique une faible identification au groupe. Il va de soi que plus il y a dans le groupe de pensées et d'actions en mode-nous, plus la cohésion est grande, le premier facteur en importance pour la cohésion sociale étant bien sûr l'engagement collectif.

Ici nous avons plusieurs éléments évidents qui se rapportent à mes analyses[12] :

(i) Le mode-je (dans les cas b1), b2) ou b3)) n'implique pas le mode-nous (que ce soit dans le sens de a1) ou a2)).

(ii) Le mode-nous (dans le cas a1) ou a2)) n'implique pas le mode-je (dans le sens de b1), b2) ou b3)) ou le mode privé.

Nous pouvons par conséquent affirmer que le mode-nous ne peut être réduit au mode-je. Cependant, le mode-nous réside dans l'esprit et les actions des individus. Tandis que le mode-nous représente le niveau de pensée et d'action en fonction du groupe (*group-level thinking and acting*) et constitue un concept « holiste », il se rapporte dans les faits (*ontically*) aux individus et ne suppose aucune entité supra-individuelle. Cela signifie que le mode-nous (impliquant par exemple des agents qui pensent à la communauté et aux structures sociales) n'apporte rien de foncièrement différent à l'ontologie.

Pour discuter brièvement de (i) et (ii), prenons l'instance intentionnelle (*intentional token*) d'une attitude ou d'une action, X, dont l'agent fonctionne en tant que membre d'un groupe. Une telle instance d'action peut être identifiée de manière large ou étroite. L'identification étroite suppose l'identification de la raison qui en fait une action intentionnelle. Elle sera soit une raison en mode-nous soit une raison en mode-je dont nous avons déjà parlé dans la première section, c'est-à-dire une action que l'agent fait soit en tant que membre d'un groupe, soit en tant qu'individu privé. Supposons que l'action consiste à faire un signe de la main avec une interprétation large de ce geste. Supposons en particulier qu'il existe deux façons possibles d'identifier une instance de X comme

---

[12] Voir Tuomela (2002 b), où une discussion plus détaillée est disponible.

étant saluer quelqu'un (raison en mode-je) et voter (raison en mode-nous). Si l'instance est une salutation, il ne s'agit *pas* d'un vote, et inversement. Les thèses discutées précédemment ne devraient pas être comprises ainsi. Toutefois, si l'instance du geste de la main en question est une instance d'action en mode-je (saluer), cela n'entraîne pas qu'il s'agisse aussi d'une instance d'action en mode-nous (voter), et vice versa, bien qu'il y ait une coïncidence dans ce cas particulier. C'est plutôt ainsi qu'il faut comprendre les thèses avancées plus haut.

Visiblement, il peut y avoir des situations où le mode-nous et le mode-je se confondent. Par exemple, des individus travaillant pour une entreprise acceptent de se comporter en mode-nous et de respecter les règles fondamentales qui constituent son *ethos* ; mais en même temps, il peuvent agir en mode-je et se faire compétition (cf. des vendeurs compétitifs au sein d'une même entreprise). Formulons cela ainsi :

(iii) Les activités sociales, comme les actions de groupe et les pratiques sociales, peuvent impliquer un mélange d'actions en mode-je et en mode-nous.

4   Le pour et le contre du mode-nous

Laissez-moi maintenant présenter quelques arguments en faveur de la notion de mode-nous en théorie et pratique des attitudes collectives (*we-mode attitudes*) dans la vie sociale. Parmi les différentes raisons en faveur de la pensée et l'agir en mode-nous, il y a des raisons *conceptuelles* ou *constitutives*, qui montrent en quoi le mode-nous peut entraîner l'émergence de nouvelles choses ; des raisons *rationnelles*, dans la mesure où la rationalité instrumentale ou téléologique favorise le mode-nous contre le mode-je ; et il y a en outre des raisons *factuelles*.

Je vais me concentrer sur les cas a1) et a2) du mode-nous où l'exigence d'*agir en tant que membre d'un groupe*, ainsi que la présence de l'*agir pour le groupe (forgroupness)* et de l'*engagement collectif* sont centrales. Dans la discussion qui suit, je mettrai en opposition les activités en mode-nous et en mode-je, et à propos des dernières, je serai principalement intéressé par les cas b2) et b3) de mode-je en fonction du groupe et de mode-je instrumental, qui sont plus proches du mode-nous et s'avèrent ainsi les plus difficiles à distinguer conceptuellement.

Comme nous l'avons vu, l'agir pour le groupe est du comportement afin de réaliser quelque chose qui sert le groupe, et il concerne par conséquent ce que les membres du groupe considèrent (ou dans le cas des groupes non démocratiques, ce que le groupe lui-même considère) être dans l'intérêt de ce groupe, ainsi le dit comportement sert dans une certaine mesure les buts et les intérêts du groupe et des membres (qu'il s'agisse de fins rationnelles ou objectives) pour autant qu'ils soient compatibles (ce qui n'est pas toujours le cas, puisque nous devons aussi considérer les buts en mode-je des membres). Rappelons-nous que l'agir plein en tant que membre de groupe requiert que l'*ethos* du groupe soit respecté. Il s'agit là d'un aspect constitutif de la coopération. En outre, cet aspect central tend — jusqu'à un certain point — à conduire les membres du groupe à entretenir des relations sociales harmonieuses. Le groupe — perçu avec une certaine forme d'unité — occupe alors une place centrale dans les activités des individus. Cette situation typique nécessite (en raison du mode de coopération des organisations et des institutions) que l'action en mode-nous des membres, dirigée par les fins et les intérêts du groupe, ne constitue pas une action *stratégique* à l'égard des affaires internes du groupe (bien qu'une telle action puisse avoir une portée stratégique à l'égard d'autres groupes). (Quoi qu'il en soit, les buts d'un groupe peuvent certes exiger de la coordination et d'autres formes de comportement stratégique, mais cela ne me concerne pas ici.)

Avec le mode-nous, chaque chose est replacée dans la sphère publique (ou plutôt dans la sphère du groupe) exactement de la même manière qu'avec l'agir pour le groupe : ce dernier autorise que l'on fasse [seulement] usage des idées admises collectivement dans nos raisonnements pratiques et nos actes liés à la sphère du groupe. En d'autres termes, nous devenons attentifs et coopératifs (*shareware*) envers les membres du groupe. En principe, chacun est supposé faire sa part et contribuer au bien commun ; mais chacun est pour ainsi dire aussi censé récolter sa propre part du gâteau, produit de l'activité commune. Cependant, cela n'est pas fondé sur un calcul d'échange stratégique, bien que dans la pratique, un tel calcul peut être à la source de l'action de quelqu'un. En somme, le mode-je se rapporte à la pensée stratégique ainsi qu'à l'optimisation des intérêts d'une personne, tandis que le mode-nous se rapporte au bien du groupe dont elle fait partie, à ses buts et intérêts, ainsi qu'à sa prospérité, d'une manière au moins typique.

Remarquez cependant que mon explication détaillée du mode-nous est quelque peu idéale, et que dans la pratique, la pensée et l'agir en mode-nous se combinent souvent, au sein d'une situation de groupe, avec des pensées et des actions stratégiques en mode-je. Ainsi, dans le cas concret d'une action commune, disons X, des individus peuvent faire tout ce qui est nécessaire en vue de X, tout en se portant préjudice les uns aux autres et en cherchant à satisfaire leur propre intérêt privé, peut-être avec des visées stratégiques (par exemple, un membre complote en secret contre un autre pour s'emparer du pouvoir, tandis qu'il accomplit sa tâche « officielle » de façon satisfaisante). Cela est lié à la *manière* de faire X et non à la réalisation de X en tant que telle. Mon interprétation (voir a1) et a2) requiert vraiment que les gens agissent pour le bénéfice du groupe et ne permet pas, du moins jusqu'à un certain point, qu'ils se portent préjudice les uns aux autres. Le fait d'agir en tant que membre d'un groupe garantit cela. On peut bien sûr réduire le nombre de conditions attachées aux cas idéaux a1) et a2) du mode-nous et exiger l'agir et la pensée coopérative et « harmonieuse », seulement en fonction de la réalisation de X, et non en fonction des diverses manières de le réaliser. Mais de toute façon, je ne vise pas ici à élaborer une approche qui soit « réaliste », mais je cherche à produire quelques concepts centraux nous permettant de décrire la vie sociale.

Quelles sont les conséquences négatives que peuvent apporter l'agir et la pensée en mode-nous ? Sans trop entrer dans le sujet, laissez-moi seulement rappeler au lecteur quelques « effets de masse » (*crowding effects*) (cf. « *Too many cooks spoil the broth* ».) Bien sûr, certaines choses moralement mauvaises peuvent aussi survenir. Elles sont souvent interdites par les normes et sanctionnées dans la pratique concrète. Mais ici encore, dans la vie réelle, les choses peuvent se présenter autrement, si le groupe n'agit pas d'une façon moralement appropriée envers ses membres et envers les autres groupes[13].

---

[13] La pensée collective et l'emphase mise sur la vie du groupe lorsqu'il s'agit de discuter des questions sociales semblent faire naître des réactions émotives dans les débats académiques. Une telle aversion ne devrait pas bien sûr intervenir dans la discussion des problèmes théoriques et philosophiques. Certes, les tenants du « holisme » comme ceux de l'« individualisme » ne devraient pas, par exemple, oublier le danger que représente le totalitarisme au niveau national. C'est devenu un cliché de dire que les noms de Hitler, Mussolini et Staline sont dans l'histoire récente attachés à de tristes exemples de pensée

Cela étant dit, je vais maintenant donner quelques exemples concrets démontrant que dans certains contextes, l'agir et la pensée en mode-nous peuvent être nécessaires pour qu'une action soit couronnée de succès.

(i) Mon exemple peut-être le plus convaincant se rapporte aux *propriétés normatives de groupe* telles que les *croyances normatives de groupe*. De telles propriétés normatives, qui unifient le groupe, commandent la modalité-nous[14]. Les croyances et les

---

collective ; on pourrait ajouter à cela de nombreuses religions possédant une « ambition » ou un « but » totalitaire, de même pour le « hooliganisme » au football et d'autres phénomènes similaires que l'on retrouve à l'échelle des petits groupes. Les bons et les mauvais côtés de la pensée collective sont tous disponibles, et il convient aux parents d'éduquer leurs enfants de telle sorte que les désastres totalitaires soient évités à l'avenir.

[14] Voir Tuomela (1995: chapitres 5–7) pour une discussion des attitudes normatives de groupe et des attitudes non normatives fondées sur les « attitudes que nous partageons » (*shared « we-attitudes »*). Laissez-moi faire état de mon analyse des croyances normatives de groupe in Tuomela (1992) et (1995), sans entrer dans le détail :

Un groupe g accepte (« croit ») que p, en un sens normatif et unifiant pour le groupe, en une circonstance normative et sociale C quand ce groupe en C a des membres dirigeants $x_1,\ldots,x_m$ occupant les positions respectives $P_1,\ldots,P_m$ tels que :

a) Les agents $x_1,\ldots,x_m$, lorsqu'ils accomplissent leur tâche (en mode-nous), occupant les positions $P_1,\ldots,P_m$, et étant donné qu'ils dirigent le système d'autorité de g, acceptent p en commun (intentionnellement) ; et en raison de ce rôle qu'ils doivent jouer dans le système d'autorité, ils doivent continuer d'accepter et croire à P positionnellement ;

b) Il y a un savoir partagé par les membres dirigeants $x_1,\ldots,x_m$ à l'effet que (a) ;

c) En vertu de (a), les membres dirigeants (ayant plein pouvoir et adéquatement informés) de g ont tendance à accepter tacitement — en tout cas doivent accepter — P, en tant qu'ils sont membres de g ;

d) Il y a un savoir partagé en g à l'effet que (c).

En occurrence, le système d'autorité réfère au système de formation commune d'intention du groupe, lequel autorise les membres dirigeants à agir pour le groupe. Le consentement commun requiert dans ce contexte la réalisation d'un accord, qui entraîne une obligation unifiante pour le groupe. Par exemple, les membres d'un conseil d'administration peuvent voter ou décider d'un commun accord ou s'entendre sur une certaine orientation P pour g.

En général, le consentement commun — qui constitue un type particulier de consentement collectif — a pour résultat de produire la bonne attitude en mode-nous (*we-attitude*). Il peut s'agir d'une intention en mode-nous ou d'une croyance en mode-nous ou des deux à la fois. Ce genre de considération « positionnelle » s'applique aux actions et aux attitudes de groupe. (Voir Tuomela, 2000c ; cf. Gilbert, 1987, 1989, pour un portrait quelque peu similaire des croyances de groupe dans les groupes non-structurés).

buts normatifs du groupe, de même que tout ce qui s'y apparente, sont produits par quelques membres dirigeants (par exemple, le conseil d'administration d'une entreprise) qui agissent pour le groupe et choisissent ses orientations, ses objectifs. Les membres dirigeants agissent en tant que membres du groupe et pour le groupe, étant mandatés à prendre des décisions pour lui. Par conséquent, ils agissent en mode-nous. (Aussi, les membres qui ne dirigent pas sont semblablement engagés par la collectivité dans les cas où ils ont accordé aux membres dirigeants le pouvoir de donner une orientation au groupe, ou ils ont au moins le devoir de s'y soumettre). Les attitudes en mode-nous sont causalement réelles et elles peuvent évidemment affecter les actions de quelqu'un d'une manière bien différente des attitudes en mode-je qui sont parfois impliquées. Le monde social regorge de telles situations. Les propriétés normatives du groupe doivent en conséquence être prises en compte si nous désirons fournir une description adéquate et une explication de la vie sociale, et cela rend nécessaire, pour des raisons constitutives, que nous nous penchions sur l'agir et la pensée en mode-nous dans plusieurs contextes centraux.

Je voudrais insister sur le fait que des choses totalement nouvelles émergent ou peuvent émerger surtout dans le genre de contexte de groupe auquel je fais présentement référence. Par exemple, il y a des croyances en mode-nous, qui, d'une part, sont de l'ordre du consentement et n'entraînent souvent pas une authentique croyance psychologique, et qui d'autre part, peuvent impliquer des *standards* et des normes de groupe

---

Les groupes peuvent aussi avoir des croyances unifiantes en un sens faible, lesquelles requièrent cependant le consentement collectif au sujet de la croyance en question. Ainsi il existe des croyances de groupe fondées sur les anticipations de participation normative que les participants se communiquent les uns aux autres. Ces anticipations normatives sont des anticipations personnelles dont la justification objective provient du comportement prévisible (*promising-like*) des autres (l'usage du langage n'est toutefois pas requis ici). Il peut aussi y avoir des croyances unifiantes pour le groupe (*group-binding group beliefs*) qui ne sont pas fondées sur des accords, des promesses ou d'autres prévisions normatives, mais même dans ce cas, l'engagement collectif implicite dans le consentement commun ou collectif sera la force qui soude le groupe. Voir Tuomela (2003) pour une discussion au sujet de ce groupe de croyances.

qui dérivent des intérêts et des buts fondamentaux de ce groupe (par exemple, la croyance qu'existe un dieu transcendant ou que la terre est plate). Ainsi de nouvelles formes de croyances (au sens du consentement social) surgissent et donnent aux gens de nouvelles façons de « voir le monde ». Il y a aussi des croyances fondées sur des compromis (*compromise beliefs*), que probablement aucun membre ne juge acceptables lorsqu'il s'y arrête en privé (par exemple, une élection où aucun candidat en premier choix n'a été élu). Dans ce genre de situation, agir à l'encontre d'une croyance ou d'un objectif privé devient possible dans un contexte de groupe. (Remarquez qu'un individu peut appartenir à plusieurs groupes et partager les croyances admises (*acceptance beliefs*) dans ces différents groupes, bien que cela puisse causer des difficultés « schizophréniques » lors de cas impliquant des incohérences)[15].

---

[15] La divergence entre les croyances de groupe comme croyances privées ou personnelles et les autres attitudes constitue un phénomène bien commun, que j'ai analysé comme étant une divergence entre le mode-nous et le mode-je. Outre mes travaux (Tuomela 1992 et 1995), les analyses de Gilbert (1987, 1989), que j'ai commentées dans mes travaux et l'ouvrage de Pettit (2001) méritent d'être mentionnés. Pettit se penche sur une simple situation de vote, dans laquelle l'orientation du groupe est déterminée par une règle simple comme le principe de majorité. Il montre que dans de tels cas les raisons des membres du groupe en faveur d'une conclusion peuvent les conduire, par exemple, à accepter collectivement une orientation sur la base de justifications (déductivement suffisantes) qu'ils rejetteraient collectivement. (Voir par exemple Pettit 2001: 112). Il soutient qu'un groupe organisé devrait être cohérent et « collectiviser » (« *collectivize* ») ses raisons d'agir. Cela est tout à fait approprié. Cependant, on peut se demander pourquoi Pettit a choisi de se pencher principalement sur ce genre de situations dans lesquelles il n'y a aucun processus de groupe authentique (comme une discussion, une négociation ou un marchandage). Normalement, il est très facile de montrer que les discussions conduisent souvent à un compromis qui ne représente le premier choix de personne. Il y a de plus des problèmes avec l'analyse de Pettit. Ses deux principaux exemples ne fonctionnent pas comme ils le devraient, compte tenu du fait que certaines informations pertinentes doivent être prises en considération par les agents dans leur raisonnement. Ils ont affaire à des raisonnements déductifs dans lesquels, premièrement, les membres du groupe sont supposés tirer une conclusion, s'ils tiennent pour vraies les prémisses, à partir des mêmes raisons déductivement suffisantes conduisant à la conclusion. Son argumentation ne tient pas compte, de toute façon, que dans ce genre de cas limité toutes les prémisses (qui ne sont suffisantes et concluantes que si elles sont liées ensemble) doivent évidemment être vraies en même temps. Malgré cela, Pettit applique incorrectement le principe de vote de la majorité (*majority vote principle*) aux prémisses considérées isolément et récolte par la suite son résultat contradictoire. Lorsqu'il est appliqué de la bonne manière à la conjonction des prémisses le principe de la majorité ne conduit pas au présumé résultat contradictoire. (Cette note s'appuie sur les commentaires de Jaako Miller).

Pour illustrer la différence qui existe entre les croyances de groupe en mode-nous et en mode-je, comprises ici comme des attitudes collectives telles que des croyances partagées, tournons-nous vers l'exemple suivant qui comporte un conflit. Prenons une dyade g comprenant un a et un b et supposons aussi bien la croyance de groupe normative (en mode-nous) et la croyance de groupe non normative (en mode-je) (j'utilise « C » pour croyance) dans la situation suivante:

1) $C_a(p)$

2) $-C_b(p)$ (ou probablement même $C_b(-p)$

Les croyances 1) et 2) sont des croyances en mode-je ou, possiblement, des formes de consentement. Nous pouvons aussi avoir, dans le cas d'une situation normative (mais pas dans une situation non normative, sauf dans le cas où nous avons affaire au cas particulier et problématique dans lequel 1) et 2) représentent vraiment des croyances) :

a et *b* admettent *p* d'un commun accord

Permettez-moi de mettre l'emphase sur le fait que dans le cas normatif de 3), il doit y avoir une croyance commune consentie en mode-nous (*joint acceptance belief*) (et dans le cas particulier mentionné de croyance non-normative, il pourrait aussi y en avoir une). Considérant que le « système d'autorité » d'un groupe (système de prise de décision (*decision-making system*)) fonctionne, nous avons alors dans le cas de la croyance normative :

3) $C_g(p)$,

ce qui revient à dire que le groupe possède la croyance normative que p, qui lie le groupe.

Mais dans le cas d'une croyance non normative, comprise ici comme une croyance collective commune et partagée, laquelle implique strictement des croyances en mode-je, nous avons au contraire :

4) $-C_g(p)$.

Nous pouvons par conséquent conclure que les croyances de groupe en mode-nous et les autres attitudes normatives de groupe existent et peuvent différer de manière significative des croyances de groupe en mode-je.

Toutefois, il est possible — du moins lorsque 3) se produit et que les croyances normatives et non-normatives se présentent simultanément — qu'à l'intérieur des deux approches

    5) C_g (a et b admettent p d'un commun accord comme étant la croyance de g).

  (ii)   Laissons de côté les croyances de groupe et l'agir pour le groupe et tournons-nous maintenant vers la question de l'engagement collectif, qui constitue l'autre thème central de la modalité-nous (*we-modeness*). Cette question porte sur l'idée d'engagement dans les activités et les projets communs et, plus généralement, dans les institutions et les organisations de groupe. Ainsi, pour n'importe quel « projet collectif », que l'on peut nommer en recourant à cette expression fourre-tout, les membres du groupe (ou au moins les membres dirigeants, lorsqu'il s'agit de groupes structurés) sont collectivement engagés dans le projet, disons X. De plus, tous les membres (du moins les membres dirigeants) sont engagés à faire leur part dans le projet, et, finalement, dans un cas exemplaire, tous sont obligés face aux autres à accomplir leur tâche et habilités de manière analogue à l'accomplir. L'engagement collectif, pris ainsi en son plein sens, suppose que les membres du groupe doivent s'entraider dans la réalisation de leur tâches, en particulier lorsque des difficultés inattendues surviennent, dans la mesure toutefois où l'aide qu'ils se portent n'entrave ni ne nuit à leurs tâches respectives. La coercition peut même parfois être requise, lorsqu'il y a des membres du groupe qui sont rebelles ou paresseux[16]. Il y a aussi une dimension d'endurance et de persistance (*persistence*) dans l'engagement collectif. Les individus doivent poursuivre leur tâche lorsque se présentent des difficultés et ne

---

[16] Voir le schéma de raisonnement pratique discuté dans Tuomela (1995 et 2000a).

doivent pas abandonner leur engagement, sans du moins consulter les autres et obtenir leur consentement. L'engagement collectif aide aussi à faciliter l'accomplissement des activités et des pratiques, particulièrement à la longue (cf. situations problématiques d'actions collectives répétées avec une tendance au *free riding*).

Considérons l'exemple suivant, qui montre de manière concrète comment en certains cas l'engagement collectif, contrairement à la somme des engagements personnels, apporte le succès. Supposons que des gens se trouvent dans une situation de détresse dans les Alpes après une violente tempête de neige. Ils ont besoin de l'aide d'étrangers afin de survivre. Ils peuvent penser seulement à eux-mêmes en mode-je, et, étant très déterminés à sauver leur propre peau, abandonner un blessé gisant sur le sol, en ignorant peut-être son état, alors que les secours arrivent en hélicoptère. Ou au contraire, ils peuvent aussi agir en mode-nous, comme un groupe, et s'assurer collectivement qu'un secours est apporté à chacun d'entre eux. De façon générale, l'engagement collectif peut produire de meilleurs résultats que l'altruisme privé, à supposer que les individus en question soient altruistes. Cette supposition contingente peut s'avérer fausse, tandis que l'engagement collectif peut s'appliquer en principe dans tous les cas.

Cet exemple montre que l'engagement collectif, implicite au mode-nous, peut apporter davantage que la somme des engagements privés (en mode-je). En l'occurrence, la pensée et l'agir en mode-nous sont nécessaires pour sauver la vie de tous les gens qui se trouvent dans une situation de détresse. Les intentions et les buts des individus peuvent différer (sauver sa vie propre ou sauver la vie de tous les membres du groupe), mais la situation demeure physiquement la même dans les deux cas. (La façon habituelle de procéder consiste à comparer l'accomplissement d'une tâche X à partir de la somme d'actions en mode-je avec une action commune en mode-nous ; voir plus bas).

(iii)   Il y a des cas d'action commune en mode-nous où l'action commune — une action en mode-nous — est nécessaire et où la somme d'actions en mode-je n'est pas suffisante. Ainsi certaines actions, qui exigent nécessairement la participation de plusieurs personnes, comme certains jeux (le tennis par exemple) ou certains rituels (par exemple une remise de diplômes de doctorat), requièrent, sur une base conceptuelle, une action en mode-nous ; et il y a des cas d'activités communes où l'action commune en mode-nous est nécessaire pour des raisons factuelles (transporter une table lourde à l'étage supérieur). Il existe aussi des cas d'activités institutionnelles qui exigent l'action en mode-nous (voir v) plus bas).

(iv) En outre, même lorsque l'agir en mode-nous n'est pas strictement requis, il y a des situations où l'agir et la pensée en mode-nous peuvent souvent apporter des gains instrumentaux bien spécifiques. Comme j'ai discuté ailleurs en détail des gains que procurent l'action commune et la coopération, je ne m'étendrai pas ici sur le sujet[17]. Ces gains instrumentaux ou « économiques » comprennent plusieurs types de choses, dont la plupart sont presque familières. Lors d'actions communes en mode-nous, les participants peuvent souvent atteindre de meilleurs résultats qu'avec l'agir en mode-je. Ici nous ne devrions pas seulement penser aux « simples » cas où les agents agissent séparément, mais aussi aux cas où ils agissent « conjointement » (avec toute la coordination requise par une tâche donnée), que l'action soit commise en fonction du groupe ou dans le sens du mode-je instrumental. On peut faire l'hypothèse que dans plusieurs cas de nombreux gains économiques ne sont pas réalisés : économie d'énergie, de ressources et de temps, amélioration de la qualité des produits et de la fiabilité du rendement et augmentation des chances de réussite. L'action en mode-nous, avec sa dimension de coopération, peut être aussi socialement plus agréable que l'action en mode-je. De manière générale, en utilisant la terminologie de la théorie des jeux, on peut soutenir que dans de nombreux cas l'action commune en mode-nous est à la fois *individuellement et collectivement plus rationnelle* que l'interaction coordonnée en mode-je ou que l'« action commune » tout court. On se rappelle (section 1) que dans le cas

---

[17] Voir Tuomela (1995: chapitre 4), et en particulier la longue discussion, aux chapitres 11-13, de Tuomela (2000a).

d'une action en mode-je instrumental, il peut même y avoir un « quasi-accord » et/ou une « quasi-coordination » planifié(s) pour que les participants agissent de manière coordonnée — mais même alors l'action en mode-nous peut être plus utile[18].

(v) Les institutions sociales dans leur sens intuitif fondamental peuvent être considérées comme des pratiques sociales dans lesquelles les individus agissent en tant que membres de groupe de manière engagée. Cela entraîne que les institutions sociales sont dans l'ensemble constituées par l'agir en mode-nous. Ainsi même des activités économiques comme vendre ou acheter nécessitent un certain nombre d'échanges en mode-nous, même si l'institution admet une somme considérable d'activités pertinentes en mode-je. Plus généralement, la notion d'agir et de pensée en mode-nous occupe une position centrale dans la construction conceptuelle du monde social[19].

(vi) Mon interprétation de la coopération en mode-nous a aussi sa pertinence pour la philosophie morale et sociale, puisque de manière typique, elle doit jouer un grand rôle dans la poursuite du comportement juste et moral. Tandis qu'en philosophie sociale le libéralisme extrême traite seulement (ou du moins principalement) des actions et des fins privées des individus, d'autres formes de libéralisme (comme celle de Rawls) traitent des concepts se rapportant aux objectifs collectifs, analysés ici dans leur relation à la notion de mode-nous (les notions du bien commun et de la liberté égalitaire). C'est ainsi que le libéralisme politique de Rawls (1993) comprend la justice comme équité, c'est-à-dire comme un objectif collectif pour la société entière, qui doit être accompli par le moyen de la coopération collective. La coopération et les attitudes en mode-je sont en général aussi pertinentes pour les autres philosophies politiques

---

[18] Dans Tuomela (2000a), je soutiens que l'action en mode-nous aidera à parvenir à une solution optimale au problème du « mille-pattes », qui est une forme étendue du « problème du prisonnier ».

[19] Je ne peux m'étendre davantage ici sur le sujet et renvoie le lecteur à Tuomela (2002).

qui reposent sur les objectifs collectifs comme le bien commun (communautarisme, républicanisme et socialisme)[20].

De semblables remarques peuvent être faites à propos des théories morales qui insistent sur le rôle de la coopération. En général, ces théories exigent que chaque individu fasse sa part, souvent à la condition que les autres aussi fassent leur part, dans les actions conduisant au bien commun ou à quelque chose de bon pour tous. Mon interprétation de la coopération en mode-nous est sans aucun doute pertinente pour ce genre de théorie morale. La distinction entre l'action en mode-je et l'action en mode-nous (particulièrement la coopération) peut aussi être utilisée pour clarifier la distinction entre les situations où chaque individu est considéré comme un moyen par les autres (cas de mode-je) et celles où les autres (ou leurs réussites) font pour ainsi dire partie de l'objectif de chacun (cas typique de mode-nous). En outre, la coopération en mode-nous comprend cette idée que les gens s'entraident, ce qui constitue un principe moral généralement accepté. Par rapport à la théorie de la justice de Rawls, un tel principe signifie que les gens sont moralement contraints de s'entraider aussi longtemps que cette coopération mène à des résultats justes. (Certes aucun résultat juste ne peut être obtenu si les agents ne coopèrent pas).

De plus, la responsabilité collective entraîne des conséquences relatives au mode-nous. Comme l'ont soutenu Mäkelä et Tuomela (2002), la responsabilité d'un groupe par rapport à ses actions et à leurs conséquences suppose que les membres doivent agir en mode-nous s'ils veulent participer à la responsabilité collective (du moins lorsque la responsabilité peut mériter un blâme). Le groupe est responsable de l'action d'un membre qui agit en mode-nous (voir Mäkelä et Tuomela 2002). Lorsqu'un membre du groupe agit comme membre du groupe en mode-nous, le groupe agit en quelque sorte par l'intermédiaire de ce dernier. Cela n'a cependant pas besoin d'être le genre d'action de groupe pleinement normative et contraignante que l'on rencontre lorsque le groupe est pris comme agissant en tant que groupe ou en tant qu'équipe[21].

---

[20] Dans Tuomela (2000a), chapitre 1, je discute Rawls (1971, 1993) et son libéralisme politique et je soutiens qu'il implique des buts collectifs et de la coopération en mode-nous.

[21] Voir Tuomela (1995: chapitre 5) pour un exposé plus approfondi.

5 Conclusion

Dans le présent texte, j'ai tenté de clarifier les idées d'agir et de pensée en tant que membres d'un groupe (l'idée intuitive de mode-nous) et en tant qu'individu privé (l'idée intuitive de mode-je). De nombreuses analyses de l'agir et de la pensée en mode-nous et en mode-je ont été présentées et expliquées. Dans la deuxième moitié du texte, la fonction du mode-nous a été examinée en divers contextes. Puisqu'au fond tous les contextes de groupe impliquent de manière typique l'agir et la pensée en mode-nous et sont souvent simplement constituées par le mode-nous, le sujet est extrêmement riche. De nombreux cas ont été présentés dans lesquels le mode-nous est nécessaire et est — ou peut être — utile sur le plan instrumental. Le cas des attitudes de groupe comme les attitudes normatives collectives unifiant le groupe (*normatively group-binding group attitudes*) (par exemple des croyances) a été présenté comme un de ceux qui sont constitués au fond par la pensée et l'agir en mode-nous ; et il en va de même pour les cas typiques d'action commune (*joint action*). La coopération dans les situations de dilemme peut être abordée dans les mêmes termes que les cas typiques d'action en mode-nous, encore que cela n'est peut-être pas nécessaire sur une base instrumentale. De multiples institutions offrent aussi l'exemple d'actions et de pensées en mode-nous qui ne sont pas seulement instrumentalement et fonctionnellement utiles, mais « constitutivement » nécessaires. La notion même d'institution sociale en est un exemple.

Références

Bicchieri, C. (1993). *Rationality and Coordination.* Cambridge University Press : Cambridge.

Gilbert, M. (1987). « Modeling Collective Belief ». *Synthese* LXXIII, pp. 185–204.

———. (1989). *On Social Facts.* London : Routledge.

Hollis, M. (1998). *Trust Within Reason.* Cambridge : Cambridge University Press.

Hume, D. (1740/1965). *A Treatise of Human Nature.* Edited by L.A. Selby-Bigge. Oxford : The Clarendon Press.

Kollock, P. (1998). « Transforming Social Dilemma : Group Identity and Cooperation ». In *Modeling Rationality, Morality, and Evolution,* dir. par P. Danielson. New York and Oxford : Oxford University Press, pp. 185–209.

Lewis, D. (1969). *Convention, A Philosophical Study*. Cambridge, MA : Harvard University Press.
Miller, K. et R. Tuomela (2001). « What are collective goals? ». In *Explanatory Connections*, dir. par M. Kiikeri et P. Ylikoski.
http ://www.valt.helsinki.fi/kfil/matti/
Mäkelä, P. et R. Tuomela (2002). « Group Action and Group Responsibility ». *Protosociology* XVI, pp. 195-214.
Pettit, P. (2001). *A Theory of Freedom*. Oxford : Polity Press.
Rawls, J. (1971). *A Theory of Social Justice*. Cambridge, Mass : Harvard University Press.
——. (1993). *Political Liberalism*. New York : Columbia University Press.
Schutz, A. (1932). *The Phenomenology of the Social World*. Northwestern University Press, 1967.
——. (1962). *The Problem of Social Reality (Collected Papers 1)*. The Hague : Nijhoff.
Searle, J. (1983). *Intentionality : An Essay in the Philosophy of Mind*. Cambridge : Cambridge University Press.
——. (2001). *Rationality in Action*. Cambridge, MA: The MIT Press.
Sellars, W. (1963). *Science, Perception and Reality*. London : Routledge and Kegan Paul.
——. (1969). « Language as Thought and as Communication ». *Philosophy and Phenomenological Research* XXIX, pp. 206-527.
——. (1981). « Mental Events ». *Philosophical Studies* XXXIX, pp. 325-45.
Sober, E. et D. Wilson. (1998). *Unto Others : The Evolution and Psychology of Unselfish Behavior*. Cambridge, MA: Harvard University Press.
Tuomela, R. (1984). *A Theory of Social Action*. Dordrecht and Boston : Reidel.
——. (1995). *The Importance of Us : A Philosophical Study of Basic Social Notions*. Stanford Series in Philosophy. Stanford University Press.
——. (2000a). *Cooperation : A philosophical Study*. Philosophical Studies Series 82. Dordrecht : Kluwer Academic Publishers.
——. (2000b). « Collective and Joint Intention ». *Mind & Society* I, pp. 39-69.
——. (2002a). « Joint Intention and Commitment ». In *Social Facts & Collective Intentionality*, dir. par G. Meggle. German Library of Sciences, Philosophical Research, vol. 1. Frankfurt : Dr. Hänsel-Hohenhausen AG, pp. 345-418.
——. (2002b). *The Philosophy of Social Practices : A Collective Acceptance View*. Cambridge University Press.
——. (2003). « Collective Acceptance, Social Institutions, and Group Beliefs ». À paraître dans le *Festschrift* à Gerhard Vollmer, dir. par Wolfgang Buschlinger et Christophe Lütge. Stuttgart : Hirzel Verlag.
Tuomela, R. et W. Balzer (1999). « Collective Acceptance and Collective Social Notions ». *Synthese* CXVII, pp. 175-205.

——. (2002). « Collective Acceptance and Collective Attitudes : On the Social Construction of Social Reality ». In *Fact and Fiction in Economics.*, dir. par U. Mäki. Cambridge University Press, à paraître.

Tuomela, R. et M. Bonnevier-Tuomela (1997). « From Social Imitation to Teamwork ». In *Contemporary Action Theory, Vol. II : Social Action*, dir. par G. Holmström-Hintikka et R. Tuomela. Dordrecht and Boston : Kluwer Academic Publishers, pp. 1–47.

Tuomela, R. et M. Tuomela (2002). « Acting as a Group Member and Collective Commitment ». Forthcoming in *Protosociology*.

Turner, J. C. (1987). *Rediscovering the Social Group : A Self-Categorization Theory*. Oxford : Basil Blackwell.

**Deuxième partie
Phénoménologie, ontologie et philosophie de l'esprit**

5

Phenomenology as Analysis of Mind and Action

J.-NICOLAS KAUFMANN (UNIVERSITÉ DU QUÉBEC, TROIS-RIVIÈRES)

Since Frege, one of the basic ideas of modern analytical philosophy has been to postulate that the ultimate data for philosophical analysis are data of language, and thus to detach, in this way, logic and semantics from dependence on subjective intuitions or representations. Against this, we may set the central idea of Husserlian phenomenology that postulates, since the *Logische Untersuchungen*, data of experience as ultimate data for philosophical analysis, and admits that beyond language there are data given by pre-predicative intuitions captured by phenomenological reflection.

Initially, these fundamental methodological and doctrinal differences did not block the debate between the two camps of protagonists. In fact, in his *Prolegomena* to the *Logische Untersuchungen*, Husserl acknowledged Frege's antipsychologism and devoted his first *Logical Investigation* to the theory of meaning and the analysis of meaning experience, showing how to go beyond Frege's "grasping of a *Gedanken*", "acknowledging the truth value of a *Gedanken*" and "expressing the judgment" by making an assertion (cf. Frege 1918/19). Frege did not reflect upon these activities involving the grasping of *Gedanken*, etc., whereas Husserl showed that such activities, as for instance the linguistic activity, are activities among other experiences (*Erlebnisse*) and that they presuppose these *Erlebnisse* which themselves required prior analysis.

During the first half of the twentieth century, there were practically no significant exchanges between phenomenology and analytical philosophy for reasons we cannot discuss here. There was on both sides scepticism as to whether one could learn something from the other philosophical movement. Quine, for instance, did not hesitate to declare, as concerns the doctrine of intentionality, that an autonomous science of the intentional is void. "One may accept the Brentano thesis either as sowing the indispensability of intentional idioms and the importance of an autonomous science of intention, or as sowing the baselessness of intentional idioms and the emptiness of a science of intention" (Quine 1960, §45: 221). On the other hand, Merleau-Ponty (1945, Introduction) esteemed that phenomenological description opposes analytical philosophy.

When analysts come to look into phenomenology (e.g. Chisholm 1967), the idea is to analyze intentionality, which is a property of mental states, in terms of properties of intentionality, i.e. in terms of properties of reports about intentional states. These properties of intentionality concern the failure of sentences about intentional states to satisfy certain logical tests for extensionality. The first test is existential quantification in contexts of intentional verbs. The sentence "John looks for a honest man" may be true even though no honest man exists. Therefore, it cannot be the case that $\exists x$ (x is a honest man & John looks for x), which is a necessary condition for extensionality, as in a non intentional sentence such as "John is eating an apple". The second test concerns the substitution of an expression in a sentence s by a referential equivalent while preserving the truth value. If the sentence "Jack believes that Napoleon is Napoleon" is true, the sentence "Jack believes that Napoleon was victor of Iena" may be false. Substitution of "Napoleon" by the referential equivalent "victor of Iena" in the preceding sentence cannot be done *salva veritate*, whereas outside belief contexts the second test for extensionality is satisfied. But as Chisholm observed, existential generalization and referential opacity are not satisfactory criteria of intentionality, since the first criterion fails in application, for instance, in statements that describe evidently physical (non intentional) phenomena such as "New Zealand is devoid of unicorns". The second criterion, referential opacity, is not peculiar to the intentional. "It is necessarily true that Napoleon is Napoleon" holds, but it is not the case that "it is necessarily true that Napoleon was the victor of Iena". For the aforementioned reasons, it would be better to explain or analyze the properties of intentionality of sentences about intentional mental states the other way around, that is, to analyze intentionality in terms of intentionality. Intentional states may be about non existent objects, for example when I am thinking about unicorns. My thinking has an intentional object which does not exist in the sense of having localization in space and time. And in thinking about Napoleon, what is important is the manner of referring to him, the *Auffassungssinn* of Frege or Husserl's "intentional matter" of the first *Logische Untersuchung*. Intentional states are acts of consciousness about something: perceiving coloured objects, remembering my grandfather, imagining my sister, or picturing a clown. Each act has its specific way of being about something and its specific way of referring to something. And in characterizing an intentional state, the specific way of referring cannot be separated from the object referred to. These are characteristics of the truth conditions for sentences about the respective states.

Husserl's first sketch of intentional analysis in his fifth *Logische Untersuchung* was preceded by the third investigation about the logic of parts and wholes. The fourth investigation about formal grammar was an application of the results obtained to language, and the fifth investigation was conceived as an application to the analysis of the stream of consciousness and their intentional units, the *Erlebnisse* or intentional acts which are themselves structured wholes with intentional contents. The contents are not real parts of an act but are the three mutually dependent moments (no one can subsist without the others): quality (whether to be a positional or non positional act, or a simple, monothetic or complex, polythetic act), matter which is the way the object is apprehended (Frege's *Auffassungssinn*), the third component being the intentional object. In the revision for the 1913 publication of *Ideen I*, matter will be split and redistributed partly to the side of *noesis* and partly to the side of *noema*, the noetico-noematic correlation being the principal mark of intentional mental states.

Between *Logische Untersuchungen* and *Ideen I*, Husserl also specified the idea of phenomenological reduction as the methodological device of phenomenological analysis. Reduction is the specific hallmark of phenomenological reflection. Phenomenology consists in reflexive analysis with systematically bracketing or suspension of the thesis of naïve realism which characterizes the natural attitude, suspension also of all references to an empirical Ego (*contra* psychologism), in order to bring into analytical focus the *Erlebnisse* as they show themselves. Reflexive analysis may follow two lines. 1) It may display the noematic structures (punctual *noemata*, noematic unities of series of punctual *noemata*, *noemata* as open ended series in the Kantian sense of Idea). This triple task pertains to noematic phenomenology. 2) It may also display the corresponding noetic structures, the task pertaining to noetic phenomenology. This double investigation can be carried out either by analyzing the static structure of an *Erlebnis* or of a conjunct of *Erlebnisse* (static phenomenology), or by analyzing the dynamic structure, that is the genesis of the *Erlebnisse* through a series of antecedents (genetic phenomenology).

Phenomenological analysis is not a reflection on the factual flux of consciousness and factual noetico-noematic structures. As Husserl always insisted, phenomenology is eidetic analysis, which confers to analysis its scientific status in analogy to mathematics. For eidetic analysis which proceeds by means of imagination, one has to start with a contingent experience, say that of perceiving a cube as given in a perceptual presentation, and then to vary, by imagination, the different aspects of the given such as colours, dimension, distance, etc., in order to establish the limits where what is given would disappear. These limits constitute the *invariant*, the *eidos*, in relation to which the different possibilities are variations. By this analysis, the chosen point of departure, *this* perceptual experience of a cube, appears then as a simple exemplification of an *eidos* with its laws of necessity which determine what characteristics an object or experience of this kind must have by necessity if it is to be an object or experience of this kind (cf. Husserl 1938, § 90: 426). All the eidetic disciplines hang together by the general eidetic analysis of consciousness wherein every object of experience is constituted. This constitutive a priori essence of consciousness is the central theme of phenomenological analysis. It concerns the establishment of the pure possibilities of eidetic structures for the variety of intentional acts, such as presentations (perceptions), picturing (*Bildbewusstsein*), imagining, remembering, empathy (*Einfühlung* or apprehension of another consciousness), intending, willing, desiring, emotional presentation, meaning consciousness in linguistic representation, judging and acting. The objective of phenomenology is to formulate the ideal a priori laws under which fall all the pure possibilities of these various types of experience and consciousness. It is not a question of establishment of factual existence. Saying that *there are* experiences with eidetic structures such as experiences of remembering in contradistinction for example to the eidetic structures of imagining, has the same meaning as saying in mathematics that *there are* irrational numbers with such and such characteristics (cf. *Ideen III*: 47). In both cases, no observation or factual experience provides any justification, but eidetic analysis and intuition serve as its basis.

A further mark of phenomenological analysis of intentional structures concerns intentional implication and intentional modification of consciousness *in* consciousness. In his *Logische Untersuchungen*, Husserl already pointed to the fact that the acts of signifying by which we express knowledge are ultimately founded upon intuitive acts of perception and their intentional modifications. Acts of intuitive presentation count as the fundamental form of intuitive (*anschaulich* in the Kantian sense) consciousness as distinguished from the other forms of mental representations ("presentiations" — *Vergegenwärtigungen*) with their specific and distinctive intentional characteristics. In Husserl's early considerations following Brentano, the essential difference between presentations and presentiations is one of proper representation (*eigentliche Vorstellung)*, and improper representation (*uneigentliche Vorstellung*), implying intentional modification and implication. In the first case, it is representation of something *in persona*, in the second case, it is representation of something absent but quasi present in fantasy, remembering or picturing. The difference has to do with consciousness of time and the temporally interpreted difference between impressions in presentation (the primal impressions of the "now" — *Urimpression*) modified in retention and reproduction (presentiation — *Vergegenwärtigung*), and also with the difference between actuality and non actuality. The relation of, and the difference between, these types of intentional experiences or acts are analyzed by Husserl in terms of intentional implication and intentional modification, the general formula for "perceptual presentation of this house" and "remembering of the same house" (presentiation), for instance, being: "R (W_a)= V_a" (Husserl 1966: 128; Husserl 1980, no. 14: 311). The formula means that the presentiation (*Vergegenwärtigung* in remembering this house), V_a, and the reproduction of the perceptual presentation of the house, R (W_a), show the same phenomenon.

The mental activities of representation, that is presentiations (*Vergegenwärtigungen*), have to be analyzed in terms of intentional relations of a specific sort between activities of presenting something and activities of representing something, and these intentional relations are described by Husserl in terms of intentional implication and modification. An activity of presenting, say perceiving my father's house, may be said to be implied in an activity of mentally representing, say remembering of the same house. That means that representing (remembering) achieves intentional reference, intentional aboutness, to something in virtue and by means of implying an activity of perceiving whose structure is: consciousness [consciousness] of x. This last activity will be said to have been modified when it is so implied, modified into a quasi perception, because when remembering my father's house, the perception is no longer actually performed (*vollzogen*), but only implied; its very way of being "performed" in the remembering will have changed. The house "appears" coloured and with spatial characteristics, but I do not have primal impressions; there are only quasi colours and quasi space. Implication and modification characterize the particular phenomenological forms belonging to the varieties of mental representations (*Vergegenwärtigungen*).

Among the varieties of intentional states we find the intentions for action. It is true that Husserl did not give special attention to this type of mental states in order to analyze the specific intentional structure and the intentionality of intentions, nor to the intentional structure of actions as a kind of *Erlebnis* with its special mode of consciousness and the specific characteristics of its noetico-noematic correlation[1]. Actions, contrary to simple behaviour, is a phenomenon of consciousness, different from all other spontaneous activities and movements of the body. Evidently, actions are based on spontaneous (and not induced) moving of the body. But mere doings of the body are not yet actions. Actions are doings insofar as they are possible objects of intentions, doings as intentional correlates of prior intentions. Prior intentions are future-oriented mental states, different from intuitive anticipations which are anticipating any kind of future events. In the case of prior intentions, what is intended are my doings, not as actually occurring, but as having occurred. In this sense, prior intentions are "anticipations" in the mode of pre-remembering, that is, an intuitive presentation (*Vergegenwärtigung*) of something absent and not yet realized, of the state of affairs to be brought about by my future acting, where I have to place myself at a future time when this action *will* already *have been* accomplished. What is presentiated in the

---

[1] Alfred Schütz (1932, 1962) has to be mentioned here as one of the best phenomenologists who carried out a very keen analysis of intention, action and social interaction.

project or prior intention is the future act in the future past tense, i.e. *modo futuri axacti*. What is projected in a prior intention is not the acting, but the action as accomplished and presentiated in pre-remembering in such a way that the future acting will be oriented by the prior intended action, whereby in the future acting the action comes to self-givenness (*Selbstgegebenheit*). This peculiar time perspective of prior intention has important consequences.

The first is that a phenomenological description of prospective intentions will help to identify the various roles that they are able to play and the functions they are supposed to fulfil in the context of deliberation, decision and planning of a course of action over time. By adopting a prospective intention, I am committed to move in a certain direction. The functions are the followings.

1) *The function of inertia and resistance.* Contrary to intentions in action, prospective intentions do not directly control future decisions and acting. It is precisely the absence of direct control by future-oriented intentions of their execution which is the source of the problem of intertemporal (in)consistency. For example, if prospective intentions could make me extend my hand and put it on the steering wheel, what I have decided now would be performed tomorrow. However, even without direct control, prospective intentions are dispositions which do (and must) persist from the time of their formation until the time of their execution. On the other hand, prior intentions may be revoked. Tomorrow, we could have excellent reasons to reconsider choices made today (in the light of new information about changes in the internal and external environment). Besides the function of inertia and persistence, there is the function of resistance to the unmotivated reconsideration of a prospective intention. This resistance may exist because of the fact that when I form a future-oriented intention, I am committed, to various degrees, to a plan or an ulterior course of decisions and actions. The fact that I am committed would tend to block (though not definitively) the possibility of reopening the question every time and to inhibit action plans which would be incompatible with the adopted prospective intention. Persistence and resistance are functions of prospective intentions, which must be fulfilled in conformity with normative principles or rational (non-)reconsideration. Phenomenological analysis could establish these a priori normative principles, constitutive principles of decision and action.

2) *The function of monitoring of practical reasoning.* A second task of prospective intentions is to regiment and monitor practical reasoning in the context of extensive deliberation from desires, beliefs and knowledge to intention formation. Prospective intentions pave the way for more specific intentions to solve the problems posed by a plan. The same does not apply to desires. One can have the desire to listen to a concert without specifying whether it will be *Kleine Nachtmusik* or *Kaiserquartett*. But if one has the prospective intention of buying a present for one's friend's birthday, this general future-oriented intention must and will normally lead to intention generation, as long one does not reconsider and abandon it. From the standpoint of genetic phenomenological analysis, there are two ways of intention generation: generation of subordinate intentions concerning actions as a means to the envisioned end; generation of secondary intentions concerning concomitant actions on the basis of the one intended by the principal prospective intention.

It is by these functions that prospective intentions fulfil their primary role of intertemporal intrapersonal and interpersonal coordination of action plans, the function of guaranteeing their internal consistency over time, and the function of coordinating more complex activities.

The second consequence of the temporal perspective of prior intentions is the fact that all projecting of my forthcoming acts is based upon my knowledge at hands at the time of projecting. This knowledge includes my experience of previously performed acts which are typically similar to the projected one. Consequently, all projecting involves a particular idealization or typification of an "I-can-do-it-again" (cf. Husserl 1938, §§24 and 51b), i.e. the assumption that I may under typically similar circumstances act in a way typically similar to that in which I acted before in order to bring about a typically similar state of affairs. This idealization of typicality involves a construction of a specific kind with characteristics which have to be analyzed in their own terms. The constitution of typicality, present as well in perception and other activities, is a pervasive trait of constitution in general and it is the object of a particular analysis which we cannot pursue here.

The particular time perspective of prior intentions also sheds some light on the relationship between projects and motives. In ordinary speech, the term "motive" concerns two different sets of concepts which have to be distinguished by phenomenological analysis. 1) "Motive" means the state of affairs as the end which is to be brought about by the projected action. Anscombe (1959) speaks of the "in-order-to-motive". The state of affairs to be brought about by my future action, presentiated by the prior intention, is the in-order-to-motive for carrying out the action. 2) The "because-motive" is the genuine motive; it is what moves me to have my prior intention to act in the first place. For instance, the need of money may move me to form the intention to rob my neighbour. In social interaction, the grasping of my in-order-to-motive by the other becomes his because-motive for his project to perform the requested part of the interaction, a phenomenon which presupposes reciprocity of perspectives guaranteeing the sort of reciprocity for motives. The in-order-to-motive explains, in the light of the prior intention of an agent, the constitution of his action. The because-motive explains, in the light of an agent's prior experiences (for instance, his need of money, or the order by the head of his criminal gang) the constitution of an agent's prior intention itself.

Phenomenological analysis of prior intention sheds also some light upon the phenomenon of action generation permitting one to analyze the structure of related actions and to analyze the various ways of action generation. There are in principle two ways of generation: causal generation and conventional generation. To flip the switch (action A) causally generates the turning on of the light (action A'), so that the agent, by flipping the switch, intentionally turns on the light when it is his in-order-to-motive or prior intention to bring it about that the light is on, believing that by doing the first action, the result of this action (the flipped switch) will cause the light to turn on. The action A causally generates, but does not cause the action A'. In the case of conventional generation, when for instance extending the arm out of the car window one signals one's intention to turn left, the action A of extending the arm conventionally generates the action A' of signalling, insofar as there are circumstances C and a rule R believed by the agent as saying that A done in C counts and guarantees the performance of A' when it is the prior intention of the agent to bring about A'. The prior intention must contain the projected action tree. The generational structure may result in complicated action trees with the actions situated at the different levels of the tree. What is important is to note the fact that there are not two separated actions as when one is speaking while dancing, or separated actions in the sense that I do the first one and then, subsequently, a second action. I do both actions at the same time (interval), and the two actions are not distinct temporal parts.

A special problem for phenomenological analysis and philosophy of action generally concerns the nature of the relation between prior intention, wanting and acting. Adopting the natural attitude, one might say that the relation is causal. But there are defenders of the logical connection argument. It is evident from a phenomenological point of view that the causal character of this relation is not given in reflection.

These are in a general outline the ways of a phenomenology of mind and action. As shown in this sketch, phenomenology is reflexive analysis, reflection by phenomenological reduction, intentional analysis as eidetic analysis disentangling the general structure and the implicational structure of all conscious experience. The stream of consciousness includes the various types of intentional act in the form of presentations, mental representations, linguistic experiences and actions as intentional phenomena.

References

Anscombe, G. E. M. (1959). *Intention*. Oxford: Blackwell, 1963.
Chisholm, Rodrick (1967). "Intentionality". In *The Encyclopedia of Philosophy*, vol. IV, ed. by P. Edwards. New York: Macmillan.
Frege, Gottlob (1918). "Logische Untersuchungen. Erster Teil: Der Gedanke". Reprinted in Frege, Gottlob (1967). *Kleine Schriften*, hrsg. von I. Angelelli. Darmstadt: Wissenschaftliche Buchgesellschaft.
Husserl, Edmund (1900). *Logische Untersuchungen. Erster Teil: Prolegomena zur reinen Logik*. Halle: Tübingen[5], Niemeyer, 1968.
Husserl, Edmund (1901). *Logische Untersuchungen. Zweiter Teil: Untersuchungen zur Phänomenologie und Theorie der Erkenntnis*. Halle: Tübingen[5], Niemeyer, 1986.
Husserl, Edmund (1913). *Ideen zu einer reinen Phänomenologie und phänomenologischen Philosophie. Erstes Buch: Allgemeine Einführung in diereine Phänomenologie*. Husserliana III, hrsg. von W. Biemel. Den Haag: Nijhoff, 1950.
Husserl, Edmund (1939). *Erfahrung und Urteil*, hrsg. von L. Landgrebe. Prag; Hamburg: Meyner, 1954.
Husserl, Edmund (1952). *Ideen zu einer reinen Phänomenologie und phänomenologischen Philosophie. Drittes Buch: Die Phänomenologie und die Fundamente der Wissenschaften*. Husserliana V, hrsg. von M. Biemel. Den Haag: Nijhoff.
Husserl, Edmund (1966). *Analysen zur passiven Synthesis. Aus Vorlesungs- und Forschungsmanuskripten 1918–1924*. Huserliana XI, hrsg. von M. Fleischer. Den Haag: Nijhoff.

Husserl, Edmund (1980). *Phantasie, Bildbewusstsein, Erinnerung. Zur Phäno-menologie der anschaulichen Vergegenwärtigung.* Husserliana XXII, hrsg. von E. Marbach. Den Haag: Nijhoff.

Merleau-Ponty, Maurice (1945). *Phénoménologie de la perception.* Paris: Librairie Gallimard.

Quine, W.V.O. (1960). *Word and Object.* Cambridge, MA: MIT Press.

Schütz, Alfred (1932). *Vom sinnhaften Aufbau der sozialen Welt.* Wien: Springer Verlag, 1960.

Schütz, Alfred (1962). *Collected Papers I: The Problem of Social Reality.* The Hague: Nijhoff.

6

L'intentionnalité des phénomènes mentaux et l'action. Kaufmann et la phénoménologie

DENIS FISETTE (UNIVERSITÉ DU QUÉBEC, MONTRÉAL)

Pour rendre hommage à Nicolas Kaufmann, j'ai choisi de réfléchir sur un thème auquel il a consacré son dernier texte avant de nous quitter, soit la phénoménologie dans son rapport avec la philosophie de l'esprit et la théorie de l'action[1]. Ce thème me semble représentatif d'un aspect important de son travail en philosophie en ce qu'il réunit trois de ses principaux champs d'intérêt et de recherche. Par phénoménologie il entend principalement l'appareil conceptuel développé par le philosophe allemand Edmund Husserl, et l'analyse phénoménologique désigne une approche philosophique basée sur sa théorie de l'intentionnalité. Nicolas n'était certainement pas husserlien et encore moins un autre de ces « spécialistes » de la phénoménologie. Je sais qu'il était très critique à cet égard et il se plaisait à dire que les husserliens ne connaissent rien à l'action ! Cependant, pour avoir fait la plupart de ses études de philosophie au temple des études husserliennes au début des années soixante, c'est-à-dire à Louvain, il avait une très bonne connaissance de l'œuvre de Husserl et de

---

[1] Il s'agit du texte reproduit au chapitre précédent sous le titre « Phenomenology as Analysis of Mind and Action », pp. 155–65.

Action, Rationalité & Décision — Action, Rationality & Decision.
Daniel Vanderveken et Denis Fisette (dirs).
Copyright © 2008

la tradition phénoménologique en général. En fait, il en avait surtout contre une certaine scolastique qui aujourd'hui encore règne sur les études husserliennes. On lui doit quelques contributions significatives à la phénoménologie, qui témoignent de sa connaissance nuancée de la phénoménologie husserlienne et post-husserlienne. Je réfléchirai donc après Nicolas sur un thème dont nous avons discuté à plusieurs reprises, à savoir celui des modalités d'une mise à contribution de la phénoménologie sur quelques questions centrales de la philosophie contemporaine, notamment en philosophie de l'esprit et en théorie de l'action. Cette réflexion prendra le sens d'une explicitation de certains concepts de base de la phénoménologie et des problématiques sous-jacentes à ce qu'il appelle, dans sa contribution à ce volume, l'analyse phénoménologique ou intentionnelle.

Pour ce faire, je commencerai par quelques remarques sur le sens que prend la phénoménologie chez Kaufmann, approche que j'appellerai la lecture frégéenne de la phénoménologie, et je commenterai brièvement quelques-uns des problèmes principaux que soulève cette approche et, partant, l'influence de Frege sur le tournant antipsychologiste de Husserl. J'examinerai ensuite le postulat de base de cette approche de la phénoménologie qui consiste à voir dans la théorie husserlienne de l'intentionnalité la tentative d'articuler le concept de directionalité emprunté de Brentano sur la théorie de la signification de Frege. Cette question fait l'objet de la deuxième et de la troisième section où j'examine la thèse suivant laquelle la théorie de la signification de Frege aurait rendu possible à la fois de résoudre les difficultés inhérentes à la conception immanentiste de l'intentionnalité de Brentano, et d'élaborer une théorie relationnelle de l'intentionnalité. Dans la quatrième section, je pose la question de savoir comment et à quelles conditions cette théorie de l'intentionnalité pourrait nous être utile devant les problèmes auxquels nous faisons face actuellement dans la philosophie de l'esprit. Une de ces conditions consiste à dissiper l'apparente contradiction entre le naturalisme philosophique, qui est la position dominante en philosophie de l'esprit, et les critiques radicales que Frege et la phénoménologie ont opposé jadis à une forme analogue de naturalisme. Je montrerai ensuite que la phénoménologie, au sens restreint d'analyse intentionnelle, est relativement autonome par rapport au programme philosophique plus ambitieux de Husserl, et que c'est à cette condition, me semble-t-il, que la phénoménologie peut intervenir de manière efficace dans le contexte contemporain. Dans la dernière section, j'énumère quelques traits caractéristiques de l'analyse intentionnelle et évalue sa pertinence dans le domaine des phénomènes mentaux et de l'action. Je conclurai avec quelques remarques générales sur les difficultés liées à cette approche de la phénoménologie et indiquerai une autre option qu'avait aussi envisagé Kaufmann.

1   Lecture frégéenne de la phénoménologie et ses difficultés

Le Husserl dont s'inspire Kaufmann (p. 156 et 1978) est celui des premiers travaux consacrés à la philosophie des mathématiques et à la philosophie de l'esprit, en particulier les *Recherches logiques*, qui représentent l'œuvre maîtresse de la phénoménologie. Bien que Husserl ne se soit jamais réclamé de la philosophie autrichienne, il y a un sens à dire que, tant par le style de cet ouvrage que par ses préoccupations philosophiques, ses objets de prédilection et surtout ses principaux interlocuteurs, le jeune Husserl a plus d'affinités avec la philosophie autrichienne de l'époque qu'avec la philosophie pratiquée dans l'Allemagne de la première moitié du dix-neuvième siècle. En outre, les deux thèmes directeurs des *Recherches logiques,* soit le programme d'une doctrine de la science ou logique pure et la tâche épistémologique que Husserl confie à la psychologie descriptive, sont largement inspirés de deux philosophes qui ont marqué la philosophie autrichienne : Bernard Bolzano et Franz Brentano. Bolzano est en effet la source première d'inspiration du projet d'une doctrine de la science dans les *Recherches logiques,* alors que la phénoménologie est définie dans ce même ouvrage comme une psychologie descriptive au sens de Brentano et de ses étudiants. D'où la question que pose Kaufmann à quelques reprises : comment concilier ce sens de la phénoménologie et le projet d'une logique pure avec le plaidoyer antipsychologiste du premier livre des *Recherches logiques* ? Autrement dit, considérant la position antipsychologiste de Husserl dans les *Prolégomènes,* position largement motivée par la forme de platonisme qu'il défend dans cet ouvrage, comment peut-il, dans les deux autres volumes des *Recherches logiques*, définir sa phénoménologie comme une psychologie descriptive ? La question du psychologisme est indissociable d'une autre figure importante de la philosophie au tournant du vingtième siècle, à savoir Gottlob Frege. Kaufmann associe le nom de Frege à deux thèmes centraux dans l'œuvre de Husserl : son compte rendu en 1894 du premier ouvrage de Husserl, *Philosophie de l'arithmétique,* et sa critique du psychologisme (Frege 1894 ; Husserl 1970), son influence sur la théorie husserlienne de l'intentionnalité. Dans son article intitulé « Husserl et le projet d'une sémiotique phénoménologique », Kaufmann (1978) qualifie de « critique dévastatrice » le compte rendu par Frege de *Philosophie de l'arithmétique* et soutient qu'elle aurait exercé une influence directe sur le tournant antipsychologiste dans la pensée de Husserl durant la période pré-phénoménologique, c'est-à-dire avant la publication des *Recherches logiques* (1900–1901). Nous n'avons aucune trace écrite qui viendrait corroborer la thèse de l'influence de Frege sur ce tournant, aucun témoignage explicite de Husserl, mais nous avons de bonnes raisons de croire que Husserl ne pouvait rester impassible devant la critique à mon sens constructive (voir Fisette 1994) à laquelle se livre Frege dans son compte rendu de *Philosophie de l'arithmétique*. Et en effet, un des reproches que lui adresse Frege dans son compte rendu porte sur la double confusion entre signification et représentation, d'une part, entre *Sinn* et *Bedeutung* d'autre part, laquelle, on le sait, jouera un rôle déterminant dans la phénoménologie à partir des *Recherches logiques*. Que Husserl ait pu retrouver cette distinction ailleurs que dans l'œuvre de Frege, notamment chez Bolzano, Lotze, Twardowski et même Kerry, comme l'ont d'ailleurs reconnu les plus ardents défenseurs de ces deux premières thèses, cela est incontestable. Et même si Husserl y était parvenu par lui-même, ce qui est encore plus probable, cela ne changerait strictement rien à l'idée que les analyses fines de Frege sont d'une grande utilité dans l'élucidation de certains concepts fondamentaux de la phénoménologie husserlienne[2]. Quoi qu'il en soit, cette seule distinction ne suffirait toutefois pas à justifier un tournant antipsychologiste dans la pensée de Husserl. D'où le deuxième argument sur lequel s'appuie l'approche frégéenne de la phénoménologie : les arguments des *Prolégomènes* contre le psychologisme s'apparentent à ceux que l'on retrouve un peu partout dans l'œuvre de Frege, notamment dans son compte rendu de *Philosophie de l'arithmétique* et dans la préface aux *Grundgesetze* (Frege 1962). Il s'agit, pour le dire rapidement, de l'argument qui fait valoir le caractère idéal des lois, principes et propositions de la logique en l'opposant aux lois de la psychologie, et d'abord aux lois de l'association qui ne sont en fait que des généralisations empiriques. Bien que l'argument antipsycho-

---

[2] C'est d'ailleurs à Frege que renvoie Husserl dans le § 15 de la première des *Recherches logiques* lorsqu'il introduit cette distinction.

logiste qui a prévalu dans la tradition post-frégéenne reposait sur le caractère normatif des lois, j'estime que l'argument de l'idéalité que j'attribue à Husserl et Frege est difficilement contestable, mais je n'ai pas l'intention, pour le moment du moins, d'ajouter à ce débat[3].

Un autre thème associé à la question historique du rapport entre Husserl et Frege porte sur la division qui s'est installée en philosophie après Husserl et Frege entre les deux grandes traditions qui ont dominé la philosophie durant le vingtième siècle. Kaufmann connaissait bien l'ouvrage de Michael Dummett, *Les origines de la philosophie analytique,* dans lequel il insiste sur l'idée que rien dans la philosophie des *Recherches logiques* ne laissait présager une telle division tellement la philosophie pratiquée par nos deux philosophes à cette époque était proche. Car, en effet, le thème sémantique que Husserl privilégie dans les *Recherches logiques* le rapproche singulièrement aussi bien de Frege que de la tradition qui s'en est inspiré, de Wittgenstein à Quine. La division s'installe apparemment dès après la publication des *Recherches logiques,* et plusieurs l'attribuent au tournant transcendantal que Husserl fait subir à sa phénoménologie et qu'ils interprètent à tort dans le sens de l'idéalisme kantien. Cette interprétation est contestable, ne serait-ce que parce que la majorité des philosophes qui se réclament de la phénoménologie n'ont pas suivi Husserl sur cette voie et que ceux qui ont nourri cette controverse fameuse n'appartenaient pas à la tradition phénoménologique et réagissaient d'abord et avant tout aux positions philosophiques des néopositivistes. Le récit de l'historien Dummett est donc à maints égards contestable, et d'abord parce qu'il s'en tient à ce segment de l'histoire qui, en effet, a été dominé par la philosophie post-frégéenne, soit le positivisme logique et la philosophie du langage ordinaire. Mais qu'en est-il du retour en force du naturalisme et, dans une certaine mesure, du psychologisme dans la philosophie des trente dernières années, dominée comme elle l'a été depuis lors et comme elle l'est aujourd'hui, du moins dans la philosophie anglo-saxonne, par la philosophie de l'esprit et les sciences cognitives ? Il y a un sens à dire que, depuis Quine, le champ de la psychologie philosophique a été réhabilité, que cette réhabilitation est passée par une critique de la philosophie héritée de Frege et que cette prédilection de la philosophie contemporaine pour la conscience et les

---

[3] J'ai étudié la différence entre l'antipsychologisme normatif et l'antipsychologisme qui a recours à l'idéalité des lois de la logique dans Fisette (1998).

phénomènes mentaux la rapproche davantage de la phénoménologie, telle qu'elle était pratiquée dans l'école de Brentano et par les jeunes phénoménologues, que de la philosophie de Frege. Nous y reviendrons (voir Fisette et Poirier 2000).

Cela dit, la différence essentielle entre Frege et Husserl tient principalement au rôle central qui revient à la psychologie descriptive comprise comme science des phénomènes psychiques dans la phénoménologie. Husserl estime en effet que l'aspect subjectif et psychologique des actes tels le jugement ou la perception, que Frege désigne par la métaphore « saisie d'une pensée », non seulement représente le champ d'investigation de la phénoménologie, mais s'impose comme un préalable à l'analyse logico-linguistique. D'où l'idée largement exploitée depuis la fin des années soixante suivant laquelle la théorie husserlienne de l'intentionnalité, la pièce maîtresse de la phénoménologie, ne serait rien d'autre que la tentative d'articuler sa théorie des actes et sa psychologie intentionnelle sur les contenus propositionnels au sens de Bolzano et de Frege. Kaufmann soutient pour sa part qu'en ce qui concerne la structure des actes intentionnels, dont je reparlerai plus loin, « Husserl suit Frege dans le détail » et ce, malgré les différences terminologiques (Kaufmann 1978: 27).

2 Intentionnalité et intensionalité

Le postulat général sur lequel s'appuient ceux qui, comme Kaufmann, préconisent une approche frégéenne de la phénoménologie, repose sur l'idée que la théorie husserlienne de l'intentionnalité aurait une double origine : l'idée de directionalité, empruntée de la théorie de l'intentionnalité de Brentano, et la distinction sens-référence empruntée, elle, de Frege et par laquelle il aurait cherché à résoudre certaines difficultés inhérentes à la doctrine du premier Brentano. Commençons par examiner quelques aspects de la distinction entre le sens et la référence. On retrouve dans l'œuvre de Frege au moins trois arguments qui justifient une telle distinction : le premier repose sur l'irréductibilité de la connaissance de la signification d'une expression à la connaissance de sa référence. Le second concerne l'information véhiculée par un énoncé d'identité que l'on tient pour vrai. Et le troisième repose sur l'idée qu'une expression à laquelle ne correspond aucun objet n'est pas pour autant dépourvue de signification.

En ce qui concerne le premier argument, Frege explique dans « Über Sinn und Bedeutung » (Frege 1892) que si la connaissance de la signification se réduisait à la connaissance de sa référence, on pourrait toujours décider si telle signification appartient à tel objet. Or notre connaissance de la référence est toujours partielle, ou, ce qui revient au même, elle est toujours médiatisée par le sens de l'expression. Et le sens est la façon particulière par laquelle l'objet se présente et ce qui fait de ces différents aspects les aspects d'un seul et même objet. *Hesperus* et *Phosphorus*, pour reprendre les exemples de Frege, sont deux modes de présentation d'un même objet. Ainsi, deux noms peuvent avoir le même référent mais posséder des sens différents. Par cette distinction, la théorie de Frege peut également rendre compte des propositions contenant des expressions qui n'ont pas de référent.

Le second argument concerne le contenu cognitif véhiculé par un énoncé que l'on tient pour vrai. Cet argument est appliqué par Frege sur l'énoncé d'identité. Comment, en effet, un tel énoncé pourrait-il être informatif si sa signification se réduisait à sa référence (ou, dans ce cas, à sa valeur de vérité) ? Car si le sens des expressions qui apparaissent de chaque côté du signe d'identité se réduisait au fait qu'elles ont une référence, alors un locuteur comprenant la signification de cet énoncé qu'il tient pour vrai saurait, par le fait même, qu'elles tiennent lieu d'un même objet, et l'énoncé ne lui fournirait aucune information. Par conséquent, pour que cet énoncé puisse véhiculer de l'information il faut supposer que le locuteur, qui comprend la signification de ces expressions, puisse ne pas savoir qu'elles ont la même référence. Ces deux premiers arguments reposent sur ce qu'on appelle la « valeur cognitive » du sens.

Une autre manière de justifier cette distinction entre la signification et l'objet d'une expression est d'utiliser les deux tests standard d'extensionalité, soit la généralisation existentielle et la substitution de l'identité (Kaufmann p. 156). D'après ce dernier principe, si deux expressions se réfèrent au même objet, elles peuvent être substituées l'une à l'autre dans tout énoncé où elles figurent sans en changer la valeur de vérité. Ainsi, dans l'énoncé « l'étoile du soir est une planète », on peut substituer le sujet de cet énoncé par l'expression co-référentielle « l'étoile du matin » *salva veritate* parce que ces deux expressions ont le même référent ou désignent le même objet. Cependant, il y a des contextes qui n'obéissent pas à ce principe, qu'on appelle les contextes opaques (croire que..., savoir que...), ou encore les contextes d'acte dont l'explication requiert la distinction entre sens et référence. Comme l'a montré Frege dans son article « Über Sinn und Bedeutung », ce principe n'est pas valide dans des contextes opaques parce qu'on ne peut inférer de :

1. S croit que *Hesperus* est une planète
2. S croit que *Phosphorus* est une planète

car l'agent pourrait bien ne pas *savoir* que *Hesperus* est *Phosphorus*, croyant que l'un est une planète et l'autre une étoile fixe, par exemple. Il s'ensuit que, dans un contexte d'acte, la signification d'un énoncé ou le contenu d'un acte est irréductible à son référent.

D'autre part, le principe de la généralisation existentielle stipule que si un prédicat est vrai d'une entité à laquelle il s'applique, alors quelque chose existe dont le prédicat est vrai. Ce principe, comme le premier, ne vaut que pour les énoncés extensionnels et il ne s'applique pas aux termes qui figurent dans des contextes intensionnels. Car on ne peut inférer de

1. S craint Jupiter
2. ∃x (S craint x)

parce qu'il n'existe pas quelque chose comme Jupiter qui ferait de (2) un énoncé vrai. Ce qui revient à dire que la valeur de vérité de ce type d'énoncé ne dépend pas, dans un contexte d'acte, de l'existence du référent du terme singulier qui figure dans cet énoncé ou, pour Husserl, de l'existence de l'état de choses compris comme l'objet ou le corrélat d'un acte de jugement.

Nous sommes maintenant en mesure de comprendre comment Husserl lie *intensionalité* (avec un *s*) et *intentionnalité* (avec un *t*), et plus précisément comment il cherche à mettre à contribution les propriétés de la signification pour étayer son concept d'intentionnalité. Suivant cette approche frégéenne de la phénoménologie, Husserl aurait fait de ces deux traits caractéristiques de l'intensionalité l'expression logique de sa théorie de l'intentionnalité. On peut les formuler de la façon suivante :

1. Une relation intentionnelle dépend d'une conception particulière de l'objet (elle implique un contenu intentionnel).
2. Une relation intentionnelle n'implique pas de l'existence de l'objet.

Le premier trait rend compte de la « valeur cognitive » du sens, c'est-à-dire de l'information véhiculée par un énoncé d'identité de la forme « $a = b$ » ; le second rend compte des cas où une expression ou un acte est porteur d'un sens ou d'une signification, mais auquel ne correspond aucun référent, aucun existant.

3 Quelques propriétés du concept relationnel d'intentionnalité

Le deuxième postulat de l'approche frégéenne de la phénoménologie repose sur la possibilité de concilier cette distinction logico-sémantique avec le postulat intentionnaliste initial, à savoir l'idée de directionalité. Cette dernière a été introduite par Brentano dans sa *Psychologie d'un point de vue empirique* afin de caractériser les phénomènes psychiques ou ce que Husserl appelle des « actes »[4] dans les *Recherches logiques*. Dans un des passages les plus cités de la philosophie contemporaine, Brentano les définit de la manière suivante :

> Ce qui caractérise tout phénomène psychique, c'est ce que les scolastiques du Moyen Âge ont appelé l'inexistence intentionnelle (ou encore mentale) et ce que nous pourrions appeler nous-mêmes (...) rapport à un contenu, direction vers un objet (sans qu'il faille entendre par là une réalité) ou objectivité immanente (Brentano 1944: 102).

Ce passage définit l'intentionnalité des actes en termes de « direction vers un objet » et de « rapport à un contenu ». Cette conception de l'intentionnalité comme directionalité est doublée chez Brentano de sa doctrine de « l'inexistence intentionnelle », doctrine suivant laquelle tout acte « contient quelque chose en soi à titre d'objet », quelque chose qui existe intentionnellement dans l'acte. D'où la caractérisation des phéno-

---

[4] Husserl le définit de la manière suivante : « Par "*acte*", on doit entendre les vécus du signifier, et ce qui est significatif dans chaque acte particulier doit précisément résider non dans l'objet mais dans le *vécu d'acte*, il doit résider dans ce qui fait de celui-ci un vécu "*intentionnel*", "dirigé" sur des objets » (Hua, XIX/1: 353/142). La plupart des références aux ouvrages, manuscrits et cours de Husserl renvoient à l'édition des *Husserliana*. Le chiffre romain qui suit l'abréviation [Hua] indique le numéro du volume, le premier chiffre indique la pagination des *Husserliana*, alors que celui qui suit la barre oblique indique la pagination de la traduction française.

mènes psychiques comme étant ceux « qui contiennent intentionnellement un objet (*Gegenstand*) en eux » (Brentano 1944: 102).

Il faut distinguer, dans cette définition de Brentano, la thèse psychologique, qui porte sur la directionalité des phénomènes psychiques, de la thèse ontologique, qui réside dans ce passage dans la doctrine de l'inexistence intentionnelle. Dans la cinquième des *Recherches logiques*, Husserl rejette la thèse ontologique et ne conserve que l'idée de directionalité (voir Fisette 2003). Par directionalité, Husserl désigne cette propriété d'un acte, par exemple d'un jugement, d'être à propos de quelque chose et, en l'occurrence, d'être dirigé sur un état de choses, et ce par opposition à un bloc de granit ou au mont Everest qui ne sont pas à proprement parler à propos de quelque chose d'autre qu'eux-mêmes. On peut certes établir des relations associatives avec le mont Everest, ou même une relation causale avec des phénomènes géologiques, par exemple, mais certes pas de relations intentionnelles.

La question est alors de savoir ce qu'on doit entendre par la directionalité d'un acte. Pour répondre à cette question, Husserl part de la notion brentanienne de « représentation » [*Vorstellung*], sur laquelle repose sa classification des phénomènes psychiques, et il lui reproche de confondre deux aspects fondamentaux d'un acte, à savoir sa qualité et sa matière (Hua, XIX/1: 315/99–100). Représentation au sens de qualité désigne une classe d'actes que Husserl appelle ici des actes objectivants (un acte de jugement par opposition à un acte de volonté ou de désir, par exemple), alors qu'au sens de matière d'acte, cette notion désigne le contenu d'un acte[5], ou ce qui deviendra plus tard le « noème » (contenu intentionnel). Cette nouvelle distinction entre la matière d'un acte et sa qualité est fondamentale non seulement pour sa théorie de l'intentionnalité mais aussi pour la phénoménologie en général. Elle est au foyer de ses discussions avec Twardowski et les autres étudiants de Brentano et elle justifie, dans une certaine mesure, le parallèle que l'on établit avec Frege et Bolzano. C'est aussi sur cette distinction qu'est fondée la différence entre la doctrine brentanienne de l'intentionnalité et celle des *Recherches logiques* : Brentano, comme plusieurs de ses étudiants, conçoit l'intentionnalité comme une propriété de certains objets, notamment les objets de pensée qui sont dits « exister intentionnellement dans l'acte », alors que Husserl

---

[5] « La matière dit (...) quel objet est visé dans l'acte et avec quel sens il y est visé » (Hua, XIX/1: 520/315).

défend, comme nous l'avons dit, une conception relationnelle de l'intentionnalité où l'intentionnalité caractérise la relation elle-même entre un acte et son objet.

Mais ces nombreuses distinctions laissent entière la question de savoir comment concilier le caractère objectif et idéal de la signification et du contenu intentionnel avec le caractère essentiellement psychologique et subjectif des actes. Cette question est soulevée dans un manuscrit remarquable intitulé « Objets intentionnels », rédigé la même année que le compte rendu de Frege, et qui porte sur l'ouvrage de Twardowski publié lui aussi en 1894 (Twardowski 1982/1993). Comme l'indique le titre de cet ouvrage, *Sur la théorie du contenu et de l'objet des représentations*, Twardowski propose une distinction entre le contenu et l'objet d'une représentation afin de résoudre les mêmes problèmes que nous avons associés à la conception brentanienne de l'intentionnalité. Or Husserl reconnaît le bien-fondé de cette distinction, mais il lui reproche justement de confondre deux aspects distincts du contenu : l'aspect psychologique et l'aspect logico-sémantique. Dans son compte rendu de l'ouvrage de Twardowski (Husserl 1993), Husserl distingue en effet dans toute représentation [*Vorstellung*], d'une part, une relation psychologique entre l'acte et le contenu de représentation (ou contenu re-présentant), d'autre part, une relation qu'il qualifie de logique entre la signification et l'objet (Hua, XXII : 350/350). Le schéma suivant nous aidera peut-être à situer chacun des deux aspects de la relation intentionnelle.

```
              RÉELLE            IDÉALE
|ACTE ─────────── CONTENU ───────────▶ [OBJET]
         PSYCHOLOGIQUE        LOGIQUE
```

La notion d'acte est utilisée ici dans le sens des *Recherches logiques* pour désigner un vécu intentionnel, et nous entendons par « intentionnel » cette classe de vécus ou d'actes qui sont « dirigés sur des objets » (Hua, XIX/1, §13). La distinction entre vécu intentionnel et contenu immanent est implicite à la division à l'intérieur de notre schéma entre la relation psychologique et la relation logique, entre la signification et l'objet. Le côté droit du schéma illustre clairement la distinction que nous venons de faire entre contenu logique et contenu psychologique en même temps qu'il précise le rôle qui revient à la signification ou au contenu logique dans le rapport à l'objet (Hua, XXII : 338/315).

La notion de contenu immanent ou psychologique désigne les sensations et les images qui forment le contenu des vécus non intentionnels. Ce contenu n'est donc rien d'autre qu'un *datum* psychique individuel, un support sensible réel qui sert de substrat à un acte d'appréhension. Mais si le contenu psychologique peut servir de support sensible au contenu intentionnel ou à la signification, il n'est aucunement responsable de la relation aux objets comme semble le penser Twardowski. Husserl soutient que la relation objective est fonction du contenu intentionnel de l'acte, ou de ce qu'il appelle ici la signification, laquelle n'est pas une composante réelle du contenu mais bien une entité idéale. « Car le contenu, écrit Husserl, est une partie réelle d'une représentation alors que la signification y loge "fonctionnellement" » (Hua, XXII : 351/351)[6]. Or la fonction de la signification d'un nom, par exemple, est de nommer un objet ou de viser quelque chose, et cette fonction, en raison du fait qu'elle transcende les contenus individuels des agents, est qualifiée d'objective, de non réelle et d'idéale. La signification « est identiquement la même "dans" une multiplicité illimitée d'actes individuellement et réellement séparés » (Hua, XXII : 350/350). Par exemple, juger, désirer ou haïr que *P* sont des actes différents, mais leur signification est la même, c'est-à-dire qu'ils visent le même objet.

Nous avons donc une structure triadique fondée sur une double distinction : la première est celle entre l'acte et son contenu, la deuxième intervient entre le contenu intentionnel et son objet. Cette dernière distinction est non seulement similaire à celle de Frege, mais l'approche frégéenne de la phénoménologie veut que la plupart des propriétés que ce dernier attribue à la signification s'appliquent *eo ipso* au contenu inten-

---

[6] L'analyse fonctionnelle de la signification et de la proposition, que Husserl introduit dans son manuscrit de 1894, se rapproche de celle de Frege sur au moins deux points. Premièrement parce que l'énoncé ou la phrase constitue la plus petite composante de la signification. C'est pourquoi elle représente la base de la morphologie de la signification dans les *Recherches logiques*, toute signification étant ou bien une proposition, ou bien un membre possible d'une proposition. Deuxièmement, l'interprétation fonctionnelle de la proposition, que Frege analyse en termes de valeurs et d'arguments, représente également le cœur de la morphologie des significations dans les *Recherches logiques*. Par proposition fonctionnelle, Husserl entend une proposition qui contient une place vide ou nécessite un complément (*ergänzungsbedürftig*). Cette dernière est interprétée sur la base des concepts de signification *dépendante* (nécessitant un complément) et de signification *indépendante* (signification complète et autonome) qu'il développe dans son ontologie formelle (troisième des *Recherches logiques*).

tionnel (Hua, XIX/1 : §§ 12–15). Quelles sont donc ces propriétés d'une relation intentionnelle ? Dans son article classique portant sur la notion de noème, Føllesdal distingue trois catégories de propriétés : les propriétés de la structure du contenu intentionnel, celles de l'objet intentionnel et celles qui concernent le statut ontologique du contenu intentionnel (Føllesdal 1969). La notion de noème remplace la notion de matière d'actes des *Recherches logiques* et elle implique une nouvelle distinction au sein des contenus intentionnels entre le sens noématique, que l'on peut concevoir comme un agrégat de descriptions, et le substrat ou ce que Husserl appelle aussi le « x », qui prescrit l'objet auquel ces prédicats sont attribuables. Le « sens » d'un acte désigne ainsi le « mode de donation » de l'objet ou son mode de détermination. Mais le sens n'est pas une simple représentation de l'objet, il désigne la structure commune à tous les actes qui visent un même objet, qui sont orientés de la même manière, et ce, quelle que soit leur qualité. Le « x » est la composante du contenu intentionnel par laquelle l'acte vise son objet alors que l'autre composante du sens, l'agrégat de descriptions ou de prédicats, est celle par laquelle il se remplit. Il est important de signaler que ces deux composantes sont irréductibles l'une à l'autre en ce sens que le substrat auquel sont attribuables ces propriétés ne peut pas être réduit à un complexe de descriptions ou de propriétés.

Revenons maintenant à notre schéma qui présente très simplement la manière dont la distinction frégéenne peut être mise à contribution dans une théorie de l'intentionnalité. La flèche indique le sens ou la direction de l'acte vers un objet (la conscience de quelque chose). L'objet placé entre crochets signale que toute considération sur l'existence ou la non-existence du référent n'entre pas en ligne de compte dans l'analyse intentionnelle d'un acte, comme nous l'avons dit plus haut. Le contenu, qui se situe entre l'acte et son objet, désigne à la fois ce que Husserl appellera plus tard la « noèse » (contenu psychologique) et le « noème » ou ce que j'appellerai tout simplement le « contenu intentionnel ». Ce contenu joue un rôle médiateur entre l'acte et son objet, et c'est lui qui est responsable de la directionalité de l'acte. C'est ce que nous avons dit plus haut en parlant de la dépendance de l'objet au contenu. Cette dépendance est à comprendre ici au sens où à un seul et même objet (triangle) peuvent correspondre plusieurs contenus intentionnels différents (triangle équiangle et triangle équilatéral). Mais, par définition, à un seul et même noème d'acte ne peut correspondre qu'un seul et même objet puisque, comme nous l'avons dit, le contenu intentionnel est pour ainsi dire le *medium* qui à la fois prescrit le substrat et détermine la manière dont il est donné. Un même contenu *p* peut être commun à des actes de qualités différentes (juger ou désirer que *p*), mais à un seul et même acte ne peut correspondre qu'un seul contenu. À ces différents traits d'une relation intentionnelle s'ajoutent les propriétés relatives au statut ontologique des contenus intentionnels, que je me contenterai ici d'énumérer. Les noèmes, comme nous l'avons dit, sont des entités abstraites qui ne sont pas perçues par les sens et auxquelles nous n'avons accès que de manière indirecte, au moyen de la réflexion phénoménologique (Føllesdal 1969: 686–87).

4 Phénoménologie et critique du naturalisme

Cette interprétation de la théorie husserlienne de l'intentionnalité nous met apparemment en bonne position pour évaluer la contribution possible de la phénoménologie à la philosophie de l'esprit contemporaine. La philosophie de l'esprit sera comprise par la suite dans un sens suffisamment large pour inclure l'étude du comportement et ce qu'on a appelé la théorie de l'action. Il va sans dire que la philosophie contemporaine, en raison de son intérêt marqué pour les phénomènes mentaux et les thèmes psychologiques en général, se rapproche peut-être davantage de la psychologie descriptive que de la tradition post-frégéenne jusqu'à Quine en raison justement de l'antipsychologisme légendaire de l'empirisme logique. Mais comme je l'ai mentionné précédemment, la situation dans la philosophie anglo-saxonne s'est passablement modifiée au cours des dernières années. Le diagnostic de Kaufmann dans ses derniers textes s'appuie principalement sur le segment de la philosophie contemporaine qui s'est converti à la philosophie de l'esprit. Par exemple, John Searle qui, au début des années 1980, a subordonné sa philosophie du langage à sa philosophie de l'esprit[7]. Kaufmann est d'accord avec plusieurs philosophes contemporains sur le fait que les problèmes majeurs auxquels nous faisons face actuellement dans les sciences cognitives ne pourront être surmontés que lorsque nous aurons développé un appareil descriptif

---

[7] Voir l'introduction de Searle (1983). Tant par sa théorie de l'intentionnalité que par sa théorie des actes de langage, Searle défend des positions en philosophie de l'esprit qui sont très proches de celles de la phénoménologie. Voir à ce sujet les textes réunis par B. Smith (2003).

suffisamment riche pour rendre compte de l'expérience intentionnelle et de la conscience en général. D'où le pari qui consiste à prendre l'appareil conceptuel de la phénoménologie classique comme hypothèse de travail dans l'espoir qu'il nous conduira à des résultats probants. Mais il fallait d'abord éviter de s'embourber dans de vaines querelles autour de l'interprétation du corpus husserlien et distinguer clairement les problématiques dans la philosophie de l'esprit auxquelles cette phénoménologie peut contribuer de celles avec lesquelles elle est résolument en désaccord. Dans un texte plus récent, qui porte partiellement sur cette question, Kaufmann (1996) distingue la prédilection de la philosophie de l'esprit pour les phénomènes intentionnels ou mentaux de son allégeance à une forme de naturalisme philosophique. Sur le plan conceptuel, il ne semble pas y avoir d'obstacles insurmontables à rapprocher le camp des phénoménologues avec la philosophie de l'esprit, et plus particulièrement la « théorie représentationnelle de l'esprit » avec une théorie intentionnelle de l'esprit telle que nous l'avons présentée dans ce qui précède. Car les deux camps pourraient s'entendre minimalement sur trois traits caractéristiques des états mentaux qui représentent en même temps les trois conditions d'un rapprochement entre les deux traditions : le premier est la « covariation » (qui est causale pour le cognitivisme, motivationnelle et associative pour la phénoménologie) ; le deuxième repose sur les composantes fonctionnelles des contenus d'attitudes propositionnelles (par exemple, les « fonctions propres » ou biologiques au sens de Millikan ; Kaufmann 1996c: 710) ; finalement, leurs composantes génétiques ou étiologiques. J'y reviendrai.

Il en va autrement des positions philosophiques et des réserves de la phénoménologie à l'endroit du naturalisme philosophique qui, dans sa version la plus radicale, n'est rien d'autre que le psychologisme critiqué aussi bien par Husserl que par Frege. La forme de naturalisme philosophique critiquée par les deux pères de la philosophie du vingtième siècle n'est pas très éloignée de ce qu'on appelle aujourd'hui un programme de naturalisation qui est au service d'une forme radicale de naturalisme. Husserl, par exemple, estime que c'est précisément cette conviction philosophique qui domine la nouvelle psychologie de son époque, et c'est à cette position philosophique que s'adresse Husserl dans sa critique du naturalisme et du psychologisme, et non à la psychologie en tant que telle. Cette forme de naturalisme est si radicale qu'elle adopte une attitude à l'endroit de toute autre position philosophique qui est comparable à celle la chimie vis-à-vis de l'alchimie (Hua, XXV: 298), c'est-à-dire qu'elle relègue au rang de chimères et de fictions les concepts philosophiques tirés du répertoire du sens commun qu'elle cherche par ailleurs à éliminer au profit de concepts sanctionnés par la science. Vous n'êtes qu'un paquet de neurones, comme aiment à le répéter les neuroscientifiques ! Elle est la cible de Husserl dans plusieurs de ses ouvrages, notamment dans la *Krisis* et surtout dans son article de 1911 « La philosophie comme science rigoureuse », dans la mesure où cette science naturelle qu'est la psychologie prétend au rang de philosophie première en voulant s'imposer comme le « fondement scientifique » de la logique, des sciences de l'esprit, voire de la métaphysique elle-même (Hua, XXV: 298). La critique de ce programme philosophique n'est pas étrangère à la critique du psychologisme logique dans les *Prolégomènes* si l'on admet que les présupposés épistémologiques et métaphysiques du psychologisme logique sont aussi ceux du naturalisme philosophique.

Les questions qui sont soulevées par Husserl dans son combat contre le naturalisme et le psychologisme sont au cœur des débats actuels dans les sciences cognitives et dans la philosophie de l'esprit en général. Il y a en effet un parallèle frappant entre les débats auxquels prend part Husserl dans les *Prolégomènes* et durant la période de Göttingen et ceux qui animent actuellement la philosophie de l'esprit. On retrouve de part et d'autre une certaine fascination exercée par le développement des sciences cognitives pour l'une, et par la naissance de la psychologie expérimentale (comme discipline autonome) pour l'autre. Mais par-delà cette fascination, la discussion philosophique autour du naturalisme est centrale dans les deux traditions. Cette forme de naturalisme philosophique s'articule sur l'idée que les questions philosophiques, qui relevaient traditionnellement de la métaphysique, notamment celle de la justification de la connaissance, sont des questions qui, en principe, pourraient être confiées à une science naturelle quelconque. Ce naturalisme sera qualifié de psychologiste lorsque cette science naturelle est la psychologie, comme c'est le cas chez Quine qui privilégie le béhaviorisme méthodologique, de même que chez de nombreux philosophes qui ont adhéré à son programme de naturalisation en s'appuyant cependant sur les sciences cognitives. Or, on le sait, c'est en réaction aux positions antipsychologistes de l'empirisme logique que le naturalisme s'est imposé à la philosophie contemporaine, et c'est en raison notamment de la place qui revient à la psychologie, ou à son domaine de recherche, que la philosophie de l'esprit a retrouvé ses lettres de noblesse dans la philosophie depuis le début des années 1960. Malgré l'intérêt suscité au début du vingtième siècle par la critique du psychologisme dans les *Prolégomènes*, elle a eu peu ou pas d'impact sur les deux traditions qui ont dominé ce siècle. L'antipsychologisme auquel a réagi le naturalisme contemporain est davantage associé à la tradition post-frégéenne, de Wittgenstein à Quine[8].

La version forte d'une théorie de la connaissance naturalisée à laquelle s'attaque Husserl dans son article de 1911 est comparable à celle de Quine ou à celle que défend Paul Churchland avec son matérialisme éliminativiste. Il s'agit de la thèse suivant laquelle « notre conception commune des phénomènes psychologiques constitue une théorie radicalement fausse, à ce point déficiente que ses principes et son ontologie seront un jour non pas réduits en douceur mais remplacés par les neurosciences parvenues à maturité » (Churchland 1981/2002: 117). Suivant le matérialisme éliminativiste, la psychologie, qui est attribuable au sens commun, serait une théorie empirique qui est fausse et inadéquate et devrait donc, en tant que théorie, éventuellement connaître le même sort que celui qu'a connu l'alchimie, à savoir son remplacement pur et simple par une théorie empirique adéquate qui s'appuierait sur les neurosciences. Cette version forte du naturalisme et le matérialisme éliminativiste sont cependant loin de faire l'unanimité dans la philosophie contemporaine. La majorité des philosophes adoptent une version plus modérée du naturalisme en ce qu'ils reconnaissent l'importance de conserver la tâche « normative » assignée traditionnellement à la théorie de la connaissance, mais ils estiment d'autre part que cette tâche doit pouvoir s'accomplir dans une perspective naturaliste. Cette forme de naturalisme occuperait donc une position à mi-chemin entre ceux qui font campagne pour l'abandon des projets normatifs et les post-frégéens qui les accusent de sombrer dans une forme de relativisme et de scepticisme en voulant remplacer ce qui est normatif par une enquête empirique, que celle-ci soit conduite depuis la psychologie, la biologie, ou par toute autre discipline descriptive.

---

[8] Dans *Philosophie de l'esprit : état des lieux* (chapitre IV), j'ai fait valoir que le naturalisme s'est imposé par le rejet de deux présuppositions de la tradition post-frégéenne : l'analyse des questions épistémologiques relèverait non pas de la psychologie mais de la logique ; les résultats de cette analyse seraient *a priori*. Le rapport entre le naturalisme et le psychologisme y est étudié en relation avec la thèse du remplacement de Quine dans son texte « Epistemology Naturalized » (Quine 1969).

Il y a un sens à dire que les débats contemporains autour du psychologisme et du naturalisme, et donc de la question autour du thème plus général du rapport entre la philosophie et la psychologie, ont été dominés par l'idée que l'enjeu philosophique se ramène à l'opposition norme/fait. L'antipsychologisme de la tradition post-frégéenne soutient que les questions normatives sont complètement indépendantes de celles de la psychologie puisque toute discipline normative prescrit comment nous devons penser, croire ou agir, et cela n'a rien à voir avec la description empirique de la manière dont nous pensons, agissons et percevons. Telle est la position que nous avons attribuée plus haut à Frege et telle est aussi la position qui a prévalu au vingtième siècle depuis Carnap. La version forte du naturalisme psychologisant en est l'antithèse en ce qu'elle préconise l'abandon pur et simple de tout projet normatif et le remplacement de l'épistémologie traditionnelle par la psychologie. Dans cette perspective, il n'y aurait pas de différence significative entre la description de la manière dont nous pensons, agissons, percevons et acquérons nos croyances et ce que prescrivent les disciplines normatives. Il y a aussi une zone grise où se situe la majorité silencieuse et que l'on appelle parfois le psychologisme faible qui se situe à mi-chemin entre l'éliminativisme et le normativisme de la tradition post-frégéenne, mais cette position hybride ne présente aucun intérêt ici. La question est plutôt de savoir s'il n'y a pas une troisième voie qui, plutôt que de chercher à accommoder les antagonismes, cherche au contraire à les surmonter en désamorçant les antinomies qui grèvent les deux partis. Cette option, même si elle est demeurée marginale dans le portrait de la philosophie contemporaine, est celle que les descriptivistes (Ernst Mach, par exemple) ont défendue durant la deuxième moitié du dix-neuvième siècle contre une forme de constructivisme kantien, celle de von Helmholtz et de Wundt, par exemple, une approche qui s'apparente à maints égards au fonctionnalisme et au computationnalisme dans les sciences cognitives[9].

---

[9] Cette opposition entre la position du normativisme et du naturalisme sur les phénomènes mentaux et leur statut ontologique est comparable, comme le remarque Kaufmann (p. 156 et 1996: 709), à l'idée d'une double norme chez Quine, c'est-à-dire la double attitude face aux phénomènes mentaux et à l'idiome intentionnel : ou bien on le considère comme un idiome vide, indispensable sur le plan pratique, mais éliminable dans la pratique de la science et de la philosophie, ou bien au contraire on s'engage dans la voie tracée par Brentano et la phénoménologie en faisant le pari que cette voie débouchera sur une théorie de l'intentionnalité en bonne et due forme. Kaufmann a opté pour cette dernière en

5 Traits caractéristiques de l'analyse intentionnelle

Quoi qu'il en soit du naturalisme et des chances de succès d'une naturalisation de l'intentionnalité et des phénomènes mentaux en général, qu'en est-il de cette théorie intentionnelle de l'esprit dont nous venons de dire qu'elle est compatible, moyennant certaines conditions, avec certaines théories représentationnelles ? Nous avons déjà indiqué quelques-unes de ces conditions et nous voudrions maintenant en ajouter d'autres qui sont liées à certains traits caractéristiques que Kaufmann attribue à l'analyse phénoménologique. Je m'en tiendrai encore ici à l'essentiel et commenterai brièvement ceux de ces traits qui me semblent contribuer à clarifier cette approche de la phénoménologie.

5.1 *L'intentionnalité est le thème central de la phénoménologie et une des tâches principales de cette dernière réside dans l'analyse intentionnelle.*

Il ne s'agit pas de réduire la phénoménologie à une analyse intentionnelle pure et simple, mais bien de mettre l'accent sur ce qui est proprement phénoménologique et d'écarter ainsi certaines thèses philosophiques souvent associées à la phénoménologie, comme l'idéalisme, par exemple. L'analyse intentionnelle, telle que comprise ici, appartient à la psychologie descriptive et elle représente le thème central de la phénoménologie.

---

faisant valoir le caractère indispensable et inéliminable des notions normatives dans le domaine de la philosophie et que le caractère normatif d'une notion comme celle de fonction représente un obstacle insurmontable à cette forme de naturalisation préconisée par Quine et les éliminativistes. À ma connaissance, le seul argument auquel Kaufmann a recours dans ce contexte est emprunté de Davidson et il repose sur les présuppositions de rationalité, argument que je ne commenterai pas ici (voir Kaufmann 1996: 711 et Fisette 2000, chapitre I). Il est donc clair que si l'on veut établir un lien quelconque avec les problématiques courantes en philosophie de l'esprit et dans les sciences cognitives, nous devons nous en tenir aux questions relatives à cette partie de la phénoménologie qui concerne la psychologie descriptive.

5.2 L'intentionnalité est d'abord et avant tout une propriété de la conscience et indirectement une propriété du langage. L'intension est une forme dérivée de l'intentionnalité de l'esprit.

La stratégie que nous avons utilisée plus haut et qui consiste à rendre compte de l'intentionnalité en termes d'intensionalité (avec un *s*) en la soumettant aux deux tests standards d'extensionalité n'a donc qu'une valeur méthodologique et elle n'entraîne aucunement une réduction des propriétés intentionnelles à des propriétés logico-linguistiques. Au contraire, l'opacité référentielle, par exemple, est d'abord une propriété des contextes d'actes et, à ce titre, une propriété intentionnelle de l'expérience comprise au sens large (Kaufmann p. 155).

5.3 La propriété centrale de l'intentionnalité réside dans ce que Frege appelle Auffassungssinn *(sens d'appréhension) ou encore* Gegebenheitsweise *(mode de présentation).*

Comme nous l'avons noté plus haut, ce trait caractéristique de l'intentionnalité correspond à la définition frégéenne de la signification et à la définition husserlienne du contenu intentionnel comme mode de présentation du référent ou de l'objet. L'accent est mis ici sur le contenu intentionnel représentant, comme nous l'avons aussi remarqué, la composante d'un acte qui rend possible la référence à son objet.

5.4 Toute expérience intentionnelle possède une structure tripartite dont les composantes essentielles sont la qualité, la matière et l'objet de l'acte.

Nous avons déjà examiné cette structure tripartite des actes, et elle s'articule sur les différents éléments que nous avons présentés à l'aide de notre petit schéma. La qualité est la composante d'un acte par laquelle se distinguent différents types d'actes, comme la perception et le jugement par exemple. Tout acte est à propos d'un objet, il est dirigé en premier lieu sur un objet, mais il l'est toujours grâce à la matière, laquelle est ce qui lui donne sa directionalité vers tel ou tel objet. Elle remplit, comme nous l'avons dit, une fonction de médiation entre l'acte et son référent ou, dans le cas d'un acte de perception, entre la visée et son remplissement intuitif ou sensoriel.

5.5 Le matériau de base de l'analyse phénoménologique inclut, en plus des éléments noématiques ou intentionnels, les données sensibles ou phénoménales de l'expérience (antéprédicative).

L'analyse phénoménologique, de même que la théorie de l'intentionnalité qui lui sert de fondement, ne s'intéresse pas uniquement aux propriétés des états mentaux, mais encore à celles de l'expérience dans son ensemble, ce qui inclut les sensations, les *qualia*, la conscience du temps et ce qu'on appelle plus généralement la conscience phénoménale[10]. Entendons ici par intuition antéprédicative certaines propriétés de notre expérience qui rendent possible nos transactions avec le monde environnant, par exemple la perception de l'espace, et ce, indépendamment de tout intérêt théorique et de tout acte objectivant.

5.6 Par son intuitionnisme, la phénoménologie s'oppose au représentationnalisme linguistique ou psychologique, et d'abord à celui de Brentano.

Par intuitionnisme, nous entendons ici le primat de l'intuition ou de la perception directe sur les représentations et les contenus représentationnels. Par exemple, lorsque nous percevons quelque chose, ce n'est pas le contenu intentionnel ou représentationnel qui est perçu, comme le veut le représentationnalisme, mais bien l'objet en chair et en os. D'où la distinction sur laquelle insiste Kaufmann (p. 160) entre la présentation intuitive de quelque chose et sa présentification [*Vergegenwärtigung*] dans un acte second, comme dans la mémoire ou l'imagination. Quelle est la différence entre intuitionner un *concretum* A et le concevoir comme la représentation d'un A quelconque ? Le mot écrit, par exemple, est un *concretum* au même titre qu'une tache d'encre sur le papier lorsqu'il nous est donné comme un objet physique. Il correspond au contenu immanent ou sensoriel (la partie gauche du schéma) et en tant que tel il n'est pas intentionnel. Il le devient lorsqu'il sert de support à un acte quelconque, par exemple lorsque cette marque devient un signe et exprime une signification. Dès lors, c'est-à-dire lorsqu'il entre dans une relations intention-

---

[10] Kaufmann (1999) développe cette question en relation avec le problème central de la philosophie de l'esprit qu'on appelle le problème du fossé dans l'explication de la conscience.

nelle, notre intérêt ne se porte pas sur le signe ou sa signification, mais sur ce qu'il désigne. Une modification importante se produit lorsque mon intérêt se porte sur le contenu de cet acte intentionnel, lorsque par exemple je réfléchis sur la fonction expressive de ce signe. Cette modification concerne aussi bien l'expérience qualitative que la qualité des actes, et Kaufmann cherche à en rendre compte au moyen des expressions de présentification ou simple représentation et de représentation impropre (au sens de Brentano). Il en va ici comme dans une peinture qui représenterait une autre peinture, laquelle représenterait à son tour une autre peinture, etc., modification que Kaufmann schématise après Husserl de la manière suivante : $O, R(O), R[R(O)], ..., O$ désignant l'objet dépeint et R sa représentation (Hua, XIX/1: 506/301).

5.7 La réduction phénoménologique, en tant qu'artifice méthodologique, est un préalable à l'analyse intentionnelle.

En première approximation, la réduction phénoménologique – comprise dans un sens très large – est l'artifice méthodologique par lequel on passe de l'attitude naïve, qui caractérise aussi bien le sens commun que les scientifiques en action, à l'attitude phénoménologique et réflexive. Elle consiste à mettre entre parenthèses les propriétés physiques que lui attribue une science empirique donnée, par exemple la biologie, pour ne considérer que les propriétés intentionnelles dont l'analyse ressortit justement à l'analyse intentionnelle. Kaufmann la conçoit comme une mise hors circuit du réalisme naïf et comme une réflexion sur la structure des actes (Kaufmann p. 158). Cette réflexion est rendue nécessaire par le fait que, comme l'indique le point précédent, un acte est dirigé au premier chef vers les objets transcendants et non sur la structure des actes, et encore moins sur les contenus d'attitude propositionnelle ou les représentations. Cette réflexion est donc un acte second ou de niveau supérieur. Contre le réalisme naïf, la phénoménologie insiste sur la relativité des objets du monde extérieur, et plus précisément des propriétés intentionnelles des objets du monde environnant, à un schème conceptuel, relativité qui correspond dans le vocabulaire de la phénoménologie à l'idée de corrélation.

*5.8 Cette réflexion peut être développée de deux manières
différentes (statique et dynamique) et dans deux directions
différentes (vers la noèse ou vers le noème).*

L'approche frégéenne de la phénoménologie privilégie l'analyse statique et elle porte uniquement sur les structures noématiques. L'analyse statique peut également être comprise, comme le remarque Kaufmann[11], comme une analyse eidétique telle que développée dans la première des *Recherches logiques* où la signification est conçue comme une essence d'acte. Cette relation peut alors être analysée sur le modèle des relations type *token* : un acte est alors compris comme un *token* qui instancie ou exemplifie un type ou ce qu'on appelle aussi *species* ou *eidos*. Un *eidos* est accessible par un processus inductif que Husserl appelle variation eidétique – que je n'examinerai pas ici. En ce qui concerne l'analyse dynamique, Kaufmann se contente de mentionner ce que Husserl appelle les analyses génétiques, dont je reparlerai à la fin de cette étude.

***

Voyons maintenant comment nous pouvons appliquer l'analyse intentionnelle dans le domaine de l'action. Par action, nous entendrons un comportement intentionnel ou encore un comportement qui peut être décrit dans un vocabulaire intentionnel. Pour éviter les nombreuses confusions qui surviennent souvent lorsque nous passons du domaine de l'esprit à celui de l'action, il importe de distinguer le sens pratique du sens théorique de la notion d'intentionnalité. Jusqu'à maintenant, nous avons utilisé cette notion afin de désigner la conscience de quelque chose, comme par exemple la propriété d'un acte de perception d'être à propos de quelque chose de perçu. En ce sens, l'intentionnalité caractérise la structure des actes. En revanche, le sens pratique de cette notion, par exemple avoir l'intention d'agir dans le futur ou agir avec l'intention d'accomplir ou de réaliser tel ou tel projet, désigne des états mentaux au même titre que les croyances et les désirs. Décrire un comportement comme une action signifie alors attribuer à un agent tel ou tel état mental.

---

[11] Sur le thème des variations eidétiques, voir Kaufmann p. 158.

Ces états mentaux sont appelés ici « intention préalable » et « intention dans l'action ».

Cette distinction entre le sens pratique et le sens théorique de l'intentionnalité soulève la question de savoir comment l'analyse intentionnelle parvient à articuler les deux sens de ce concept d'intentionnalité dans la description et l'explication de l'action. L'intentionnalité des intentions comprises comme des états mentaux ou des actes ne pose pas de problèmes particuliers puisque ces derniers sont structurés de la même manière que tous les autres actes qui appartiennent à la même classe. En revanche, à un niveau inférieur, en ce qui concerne notamment l'appréhension ou la description d'un comportement comme une action, et donc comme un comportement « intentionnel », et non comme un simple mouvement, l'analyse intentionnelle fait face à un problème. C'est précisément ce problème que Wittgenstein a à l'esprit lorsqu'il se demande quelle est la différence entre décrire un comportement simple comme « lever son bras », et donc en tant que simple mouvement corporel, et le décrire, comme l'action de regarder l'heure, par exemple. On répond souvent à cette question en comparant plusieurs descriptions possibles de cette action, par exemple il lève le bras parce qu'il a l'intention de regarder l'heure, de signaler sa présence, de pointer dans telle direction, etc. Mais cette réponse est insatisfaisante parce qu'elle présuppose que le comportement est déjà décrit ou appréhendé comme une action. La question de Wittgenstein porte d'abord et avant tout sur la distinction entre des types différents de description et non sur des descriptions différentes d'un même type. Voyons comment la phénoménologie traite de cette question avant de commenter quelques-uns des autres traits caractéristiques de l'analyse intentionnelle appliquée à l'action.

Devant un seul et même comportement, celui d'une personne colérique par exemple, nous pouvons adopter deux attitudes auxquelles correspondent deux modes d'appréhension différents : celle qui caractérise l'attitude du théoricien des sciences de la nature et celle du sens commun qui est aussi celle des sciences de l'esprit en général. Lorsque décrit ou appréhendé dans le vocabulaire d'une science naturelle, le comportement du colérique sera décrit comme un simple mouvement corporel et pourra ainsi être expliqué entre autres au moyen de lois causales. Il en va tout autrement du comportement appréhendé comme l'action d'une personne puisque l'agent, comme l'explique Husserl, est alors compris comme le sujet d'un environnement de personnes et de choses, en tant qu'il est en rapport par la compréhension et le consensus avec d'autres personnes, dont il est le compagnon dans un contexte social auquel correspond un monde environnant social unitaire, tandis que, en même temps, chacun de ses compagnons singuliers a son propre environnement qui porte la marque de sa subjectivité (Hua, IV: 228/315).

Cette distinction entre deux modes d'appréhension prend toute son importance à la lumière de la thèse suivant laquelle toute explication d'un comportement, celui du colérique par exemple, dépend directement de la manière dont il est décrit. Lorsqu'il est appréhendé comme un comportement intentionnel, son explication consiste à élucider ce que Husserl appelle les motivations de l'agent, c'est-à-dire la manière par laquelle un agent est conditionné par son environnement physique et social. Par exemple, l'air vicié de la pièce peut m'inciter à ouvrir la fenêtre ; quelque chose me rappelle quelque chose de semblable et m'incite à la comparaison, etc. Mon comportement est ainsi conditionné et motivé : j'ai tendance à agir de telle ou telle manière *parce que*, dans telle ou telle circonstance, certaines choses suscitent mon intérêt. L'appréhension peut elle aussi être motivée par le jeu de physionomie et la mimique du colérique, par exemple. Mais appréhender le mouvement d'un corps étranger en tant que comportement intentionnel signifie aussi bien que j'attribue à l'agent tels ou tels « vécus de conscience », ce qu'on appelle, après Aristote, ses raisons d'agir. Aussi, le « parce que – donc » de la motivation doit rendre compte de la connexion entre l'action d'un agent et ses raisons d'agir. Husserl a parfois recours au syllogisme pratique d'Aristote pour expliquer cette connexion :

> Le « parce que » de la motivation apparaît de lui-même dans tous ces exemples. (...) Je, en tant que sujet des « prémisses de l'action », je ne me saisis pas de façon inductive et réelle comme cause du « je » en tant que sujet de la « conclusion de l'action » ; (...) Quand je suis capable par intropathie de constater une telle situation chez un autre, je dis : « *je comprends pourquoi* l'autre s'est décidé ainsi, je comprends pourquoi il a porté tel jugement » (pour quelle raison) (Hua, IV: 230/317).

Voilà, poursuit Husserl, la manière par laquelle j'appréhende habituellement autrui. Plus je le connais, plus j'ai d'informations sur ses préférences, ses penchants, son milieu, ses valeurs, ses habiletés, etc., plus j'ai de chances de prédire ou d'anticiper la manière dont il se conduira dans telle ou telle circonstance.

***

Revenons maintenant à l'analyse intentionnelle et examinons comment Kaufmann l'applique dans le domaine de l'action. L'analyse phénoménologique distingue deux formes de motivations.

5.9 La première forme de motivation correspond à ce que Elisabeth Anscombe appelle « in-order-to-motives » et la deuxième correspond aux « because-motives ».

La première forme de motivation est une relation univoque entre une intention préalable et un plan d'action, alors que la seconde est une relation quasi-causale entre un état de choses dans le monde environnant, par exemple une pièce musicale que l'on écoute, et l'intention d'apprendre à l'interpréter. Ces deux formes de motivation se retrouvent dans tout comportement intentionnel.

5.10 La relation entre l'esprit et l'action ne peut donc pas être expliquée uniquement en termes de relations causales (singulières ou nomologiques).

L'argument de Kaufmann est celui de la « connexion logique » des néo-wittgensteiniens. Cela dit, au niveau où se situe l'analyse intentionnelle, niveau auquel nous donne accès la réflexion phénoménologique, les propriétés causales des états mentaux ne sont pas prises en considération, mais elles ne sont pas non plus exclues à un autre niveau de description (Kaufmann p. 163).

5.11 Les intentions préalables et les intentions en action appartiennent à un sous-ensemble d'états intentionnels.

Ces deux concepts d'intention sont vraisemblablement empruntés à la théorie de l'action de John Searle[12]. Le premier est le résultat du processus délibératif sur les moyens appropriés et l'engagement de l'agent à

---

[12] Voir notamment l'ouvrage plus récent de John Searle (2001) *Rationality in action*, et son article publié dans ce volume.

agir dans le futur. Le modèle ici est la promesse qui implique un engagement et une obligation de la part de l'agent à remplir cette promesse. Le second est l'état mental qui agit causalement sur le comportement (corporel) de l'agent et qui, pour Searle, confère à ce comportement son caractère intentionnel. C'est lui qui exerce le contrôle sur le comportement. Il est difficile de voir comment ces deux formes d'intention s'agencent avec le cadre intentionnel que nous avons examiné plus haut, mais il est clair pour Kaufmann que l'analyse intentionnelle rend possible l'identification des différentes fonctions que remplissent ces intentions dans la planification du cours de l'action (Kaufmann p. 160–61).

5.12 Les intentions préalables présupposent des intentions « prospectives » qui contribuent à la formation des intentions d'agir, anticipent le cours de l'action et le projettent dans le futur[13].

Ces intentions consistent dans l'anticipation ou la projection d'une action ou plan d'action devant être accomplie dans le futur. Kaufmann les conçoit comme des présentifications au sens indiqué précédemment. Cette anticipation est bien entendu conditionnée ou contrainte par les connaissances que possède un agent à un moment donné, y compris ses expériences d'actions similaires accomplies par le passé, ses habiletés pratiques et en général tous les éléments qui appartiennent à l'arrière-plan de l'action. Cette forme de projection, soutient Kaufmann, présuppose surtout certains types ou ce qu'il appelle des typicalités, c'est-à-dire la présupposition que, dans des circonstances similaires, je *peux* toujours agir d'une manière qui est typique d'expériences passées et occasionner par une action similaire des états de choses similaires à ceux produits dans des circonstances similaires par le passé. Cette notion de typicalité s'appuie sur la doctrine des essences dont il a été question plus haut et elle a été développée de manière originale par le phénoménologue Alfred Schütz dans sa théorie de l'action (Schütz 1967)[14].

---

[13] Le thème des intentions prospectives fait l'objet d'une étude plus précise dans Kaufmann (1996a).
[14] Voir aussi la correspondance de Schutz avec Talcott Parsons publiée dans Grathoff (1978). Kaufmann (1977) a consacré une partie de sa thèse de doctorat à cette question.

5.13 Ces intentions prospectives remplissent des fonctions spécifiques dans la délibération, la décision et la planification du cours d'une action : elles assurent notamment le monitorage du raisonnement pratique depuis les premiers moments de la délibération jusqu'à la formation de l'intention préalable.

Selon Kaufmann, ce sont ces intentions prospectives qui garantissent la coordination intra- et interpersonnelle des plans d'action individuels et de ceux plus complexes qui impliquent un groupe d'agent. À ma connaissance, il n'a pas recours aux concepts d'intention et d'actions collectives dans ce contexte (voir Kaufmann 1996b).

5.14 Les diverses fonctions des intentions prospectives obéissent à des principes normatifs qui sont a priori.

Une des tâches principales qui incombent à l'analyse intentionnelle est précisément la recherche des principes auxquels obéissent le processus de la décision rationnelle et l'action (voir Kaufmann 1998 et 1999a).

6 Remarques finales

Les traits caractéristiques que Kaufmann associe à l'analyse phénoménologique et qu'il cherche à appliquer dans le domaine de l'action et des phénomènes mentaux en général témoignent de sa part d'un double acte de foi : d'un côté, il adhère à une certaine orthodoxie en matière de phénoménologie en épousant les principes de base de la phénoménologie husserlienne ; d'un autre côté, il fait preuve d'un certain conformisme face à la philosophie de l'esprit en ce qu'il ne met jamais en question les postulats fondamentaux qui prévalent dans cette discipline, et ce, même s'il reconnaît qu'un problème aussi important pour la phénoménologie que celui des *qualia* est insoluble dans cette perspective. Plutôt que de mettre en doute certains de ces postulats, notamment le réprésentationnalisme, que plusieurs tiennent responsable de ce problème, Kaufmann a opté pour une forme d'œcuménisme en faisant le pari que, moyennant certaines conditions, l'une et l'autre pourraient servir ensemble la même cause. Mais il fallait d'abord trouver un terrain commun à ces deux « traditions », ce que rend possible dans une certaine mesure l'approche frégéenne de la phénoménologie, et il fallait ensuite régler la question du naturalisme en limitant la contribution de cette phénoménologie à ce qu'on appelle la psychologie descriptive, dont le champ d'étude est aussi celui des phénomènes mentaux. Mais Kaufmann était bien conscient des risques que comporte un tel pari, il connaissait les nombreuses critiques que Husserl et la tradition post-husserlienne ont opposées à cette psychologie intentionnelle, en particulier à cette intentionnalité d'acte, comme le montre clairement son texte de 1978 que j'ai mentionné plus tôt. Or les critiques que l'on a adressées à cette forme d'intentionnalité sont en substance les mêmes que celles qui vont contre une forme de représentationnalisme et d'internalisme en philosophie de l'esprit et dans les sciences cognitives. Dans la tradition phénoménologique, Husserl a été le premier à indiquer les limites de l'intentionnalité d'acte, et il a même introduit un nouveau concept d'intentionnalité, l'intentionnalité opérante qui, comme le signale Kaufmann dans ce même texte, est un concept indissociable de celui de motivation[15]. L'idée même de motivation implique un rapport à l'environnement et une ontologie du monde environnant que seuls ont assumés depuis Husserl certains représentants de la phénoménologie, de la psychologie de la forme et de la psychologie écologique, mais qui semblent actuellement gagner en popularité dans certains secteurs de la philosophie de l'esprit et des sciences cognitives (Fisette et Poirier 2000: dernier chapitre). Dans ces conditions, ne doit-on pas penser que la véritable contribution de ce courant phénoménologique à la philosophie contemporaine passe nécessairement, sinon par un changement de régime, du moins par une critique des paramètres généraux tant épistémologiques qu'ontologiques de la discipline ? Mais le prix à payer serait alors exorbitant, et un philosophe comme Nicolas, qui connaissait fort bien le domaine de l'économie et du choix rationnel, a opté pour la prudence ; l'histoire lui donnera peut-être raison.

---

[15] Kaufmann étudie dans ce texte plusieurs questions qui sont liées à la phénoménologie génétique comme par exemple la notion de moment figural, qui s'apparente à la notion de gestalt, les synthèses passives et surtout le concept de motivation (voir Kaufmann 1978: 29–30).

Références

Brentano, F. (1874). *Psychologie vom Empirischen Standpunkt*. Leipzig. Trad. par M. de Gandillac (1944). *La psychologie d'un point de vue empirique*. Paris : Aubier-Montaigne.
Churchland, P. (1981). « Eliminative Materialism and Propositional Attitudes ». *Journal of Philosophy* LVIII, pp. 67–90. Trad. « Le matérialisme éliminativiste et les attitudes propositionnelles ». In Fisette et Poirier (2002), pp. 117–51.
Fisette, D. (1994). *Lecture frégéenne de la phénoménologie*. Paris : Éclat.
———. (1998). « L'antipsychologisme de la phénoménologie et la psychologie ». In Marion (1998), pp. 227–59.
———. (2003). « Représentations. Husserl critique de Twardowski ». In Fisette *et al.* (2003), pp. 61–92.
———. (2006) *Carl Stumpf. Renaissance de la philosophie*. Paris : Vrin.
Fisette, D. *et al.*, dir. (2003). *Aux origines de la phénoménologie. Husserl et le contexte des Recherches logiques*. Paris/Québec : Vrin/Presses de l'Université Laval.
Fisette, D. et P. Poirier, dir. (2002). *Philosophie de l'esprit, Vol. I : Psychologie du sens commun et sciences de l'esprit*. Paris : Vrin.
Fisette, D. et P. Poirier (2000). *Philosophie de l'esprit : état des lieux*. Paris : Vrin.
Fisette, D. et G. Fréchette, dir. (2007). *À l'école de Brentano*. Paris : Vrin.
Føllesdal, Dagfin (1969). « Husserl's Notion of Noema ». *Journal of Philosophy* LXVI, pp. 680–87.
Frege, G. (1892). « Über Sinn und Bedeutung ». *Zeitschrift für Philosophie und philosophische Kritik* C. Trad. par C. Imbert (1971). « Sens et dénotation ». In *Écrits logiques et philosophiques*. Paris : Éditions du Seuil.
———. (1894). « Rezension von E. Husserl : *Philosophie der Arithmetik* ». *Zeitschrift für Philosophie und philosophische Kritik* CIII. Trad. par C. Imbert (1971). « Compte rendu de *Philosophie der Arithmetik I* de Husserl ». In *Écrits Logiques et Philosophiques*. Paris : Éditions du Seuil.
———. (1962). *Grundgesetze der Arithmetik*. Hildesheim : G. Olms.
Grathoff, Richard, dir. (1978). *The Theory of Social Action. The Correspondence of Alfred Schutz and Talcott Parsons*. Bloomington : Indiana University Press.
Husserl, E. (1970). *Philosophie der Arithmetik*. Husserliana Band XII. Den Haag : Nijhoff. Trad. par J. English (1972). *Philosophie de l'arithmétique*. Paris : Presses Universitaires de France.
———. (1993). *Sur les objets intentionnels*. Paris : Vrin.
Kaufmann, J.-N. (1978). « Husserl et le projet d'une sémiotique phénoménologique ». *Dialogue* XVII, n° 1, pp. 20–34.

——. (1977). *La structure profonde de l'action. Examen critique des concepts méthodologiques de « structure » et de « fonction » dans la théorie structurelle-fonctionnelle de l'action*. Louvain.

——. (1996a). « The Belief-Desire Model of Decision Theory Needs a Third Component: Prospective Intentions ». In Marion et Cohen (1996), pp. 215–29.

——. (1996b). « Des préférences individuelles aux préférences collectives : ambiguïtés du concept de préférences dans le contexte des théories du choix collectif ». *Dialogue* XXXV, n° 1, pp. 53–80.

——. (1996c). « Obstacles à un traitement naturaliste de l'intentionnalité ». In Schulthess (1996), pp. 709–14.

——. (1998). « Rationality, Theory Acceptance and Decision Theory ». *Principia* II, n° 1, pp. 1–29.

——. (1999a). « Écueils des théories de la rationalité ». *Dialogue* XXXVIII, n° 3, pp. 801–26.

——. (1999b). « A Problemática da Conciência e a 'lacuna explicativa' ». *Princípios. Revista de Filosofia*, vol. 6, n° 7, 87-120.

Marion, M. et R. S. Cohen (1996). *Quebec Studies in the Philosophy of Science, Part II : Biology, Psychology, Cognitive Science and Economics*. Boston Studies in the Philosophy of Science. Dordrecht : Kluwer Academic Publishers.

Marion, M., dir. (1998). *Frege: logique et philosophie*. Paris : l'Harmattan.

Quine, W. V. (1969). « Epistemology Naturalized ». Repris dans *Ontological Relativity and other Essays*. New York : Columbia University Press. Trad. par J. Largeault (1977). *La relativité de l'ontologie et autres essais*. Paris : Aubier-Montaigne.

Schulthess, D. (1996). *Actes du XXVe Congrès de l'Association des sociétés de philosophie de langue française (ASPLF)*. Cahiers de la revue de théologie et de philosophie. Genève/Lausanne/Neuchâtel.

Schütz, Alfred (1967). *Phenomenology of the Social World*. Evanston : Nothwestern University Press.

Searle, John (2001). *Rationality in action*. Cambridge, MA : MIT Press.

Searle, J. (1983). *Intentionality. An Essay in the Philosophy of Mind*. Cambridge : Cambridge University Press.

Smith, B. (2003). *John Searle*. Cambridge : Cambridge University Press.

Twardowski, K. (1982). *Zur Lehre vom Inhalt und Gegenstang der Vorstellungen*. Wien : Philosophia Verlag. Trad. par J. English (1993). *Sur la théorie du contenu et de l'objet des représentations*. Paris : Vrin.

7
Objectivism and Anti-objectivism in Cognitive Neuroscience

JEAN-LUC PETIT (COLLÈGE DE FRANCE, UNIVERSITÉ DE STRASBOURG)[1]

1. A tension is now beginning to develop within a new sector of the neuroscience known as *cognitive*, that sector where psychology and physiology will soon have to attempt to find common ground in order to re-launch their science. This tension may not be at all obvious to the scientist but only to a philosopher who spends time in laboratories, who talks with researchers and who reads papers in scientific journals.

If one allows oneself to be taken in by the ever increasing mass of data without bothering to call in question linguistic habits, ideological references or familiar metaphors, it is quite easy to be convinced that a veritable "Laplacean Phrenology" will soon find itself in a position to respond to this naturally human intellectual ambition to localize, codify, circumscribe, establish links and hierarchies, encapsulate, predetermine, program, calculate, in a word — *represent*.

But if one pays attention to the ever increasing divergence between the same linguistic habits, ideological references and familiar metaphors,

---

[1] Université Marc Bloch (Strasbourg II), Laboratoire de Physiologie de la Perception et de l'Action (Collège de France, Paris), Centre de Recherche en Epistémologie Appliquée (Ecole Polytechnique, Paris).

Action, Rationalité & Décision — Action, Rationality & Decision.
Daniel Vanderveken et Denis Fisette (dirs).
Copyright © 2008.

on the one hand, and the more empirically fertile intuitions, promising lines of research which are producing highly interesting results, on the other, one finishes up with quite a different impression. Instead of a General Cerebral Mechanics fulfilling, as anticipated, the aspirations of the philosophers of mind of the 1960s and 1970s with a procedure of computational representation, one is astonished to discover that it is the very dynamism of neurofunctional research which has become a disturbing theme, a theme which the instruments of logico-analytical thinking applied to cognition are, in the final analysis, far less able to deal with than the kind of reflection developed in the phenomenological tradition, a tradition bearing upon the subjective conditions of the possibility of experience and of perceptual knowledge, the incarnation of these conditions in the body and their relativization in the pragmatic context of our interactions with other persons.

2. Today the media makes the most of concepts that have either been rejected or exploited by researchers and, by using them in a sense contrary to that intended by their authors, have managed to compose a quite fantastic picture of the brain as a universal hold-all. After the "pontifical neuron" evoked by Sherrington (1941) for critical purposes, we have been successively warned against the "grandmother neuron" (Lettvin 1991; Barlow 1982) the "yellow Volkswagen neuron" (Harris 1980), the "red light neuron" (Barlow 1985), etc. In spite of these warnings, data on neurons of something — locational, directional, facial neurons, mirror neurons and the like, designations which admittedly prepare the way for just such an abuse —, the press interprets these convenient, if misleading, descriptions without hesitation as proof of the existence inside the brain of representations or copies in miniature of each worldly object, whether physical or social. To be sure, this terminological elasticity offers researchers a margin of liberty that they much appreciate, all the more so since they doubt whether any kind of semantic regularization would be of much help. But they also lend themselves to spectacular short-cuts and ambiguous declarations which, for the purposes of communication, offer advantages over more controlled modes of description and classification. This is no doubt difficult to avoid in the practice of a science. But it pertains to the philosophy of science to warn the public against the fabrication of a myth. Not only can data which seems to justify an objectifying conception of the mind as a system of representation made possible by neurons which are designed for the task be interpreted differently, but one

is obliged to resort to dynamic schema oriented towards action as the alternative solution.

3. Let us take a closer look at the scientific myth associated with the grandmother neuron. By definition, the stimuli of any sensorial system impinge on specialized receptors in the brain: for visual stimuli, for example, it's the retina plus the optical conduction paths leading to the individual cells of the primary retino-optic regions VI, each of which possesses its own retinal receptor field. But over and beyond the stimuli, what about the objects themselves? Does the possibility of separately identifying each object in the surrounding world require the hypothesis of a specialized neuronal detector?

A pattern of excitation not being an object, one jumps to the conclusion that what is true of the captors is also true at all other levels and one imagines that the complex sensorial information that this configuration transmits must finally converge upon a single cell individually responsible for its perceptual interpretation (conceived as detection). All of which transforms the brain into an inventory of the physical world — unless of course one sets arbitrary limits to progress in empirical knowledge. Every external thing has to be represented locally by a cell whose activation is uniquely determined by the presence of this thing in the surrounding world. Problem: the destruction of this one cell should entail the withdrawal of the corresponding thing from the world. A parallel mythology formerly inspired those who were looking for a material equivalent of the body image, understood as a cartographic representation whose distortions conserve a certain somatotopic similarity with the physical body, making up a homunculus inscribed in the brain, a homunculus that was progressively duplicated until it ceased to possess any precise form. More recently this mythology can be seen in those who, by extrapolating from facts concerning inter-individual neuronal resonance, promise us a social neuroscience which would bring the representation of the Other down to just another representation.

One may well balk at what seems to be a phenomenological regression under the pressure of another tradition which only has one theory of representations: Locke reviewed and corrected by Turing. In any case, in all these instances what is at stake is the attempt to pack the essential dimensions of conscious experience into an anatomically localized structure, one which it is hoped will prove to be fixed and locally determinable. From a phenomenological point of view, our perception of this world depends upon a subjective power of identifying objects in the surrounding world. Our experience of the body rests upon the subjective activity of inhabiting a body and of intervening in the world. The very objectivity of this world is rooted in the intersubjectivity of our experience. The fact that the principal structures responsible for the meaning which this experience has for us do not float in a vacuum is not a reason for reducing them to representations in a mind-brain. This might seem like a pious philosophical vow. In truth however, and much more frequently than is generally thought, this is exactly what researchers in the neurosciences tend to do, just as soon as the development of their investigations leads them to reintroduce, into the description of the functioning of the brain, the structuring role of experience and the primacy of the activity of the organism against the naïve objectifications of a science which initially clothes its discoveries in ideological certainties

1 Neurobiological Foundations of the Perception of Individual Things

"Face neurons": this is the way one describes a group of cells belonging to the upper temporal fissure and which play a predominant role in the functional hierarchy of the treatment of visual information. These cells are so remarkably adapted to the recognition of facial features that one is tempted to see in them a proof of the unique cellular coding of the object of perception. The correlation between the neuronal and behavioural levels is such that it is difficult not to ascribe to the neuron responsibility for the behavioural competence of recognizing of an individual by its face. Certain neurons react not to the size of the retinal image of a face (which varies with distance) but to the absolute size of the image on the screen, which presupposes an ability to compensate for a reduction of the retinal angle as a result of a movement away or its enlargement in the case of a movement toward (Rolls and Baylis 1986). A person standing face to face who turns his head to the right turns it to the left of the viewer. But if his back is turned, the same movement will be to the right of the viewer. That neurons respond in the same way under all conditions demonstrates that they are centred on the object as such (Hasselmo *et al.* 1989, experiment one). Finally, in the same way that the perceptual unity of a face resists attempts to mask certain of its components, those neurons selected for facial recognition still retain a significant level of activity even if one makes the mouth or eyes disappear (Desimone *et al.* 1984).

In what way do these cells behave differently from the hypothetical grandmother neuron? In this. However differential they might be, their selectivity for faces is not an exclusive selectivity. Those cells that are activated by the face of one individual are often also activated by the faces of other individuals, though often to a different degree. Their constancy with regard to certain variations (size, distance, colour or black and white, contrast, positive or negative, image in two or three dimensions, spatial frequency, position in the visual field, etc.) does not prevent them from responding to other variations (frontal or profile orientation). Not only are the neurons in question close to those which respond differently to the face of the same individual seen from different angles, but those neurons which differentiate individuals in a way which is sensitive to the differences between individuals also modify this response according to the point of view, certain of them displaying a preference for frontal recognition, others for recognition in profile (Hasselmo *et al.* 1989, experiment two).

These cells do not themselves culminate in a single synthetic terminal in the hierarchy of the stages over which visual information is processed. Nor are there any cells higher up in the hierarchy which would bring about this synthesis further on. As alternative solutions to the grandmother neuron, we now find concepts of "the continuous mapping of a space composed of complex features" (Tanaka 1996), or "the dispersed distribution of encoding populations" (Rolls 1995). According to Tanaka, the neurons of the infra-temporal regions are organized in columns regrouping those cells which are sensitive to similar stimuli. Columns dedicated to different but connected stimuli overlap in such a way as to induce a displacement of the focus of activation from one column to the other. Changes in visual features give rise to a domain of complex visual traits whose mapping is ensured in a continuous fashion thanks to the transitivity of this simultaneous activation of numerous cells from one column to another. In this way, one gets by without having to resort to the cell representative of the concept of a face. In the same way, for Rolls, the dispersion of the encoding process of a group of stimuli over a whole population of neurons is a necessary condition for the good discrimination of these stimuli because only so is it possible to compare subtle differences between them. This property of dispersed distribution of the process of encoding ensures the reproduction of an individual face thanks to the enlistment of a group of neurons amongst which different members can be specific to the differentiation of different aspects of the face. The combination of the neuronal activities specific to the differentiation of aspects of a face with those activities specific to the recognition of its individuality, dynamically brought about by the whole population of neurons, would be quite impossible in the case of a single cell.

These cells establish the links in a cortico-subcortical circuit necessary for social interaction. In turn, the latter condition both the formation and the maintenance of the former. Collectively, they operate as a filter for the recognition of visual stimuli such as faces in general and within the sphere of facial recognition, for the identification of individual faces. Transmitted to the amygdala and to the orbito-frontal cortex and cingulum, this information makes possible the attribution to a specific individual of an emotional and motivational value, whether positive or negative, and from there, an appropriate orientation for the interaction of the agent with the individual in question. In the absence of some such identification his conduct would respond to dissociated aspects of one and the same individual instead of responding, in a unitary fashion, to the whole individual and so would display a much greater incoherence than is normally the case.

It is the ability of the relevant neurons to "codify objects" which have made facial recognition cells interesting to researchers; more particularly, their ability to be selectively activated by objects as such and not just simply by elementary features of the visual image or by aspects of objects relative to a point of view. The replacement of the notion of object detector with that of the construction of the concept of an object and the recognition of the flexible and non-localizable character of this constructive process have gone along with the admission of its dependence upon experience (as opposed to the dogma of genetic determination or precocious fixation after a period of latency). A few minutes exposure to a new object is enough for a neuron to modify its response as a function of this new object without endangering its responses to familiar objects, with the result that objects remain perfectly distinguishable even while their number increases. The attention paid to this dynamic dimension of neuronal metabolism underlying perception has conferred a new value upon the information acquired in the course of the active exploration and manipulation of objects. Could this be the first step towards the recognition of the constitutive role played by the action of the perceiving subject in the objectification of things perceived?

2 Neurobiological Foundations of the Experience of the Own Body

In the course of the last twenty years the mapping of the regions responsible for the representation of the body in the brain seems to have changed orientation. Until then, what was primarily sought was to set up one or several topographical maps of the different parts of the body, on the assumption that the principal function of the brain would be to represent them centrally. In the final analysis no particular difficulty was anticipated with this concept of "representation" because it was thought that it could be kept within the limits of a simple projection. The cutaneous surfaces (or the muscular apparatus of the motor organs) would be projected upon the cytoarchitechtonic areas of the cerebral cortex with a distortion attributable to differences in the density of the receptors in different peripheral regions. Even in the pioneer work of Penfield, for example, it is impossible to avoid noting a contrast (Penfield and Boldrey 1937). On the one hand, a review of the preoperative electrical explorations of the cerebral cortex brings to light "the great topographical variability from one patient to another" of the points stimulated even for one and the same category of movement or sensation. On the other hand, this admission does not undermine the localizational consensus which governs the construction of a standardized (distorted) representational map of parts of the body in the rolandic cortex, as being that of the sensory-motor homunculus. But, as the expression of the constancy of a normal functional localization, this homunculus results in fact from a normalization which has eliminated all variability from the data, imputing the latter at times to the electrical current operative on the cortex, an experimental artefact, at other times, to pathological disorganization caused by the onset of epilepsy or a tumour.

Henceforward, researchers have been more interested in the plasticity of these cerebral *representations,* in all its forms: their individual variability, their modification in the course of life, their remodelling by experience, the use made of them, visual attention and motor intention, their amplification by the learning of a task, implying eventually the manipulation of a tool, their restructuring following upon the amputation of a limb or a cerebral lesion, functional re-education, the use of a prosthesis, etc. At the same time, the functional meaning of the existence of these supposed representations in the brain is beginning to be unveiled. The latter are now regarded as so many ways in which schemas of action are temporarily inscribed and in which more long-lasting aptitudes are acquired and also more generally in which the subjective experience of the body, with all its vicissitudes and anomalies, is sustained. All this evidence of an essential, and not merely accidental, anatomical and functional mutability tends logically towards a conclusion that the researchers seem not yet to have drawn; namely, that the relation between the body and the brain is not conceivable in terms of representation, even though these are the terms in which it is currently conceptualized. In fact, the present terminology of the neurosciences: representation, model, schema, image, code, etc., has been borrowed from cognitive ideology. It is clear that this terminology is inadequate to recent discoveries which argue persistently in favour of a dynamic and motor conception. Implicitly regulated by the geometric model of a projection point by point, image upon image, the use of these terms forces upon the interpretation of the data a prejudice that gives an explanatory supremacy to the anatomical structure of the body in its conventional description over the functional metabolism of the brain. Which then constitutes a handicap for the comprehension of the real relation between body and mind, about which a great deal has already been discovered even without a conceptual network adequate for its description, in particular, one which takes account of a dynamic interaction between two poles — themselves related to a third pole: the world — each of which continually both generates and sustains the others in and through this relation.

3 Neurobiological Foundations of the Relation to the Other

Are the psychological and neurobiological foundations of the relation to the other adequately understood once they have been conceptualized in terms of a theory of internal representations in a solipsistic mind-brain together with the computations bearing upon these representations by this mind-brain? An intellectual construction of this kind brings all the modalities of this relation down to so many ways of representing internally the behaviour of a physical system in its environment, of explaining it and predicting its future ramifications, an intellectual activity engaged in by a pure epistemological subject cut off from the object represented.

Bringing the relation to the other, that is, a relation encompassing every kind of interaction between a subject of perception and action and another subject of perception and action, down to this, is a matter of wanting to construct the relation to the other on the basis of the relation to oneself — and so to set out from presuppositions which are self-defeating.

Too often one forgets the history of discoveries. For the latter often provides a good guide for their interpretation. The discovery of the "mirror neuron" by Rizzolatti and his team did not come as the culmination of a process of neuronal implementation of some "theory of the other mind". These researchers were engaged in registering the pre-motor neurons of the frontal region 5, neurons officially held responsible for encoding the repertoire of the monkey's manual movements. Taking advantage of a break to take a bite to eat in close proximity to the implanted animal, they were surprised to hear all over again the neuron's potential for action. Hence their idea of testing the monkey continuously while (1) watching the act of taking food and (2) taking food themselves. Hence too, their hunch with respect to the existence of a clearly non-inferential mechanism operating either at the motor or pre-motor level, and responsible for reproducing the repertoire of actions corresponding to those they observed in others. This effect was then finally demonstrated in humans watching an agent execute manual movements. Muscular potentials were aroused in the right hand by trans-cranial stimulation of the Broca region corresponding to F5 (Fadiga 1995).

One might be tempted to think that these results establishing the direct and immediate character of the grasp by an agent of the intentions of the other across his observed movements would be enough to refute any mediate theorizing about the foundations of the relation to the other based on representational computation. All the more so since, in their writing up of these findings, the authors were careful enough to stick to the minimalist hypothesis that there might exist, in the region 5, a system of sympathetic inducement of the relevant schemas of action enabling each actor-observer to detect in movements observed with respect to others those actions which belong to his own repertoire. With the result that the primary object of this perception is not the un-interpreted manual movement awaiting its interpretation as an intentional action through a more elevated operation of perceptual categorization deriving from an attributive judgment. The action itself, as a complex stimulus, is the object of perception, apprehended as it is with that directing intention that characterizes it for an agent equipped with a certain repertoire of actions. And its perception mobilizes the motor system as much as it does the visual system. Independently of linguistic expression, or of any procedure of logical inference, one and the same basic principle lies at the root of my ability to accomplish familiar actions and to unveil the motor intentions of the other.

4 Re-establishing the Pluralism of Philosophical Interpretations

With regard to the objectivist tendencies in the neurosciences, it should by now be clear that once they have been given sufficient latitude they tend to become increasingly conscious of their own limitations and tend to seek out ways and means of counter-balancing their effects by developing what might be called anti-objectivist tendencies. There is no reason to suppose that this process is not recurrent and that objectivism and anti-objectivism do not constitute the two fundamental and inseparable postulates of the very enterprise of objectifying the subjective which is in question in the neurosciences — as in any science. However in the same way that objectivism has found its ideology in the philosophy of mind as mental representation, so it becomes important to seek out an alternative philosophical doctrine capable of reconciling, integrating and interpreting the signs of anti-objectivism which we have uncovered in this present review of empirical research. My proposal is that phenomenology, more particularly, the Husserlian theory of transcendental constitution is the best candidate for this role, and for the following reason.

An approach to perceptual experience as act ought to be a strictly correlational approach, one that never separates the subjective from the objective pole of the experiences in question (perception, action, memory, fiction). Only in this way will we be able to put an end to this metaphysical Ping-Pong, alternatively extrovert in our forgetfulness of what objects are for someone and introvert in our ignorance of the essence of representations (which are in themselves nothing outside their relation to "external things"). Putting intentionality first, one can get rid of the principle of the a priori of an exterior thing pre-constituted independently and in advance of our encounter with it, a purely contingent event in the experience of a subject, a thing which in consequence (and in contradiction with itself) ought not even to be able to get into the mind of the subject and be received by it. As absolute entities, mutually indifferent *vis-a-vis* each other, subject and object are from then on reduced to being opposed poles, each referring to the other in a circular and dynamic relation on which they depend for their very existence. Each *cogito* is an act that is realized in the positing of its object as one and the same. Each object is the goal of some meaningful directive, a unifying pole, fulfilling multiple anticipations. The advantage of this alternative approach is that one succeeds in dragging the subject and object out of their mutual indifference by viewing each in its reference to the other in the context of lived experience and the continual flux that forms this experience. The substitution of the correlation noesis-noema (Husserl, *Ideen I*) for the dyad subject-object is an expression of this approach. The noesis is the subjective activity which traverses, animates and unifies the multiple configurations of momentary sensorial fields by linking them up one with the other and so making it possible for the course of experience to yield a possible "something". The noema is neither consciousness itself nor the object. As the unifying pole of the noetic synthesis without which the latter would be dispersed across the multiplicity it encompasses, it accomplishes a transitory cut across the course of the process of determination: it is the object as it is in its mode of apprehension.

4.1   Intentionality in the Constitution of the Thing

The incarnation of meaning in concrete experience is ensured by the promotion of the kinaesthetic function to the status of a constitutional operator. Except that intentionality cannot do its work without a transition between kinaesthesia. In the first instance the meaning, initially floating on the perceptual horizon, is strictly contextualized by the movements of the body. The arrow of intentional consciousness, which traverses and links up the outline of momentary visual fields in proportion as I move around in the course of exploring the visual scene, flies ahead prolonging the finite series of actual changes of image into the infinite series of those images which remain possible along the same trajectory. But if this consciousness is capable of grasping the thing itself across the outlines by means of which it presents itself, it is because each outline bears within itself a meaningful reference to the one that follows and because the movements of the body furnishes precisely that outline which satisfies this intention of unity and identity. If the visual field anticipated at some later time cut across the actual scene in an unpredictable way, the consciousness of unity would be incapable of holding out. The images that make up the field can figure as outlines, and so uphold intentionality, only under normal kinaesthetic circumstances.

All the same, the contribution of kinaesthesia to the constitution of the visual thing goes no further than being the agent responsible for variation and re-contextualization and so is limited to unfolding the visual field under the control of a stage manager, which is the act of apprehension insofar as it projects the thing across its outlines. The sensations which advise me of the movements of my perceptual organs do not themselves supply this projective presentation of the thing. Neither the enjoyment of my freedom of movement, nor the production of an effort of will, nor the tiredness which comes from the expenditure of muscular energy are capable in themselves of conferring upon kinaesthesia the ability to fill out an extension with qualified material (red, over there) and to fuse these extensions to form a field — as do visual and tactile sensations. From posture to posture, what could this kinaesthetic procession be if not a gradation of tension-relaxation whose continuity does not require any intentional reference from phase to phase? Wholly taken in hand by the directing ray of visual attention, intentionality still has to be regarded as emanating from the subject.

4.2 Intentionality in the Constitution of the Own Body

The concept of kinaesthesia revolves around the proprioceptive (sensorial) or practical (voluntary) duality lying at the root of the "I move". In the constitution of the physical thing, the only approach taken account of was the proprioceptive, its role being that of sorting out the changes in the outlines due to the movements of the thing and distinguish them from those due to the movements of the embodied subject. The variation in the visual field was the same whether these movements were voluntarily brought about or passively registered. In both cases it was simply a matter of a new series of lateral aspects developed in perspective. In the constitution of the own body as mine, on the other hand, the duality of kinaesthetic sensations is, for the first time, brought into play. Movement and position are sensed in the contribution they make to the localization of tactile qualities and their integration in a continuous surface which envelopes the hand touched. From one place to the next, touch sensations are engendered in relation to the activity of touching. Inherent in my motor intentions even before any sensorial impact, this experience makes itself known in each reversal of the touching-touched relation, the relation through which I realize the appropriation of the physical body which thereby gets constituted as my own inasmuch as I can move it when I want to.

Nobody could fail to be aware of the central importance of this kinaesthetic constitution of the own body. However, it is much less a matter of imposing a sensorial configuration upon the "natural" anatomy than of developing the practical usefulness of our body through the realization of our motor intentions. Two kinaesthetic systems have to be distinguished. A first system relates to orientation in perspective. It covers all objects whose aspects vary from the distant horizon to that sphere of the immediate availability of things which puts them "within reach". The other system seems at first to be centred on an unextended point, the point at which the axes of the perceived world intersect. The experience of the tool, "non-kinaesthetic extension of the own body", suggests its reinterpretation as a system in functional equilibrium with the first. In fact, any object which I take hold of and carry along with me or which I use (Heidegger's hammer) is immediately divested by me of its initial condition of being an object of visual perception with a view to being incorporated into the ownness sphere as the vector of my intentions, woven into its practical resources, whether explicit or hidden, into that very kinaesthetic system set up with its handling.

4.3 *Intentionality in Inter-subjective Constitution.*

Goal directed intentionality yields things; *ground* based intentionality yields the own body; *transferential* intentionality, or empathy, establishes the exposure to the other of one's own experience inasmuch as it enriches the kinaesthetic system with the possibility of a resonance with that of the other in the perception of the bodily (and expressive) movements of another agent. For Lipps, *Einfühlung* gave direct access to the interior life of the other. It is only in a second reflection that we succeed in separating this life of the other from our own subjective life. For Husserl, what characterizes the perception of the other is the absence of any direct experience of his mentality. With regard to the other, as with regard to any other physical body, one part is given directly — the front of his body. But a complete experience even of his body requires reference to those parts which are not given, which are prefigured as accessible in the further course of experience — the views from the side and from the back. In addition, we perceive his body as own body, bearer of sensorial and kinaesthetic fields, but we have no direct experience of the red perceived by, nor of the voluntary movement of, the other. When we look at other human bodies, impression of movement can get associated with this empathic insight. But they refer to an experience of "I feel", "I move my body" which is not given to us. We simply know that from that point of view over there, there is another sensorial field, another space, another freedom which is not anchored in our own self-apperception. But if we integrate into the horizon of the perception of the other the quasi-given empathic insight into his kinesthesia and his subjective life, the fact that they are always promised without ever being given, then, instead of a cognitive deficiency in the perception of the other, we find ourselves in the presence of the essence of the other, confronted with the historical and hermeneutic (non-sensorial) *comprehension* of intersubjectivity.

5 Some Suggestions for a Neurophenomenology

5.1 A Neural Correlate for the Noema of a Face

We have seen that the conditions of activation of the face recognition cells are associated at varying degrees with (1) a relative invariance which resists isomorphic transformations (rotation, colour, size, distance, etc.) and (2) a relative sensitivity to changing points of view or aspects (frontal or profile, eye orientation). This suggests the existence of a system of analysis and recognition of faces that proceeds by an associative synthesis of relevant information and an active filtering of non-relevant information that is not excluded solely in virtue of a matching of the stimulus with a concept stored in memory. In the functional (non anatomical) configuration of this process I would be ready to see a correlate of the noema of a face (as an example of a fully individualized object). Like the noema, this functional configuration possesses the dialectical polarity of the moments of the "pure something = x" referring to the individuality of the thing in itself and of the perceived as such of the object in the how of its determinations and indeterminations, both of which are given in the flux of an experience of perception and action.

5.2 A Neural Correlate for the Noema of the Own Body

To Husserl's intuition that the intentionality of action contributes to our sense of the own body there corresponds the hypothesis that functional somatotopy is sensitive to efferent intracortical signals, re-entrant and re-afferent, thanks to which the somatomotor and somatosensorial maps influence each other throughout the entire experience of the subject. That the localization of subjective properties in the body requires the integration of tactile fields and practical kinesthesia is due to the fact that the somatotopy of the cortical representation of the sensitive regions of the body is mediated by the use the subject makes of its own body and from there, by the motor somatotopy of its voluntary action together with the inscription of the latter in memory as a motor schema. The complete circuit of these mediations accounts for the spatialization of the experience of the subject acting in its own body at the level of the cerebral metabolism. With the result that what we call "the body" emerges from its persistently internal reconfiguration at every level, whether that of perception (visual, tactile and proprioceptive) or of muscular control, even before this, of motor schemas, and even earlier still, of intentionality.

5.3 A Neural Correlate for the Noema of the Other?

Even if at first Rizzolatti seemed to have wanted to say that the mirror neurons which activate manual actions (whether of the monkey itself or the experimenter in front of it) compared and identified internal motor representations with external perceptual representations, his later statements leave no doubt about the fact that it is the power to carry out oneself the actions observed which make the meaning of the action directly accessible to the agent, who is also this spectator (di Pellegrino *et al.* 1992; Rizzolatti 1996, 1997). The way this system is set up makes of the motor schema of actions within the repertoire of the individual the neural correlate of a rudimentary hermeneutics of the behaviour of the other. As it is not unlikely that we have here a somatic source of the communication envisaged in the phenomenology of *Einfühlung*, this discovery has aroused the hope of gaining access to the neurobiological foundations of intersubjectivity in the near future. This is to place a heavy burden on the shoulders of the mirror neurons. For even if no doubt is cast upon the claim that cerebral systems enter into resonance during periods of motor learning in particular, this imitative empathy is still not intersubjectivity.

Why? Because only just having left behind the happy innocence of Nature, it still remains in ignorance of the drama of so*cialization*, the tragic historicity of personal and social development.

References

Barlow, H. (1972). "Single Unit and Sensation: A Neuron Doctrine for Perceptual Psychology?" *Perception* I, pp. 371–74.
Barlow, H. (1985). "The Twelfth Bartlett Memorial Lecture: The Role of Single Neurons in the Psychology of Perception". *The Quarterly Journal of Experimental Psychology* XXXVIIA, pp. 121–45.
Desimone, R., T. D. Albright, C. G. Gross, and C. Bruce (1984). "Stimulus-selective Properties of Inferior Temporal Neurons in the Macaque". *The Journal of Neuroscience* IV, no. 8, pp. 2051–62.
di Pellegrino, L., L. Fadiga, L. Fogassi, V. Gallese, and G. Rizzolatti (1992). "Understanding Motor Events: A Neurophysiological Study". *Experimental Brain Research* XC, pp. 176–80.
Fadiga, L., L. Fogassi, G. Pavesi, and G. Rizzolatti (1995). "Motor Facilitation During Action Observation: A Magnetic Stimulation Study". *Journal of Neurophysiology* LXXIII, no. 6, pp. 2608–11.
Harris, C. S. (1980). "Insight or Out of Sight? Two Examples of Human Plasticity in the Human Adult". In *Visual Coding and Adaptability*, ed. by C. S. Harris. Hillsdale, N.J.: Erlbaum, pp. 95–149.
Hasselmo, M. E., E. T. Rolls, G. C. Baylis, and V. Nalwa (1989). "Object-centered Encoding by Face-selective Neurons in the Cortex in the Superior Temporal Sulcus of Monkey". *Experimental Brain Research* LXXV, no. 2, pp. 417–29.
Lettvin, J. Y. (1991). "J. Y. Lettvin on Grandmother Cells". Appendix to "The Neuron Doctrine in Perception", by H. Barlow. In *The Cognitive Neurosciences*, ed. by M. S. Gazzaniga. Cambridge, MA: MIT Press, 1995, pp. 434–35.
Penfield, W. and E. Boldrey (1937). "Somatic, Motor, and Sensory Representation in the Cerebral Cortex of Man, as Studied by Electrical Stimulation". *Brain* LX, 1937, pp. 389–443.
Rizzolatti, G., L. Fadiga, V. Gallese, and L. Fogassi (1996). "Premotor Cortex and the Recognition of Motor Actions". *Cognitive Brain Research* III, pp. 131–41.
Rizzolatti, G. and V. Gallese (1997). "From Action to Meaning: A Neurophysiological Perspective". In *Les Neurosciences et la Philosophie de l'Action*, ed. by J.-L. Petit. Paris: Vrin, 1997, pp. 217–29.
Rolls, E. T. (1995). "Learning Mechanisms in the Temporal Visual Cortex". *Behavioral Brain Research* LXVI, pp. 177–85.

Rolls, E. T., G. C. Baylis, M. E. Hasselmo, and V. Nalwa (1989). "The Effect of Learning on the Face-selective Responses of Neurons in the Cortex in the Superior Temporal Sulcus of the Monkey". *Experimental Brain Research* LXXVI, pp. 153–64.

Rolls, E. T. and G. C. Baylis (1986). "Size and Contrast Have Only Small Effects on the Responses to Faces of Neurons in the Cortex of the Superior Temporal Sulcus of Monkey". *Experimental Brain Research* LXV, pp. 38–48.

Sherrington, C. S. (1941). *Man on His Nature*. Cambridge: Cambridge University Press.

Tanaka, K. (1996). "Inferotemporal Cortex and Object Vision". *Annual Reviews of Neurosciences* XIX, pp. 109–39.

8
Le naturalisme en philosophie de l'esprit et la critique du fonctionnalisme

TOM DEDEURWAERDERE (FNRS, UNIVERSITÉ DE LOUVAIN)

L'objet de cette contribution est une réflexion sur les conséquences pour la philosophie de l'esprit des différentes tentatives de naturalisation de l'intentionnalité en sciences cognitives. Notre point de départ est la question du dépassement du fonctionnalisme au cœur de ces tentatives, tel qu'on peut le voir à l'œuvre dans le débat entre le fonctionnalisme computationnel et le fonctionnalisme biologique (Millikan 1999), entre la conception modulaire de l'esprit et la conception interactive (Churchland, Ramachandran et Sejnowski 1994) ou encore entre le représentationnalisme et les théories écologiques de la cognition (Gibson 1979). Ce qui est en jeu dans ces différents débats, c'est à chaque fois la question du dépassement d'un des présupposés du fonctionnalisme computationnel lié au projet du cognitivisme classique vers la prise en compte des dimensions contextuelles et corporelles de la cognition[1].

Cependant, par delà la question analytique des différentes formes de fonctionnalisme issues du projet de la naturalisation et du débat autour du choix entre l'une ou l'autre école de pensée, nous voulons montrer l'intérêt d'élargir l'interrogation vers la question de l'usage des croyances épistémiques mobilisées dans la critique du fonctionnalisme computa-

---

[1] Nous avons argumenté pour un tel dépassement dans Dedeurwaerdere (2002).

tionnel. Or dans la littérature contemporaine, on peut distinguer deux types de croyances épistémiques mobilisés dans les critiques du fonctionnalisme[2]. Le premier, lié au projet du naturalisme fort, considère que le projet de naturalisation de l'intentionnalité doit s'inscrire dans le même cadre épistémique que les sciences de la nature. L'accent est mis sur la conception stratifiée de la nature formant une unité emboîtée du physique à l'intentionnel (Mundale et Bechtel 1996: 483), l'unité historique de l'évolution de l'homme naturel à l'homme symbolique (Barkow, Tooby et Cosmides 1992: 5) ou encore sur la présupposition d'une réalité indépendante comme arrière-plan non intentionnel (*nonintentional background*) de toute description scientifique de l'intentionnalité (Searle 1995: 177–89). Cette première position maintient donc les présuppositions épistémiques de la position fonctionnaliste, tout en essayant de les dépasser au niveau de sa pratique de modélisation. Le second, lié au projet du naturalisme faible, envisage plus radicalement les conséquences du dépassement du fonctionnalisme sur ses propres croyances épistémiques et considère que toute théorie intentionnelle doit nécessairement rester interne à son propre usage. L'accent sera alors mis sur le dépassement de la position empirico-formelle de la modélisation à laquelle est encore lié le naturalisme fort pour évoluer vers une forme de réalisme pragmatique (Poirier 1997), sur les dimensions sémantiques et pragmatiques de la modélisation comme production intentionnelle (Putnam 1989) ou encore, de façon plus radicale, sur la constitution réflexive de l'arrière-plan non intentionnel de la modélisation comme expérience vécue d'une appartenance plus originaire au monde (Fisette et Poirier 2000: 321–23).

Toutefois, qu'il s'agisse des formes de naturalisme faible ou fort, l'usage de ces croyances épistémiques est rarement construit pour lui-même. De plus, il n'est pas clair sur quoi se base la dissociation entre ces deux formes de naturalisme et la mobilisation tantôt schématique, tantôt réflexive de l'arrière-plan de présupposés non intentionnels. Notre hypothèse est que l'usage des croyances épistémiques en sciences cognitives ne se limite pas à l'alternative entre naturalisme faible et naturalisme fort et qu'on peut envisager un autre usage de ces croyances qui reste en deçà

---

[2] Voir Fisette et Poirier (2000: 318–21). Voir également Maesschalck (2001: 237–60) pour une confrontation croisée de la conception d'arrière-plan comme structure de capacitation dans la ligne de J. Searle d'une part et comme texture ouverte des croyances dans la ligne de H. Putnam d'autre part.

de cette alternative. Serait-il possible d'envisager un rapport réflexif à l'arrière-plan des présupposés non intentionnels dans le naturalisme fort ou, inversement, un rapport schématique à ces présupposés dans le naturalisme faible ? Ou encore, comment envisager le passage de la constitution des arrière-plans épistémiques, que ce soit de façon schématique ou réflexive, vers de nouvelles possibilités de modélisation ? À travers ces questions nous voulons montrer que le déplacement épistémologique qu'implique la prise en compte de l'intentionnalité en sciences cognitives, d'une forme de naturalisme fort vers un naturalisme faible, nécessite également de construire autrement l'évolution des croyances épistémiques d'arrière-plan qu'elle présuppose.

1 La critique du fonctionnalisme dans le naturalisme fort

Le point de départ de notre réflexion est l'insuffisance du fonctionnalisme classique ou computationnel si l'on veut élargir le programme de recherche des sciences cognitives au projet de naturalisation de l'intentionnalité. Au point de départ de ce projet de naturalisation, on trouve une certaine acception commune de l'intentionnalité, que l'on peut caractériser dans les termes de Brentano comme étant la propriété des états mentaux par laquelle ils sont dirigés vers des objets et doués d'un certain contenu (Engel 1994: 550). À la différence des objets étudiés en physique ou en biologie, la cognition humaine définit elle-même ses propres buts, les visées intentionnelles, et crée son propre champ de significations, les contenus intentionnels. C'est précisément cette double polarité de l'intentionnalité, la visée des buts, sous la forme des fonctions cognitives à réaliser, et la création des significations, par des opérations de transformation d'information, que nous retrouvons dans les modèles de l'intentionnalité en sciences cognitives.

Dans le fonctionnalisme classique on s'intéresse aux mécanismes computationnels qui caractérisent les opérations intentionnelles, que ce soit les mécanismes de calcul logique dans le cognitivisme classique ou les mécanismes d'association par similarité et d'encodage vectoriel dans le connexionnisme. Cette première perspective purement computationnelle est toutefois insuffisante si l'on veut modéliser également les aspects représentationnels et fonctionnels de l'intentionnalité. La prise en compte de la problématique de la modélisation des dimensions représentationnelles et fonctionnelles de l'intentionnalité, dans le cadre du projet fort de naturalisation, implique d'élargir le fonctionnalisme classique dans une double direction. Tout d'abord, il faut intégrer dans la modélisation la façon dont le système cognitif construit son propre environnement opératoire ou milieu de vie. Ensuite, il faudra prendre en compte l'insertion des fonctions cognitives dans les dynamiques autonomes plus larges de cet environnement qui jouent un rôle dans leur stabilisation. Nous illustrerons cette double progression à partir de deux exemples particuliers d'élargissement du fonctionnalisme classique : le fonctionnalisme biologique inspirés des travaux de R. Millikan d'une part et le fonctionnalisme systémique inspiré des travaux de A. Clark d'autre part. Le premier tente de prendre en compte l'aspect téléologique de l'organisation autonome du contexte représentationnel des systèmes cognitifs et le second tente d'intégrer dans les modèles fonctionnalistes l'insertion des fonctions cognitives dans des dynamiques environnementales plus larges.

1.1   Le fonctionnalisme computationnel classique

Au préalable il nous faut d'abord définir de façon plus précise en quoi consiste le fonctionnalisme computationnel classique qui définit le projet des sciences cognitives. Pour ce faire, nous étudierons de plus près les réflexions méthodologiques d'un des fondateurs du fonctionnalisme classique, David Marr. La position de Marr est particulièrement intéressante pour notre propos, en ce qu'elle permet de définir une forme de fonctionnalisme qui se distingue autant des tentatives plus sophistiquées d'inspiration biologique que celles d'inspiration systémique qui seront toutes les deux au cœur du projet de la naturalisation de l'intentionnalité (Marr 1982 ; Kitcher 1988).

Les réflexions de Marr visent à préciser la spécificité de l'approche computationnelle de la cognition, à la fois par rapport à une approche purement syntaxique ou algorithmique et par rapport à une réduction biologique, à partir des neurosciences. En introduisant les distinctions entre computation, algorithme et implémentation, Marr entend critiquer aussi bien les approches purement neurophysiologiques de la vision (niveau de l'implémentation) que les approches purement syntaxiques (niveau algorithmique). Plus particulièrement, Marr a voulu se distancer par rapport à la méthodologie du programme de recherche naissant de la vision artificielle (Kitcher 1988: 2). Dans ce programme on suppose que la vision procède en deux étapes : d'abord la segmentation de l'image en traits (*features*) et ensuite le regroupement des traits dans des catégories en vue de la reconnaissance de l'objet. Ce scénario plausible se base, entre autres, sur les fameuses expériences de Barlow, Hubel et Wiesel d'enregistrement isolé des activités neuronales. Par ces expériences on a découvert des neurones « détecteurs » au niveau du cortex visuel, c'est-à-dire des neurones s'activant uniquement quand un trait spécifique (couleur rouge, courbure anguleuse, forme quadratique, etc.) se présente dans le champ visuel (Marr 1982: 12–14). Cependant, malgré le succès initial de ce programme, on n'a jamais découvert de détecteurs de traits de plus haut niveau, correspondant au regroupement hypothétique des traits en un tout signifiant. En plus, l'implémentation sur ordinateur d'un programme de segmentation d'images en traits s'est révélée très difficile à cause de la complexité des images réelles[3].

A côté des problèmes empiriques, le programme de recherche de la vision artificielle se confronte également à de sérieux problèmes d'ordre théorique. Marr soulève deux grandes objections aux présuppositions théoriques de ce programme de recherche : la première portant sur l'hypothèse de détection de traits par des neurones isolés et la deuxième sur la recherche d'un algorithme de reconnaissance. L'étude de ces deux objections nous permettra de mieux comprendre la nécessité d'introduire un niveau d'étude spécifique par rapport au niveau neurophysiologique (la détection des traits) et par rapport au niveau algorithmique (l'algorithme de reconnaissance), niveau qui sera celui du traitement d'information, appelé par Marr le niveau computationnel.

La première objection de Marr peut être illustrée à partir du problème appelé dans la littérature le problème du « neurone grand-mère ». Supposons que la vision procède effectivement par segmentation de l'information visuelle en traits et que, à partir de là, le système visuel recompose l'image en vue de la reconnaissance de l'objet. Alors, hypothétiquement, lors de la reconnaissance, le neurone ayant comme entrée l'ensemble des traits correspondants à l'objet devrait décharger. Le « neurone grand-mère », c'est le neurone qui, selon cette théorie, décharge quand je reconnais ma grand-mère (Kitcher 1988: 2–3). Supposons que l'on ait trouvé le « neurone grand-mère ». Supposons même que l'on puisse retracer la chaîne des stimuli nerveux de la rétine jusqu'à ce

---

[3] Comme le suggère par exemple le réseau de reconnaissance des visages de Cottrell, il n'y a probablement pas une segmentation de l'image en traits, mais une segmentation en composantes holistiques ou prototypes (cf. Churchland 1995: 47).

neurone. Que saurait-on alors de la façon dont nous reconnaissons des grand-mères ? Quelle information le système visuel utilise-t-il ? Comment combine-t-il cette information ? On pourrait voir le chemin des stimuli nerveux, mais on ne saurait pas pourquoi les neurones empruntent ce chemin. En bref, on ne saurait pas ce que le système visuel est en train de faire quand nous reconnaissons notre grand-mère (Kitcher 1988: 3).

Une objection similaire peut être soulevée par rapport à la recherche de l'algorithme de reconnaissance. En effet, les premiers programmes de vision artificielle se basaient sur une théorie de la vision en deux étapes : d'abord la détection des traits et ensuite, un algorithme de reconnaissance. Le but de l'algorithme est de simuler les performances du système visuel humain. En partant d'une approximation raisonnable de l'information disponible sur la rétine, le programme doit fournir en sortie approximativement les mêmes classifications perceptives que l'être humain pour un certain domaine d'application (Kitcher 1988: 3). Mais un tel algorithme ne nous apprend de nouveau rien sur ce que le système visuel est en train de faire. Il fournit seulement la structure logique ou syntaxique reliant l'entrée à la sortie du système visuel. De plus, on peut construire de nombreux algorithmes qui produisent des opérations de transformation entrée-sortie équivalentes, sans savoir lequel est effectivement utilisé par le système visuel.

Ni la détection des neurones qui s'activent lors d'une reconnaissance, ni la syntaxe des opérations du système visuel ne permettent de comprendre ce qu'est la vision. Ce qu'il faut comprendre, c'est la fonction de traitement d'information réalisée par le système visuel. On doit pouvoir spécifier la fonction de transformation des informations de l'environnement présentes au niveau de la rétine jusqu'aux représentations de l'environnement objectivement visible pour nous (Kitcher 1988: 4). À la différence des approches syntaxiques — qui étudient les algorithmes qui calculent de façon effective la fonction de transformation entrée-sortie — les contenus informationnels traités par le système cognitif ne sont pas simplement syntaxiques, mais ont une signification par rapport à la *fonction* computationnelle. Le concept de computation, entendu comme fonction de transformation d'informations, permet alors de donner une première définition du niveau de détermination propre à la pensée qui caractérise le projet des sciences cognitives dans son ensemble.

1.2 Le fonctionnalisme biologique

Dans l'approche computationnelle de Marr, les représentations manipulées par les systèmes cognitifs n'ont de signification que par rapport à la fonction de traitement d'information dans laquelle elles interviennent. Ainsi, dans un programme de reconnaissance de formes par exemple, les représentations manipulées par un tel programme — les angles, les courbures, les surfaces, etc. — n'ont une signification que par rapport à la fonction de reconnaissance de formes. Cette approche suppose donc que les représentations sont des données neutres présentées à l'entrée du système de traitement de l'information et qu'elles reçoivent leur signification uniquement de l'interprétation fonctionnelle. Par-là l'approche computationnaliste classique s'inscrit encore dans un paradigme profondément physicaliste. En effet, ni la définition de la fonction globale à réaliser par le système, ni la définition des données sur lesquelles il opère ne sont prises en compte en tant que telle dans la modélisation. Elles sont simplement présentes à titre de conditions frontières de la modélisation. Par conséquent la modélisation se limitera à l'étude des fonctions algébriques de transformation « entrée - sortie » d'un système computationnel.

Cependant une telle approche mathématique est une abstraction par rapport aux opérations cognitives d'un système intentionnel concret et ne convient donc pas à la modélisation de l'intentionnalité. En effet, comme nous l'avons vu, ce qui caractérise un système intentionnel est sa capacité sémantique à créer son propre champ de significations ou milieu de vie et sa capacité fonctionnelle à définir ses propres buts. On peut illustrer cette distinction entre le milieu de vie d'un organisme vivant et l'environnement objectif des systèmes computationnels abstraits de Marr à partir de l'exemple d'un système cognitif extrêmement simple, celui de l'abeille (Uexküll 1965: 52). On a pu montrer que les abeilles se posent de préférence sur les figures qui ont une forme ouverte, comme les étoiles et les croix, et évitent celles qui ont une forme fermée, comme le carré et le cercle. Le système perceptif de l'abeille possède donc une capacité de discrimination de formes, mais ces formes sont tout à fait spécifiques pour son espèce. Si l'on suppose par exemple comme environnement une prairie en fleurs, dans laquelle alternent les fleurs écloses et les boutons, le milieu de vie correspondant sera alors simplement donné par l'ensemble de traits perceptifs, comme les étoiles et les cercles. Ces traits perceptifs spécifiques du milieu servent les intérêts biologiques de l'abeille : seules les fleurs (étoiles et croix) et non les boutons (cercles) ont une signification pour l'abeille.

Si d'un point de vue théorique les deux catégories de représentation véridiques ou relatives à un milieu de vie sont possibles, des travaux récents suggèrent que l'encodage des représentations dans un format spécifique à l'action est omniprésent et fondamental. Supposons par exemple que l'on voie un léopard à la chasse. On peut se demander comment le système visuel fait correspondre les points individuels d'une image du léopard en mouvement, observé à un certain moment, par exemple une perception des taches sur son dos, aux points de l'image qui succède immédiatement. Il existe une solution computationnelle élégante à ce problème, proposée par Shimon Ullman, un collaborateur de David Marr (Ullman 1979). Ullman suggère que le système visuel calcule différentes combinaisons possibles des points et, parmi celles-ci, prend la combinaison qui produit la distance minimale globale entre les points des deux images. Mais ce calcul exhaustif du mouvement de chaque point n'est absolument pas nécessaire, vu que dans des situations normales les taches du léopard ne vont pas bouger dans des sens différents. On peut supposer qu'il s'agit d'un mouvement d'ensemble et, à partir de la correspondance d'une seule tache d'une image à l'autre, extrapoler la correspondance directement aux autres points. C'est probablement ce que fait le système visuel, comme a pu le montrer de façon convaincante V. S. Ramachandran dans ses expériences sur les effets d'entraînement de mouvement (Ramachandran 1990). Dans la perception du mouvement du léopard, le système visuel néglige des quantités énormes d'information de la scène visuelle, concernant par exemple le détail du mouvement des points individuels, et construit, en combinant des informations partielles, une représentation utile de la scène (Ramachandran 1990: 348–49). Le raccourci de calcul ne risque pas de nous induire en erreur, si on applique cette stratégie de calcul dans des contextes appropriés, par exemple chaque fois que l'on rencontre des animaux tachetés en mouvement dans notre milieu de vie.

Cette importance de l'usage des représentations partielles et circonstanciées par les systèmes cognitifs aura des conséquences sur la définition de la notion de représentation dans les processus cognitifs. En effet, dans ces modèles d'inspiration biologique, les représentations ne sont pas uniquement des données qui interviennent dans les fonctions mathématiques de traitement d'information, mais sont des états internes qui sont intégrés dans l'organisation fonctionnelle du système nerveux. D'après l'analyse de Andy Clark on peut caractériser ces représentations au sens biologique par la combinaison de trois conditions (Clark 1997: 143–47) :

(a) Un système sera un système représentationnel si on peut identifier des états internes qui ont comme fonction spécifique de véhiculer une information sur des états de choses corporels ou environnementaux,
(b) si la relation de représentation entre les états internes et les états de choses est systématique, elle définit un schéma d'encodage, et
(c) si le schème d'encodage est suffisamment général ou complexe, portant sur un ensemble large de stimuli venant de l'environnement ou du corps.

Selon cette caractérisation, un état interne sera une représentation s'il a comme fonction de véhiculer une information suffisamment générale sur ce qui se passe dans l'environnement. La simple présence d'un schéma d'encodage (condition b), c'est-à-dire d'une corrélation causale systématique entre l'état interne et un trait du corps ou de l'environnement, ne suffit pas pour parler d'une représentation. Ainsi, même s'il existe une corrélation causale entre les marées et la lune, nous ne dirons pas que la mer représente la lune ou inversement. En effet il ne nous paraît pas plausible que les marées (par exemple) aient été sélectionnées, conçues ou aient évolué dans le but de véhiculer une information sur la position de la lune. Ce qui importe, en plus de la corrélation causale, c'est le rôle que joue l'état interne dans le système dont il fait partie. Il faut que ce rôle soit précisément de véhiculer de l'information et que cette information soit effectivement utilisée par d'autres états, c'est-à-dire qu'il y ait d'autres états qui « consomment » l'information (condition a). Toutefois, même si le système a été conçu ou a évolué pour véhiculer l'information de son environnement, nous n'avons pas encore une condition suffisamment spécifique pour parler d'une représentation. Un tournesol qui se tourne en fonction de la position du soleil est corrélé de façon causale avec la position du soleil et cette corrélation a une fonction adaptative pour le tournesol. Toutefois nous ne dirons pas que le tournesol représente la position du soleil. De même un simple robot, conçu pour réagir à une source lumineuse et se mouvoir vers cette source de façon autonome, détecte la lumière mais ne construit pas pour autant des représentations. Il faut de plus que la corrélation causale soit suffisamment complexe : « Parler en termes de représentation commence à faire sens si l'on est en présence d'états internes qui sont corrélés de façon systématique à tout un ensemble de contingences de l'environnement » (Clark 1997: 147 ; notre traduction).

Pour illustrer cette définition sur un exemple concret, on peut considérer les représentations de bas niveau, comme les représentations de la position des membres du corps. Chez le rat par exemple, les neurones du cortex pariétal postérieur représentent l'information concernant les directions de mouvement et les opérations du réseau de neurones les catégorisent en gauche, droite et tout droit (Clark 1997: 144). Malgré une corrélation causale assez directe avec les positions du corps, il s'agit bien d'une représentation : nous avons un schéma d'encodage général (chaque catégorie de direction couvre différents stimuli) et le système nerveux du rat « consomme » l'information sur la direction pour aider le rat à courir, comme on peut l'observer à partir d'expériences d'enregistrement électrique de l'activité des neurones du cortex du rat (Clark 1997: 146).

Cette définition des représentations dans la ligne des travaux de Ruth Millikan, John Haugeland et de Andy Clark permet de préciser le déplacement par rapport à la position fonctionnaliste qu'implique la définition par le système cognitif de leur propre environnement opératoire ou milieu de vie. Contrairement à l'analyse de Marr, on ne peut plus dire que la fonction détermine entièrement la signification des représentations. En effet, comme nous l'avons vu, du point de vue de l'implémentation, la représentation n'est pas seulement définie dans son rapport au traitement de l'information, mais également par un schéma d'encodage dans le cerveau. En termes techniques, la représentation suppose un schème d'encodage général qui définit des opérations de transformation logiques des stimuli captés par le système nerveux en état représentationnel interne (la condition b et c de l'analyse de Clark). Du point de vue de l'implémentation, c'est donc l'encodage qui crée le contexte sémantique et pas la fonction. Si l'on veut prendre en compte cette autonomie du contexte sémantique dans la modélisation de l'intentionnalité, il faudra donc croiser la perspective fonctionnelle avec une étude de la cohérence ou de la topologie interne du champ des significations.

1.3 Le fonctionnalisme systémique

Le croisement entre la perspective computationnelle et la perspective biologique déterminant une auto-organisation des significations en fonction des intérêts vitaux d'un organisme permet de définir une approche de modélisation qui prend en compte la définition par un système intentionnel de son propre champ de significations. Cependant, afin de construire une opération de modélisation spécifique de l'intentionnalité, il faut également considérer la capacité qu'ont les systèmes intentionnels à définir leurs propres buts à l'intérieur d'un environnement qui possède sa propre autoprogrammation. Dans cette perspective, l'environnement n'a pas seulement un rôle passif dans la réalisation des fonctions cognitives, mais il peut également jouer un rôle actif dans le processus d'ajustement entre les activités d'un agent cognitif et son environnement opératoire.

Pour donner une première idée de l'interaction des systèmes cognitifs avec les ressources dynamiques de leur environnement, on peut reprendre un exemple donné par Andy Clark dans *Being There* (Clark 1997: xii). Considérons le cas d'une tâche manuelle, où l'on doit emboîter des pièces finement ajustées. C'est une tâche que l'on essaie de simuler en robotique pour construire des lignes d'assemblage entièrement automatisées. D'après Clark on peut envisager deux solutions très différentes à ce problème de simulation. La première solution suggérée par Clark est la solution mentaliste, qui ne tient pas compte de l'interaction avec l'environnement : « Confronté à la question du contrôle d'un robot par un ordinateur pour réaliser une tâche d'emboîtement de pièces, on peut construire de multiples boucles de rétroaction. Ces boucles peuvent signaler à l'ordinateur si le robot n'a pas réussi à emboîter une pièce et lui permettre de recalculer le mouvement dans une direction légèrement différente » (Clark 1997: xii ; notre traduction). Toutefois, on peut également envisager une deuxième solution, qui tient compte des ressources dynamiques de l'environnement : « La cognition corporelle et contextuelle aborde le problème d'une façon différente. On peut par exemple attacher simplement le bras du robot à un joint en caoutchouc, qui laisse du jeu dans deux directions de l'espace. Dans cette nouvelle situation, l'ordinateur ne doit plus calculer les boucles de régulation fine du mouvement. Les pièces 'se glissent et se faufilent' en bonne position comme si de multiples ajustements de rétroaction étaient calculés continuellement » (Clark

1997: xii ; notre traduction). Dans cette deuxième solution, le joint en caoutchouc remplace le calcul des ajustements par l'ordinateur.

Des expériences en psychologie du développement suggèrent que pour la coordination du mouvement des membres du corps, le cerveau exploite également de telles boucles de rétroaction élargies. Par exemple, dans un modèle développé par Esther Thelen et Linda Smith (Thelen et Smith 1994), la coordination du mouvement des membres s'appuie sur des dynamiques corporelles intrinsèques, comme l'élasticité des muscles et la raideur des membres, et des éléments environnementaux, comme la force gravitationnelle. Il n'y a pas une exécution de commandes motrices internes qui spécifient une trajectoire détaillée de mouvement, mais simplement la modulation de différents facteurs qui interviennent dans le mouvement. Si les dynamiques corporelles jouent un rôle si important, la modulation devrait être différente d'une personne à l'autre. Dans une expérimentation de Thelen et Smith sur le développement du comportement de préhension chez les enfants, on constate en effet une telle différence d'un enfant à l'autre. Un enfant, Gabriel, était très actif par nature. Il générait des mouvements rapides du bras. Pour lui la difficulté était de convertir les battements en un mouvement dirigé. Pour ce faire il devait apprendre à contracter les muscles au moment où son bras s'approchait d'un objet cible, de façon à ralentir le battement et à permettre un contact approprié. Hannah, au contraire, était calme par nature. Les mouvements qu'elle produisait étaient limités. Son problème n'était pas de contrôler les battements, mais de générer suffisamment d'élan pour vaincre la gravité (Thelen et Smith 1994: 247–78). Dans ces expériences, chaque enfant partait d'un mélange de dynamiques corporelles intrinsèques différent. Même si la tâche — atteindre un objet — était la même pour tous les enfants, le problème de coordination à résoudre pour chaque enfant se présentait sous une forme différente. L'apprentissage des nouveaux comportements est donc autant conditionné par le développement de schèmes mentaux de contrôle que par les dynamiques corporelles intrinsèques.

On se demandera peut-être quelle peut être la pertinence de ces modèles systémiques inspirés de la cybernétique pour les sciences cognitives. Est-ce qu'on n'a pas tout simplement changé d'objet d'étude, de la cognition vers la régulation ? Et s'il n'y a plus de représentations, ni de computations, peut-on encore parler d'opérations *cognitives* ? Tout d'abord les modèles cybernétiques permettent de mieux circonscrire l'usage — plus limité qu'on ne le croyait — des représentations. Parfois, comme dans le cas de la balle à attraper, un couplage dynamique avec l'environnement permet de résoudre un problème que classiquement on résout de façon computationnelle. Le choix entre une solution cybernétique et une solution représentationnelle, comme dans le cas du choix entre les représentations véridiques et les représentations partielles, dépendra du problème auquel on est confronté. Mais l'intérêt des modèles cybernétiques va plus loin. En effet dans la plupart des situations on rencontre un mélange de solutions cybernétiques et de solutions représentationnelles. Dans les systèmes cognitifs complexes, comme les nôtres, les interactions avec l'environnement et les computations sur des représentations coopèrent de façon permanente.

La prise en compte du couplage dynamique des systèmes cognitifs avec leur environnement opératoire permettra de compléter les perspectives ouvertes par le fonctionnalisme biologique. Par conséquent l'étude de l'intentionnalité, telle qu'on peut la définir dans le cadre du projet fort de naturalisation, supposera non seulement de dépasser le computationnalisme classique de Marr, comme c'était déjà le cas dans le fonctionnalisme d'inspiration biologique, mais également de croiser ce fonctionnalisme biologique avec l'étude de la stabilisation des systèmes en couplage avec leur environnement. À partir de ce croisement, on pourra alors envisager une pratique de modélisation particulière, qui permet de rendre compte des dimensions représentationnelles et fonctionnelles de l'intentionnalité au sein même de la pratique de la modélisation.

2   La critique du fonctionnalisme dans le naturalisme faible

Dans son ouvrage *Being there*, Andy Clark écrit que la solution des problèmes conceptuels en sciences cognitives dépend ultimement du progrès empirique qui sera réalisé dans la discipline (Clark 1997: 175 et 168–69). Si l'on accepte ce point de vue, caractéristique du naturalisme fort, alors les concepts n'interviennent plus qu'à titre d'heuristiques, d'images ou de métaphores d'un programme de recherche entièrement naturalisé, sans pouvoir être justifiés pour eux-mêmes. La lumière nouvelle que le naturalisme fort entend jeter sur le rapport entre la représentation et l'action dans les modèles de l'intelligence reste donc muet sur l'importance des choix conceptuels qui président aux différentes positions particulières qui sont défendues dans la discipline. C'est pourquoi une deuxième forme de naturalisme, qu'on peut qualifier de faible, critique le présupposé du réalisme scientifique qui préside au naturalisme fort, pour mettre en évidence la problématique des choix conceptuels opérés dans l'élaboration des modèles particuliers de l'intentionnalité.

2.1 La critique du réalisme scientifique dans le naturalisme faible

Pour comprendre l'origine de la relativité conceptuelle des modèles de l'intentionnalité en sciences cognitives, il faut comprendre les effets sur le statut de la modélisation de la prise en compte de la dimension représentationnelle et de la dimension fonctionnelle de l'intentionnalité. Nous aborderons d'abord la question de la spécificité des modèles fonctionnels, en rapport avec le concept de système téléonomique. Ensuite nous montrerons quelle modification supplémentaire il faut introduire, quand on tient compte également de la dimension représentationnelle dans la modélisation.

Dans la première section, nous avons étudié la prise en compte de la dimension fonctionnelle dans le cadre des conceptions de la cybernétique. Les systèmes cybernétiques sont des systèmes qui tendent vers un certain but selon la dynamique de l'interaction avec l'environnement, interaction qui est définie par des boucles de rétroaction. Cependant, comme le montre Frederic Suppe à partir d'une analyse des lois fonctionnelles, l'étude de la seule dynamique de l'interaction ne suffit pas pour connaître le but vers lequel tendra le système (Suppe 1989: 162–65). Ce but dépend également des conditions de stabilisation de la dynamique d'interaction, conditions qui sont réalisées par la présence de certains éléments stables dans l'environnement avec lequel le système interagit.

Un exemple intéressant de l'importance des conditions de stabilisation des systèmes cybernétiques est donné par la théorie de la sélection naturelle en biologie. D'après la théorie de la sélection naturelle, la compétition des espèces dans un écosystème entraîne la disparition des espèces les moins adaptées et la survie des espèces les plus adaptées. Toutefois cette adaptation dépend de l'environnement dans lequel on opère. Si par exemple on modifie artificiellement les sources de nutrition dans l'écosystème, on pourra obtenir soit une augmentation, soit une diminution de la biodiversité dans le système. L'état d'équilibre vers lequel tend le système dépend des contraintes présentes dans l'environnement. Cet exemple illustre bien que, dans l'étude des systèmes cybernétiques, les éléments de l'environnement avec lesquels le système interagit font partie du modèle. De plus, comme le précise bien Suppe, « pour un certain but donné, spécifié par une fonction, [...] la définition des conditions frontières qui portent sur les paramètres de stabilisation dans l'environnement implique une nouvelle loi d'évolution du système » (Suppe 1989: 165 ; notre traduction). Dans le cas des systèmes cybernétiques, les lois d'évolution du système varient selon les contraintes présentes dans l'environnement.

C'est précisément l'importance des conditions de stabilisation dans la modélisation en sciences cognitives que nous avons pu étudier dans le paragraphe de la première section consacré au fonctionnalisme systémique. Cependant, si l'on veut tenir compte également de la dimension représentationnelle, en plus de la dimension fonctionnelle, l'analyse de Suppe doit être modifiée. En effet, dans le cas des systèmes cognitifs, le contexte de fonctionnement n'est pas l'environnement naturel mais un contexte représentationnel ou un milieu de vie. Comme nous l'avons vu, l'environnement des systèmes cognitifs est un environnement représentationnel construit à partir de schémas d'encodage généraux implémentés dans le cerveau. Un même environnement stabilisateur sera donc représenté d'une façon différente selon la niche sémantique du système cognitif en question. Par conséquent, les effets du contexte stabilisateur sur le système cognitif seront également différents selon le contexte représentationnel en question.

Cette interdépendance entre les modèles du contexte fonctionnel et les modèles du contexte représentationnel implique que la position du réalisme scientifique qui caractérise les sciences de la nature n'est plus tenable si l'on veut tenir compte des dimensions représentationnelles et fonctionnelles dans la modélisation de l'intentionnalité. Dans les sciences de la nature, les modèles particuliers sont construits à partir des principes généraux en spécifiant les hypothèses auxiliaires qui permettent de donner une valeur particulière aux variables et aux paramètres du modèle (Bunge 1973: 30). Ces hypothèses auxiliaires portent sur la définition des conditions frontières et des conditions initiales du système (Suppe 1989: 71). À la différence des sciences de la nature cependant, la définition des modèles particuliers de l'intentionnalité en sciences cognitives ne dépend pas uniquement de conditions qui portent sur la frontière entre le système et l'environnement, mais dépend également d'un modèle du contexte opératoire du système cognitif, à la fois dans sa dimension fonctionnelle et représentationnelle. Par conséquent, les lois d'évolution du système seront différentes selon les modèles de ce contexte.

Ainsi, par exemple, dans les expériences sur la coordination motrice chez le jeune enfant, on peut montrer que les modèles de coordination du mouvement seront très différents selon les dynamiques corporelles intrinsèques sur lesquelles s'appuie le système de coordination. En effet le but poursuivi par le système de régulation sera différent selon que le problème auquel l'enfant est confronté est d'atténuer la dynamique de son corps ou, au contraire, d'engendrer suffisamment d'élan pour réaliser un certain mouvement. Les opérations cognitives optimales qui permettent de réaliser cette fonction seront donc différentes selon le modèle du couplage fonctionnel avec l'environnement. De façon général, si l'on prend en compte la dimension représentationnelle et fonctionnelle des opérations intentionnelles dans la pratique de la modélisation, les lois d'évolution du système seront différentes selon les hypothèses auxiliaires qui spécifient ce contexte opératoire.

2.2 La relativité conceptuelle des modèles

Nous pouvons tirer deux conclusions de notre discussion de l'importance de la prise en compte du contexte dans l'étude de l'intentionnalité. Premièrement, les lois d'évolution du système seront différentes selon le modèle du contexte. Deuxièmement, il y a une interdépendance entre les modèles du contexte fonctionnel et les modèles du contexte représentationnel : le rôle du système de représentation varie en fonction du contexte fonctionnel (modification de la dynamique de stabilisation) et les effets du contexte fonctionnel dépendent du système de représentation (modification de la signification du contexte).

Cette interdépendance des facteurs contextuels permet de construire des interprétations alternatives d'une même expérience. Par exemple, dans l'expérience de la coordination motrice chez l'enfant, nous avons fait varier les modèles du couplage fonctionnel, mais nous avons supposé le modèle du système de représentation du corps constant. En l'occurrence, dans les deux modèles du couplage fonctionnel, le système cognitif représente uniquement les aspects du corps qui interviennent dans la modulation du mouvement. Autrement dit, la représentation du corps est une représentation pratico-sociale. Toutefois on pourrait construire une autre interprétation de la même expérience en modifiant à la fois le modèle du contexte représentationnel et le modèle du couplage.

Ainsi, l'expérience de la coordination motrice chez l'enfant peut être modélisée également à partir d'un modèle mentaliste de contrôle centralisé où le rôle du corps se réduit à fournir des informations à un système de représentation exhaustive du mouvement.

Le choix entre différentes interprétations d'une même expérience n'est évidemment pas arbitraire. Il devra s'appuyer sur des hypothèses auxiliaires qui permettent de justifier tel ou tel modèle du contexte représentationnel et fonctionnel. Toutefois, en l'absence d'hypothèses auxiliaires bien établies, le choix entre les modèles ne sera plus déterminé par des critères scientifiques seuls. Dans ce cas, le choix entre les modèles sera fonction d'une interprétation de ce qu'est l'intentionnalité.

Remarquons que cette problématique de l'interprétation est souvent occultée dans la recherche en sciences cognitives. En effet, comme dans les exemples de la coordination motrice et de la représentation de l'espace chez l'enfant, on s'intéresse soit à la dimension fonctionnelle, soit à la dimension représentationnelle du contexte. Le modèle de l'autre dimension est présupposé à titre d'arrière-fond de la modélisation. C'est précisément en explicitant cet arrière-fond que l'on peut se rendre compte du facteur interprétatif qui guide la modélisation.

Afin d'illustrer l'importance de ce rôle de l'interprétation dans la construction des modèles particuliers en sciences cognitives, on peut reprendre l'exemple de l'utilisation de représentations partielles et circonstanciées dans le système visuel. Ainsi, comme nous l'avons vu, pour construire une représentation d'une surface de points mobiles, on peut inférer le mouvement des points individuels à partir du mouvement d'ensemble, sans devoir représenter le mouvement de chaque point individuel de façon explicite. Toutefois, même si une telle solution est adéquate dans des contextes particuliers, elle pourrait tomber en défaut si on était confronté à une surface où tous les points ne se meuvent pas de façon solidaire. Pour éviter ce problème, on peut partir de modèles plus classiques, où l'on suppose la construction de représentations exhaustives de l'environnement.

Ramachandran justifie son choix pour les représentations partielles en invoquant un critère d'utilité auquel doivent satisfaire les représentations : « On pourrait argumenter, plutôt, que la perception est essentiellement un "stock d'astuces" [...] qui n'ont pas été adoptées pour des raisons d'attrait esthétique ou d'élégance mathématique, mais simplement parce qu'elles marchaient (d'où le terme de théorie "utilitariste" de la perception) » (Ramachandran 1990: 347 ; notre traduction). Dans l'interprétation de Ramachandran, la perception est essentiellement un guide d'action efficace, par rapport à des tâches spécifiques. Ramachandran argumente pour la plausibilité de cette position en invoquant des arguments tirés de la théorie de l'évolution et des arguments computationnels. Les premiers arguments visent à montrer l'importance du couplage des systèmes cognitifs à un environnement de vie. Les deuxièmes veulent établir la performance d'un système algorithmique basé sur des dispositifs de calculs circonstanciés.

Toutefois ces arguments sont simplement des hypothèses auxiliaires de sa modélisation et ne justifient pas entièrement le choix pour l'interprétation utilitariste. Une interprétation alternative plus classique, qui attribue au système perceptif la tâche de construire des représentations exhaustives de l'environnement, reste également plausible. Les hypothèses auxiliaires qui pourraient appuyer une telle hypothèse mettraient davantage l'accent sur l'indépendance du système par rapport à l'environnement, plutôt que sur le couplage, et sur l'importance des capacités d'abstraction des systèmes cognitifs, plutôt que sur leur flexibilité contextuelle.

Cet exemple de conflit d'interprétation en sciences cognitives illustre l'importance des critères non scientifiques qui interviennent dans la modélisation de l'intentionnalité. Le champ des modèles particuliers de l'intentionnalité ne peut pas être spécifié de façon univoque sans l'intervention d'hypothèses auxiliaires, venant d'autres disciplines, qui s'appuient sur une certaine interprétation de ce qu'est l'intentionnalité. L'analyse de l'élaboration des modèles particuliers des opérations intentionnelles montre donc non seulement la nécessité, pour un formalisme donné, de spécifier le modèle du contexte fonctionnel et représentationnel, mais également que le domaine d'application peut avoir une signification contextuelle propre, indépendante du formalisme, déterminée par une interprétation de ce qu'est l'intentionnalité.

3 La problématique de l'évolution des croyances épistémologiques

La critique du fonctionnalisme dans le naturalisme faible semble donc imposer une refonte radicale du cadre épistémologique des sciences cognitives. En effet, à la différence des critiques du fonctionnalisme dans le naturalisme fort, la critique dans le naturalisme faible met en cause la possibilité de définir une approche fonctionnaliste alternative de l'intentionnalité, comme par exemple à partir d'un croisement des propositions du fonctionnalisme biologique et du fonctionnalisme systémique. Plutôt, la déconstruction de certaines notions du fonctionnalisme classique dans le projet de la naturalisation, comme la notion de représentation ou la notion d'environnement comme source de données, permet de mettre en évidence un déplacement épistémologique qui montre la relativité conceptuelle des modèles de l'intentionnalité en sciences cognitives. Cette hypothèse de travail rejoint le projet de Hilary Putnam dans *Représentation et réalité*, où il montre les insuffisances des différentes améliorations des modèles fonctionnalistes de l'intentionnalité en sciences cognitives quand ils continuent à adopter le cadre épistémologique du réalisme scientifique qui caractérise les sciences de la nature. C'est ce qui amène Putnam à formuler l'hypothèse épistémologique alternative d'un réalisme interne, qui devrait pouvoir mieux prendre en compte la spécificité du domaine de l'action intentionnelle. Sur les traces de H. Putnam (1989/1990: 113–16), nous pouvons formuler à titre préliminaire l'hypothèse d'un tel déplacement vers le réalisme interne par une conditionnalité à deux niveaux :

- condition d'autoréférentialité : une théorie qui entend modéliser l'intentionnalité doit pouvoir s'interroger elle-même comme production intentionnelle ;
- condition d'usage : l'application des modèles de l'intentionnalité sera conditionnée par une certaine interprétation de ces modèles interne à leur usage dans le contexte concret de l'action.

Ces deux conditions épistémologiques renvoient le projet de la modélisation de l'intentionnalité à la question des conceptions de l'action en amont de la modélisation d'une part et à son application au domaine de l'action de l'autre.

Même si les travaux empiriques discutés dans cette contribution ne sont pas les mêmes que ceux considérés par Putnam à l'époque de *Représentation et réalité*, il nous semble que cette double conditionnalité du réalisme interne reste tout à fait pertinente pour dépasser les insuffisances épistémologiques de la modélisation de l'intentionnalité dans le cadre fonctionnaliste. En effet, c'est précisément cette double condition que nous avons mobilisée dans notre critique du fonctionnalisme dans la perspective du naturalisme faible. Tout d'abord, la condition d'autoréférentialité suppose une réinterprétation du statut de la pratique scientifique, pour être comprise elle-même comme une production intentionnelle à part entière. C'est précisément une réinterprétation de la pratique scientifique dans le sens à prendre en compte ses propres dimensions sémantiques et contextuelles qui a permis de mettre en évidence le rôle des conditions de stabilisation et de contextualisation dans l'élaboration des modèles particuliers de l'intentionnalité. Ensuite, au niveau de la condition d'usage, nous avons vu que l'équilibre particulier entre la perception contextualisante du contexte et les conditions de stabilisation du contexte n'est pas déterminé par des critères scientifiques seuls, mais par une pratique interprétative de ce qu'est l'intentionnalité.

La critique radicale du fonctionnalisme dans le naturalisme faible repose donc sur un nouvel ensemble de croyances épistémologiques par rapport au cadre du réalisme scientifique du naturalisme fort. Cependant cette évolution dans l'arrière-plan des croyances épistémologiques du réalisme scientifique vers un réalisme interne est rarement élucidée pour elle-même. Est-ce qu'elle est une conséquence automatique du changement d'objet d'étude, passant du domaine des objets du monde naturel vers les objets intentionnels, ou est-ce qu'une certaine forme de réalisme scientifique est néanmoins encore compatible avec la modélisation de l'intentionnalité comme le prétend par exemple le naturalisme fort ? De plus, supposons qu'on admette que la naturalisation de l'intentionnalité implique une évolution dans les croyances épistémologiques, qu'advient-il des programmes fonctionnalistes novateurs du naturalisme fort qui entendaient également dépasser le cadre trop restreint du fonctionnalisme mathématique ? Autrement dit, est-ce qu'une élucidation de la question du passage du naturalisme fort vers le naturalisme faible pourrait également donner des indications en retour sur la signification du fonctionnalisme dans le projet fort de naturalisation ?

3.1 L'incomplétude des croyances épistémologiques mobilisées dans le naturalisme fort

Afin d'élucider la question de l'évolution des croyances épistémologiques et, corrélativement, la question d'un retour éventuel sur la signification du projet fonctionnaliste, il nous faut d'abord préciser le statut des croyances épistémologiques dans le naturalisme fort. À ce titre, nous partirons des conceptions développées par John Searle dans son livre *The Construction of Social Reality* où il développe un projet qui est proche de notre entreprise. En effet, dans ce livre, il développe une conception de l'intentionnalité qui prend en compte les dimensions représentationnelles et fonctionnelles de l'intentionnalité, tout en procédant à une élucidation du statut épistémologique de l'explication fonctionnelle causale du comportement intentionnel. Toutefois, à la différence des arguments que nous avons avancés en faveur du réalisme interne, il continue à défendre la position du réalisme scientifique. Sa position devrait donc nous permettre d'expliciter l'arrière-plan des croyances épistémologiques mobilisées — souvent de façon implicite — par le naturalisme fort.

Tout d'abord, dans l'analyse de Searle, il y a une dépendance entre la justification du réalisme scientifique d'une part et la théorie de l'intentionnalité de l'autre. Comme l'explique Searle, la justification du réalisme scientifique dépend de la théorie de l'intentionnalité en ce que le réalisme scientifique fonctionne comme une présupposition d'arrière-plan de la pratique scientifique comme production intentionnelle. En effet on ne peut pas baser la justification du réalisme scientifique sur cette pratique elle-même, vu qu'alors la justification présupposerait déjà ce qu'il y a à justifier. Néanmoins, sans une telle présupposition, cette pratique cesserait simplement d'être intelligible. Comme l'écrit Searle, « quand nous comprenons un énoncé du type que nous avons considéré [i.e. de type scientifique], nous le comprenons comme un énoncé qui présuppose une réalité d'accès publique » (Searle 1995/1998: 187) et ceci indépendamment du fait que « nos affirmations sont des objets de connaissance ou non, qu'elles sont vraies ou fausses et même du fait que les objets auxquels on réfère existent ou non » (Searle 1995/1998: 187).

Le projet de la naturalisation de l'intentionnalité dans le cadre du programme fort suppose donc de construire l'objet intentionnel d'une manière ou d'une autre comme faisant partie d'une réalité indépendante. Si l'on applique cette présupposition aux différentes descriptions fonctionnalistes de l'intentionnalité que nous avons étudiées dans le naturalisme fort, il faut alors identifier la référence à un tel arrière-plan dans les tentatives de modélisation de l'intentionnalité. En effet les tentatives d'intégration du fonctionnalisme systémique et du fonctionnalisme biologique, dans le but de rendre compte des propriétés de l'intentionnalité, n'est intelligible que si il se base sur une réalité externe permettant d'opérer une telle intégration. Or c'est effectivement une telle référence que l'on trouve articulée chez la plupart des défenseurs du modèle intégré, que ce soit sous le mode spatial d'une stratification des niveaux physique, biologique et intentionnel (Mundale et Bechtel 1996 ; Bechtel 1994), sous le mode temporel d'une séquence articulant l'histoire longue d'une adaptation fonctionnelle à une séquence courte de réaction d'une teleofonction à un stimulus externe (Millikan 1984) ou sous le mode d'une référence à des concepts transversaux comme chez Andy Clark à partir des concepts de couplage, de computation et de représentation (Clark 1997: 143–76).

Toutefois par la dissociation entre les mécanismes causaux qu'on peut décrire dans un cadre fonctionnaliste d'une part et l'analyse purement formelle des arrière-plans représentationnels de l'autre, le naturalisme fort occulte les hypothèses auxiliaires qui interviennent dans l'application des cadres formels à des modèles causaux particuliers. En effet cette analyse purement formelle de l'arrière-plan interprétatif ne permet pas de spécifier les interprétations de l'intentionnalité qui seront effectivement mobilisées dans tel ou tel modèle particulier. Or, du point de vue de la définition des modèles particuliers de l'intentionnalité, nous avons vu que le domaine de l'action intentionnelle n'est pas un objet de référence « en général » d'une opération de formalisation, mais que sa spécification dépend d'une pratique interprétative qui définit un équilibre particulier entre la perception contextualisante du contexte d'une part et les conditions contextuelles de stabilisation de cette perception de l'autre. Cette spécification implique donc un déplacement d'un cadre de modélisation de l'intentionnalité comme objet général d'une représentation scientifique vers des modèles de l'intentionnalité entendue comme action en contexte. Par ce déplacement, qu'on trouve à l'œuvre dans le naturalisme faible, on peut alors rendre compte de l'association au sein des situations concrètes de la causalité mécaniste et de la causalité intentionnelle que le naturalisme fort avait dissociées.

3.2 L'incomplétude des croyances épistémologiques mobilisées dans le naturalisme faible

Néanmoins, le projet de la naturalisation faible de l'intentionnalité, tel qu'il se construit dans le cadre du réalisme interne, mobilise également un ensemble de croyances épistémologiques qui ne peuvent pas être justifiées sur une seule base empirique. En effet, les modèles particuliers de l'intentionnalité ne permettent pas de stabiliser l'équilibre entre le contexte fonctionnel et le contexte représentationnel, dans la mesure où ces modèles admettent, comme nous l'avons vu, une pluralité de pratiques interprétatives en cohérence avec des hypothèses auxiliaires de modélisation. La position alternative du réalisme interne, telle que nous l'avons définie ci-dessus dans la suite des travaux de Putnam à partir de la double conditionnalité, opère donc une idéalisation des conditions d'acceptation des modèles qui risque de reproduire les insuffisances épistémologiques du réalisme scientifique si elle n'élucide pas la question de l'accès à ces conditions idéalisées. En effet la pratique interprétative permettant de définir ces conditions fournit un critère d'adéquation des modèles sous des conditions épistémiques suffisamment bonnes (Putnam 1981: 54). Toutefois, comme l'écrit Putnam dans un ouvrage récent sur la question du réalisme, on peut se poser la question de savoir « comment l'on peut avoir un accès référentiel ou autre aux "conditions épistémiques suffisamment bonnes" » (Putnam 1999: 18 ; notre traduction). Une telle image reste encore prisonnière des présuppositions épistémologiques de la modernité en ce qu'elle « retient la prémisse d'une interface entre le sujet connaissant et tout le reste "à l'extérieur" » (Putnam 1999: 18 ; notre traduction). La relativité conceptuelle des modèles, tant qu'elle est comprise comme un schème mental qui s'entrepose entre nos modèles et une réalité externe à modéliser, ne pourra pas fournir un critère de stabilisation de la pratique de modélisation, étant donné que l'on n'a pas d'accès référentiel à ces hypothèses auxiliaires de la modélisation.

Cependant la stabilisation s'opère bel et bien et c'est ce qui amène Putnam à envisager, à la suite de philosophes comme W. James, E. Husserl, L. Wittgenstein et J. Austin (Putnam 1999: 24), la position alternative du « réalisme naturel » que l'on peut également appeler un réalisme non fondationnel : « notre croyance dans le réalisme ne tient pas au fait qu'une réalité externe à laquelle nous n'avons pas accès "cause" des expériences mentales internes, selon l'hypothèse des *qualia*, mais tient au fait que les objets "externes", choux et rois, peuvent être objet d'expérience » (Putnam 1999: 20 ; notre traduction). Cette hypothèse alternative d'un lien génétique entre la croyance dans une réalité externe qui opère dans le réalisme interne et celle qui opère dans l'expérience naturelle du monde permet d'interpréter autrement la stabilisation du projet de naturalisation. En effet, en nous basant sur la proposition de Putnam, nous pouvons concevoir le troisième terme, qui permet de stabiliser l'ajustement entre la perception contextualisante et les conditions contextuelles de stabilisation de la perception, de façon plus adéquate comme une disposition cognitive à la stabilisation (Maesschalck 2001: 206), une ouverture au remplissement possible de la règle par le monde, telle qu'elle opère déjà dans nos « transactions » (Maesschalck 2001: 169) naturelles avec les objets de ce monde. Précisons que ce que Putnam appelle le réalisme naturel ne peut aucunement être confondu avec le réalisme du sens commun. Il s'agit bien d'une posture réflexive interne au jeu de langage philosophique, une « seconde naïveté » (Maesschalck 2001: 44) comme le dit Putnam, qui ne vise pas à proposer une nouvelle théorie de la perception ou une « nouvelle image métaphysique » (Maesschalck 2001: 41 ; traduction de l'auteur), mais une reconstruction réflexive de « l'accès conceptuel que nous avons aux choses au sujet duquel nous parlons et réfléchissons » (Maesschalck 2001: 45 et 157 ; traduction de l'auteur)[4].

3.3 Les conséquences du déplacement épistémologique

Quelles conclusions peut-on tirer de cette reconstruction systématique des croyances épistémologiques mobilisées dans le naturalisme fort et le naturalisme faible ? Et quelles sont les implications d'une compréhension réflexive de l'arrière-plan des croyances épistémologiques ?

Tout d'abord les développements qui précèdent permettent de mettre en évidence une double insuffisance dans la construction des croyances épistémologiques dans le projet de naturalisation. Cette insuffisance se marque par l'incomplétude des présuppositions d'arrière-plan qui tente de fixer les pratiques de modélisation par la production d'un schème d'unité de cette pratique.

Dans le cas du naturalisme fort, l'avant-plan de la pratique de modélisation est constitué par le domaine de l'action intentionnelle, dont essaient de rendre compte les différentes tentatives fonctionnalistes de croisement de la dimension représentationnelle et fonctionnelle du contexte de l'action intentionnelle. Comme nous l'avons vu à partir de l'analyse de J. Searle, cet avant-plan dépend de la présupposition de l'existence d'une

---

[4] Pour les conséquences ultérieures de ce modèle de la disposition cognitive sur une compréhension réflexive de l'opération de contextualisation comme opérateur de modalisation, voir Maesschalck (1998).

réalité indépendante qui conditionne l'intelligibilité de ces tentatives de croisement. Cette présupposition permet de comprendre le domaine de l'action intentionnelle comme une réalité indépendante. L'accent est donc mis sur le schème d'unité de l'objet intentionnel permettant d'articuler l'autotranscendance de la pratique de modélisation, comme condition d'intelligibilité formelle de celle-ci. Cependant, comme nous l'avons vu, le renvoie à cette autotranscendance se fait au prix d'une dissociation formelle entre l'ordre causal décrit par les modèles fonctionnalistes et l'ordre intentionnel déterminant les conditions d'intelligibilité.

Dans le cas du naturalisme faible, l'avant-plan est constitué par l'unité d'une méthode de modélisation de l'intentionnalité qui reste interne à l'usage des modèles de l'intentionnalité. Cette compréhension de la modélisation, que ce soit dans une conception sémantique de la pratique de modélisation (Suppe 1989) ou dans une conception plus pragmatique (Fisette et Poirier 2000), permet de mettre en évidence la relativité conceptuelle des modèles, ou encore, la pratique interprétative de l'intentionnalité qui permet de stabiliser les modèles fonctionnalistes particuliers. Le naturalisme faible permet donc de rétablir l'association entre l'ordre causal mécanique et l'ordre causal intentionnel. Néanmoins cette association se fait sous un mode internaliste au dépend de l'abandon de la visée d'autotranscendance. De fait, comme le met bien en évidence la critique du dernier Putnam, l'idéalisation des conditions épistémiques fait l'impasse sur la question de l'accès référentiel ou autre à ces conditions épistémiques.

Ce qu'il faudrait donc envisager, afin de dépasser cette double insuffisance, c'est un usage des croyances épistémologiques qui permet à la fois de maintenir l'autotranscendance des pratiques du naturalisme fort et l'internalisme de l'association de l'ordre intentionnel et causal du naturalisme faible. L'enjeu ne semble donc pas tellement être le choix entre l'alternative du naturalisme fort et le naturalisme faible, que l'élaboration d'une position épistémologique intermédiaire qui permet de sauvegarder les avantages des deux positions, sans pour autant reproduire le procédé de généralisation schématique qui fige l'arrière-plan des croyances épistémologiques.

Cette conclusion de notre confrontation croisée des croyances épistémologiques mobilisées dans le naturalisme fort et le naturalisme faible permet également de considérer autrement la proposition d'une voie différente qui reconstruit l'arrière-plan épistémique comme une posture réflexive à l'intérieur de la pratique de la modélisation. Une telle voie alternative, que nous avons considérée dans la ligne des derniers travaux de Putnam, permet effectivement de dépasser l'incomplétude du naturalisme faible[5]. En effet elle met en évidence le lien génétique entre la disposition réflexive, qui détermine l'équilibre entre l'intentionnalité et son contexte, et la disposition cognitive à l'autotranscendance qui opère déjà dans l'évidence naturelle du monde. Cependant, d'après ce qui précède, le modèle de la réflexivité ne pourrait effectivement dépasser la double insuffisance que si elle envisag en même temps sa traduction dans des formes opératoires d'unité réflexive pratique qui associent de façon internaliste l'ordre causal et l'ordre intentionnel dans la pratique de la modélisation[6]. Dans une telle perspective, on pourrait par exemple envisager un autre rôle des théories interchamps mobilisées dans le naturalisme fort. Plutôt qu'un rôle schématique, qui réfère de façon formelle à une unité d'action transversale déjà donnée dans les conditions générales de l'expérience, ces théories pourraient avoir un rôle prospectif et viser, sous un mode constructiviste, la constitution d'enjeux transversaux pour l'action qui peuvent mener à leur tour vers l'émergence de nouvelles pratiques interprétatives dans l'élaboration des modèles particuliers de l'intentionnalité.

Références

Barkow, J. H., J. Tooby et L. Cosmides (1992). *The Adapted Mind.* New York : Oxford University Press.
Bechtel, W. (1994). « Biological and Social Constraints on Cognitive Processes. The Need for Dynamical Interactions Between Levels of Organization ». *Canadian Journal of Philosophy*, Supplementary Volume 20, pp. 133–164.
Blakemore, C., dir. (1990). *Vision : Coding and Efficiency.* Cambridge : Cambridge University Press.
Bunge, M. (1973). *Method, Model and Matter.* Boston/Dordrecht : D. Reidel.

---

[5] On trouve une telle position également dans les travaux sur l'intentionnalité opérante dans la phénoménologie husserlienne des années vingt (Husserl 1998) ou encore dans les travaux sur le réalisme direct (Smith 1995), pour autant qu'on n'interprète pas ces travaux dans un sens ontologique mais comme une posture réflexive interne à notre commerce quotidien avec le monde. Sur ce dernier point, voir également Fisette et Poirier (2000: 321–23).

[6] C'est une telle réflexivité « étendue » à sa traduction contextuelle que tente de développer pour lui-même la recherche menée par Lenoble et Maesschalck (2003).

Churchland, P. M. (1995). *The Engine of Reason, the Seat of the Soul*. Cambridge, MA : MIT Press.

Churchland, P. S., V. S. Ramachandran, et T. J. Sejnowski (1994). « A Critique of Pure Vision ». In Koch et Davis (1994), pp. 23–60.

Clark, A. (1997). *Being There : Putting Brain, Body and World Together Again*. Cambridge, MA/London : MIT Press.

Cummins, R., A. Ariew et M. Perlman, dir. (2002). *Functions: New Readings in the Philosophy of Psychology and Biology*. Oxford: Oxford University Press.

Dedeurwaerdere, T. (2002). *Action et Contexte. Du tournant cognitiviste à la phénoménologie transcendantale*. Hildesheim / Zürich / New York : Olms.

Engel, P. (1994). « La philosophie de l'esprit ». In Meyer (1994), pp. 529–64.

Fisette, D. et P. Poirier. (2000). *Philosophie de l'esprit. Etat des lieux*. Paris : Vrin.

Gibson, J.J. (1979). *The Eological Approach to Visual perception*. Boston : Houghton Mifflin.

Husserl, E. (1998). *De la synthèse passive. Logique transcendantale et constitutions originaires*. Trad. par Bruce Bégout et Jean Kessler avec la collaboration de Natalie Depraz et Marc Richir. Grenoble : Jérôme Millon.

Kitcher, P. (1988). « Marr's Computational Theory of Vision ». *Philosophy of Science* LL, pp. 1–24.

Koch, C. et J. Davis, dir. (1994). *Large-scale Neuronal theories of the Bain*. Cambridge, MA : MIT Press.

Lenoble, J. et M. Maesschalck (2003). *Toward a Theory of Governance. The Action of Norms*. London / New York : Kluwer Academic Publishers.

Maesschalck, M. (1998). *Typique transcendantale et typique phénoménologique, I. Les enjeux d'une recherche sur la typique de la raison pure*. Les carnets du Centre de Philosophie du Droit LX. Louvain : Université catholique de Louvain.

Maesschalck, M. (2001). *Normes et Contextes. Les fondements d'une pragmatique contextuelle*. Hildesheim / Zürich / New York : Olms.

Marr, D. (1982). *Vision*. San Francisco : Freeman.

Meyer, M., dir. (1994). *La philosophie anglo-saxonne*. Paris : Presses Universitaires de France.

Millikan, R. (1984). *Language, Thought and Other Biological Categories. New Foundations for Realism*. Cambridge, MA : MIT Press.

Millikan, R. (1999). « Wings, Spoons, Pills and Quills : A Pluralist Theory of Functions ». *Journal of Philosophy* XCVI(4), pp. 191–206.

Mundale, J. et Bechtel W. (1996). « Integrating Neuroscience, Psychology and Evolutionary Biology through a Teleological Conception of Function ». *Mind and Machines* VI, pp. 481–505.

Poirier, P. (1997). *Explication scientifique et théorie représentationnelle de l'epsrit : enquêtre sur une théorie représentationnelle de l'esprit*. Thèse de doctorat. Montréal : Université du Québec à Montréal.

Putnam, H. (1981). *Reason, Truth and History*. Cambridge : Cambridge University Press.

Putnam, H. (1989). *Representation and Reality*. Cambridge, MA : MIT Press. Trad. par C. Engel-Tiercelin (1990). *Représentation et réalité*. Paris : Éditions Gallimard.

Putnam, H. (1999). *The Threefold Cord : Mind, Body and World*. New York : Columbia University Press.

Ramachandran, V. S. (1990). « Interactions between Motion, Depth, Color and Form : The Utilitarian Theory of Perception ». In Blakemore (1990), pp. 346–60.

Searle, J. (1995). *The Construction of Social Reality*. New York : Free Press. Trad. par C. Tiercelin (1998). *La construction de la réalité sociale*. Paris : Éditions Gallimard.

Smith, B. (1995). « Formal Ontology, Common Sense and Cognitive Science ». *International Journal of Human-computer Studies* XLIII, pp. 641–67.

Suppe, F. (1989). *The Semantic Conception of Theories and Scientific Realism*. Chicago : University of Illinois Press.

Thelen, E. et L. Smith (1994). *A Dynamic Systems Approach to the Development of Cognition and Action*. Cambridge, MA : MIT Press.

Uexküll, J. V. (1965). *Mondes animaux et monde humain*. Paris : Denoël.

Ullman, S. (1979). *The Interpretation of Visual Motion*. Cambridge, MA : MIT Press.

9

Une base commune et quelques liens surprenants[24]

EDWARD N. ZALTA (UNIVERSITÉ DE STANFORD)

Il y a de nombreuses stratégies que l'on peut adopter face au thème : « Origines : les sources communes des traditions analytique et phénoménologique ». J'ai décidé de présenter un survol de la littérature qui a trait à la théorie fondatrice des objets que j'ai développée au cours des années. Cela me semble approprié, car je crois que cette théorie fondatrice incorpore des idées de philosophes clefs appartenant aussi bien à la tradition analytique qu'à la tradition phénoménologique.

La théorie que j'ai développée tire ses origines des travaux d'Alexius Meinong et d'Ernst Mally et repose sur une distinction entre deux sortes de prédication. Elle postule l'existence d'objets abstraits spéciaux qui *encodent* les propriétés qui permettent de les concevoir et constituent leur

---

[24] Ce chapitre est la traduction française par Jimmy Plourde de l'article « A Common Ground and Some Surprising Connexions » paru in *The Southern Journal of Philosophy* XL, Supplement 2002, p 1–25. Nous remercions la directrice Nancy D. Simco de nous avoir donné l'autorisation de publier cette traduction française. L'article fut la conférence d'ouverture du colloque *Spindel* ayant pour thème *Origins: The Common Sources of the Analytic and Phenomenological Traditions*. La conférence a été présentée en septembre 2001 au département de philosophie de l'Université de Memphis. J'aimerais remercier les organisateurs du colloque, Terence Horgan, Matjaz Potrc et John Tienson de m'avoir invité à donner cette conférence et à participer à ce colloque.

Action, Rationalité & Décision — Action, Rationality & Decision.
Daniel Vanderveken et Denis Fisette (dirs).
Copyright © 2008.

nature. Les objets abstraits *exemplifient* également des propriétés. Ils sont même complets en ce qui a trait aux propriétés qu'ils exemplifient sans pour autant l'être relativement aux propriétés qu'ils encodent. De plus, la théorie veut que les objets ordinaires se distinguent des objets abstraits, notamment en raison du fait qu'ils ne font *qu*'exemplifier leurs propriétés (cela apparaîtra plus clairement plus loin).

Dans le survol qui suit, je ne me contenterai pas de donner des indications quant à l'origine de la distinction entre deux sortes de prédication, mais j'indiquerai également dans quels autres contextes la distinction réapparaît à l'intérieur de l'œuvre d'autres philosophes. Ces autres contextes s'avéreront souvent sans lien avec celui où la distinction est apparue et la présence de ladite distinction dans ces contextes pourra surprendre. Je montrerai également comment la théorie peut être utilisée pour représenter précisément les idées de certains philosophes importants. Le survol permettra ainsi d'établir des liens entre les travaux de plusieurs auteurs d'allégeances fort diverses : alors que certains d'entre eux sont clairement rattachés à la tradition analytique, d'autres sont clairement rattachés à la tradition phénoménologique et d'autres encore se situent de part et d'autre des deux traditions. Il me semble que les problèmes fondamentaux en métaphysique (concernant les objets abstraits), en philosophie du langage (concernant l'intensionnalité) et en philosophie de l'esprit (concernant l'intentionnalité) sont inextricablement liés et exigent une solution commune. Qui plus est, je pense que toute solution de ce type nous permettra de préserver plusieurs des idées de ceux qui ont travaillé et de ceux qui travaillent toujours au croisement des deux traditions.

1 Brentano, Meinong, Husserl et Mally

Bien que je montrerai ici que la distinction entre deux sortes de prédication remonte à Platon, il vaut mieux ici commencer par présenter la problématique *in media res*, c'est-à-dire, avec Brentano. C'est dans le passage suivant de son ouvrage séminal, *Psychologie vom empirischen Standpunkt*, que Brentano suggère que la marque distinctive des états mentaux consiste en ceci qu'ils sont dirigés vers les objets :

> Ce qui caractérise tout phénomène psychique, c'est ce que les Scolastiques du Moyen Âge ont appelé l'in-existence intentionnelle (ou encore mentale) et ce que nous pourrions appeler nous-mêmes —en utilisant des

expressions qui ne sont pas entièrement sans ambiguïté— rapport à un contenu, direction vers un objet (sans qu'il faille entendre par là une réalité) ou objectualité immanente. Tout phénomène psychique contient en soi quelque chose à titre d'objet, mais chacun le contient à sa façon. Dans la représentation, c'est quelque chose qui est représenté, dans le jugement, quelque chose qui est admis ou rejeté, dans l'amour quelque chose qui est aimé, dans la haine quelque chose qui est haï, dans le désir quelque chose qui est désiré, et ainsi de suite[25].

Ce passage suggère que nos états mentaux sont dirigés vers des objets d'un certain type même lorsque nous pensons à des états de choses qui ne subsistent pas ou même lorsque nous adoptons des attitudes envers des objets fictifs tels que vénérer Zeus, craindre Grendel, rechercher l'Atlantide, exécrer Iago ou être inspiré par Sherlock Holmes.

Alexius Meinong était de cet avis et a cherché à construire une théorie des objets vers lesquels nos états mentaux sont dirigés. Dans son célèbre essai « *Über Gegenstandstheorie* », Meinong affirme :

Que l'on ne peut connaître sans qu'il y ait quelque chose à connaître, plus généralement, qu'il n'y a pas de jugement, voire de représentation, sans qu'il y ait quelque chose à juger ou qui soit représenté, voilà ce que révèle le plus évidemment ne serait-ce qu'une considération tout à fait élémentaire de ces expériences[26].

Puis, selon Meinong, lorsque nous pensons à des objets fictifs tels que la montagne d'or et le carré rond, les objets de notre pensée ont les pro-

---

[25] Brentano (1944: 102 ; traduction légèrement modifiée par Jimmy Plourde) ; « Jedes psychische Phänomen ist durch das charakterisiert, was die Scholastiker des Mittelalters die intentionale (auch wohl mentale) Inexistenz eines Gegenstandes genannt haben, und was wir, obwohl mit nicht ganz unzweideutigen Ausdrücken, die Beziehung auf einen Inhalt, die Richtung auf ein Objekt (worunter hier nicht eine Realität zu verstehen ist), oder die immanente Gegenständlichkeit nennen würden. Jedes enthält etwas als Objekt in sich, obwohl nicht jedes in gleicher Weise. In der Vorstellung ist etwas vorgestellt, in dem Urteile ist etwas anerkannt oder verworfen, in der Liebe geliebt, in dem Hasse gehasst, in dem Begehren begehrt, usw. Diese intentionale Inexistenz ist den psychischen Phänomenen ausschliesslich eigentümlich » (Brentano, 1874, volume I, Livre II, Chapitre 1, § 5, pp. 124–25).
[26] Meinong (1999: 65) ; « Daß man nicht erkennen kann, ohne etwas zu erkennen, allgemeiner: daß man nicht urteilen, ja auch nicht vorstellen kann, ohne über etwas zu urteilen, etwas vorzustellen, gehört zum Selbstverständlichsten, das bereits eine ganz elementare Betrachtung dieser Erlebnisse ergibt » (Meinong 1904: 1).

priétés au moyen desquelles ces objets sont conçus. Meinong affirme en effet : « La célèbre montagne d'or est dorée, mais le carré rond est tout aussi rond qu'il est carré »[27]. La plupart des étudiants de philosophie connaissent les contre-exemples célèbres que Bertrand Russell a formulés à l'encontre de cette thèse. Russell soutient que le carré rond viole non seulement certaines lois logiques, mais qu'il viole également les faits contingents. Si l'on admet la loi géométrique qui dit que tout ce qui est rond n'est pas carré, alors la position de Meinong implique que le carré rond est et n'est pas carré. Il viole ainsi la loi de non-contradiction. De plus, selon les principes de Meinong, on devrait dire que la montagne d'or qui existe est dorée, est une montagne et existe, ce qui est contraire aux faits.

On considère généralement qu'Edmund Husserl a adopté une autre stratégie pour rendre compte de la directionalité de nos états mentaux dans les cas d'objets fictifs. Il a nié qu'il y ait des carrés ronds, des montagnes d'or, etc., de quelque sorte que ce soit. Plutôt que d'opter pour une telle stratégie, il a fait appel à la réduction phénoménologique et « mis entre parenthèses » le monde extérieur pour se concentrer sur le monde des phénomènes mentaux. Il a alors remarqué que ces phénomènes ont un certain contenu, le *sens noématique*, qui est non seulement responsable de la direction de nos pensées vers le monde, mais qui est également responsable du fait que ces pensées se présentent tout à fait *comme* des pensées d'arbres, de personnes, de carrés ronds de montagnes d'or, etc. Voici un passage classique des *Ideen* où Husserl traite de l'état mental qu'est la perception d'un arbre réel dans le monde naturel et où il fait une distinction entre l'arbre dans la nature et le *sens* ou la signification de la perception, qui est quelque chose d'abstrait et qui implique quelque chose tel que le concept d'un arbre :

> C'est « dans » la perception réduite (dans le vécu phénoménologique pure) que nous découvrons, comme appartenant indissolublement à son essence, le perçu comme tel qui demande à être exprimé comme « chose matérielle », « plante », « arbre », « en fleur », etc. Les *guillemets* sont manifestement significatifs, ils expriment ce changement de sens, la modification radicale de signification que le mot a subie parallèlement.

---

[27] Meinong (1999: 72 ; traduction légèrement modifiée par JP) ; « Nicht nur der vielberufene goldene Berg ist von Gold, sondern auch das runde Viereck ist so gewiß rund als es viereckig ist » (Meinong 1904: 8).

L'arbre pur et simple (*schlechthin*), la chose dans la nature, ne s'identifie nullement à ce *perçu d'arbre comme tel*, en tant que sens de la perception, appartient à la perception et en est inséparable. L'arbre pur et simple peut flamber, se résoudre en ses éléments chimiques, etc. Mais le sens – le sens de *cette* perception, lequel appartient nécessairement à son essence – ne peut pas brûler, il n'a pas d'éléments chimiques, pas de force, pas de propriétés naturelles (*realen*)[28].

Dans les cas tels que celui où nous pensons, à tort, que nous voyons un arbre au loin ou celui où nous pensons, avec raison, que le carré rond est impossible ou encore celui où nous cherchons la fontaine de jouvence, Husserl dirait que, bien que le monde ne contient pas l'arbre, le carré rond ou la fontaine de jouvence, nos états mentaux peuvent être caractérisés comme ayant un sens auquel les concepts « arbre » ou « rond et carré » ou « fontaine qui procure la vie éternelle » s'appliquent. De plus, ces concepts s'appliquent au sens ou au contenu de notre état mental d'une manière particulière. Bien qu'il puisse être tentant de penser que les guillemets introduits par Husserl changent la signification des mots auxquels ils s'appliquent, cela pose un problème. Car si le mot « arbre » changeait de signification aussi bien lorsque Husserl le met entre guillemets que lorsqu'il utilise le résultat pour décrire le sens de notre état mental, ce serait alors un mystère que de dire comment l'état mental pourrait nous diriger vers des *arbres*. Mais il y a une meilleure interprétation de l'utilisation que Husserl fait des guillemets.

Afin de bien comprendre cette interprétation, il convient de se pencher d'abord sur la position d'Ernst Mally, l'étudiant de Meinong et son successeur à sa chaire à l'Université de Graz. Dans son ouvrage de 1912,

---

[28] Husserl (1950: 308–09) ; « "In" der reduzierten Wahrnehmung (im phänomenologisch reinen Erlebnis) finden wir, als zu ihrem Wesen unaufhebbar gehörig, das Wahrgenommene als solches, auszudrücken als "materielles Ding" "Pflanze" "Baum", "blühend" usw. Die *Anführungszeichen* sind offenbar bedeutsam, sie drücken jene Vorzeichenänderung, die entsprechende radikale Bedeutungsmodifikation der Worte aus. Der *Baum schlechthin*, das Ding in der Natur, ist nichts weniger als dieses *Baumwahrgenommene als solches*, das als Wahrnehmungssinn zur Wahrnehmung und unabtrennbar gehört. Der Baum schlechthin kann abbrennen, sich in seine chemischen Elemente auflösen usw. Der Sinn aber – Sinn *dieser* Wahrnehmung, ein notwendig zu ihrem Wesen Gehöriges – kann nicht abbrennen, er hat keine chemischen Elemente, keine Kräfte, keine realen Eigenschaften » (Husserl 1913: 184).

Gegenstandstheoretische Grundlagen der Logik und Logistik, Mally écrit :

> ... Dans la pensée « courbe fermée plane dont les points sont à une même distance d'un point », quelque chose, un individu quelconque ou une chose de la classe des cercles, -que l'objectif faisant figure d'objet de l'assomption rempli- est signifié. (...) Ce qui est en revanche immédiatement pensé dans le concept, c'est l'objet « courbe fermée plane etc. ». Cet *abstractum* conceptuel est simplement pensé dans le concept et non signifié. On ne présuppose pas qu'il est rempli par l'objectif constitutif, (...) « *le cercle* » (*in abstracto*) *ne remplit pas* les objectifs qui sont présents [*angenommen*] dans le concept de cercle, (...) ce n'est pas un cercle et il ne tombe donc pas sous l'extension du concept de cercle, n'appartient pas à la classe des cercles (...)

> (...) Nous disons que l'objet (abstrait) « cercle » est défini ou déterminé par les objectifs « être une ligne fermée », « être une figure plane » et « ne contenir que des points qui sont à une *même* distance d'un point »[29].

Il est clair que ce que Mally dirait ici, c'est que le carré rond est *déterminé* par les propriétés d'être rond et d'être carré, mais qu'il ne *satisfait* pas ces propriétés. Comme certains d'entre vous le savent déjà, j'ai suggéré par le passé que nous remplacions la terminologie de Mally en reformulant sa position comme suit : le carré rond *encode* la rondeur et la carréité, mais il ne les *exemplifie* pas. L'exemplification et l'encodage doivent être compris comme deux modes de prédication. Il est important de noter ici que la position de Mally n'est pas sujette aux objections de Russell : l'idée que le carré rond ne fait qu'encoder la rondeur et la carréité est consistante avec la loi qui dit que tout ce qui exemplifie la ron-

---

[29] « (...) Im Gedanken "geschlossene ebene Kurve, deren Punkte von einem Punkte gleichen Abstand haben" ist etwas gemeint, das die angenommenen Objektive erfüllt, irgendein Individuum oder Ding aus der Klasse der Kreise (...) Was aber im Begriffe unmittelbar gedacht ist, das ist der Gegenstand "geschlossene ebene Kurve, usw." Dieses begriffliche Abstraktum ist im Begriffe bloß gedacht, nicht auch gemeint. Von ihm ist die Erfüllung der konstitutiven Objektive nicht vorausgesetzt, (...) "*der Kreis*" (in abstracto) *erfüllt* die im Kreisbegriffe angenommenen Objektive *nicht*, (...) er ist nicht ein Kreis; er fällt deshalb auch nicht unter den Umfang des Kreisbegriffes, gehört der Klasse der Kreise nicht an, (...).
(...) Wir sagen: der (abstrakte) Gegenstand "Kreis" ist definiert oder determiniert durch die Objektive "eine geschlossene Linie zu sein", "in der Ebene zu liegen", und "nur Punkte zu enthalten, die von *einem* Punkte gleichen Abstand haben" » (Mally 1912: 63–64).

deur n'exemplifie pas la carréité. De même, l'idée que la montagne dorée qui existe ne fait qu'encoder ces trois propriétés est consistante avec le fait contingent que rien n'exemplifie ces trois propriétés.

Dans Zalta (1998), le passage de Mally que je viens de citer ainsi que d'autres passages (Mally 1912: 76 et Mally 1971: 58, note 14) ont été comparés avec le passage des *Ideen* cité précédemment, ainsi qu'avec d'autres passages de cet ouvrage (pp. 184, 187, 270–71). Les conclusions que j'ai tirées de ces comparaisons sont les suivantes : Mally est d'accord avec Husserl pour dire que rien n'exemplifie les propriétés d'être rond et carré ou encore d'être une fontaine de jouvence, etc., et ils seraient d'accord pour dire que nos états mentaux portant sur le carré rond, la fontaine de jouvence, etc., impliquent un certain objet intermédiaire. Mally appellerait cet objet intermédiaire un déterminé abstrait, tandis que Husserl parlerait d'un sens noématique ou peut-être d'une essence. Ainsi, une logique ou une théorie des objets de Mally est susceptible de contribuer à nous donner une logique ou une théorie des sens noématiques de Husserl.

Le fait que le second mode de prédication de Mally pourrait être utilisé afin d'expliquer l'usage que Husserl fait des guillemets de la mise entre parenthèses milite en faveur de cette idée[30]. Lorsque Husserl dit que "« arbre »" (c'est-à-dire le mot « arbre » entre guillemets de la mise entre parenthèses) caractérise le sens noématique de notre perception d'un arbre, au lieu de penser que les guillemets de la mise entre parenthèses changent la signification du mot « arbre », nous pouvons supposer qu'ils changent le mode de prédication. La même propriété d'être un arbre est non seulement exemplifiée par l'arbre dans la nature, mais elle est également encodée par le sens noématique de manière à lui donner une direction vers les choses dans le monde qui exemplifient cette propriété. Autrement dit, lorsque Husserl utilise correctement les guillemets de la mise entre parenthèses pour caractériser le sens noématique, cela équivaut à asserter que le sens noématique encode la propriété exprimée par ces mots. Dans le cas où l'on pense au carré rond ou à la fontaine de jouvence, le sens noématique de notre état mental encode les propriétés pertinentes bien qu'aucun objet n'exemplifie ces propriétés.

---

[30] Nous utilisons ici les guillemets doubles « " » et « " » pour indiquer « la mise entre parenthèses » de Husserl [ndt].

Bien que le rapprochement effectué entre Mally et Husserl suggère que leurs positions diffèrent de celle de Meinong, il y a un moyen de préserver les intuitions de Meinong à l'intérieur de ce contexte. Dans les cas où l'objet n'existe pas, nous pouvons utiliser les objets de Mally non seulement comme des sens noématiques (comme des contenus) d'états mentaux, mais également comme l'*objet* de ces états et comme les *dénotations* des termes tels que « Zeus », « la fontaine de jouvence », « le carré rond », etc. Meinong a dit, en langage naturel, que le carré rond *est* (c'est moi qui souligne) rond et carré. Mais si la prédication du langage naturel est ambiguë de telle sorte que « x est F » est structurellement ambiguë entre « x encode F » et « x exemplifie F », alors il y a une lecture du propos de Meinong telle que ce qu'il dit est vrai : le carré rond (conçu ici tel que Mally le conçoit) est rond et carré, car il encode la rondeur et la carréité.

2 Findlay, Castañeda, Rapaport

L'oeuvre de Mally a été présentée aux lecteurs anglophones par son étudiant J. N. Findlay en 1933. Cette année-là, Findlay a publié *Meinong's Theory of Objects* où il écrit (d'après le texte de la deuxième édition, c'est-à-dire celle de 1963: 111) :

> Selon la position de Mally, toute détermination détermine un objet, mais ce ne sont pas toutes les déterminations qui sont satisfaites (*erfüllt*) par un objet. La détermination « être bipède et sans plumes » *détermine* le déterminé abstrait « bipède sans plumes » qui est généralement appelé un « concept », mais elle est *satisfaite* par à peu près tous les êtres humains. D'autre part, la détermination « être rond et carré » détermine le déterminé abstrait « carré rond », mais elle n'est satisfaite par aucun objet. (...) le déterminé d'une certaine détermination n'a pas besoin de *posséder* la détermination. Le carré rond n'est pas vraiment rond ni même carré.

Puis, un peu plus loin, Findlay (1963: 183) écrit :

> Selon la théorie de Mally, l'objet « quelque chose qui est bleu » est seulement le déterminé de la détermination « être bleu » ; il ne *satisfait* pas cette détermination. Les seuls objets qui satisfont la détermination d'être bleu sont les existants bleus concrets. (...)
>
> Nous appréhendons des existants concrets au moyen des déterminés de certaines déterminations. Nous saisissons le déterminé *complètement, au niveau de* l'objet qui satisfait un ensemble de déterminations. On ne ré-

fère pas spécifiquement au déterminé. Le déterminé est appréhendé en étant saisi complètement (*wir erfassen es durchgreifend*), alors que l'objet qui *a* les déterminations est ce à quoi on réfère.

La présentation de Findlay de l'oeuvre de Mally est restée sans écho presque 50 ans. Cependant, son étudiant, W. Rapaport, a aussi développé une théorie des objets meinongiens sur la base d'une distinction entre deux sortes de prédication. Rapaport a développé cette conception duale de la prédication dans sa thèse de 1976. Je cite ici cependant son article de 1978.

En 1974, H.-N. Castañeda a développé, de manière indépendante, une théorie des « guises » [*guises*] pour l'analyse de la pensée et du langage. Il est parti du principe qu'il y a plusieurs sortes de prédication qui sont pertinentes pour les guises. À ma connaissance, Castañeda ne fait état d'aucun lien entre ses guises et

> Bien que l'idée qu'il y ait plus d'une façon dont un objet peut posséder une propriété remonte aux *Catégories* d'Aristote, la première théorie élaborée à incorporer pleinement deux copules est celle de Castañeda. Sa prédication « interne » correspond approximativement à ce que j'appellerai la « constitutivité » et sa prédication « externe » sert à associer des pairs d'« apparences » (qui correspondent à peu près aux objets meinongiens) avec des « relations de ressemblance » tels que l'identité et la « consubstantiation ».
>
> (…)
>
> Pour différentes raisons dont l'antériorité historique de la théorie de Castañeda, j'emploie deux modes de prédication dans la révision de la théorie de Meinong. (Rapaport 1978: 160)

> Mais il me semble que les montagnes d'or inexistantes ne peuvent être faites d'or de la même manière que les anneaux d'or existants. (Rapaport 1978: 161)

> (…) *quelque soit* l'objet meinongien que *mon anneau d'or* peut exemplifier, il *n*'exemplifie *pas*, comme nous avons vu précédemment, la propriété d'être doré. En revanche, mon anneau d'or actuel, lui, *exemplifie* cette propriété. (Rapaport 1978: 162)

Bien que Rapaport ne mentionne pas Mally dans sa présentation de la théorie d'une copule duale, ces passages militent en faveur de la thèse selon laquelle la théorie que Rapaport a développée est une version de la théorie de Mally.

3 La théorie formelle de l'objet

J'ai été amené à m'intéresser au travail de Mally suite à la lecture de Findlay (1933/1963), Castañeda (1974) et Rapaport (1978) au moment où j'étudiais le manuscrit que T. Parsons allait faire publier en 1980 sous la forme de son livre *Nonexistent objects*. Parsons montre comment formuler de manière rigoureuse une théorie meinongienne qui systématise la distinction entre propriétés nucléaires et propriétés extranucléaires[31]. Il semblait naturel d'adopter la méthode de Parsons et de développer une alternative : une théorie meinongienne formelle reposant sur une réglementation de la distinction entre deux sortes de prédication.

Après avoir élaboré le système formel dans une série de textes qui n'ont alors pas été publiés et qui ont été, par la suite, incorporés à ma thèse de doctorat ainsi que dans un texte sur les objets non existants écrit avec A. McMichael (McMichael et Zalta 1980), j'en suis venu à produire une version plus aboutie du formalisme et des axiomes de la théorie dans mon ouvrage de 1983[32]. Dans cette étude, je représente les deux sortes de formules atomiques comme suit :

$F^n x_1 \ldots x_n$ ('$x_1, \ldots, x_n$ exemplifie la relation F^n')

xF^1 ('x encode la propriété F^1')

En prenant ces deux sortes de formules comme point de départ, il est relativement simple de construire un calcul modal des prédicats exprimant et assertant des thèses simples et complexes contenant les deux sortes de prédication. À l'aide d'un prédicat d'existence « $E!$ », je définis les objets ordinaires (« $O!x$ ») comme les objets qui existent possiblement

---

[31] C'est une distinction que Meinong a empruntée à la distinction de Mally entre les propriétés formelles et les propriétés extraformelles (voir Meinong 1915: 176). Comme Parsons (1980) l'a montré, la distinction peut être exploitée afin de résoudre les objections de Russell à la théorie naïve des objets de Meinong en développant une théorie des entités fictives et en analysant d'autres problèmes de l'histoire de la philosophie. Parsons (1980) a eu un impact important et durable sur ma compréhension de la philosophie.

[32] Les contributions d'Alan McMichael au développement de la théorie ont été cruciales. Il m'a aidé à formuler le dernier axiome consistant requis pour compléter la théorie (l'axiome de relation compréhension) et m'a introduit aux techniques de la sémantique algébrique requises pour interpréter cet axiome.

(« ◊E!x »), et les objets abstraits (« A!x ») comme les objets qui ne pourraient pas exister (« ¬◊E!x »). Cela permet de formuler des thèses dans lesquelles on quantifie telle que « ∃xA!x », qui asserte (en supposant une lecture non quinienne des quantificateurs) qu'*il y a* des objets abstraits (sans que cela implique que ces objets existent), c'est-à-dire qu'il y a des objets qui ne pourraient pas exister. Il est important de noter que l'on peut également lire le prédicat « E! » comme dénotant la propriété d'être concret. Les objets ordinaires sont alors définis comme les objets concrets possibles et les objets abstraits sont alors définis comme les objets qui ne pourraient être concrets[33]. Ainsi, si l'on adopte la lecture quinienne du quantificateur « ∃ » et entendait par ce quantificateur « il existe », la thèse « ∃xA!x » asserterait l'existence d'objets abstraits et non seulement qu'ils ont l'être. J'ai tendance à privilégier cette seconde lecture aujourd'hui, car cela fait de la théorie une sorte de platonisme. Mais, pour les besoins de cet exposé, disons que l'interprétation faisant de « E! » un symbole signifiant « existe » nous donne une position davantage en droite ligne avec celle de Meinong.

Cela dit, il est relativement simple de formuler des thèses concernant les objets ordinaires et les objets abstraits dans notre langage. Afin de dire que les objets ordinaires obéissent aux lois de Leibniz, on peut écrire :

$O!x \ \& \ O!y \ \& \ \forall F(Fx \equiv Fy) \rightarrow x = y$

Autrement dit, si les objets ordinaires x et y exemplifient les même propriétés, ils sont identiques. De même, on peut dire que les objets abstraits obéissent à un principe parallèle d'identité :

$A!x \ \& \ A!y \ \& \ \forall F(xF \equiv yF) \rightarrow x = y$

Autrement dit, si les objets abstraits x et y encodent les mêmes propriétés, ils sont identiques. On peut dire qu'il est impossible que les objets ordinaires encodent les propriétés suivantes :

$O!x \rightarrow \Box \neg \exists F \ xF$

---

[33] J'ai insisté sur l'importance de cette autre lecture dans Zalta (1988: 102–04) et ai mentionné quelque chose de similaire dans Zalta (1983: 50–52).

Finalement, on peut dire que le schéma axiomatique fondamental de la théorie, soit celui voulant qu'il y a, pour toute condition φ relative aux propriétés exprimables dans le langage, un objet abstrait qui encode exactement les propriétés qui satisfont ladite condition (le schéma dit de « compréhension ») :

$\exists x(A!x \:\&\: \forall F(xF \equiv \varphi))$, où φ ne contient aucune variable libre

L'instance suivante de ce schéma de compréhension dit qu'il y a un objet abstrait qui encode uniquement deux propriétés, la rondeur (« R ») et la carréité (« C ») :

$\exists x(A!x \:\&\: \forall F(xF \equiv F = R \vee F = C))$

Si nous prenons « $G \Rightarrow F$ » comme une abréviation de la thèse que la propriété G implique nécessairement la propriété F, c'est-à-dire que $\Box \forall y(Gy \to Fy)$, alors on peut aussi dire qu'il y a un objet abstrait qui encode toutes les propriétés impliquées par les propriétés d'être rond et d'être carré :

$\exists x(A!x \:\&\: \forall F(xF \equiv R \Rightarrow F \vee C \Rightarrow F))$

Les deux objets dont nous venons de discuter sont très utiles pour analyser différents contextes du langage naturel qui contiennent la description ordinaire « le carré rond ». Notez également que ces objets sont consistants avec la loi qui dit que tout ce qui exemplifie la rondeur n'exemplifie pas la carréité ($\forall x(Rx \to \neg Cx)$).

4 Leibniz et Platon

Nous nous penchons maintenant sur les façons dont la théorie peut être appliquée au travail des philosophes qui n'appartiennent pas à la tradition à laquelle nous nous sommes intéressés jusqu'ici. Pour ce faire, il est utile de disposer de certaines descriptions canoniques des objets abstraits. Etant donné notre schéma de compréhension et le principe gouvernant l'identité pour les objets abstraits, il y a, pour n'importe quelle formule φ que nous choisissons, un seul objet abstrait qui encode uniquement les propriétés qui satisfont la condition φ (il ne pourrait y avoir deux objets abstraits *distincts* qui encodent exactement les propriétés qui satisfont la condition φ, puisque des objets abstraits distincts doivent se distinguer par une de leurs propriétés encodées). Ainsi, peut importe quelle formule φ nous utilisons, la description définie suivante est toujours bien définie :

$\imath x(\text{A}!x\ \&\ \forall F(xF \equiv \varphi))$

Cette description se lit comme suit : l'objet abstrait qui encode exactement les propriétés qui satisfont la condition φ.

4.1 Leibniz

Dans un article récent (2000a), j'ai cherché à montrer comment la théorie que je viens de présenter permet l'intégration des idées que l'on trouve dans les écrits de logique de Leibniz à celles de sa métaphysique modale. Afin de présenter ces dernières, il faut définir (1) le concept (individuel et complet) de l'objet ordinaire u ('c_u'), (2) le concept G ('c_G') et (3) le concept c contient le concept c' ('$c\text{XXX}c'$') :

$c_u =_{df} \imath x(\text{A}!x\ \&\ \forall F(xF \equiv Fu))$

$c_G =_{df} \imath x(\text{A}!x\ \&\ \forall F(xF \equiv G \Rightarrow F))$

$c\ \text{XXX}\ c' =_{df} \forall F(c'F \to cF)$

De ces définitions et du fait qu'Alexandre exemplifie la propriété d'être un roi ('Ra'), il s'ensuit que le concept (individuel et complet) d'Alexandre ('c_a') contient le concept d'être un roi ('c_R'). Car, si l'on suppose que c_R encode une propriété, par exemple P, alors, en vertu de la définition de c_R, $R \Rightarrow P$, c'est-à-dire, $\Box \forall x(Rx \to Px)$. Mais comme on a Ra par hypothèse, il s'ensuit que Pa. Ainsi, en vertu de la définition de c_a, le concept d'Alexandre encode la propriété P. Autrement dit, il suit de cela que c_aP. Comme nous avons montré, pour une propriété quelconque P, que si c_R encode P, alors c_a encode P, nous avons établi que toute propriété encodée par c_R est encodée par c_a. Ainsi, par définition, le concept d'Alexandre contient le concept d'être un roi ('$c_a\ \text{XXX}\ c_R$').

Il est possible d'étendre ces idées au sujet des concepts complets et individuels et de l'inclusion conceptuelle à la notion de monde possible en définissant et en investiguant les propriétés de cette dernière à l'aide des premières. Dans des travaux antérieurs (1983 et 1993), j'ai attiré l'attention sur le fait qu'on peut dire des objets abstraits qu'ils encodent une proposition p en vertu du fait qu'ils encodent la propriété propositionnelle *être tel que p* ('$[\lambda yp]$')[34]. Un objet x était alors défini comme un monde possible uniquement dans le cas où x aurait pu encoder toutes et uniquement toutes les propositions vraies, c'est-à-dire si et seulement si $\Diamond \forall p(x[\lambda yp] \equiv p)$. Cette définition et les conséquences qui en résultent pour les mondes ont été exploitées dans Zalta (2000a) de façon à établir un lien entre le « calcul des concepts » que Leibniz a décrit dans de nombreux textes inédits de logique et sa métaphysique modale des concepts individuels complets. Le théorème fondamental du calcul des concepts et le théorème fondamental de la métaphysique modale de Leibniz se sont ainsi avérés être les conséquences d'une seule théorie des concepts. Le théorème fondamental du calcul des concepts est la thèse selon laquelle :

Le concept F contient le concept G ssi le concept F est identique à la somme du concept F et du concept G

$c_F \text{ XXX } c_G \equiv c_F = c_F \oplus c_G$

(ici la somme des concepts x et y, x⊕y, est définie comme l'objet qui encode les propriétés encodés par x et celles encodées par y).

---

[34] Ces propriétés propositionnelles sont logiquement bien dressées et obéissent à la λ-conversion :

$[\lambda y \varphi(y)]x \equiv \varphi(x/y)$

Cette formule dit: un objet x exemplifie la propriété *être un y tel que φ* ssi x est tel que φ. (La notation "$\varphi(y)$" indique que y peut ou ne peut pas être libre dans φ, et la notation '$\varphi(x/y)$' indique le résultat de la substitution de x pour y dans φ où cela est défini de la manière usuelle). En tant qu'instance particulière s'appliquant à des cas où y n'est pas libre dans φ, considérez la λ-expression '$[\lambda y\, Pb]$' qui pourrait bien représenter la propriété *être tel que Bush est président* :

$[\lambda y\, Pb]x \equiv Pb$

(Notez que lorsque $\varphi(y)$ est la formule 'Pb', alors $\varphi(x/y)$ est aussi la formule 'Pb'.) Ainsi, quelque chose exemplifie la propriété d'être tel que Bush est président si et seulement si Bush est président.

Afin d'énoncer ce qui pourrait bien être le théorème fondamental de la métaphysique modale de Leibniz, nous définissons une « réplique » du concept Adam, soit, en l'occurrence, être n'importe quel des concepts des « multiples Adam possibles » auxquels Leibniz réfère parfois (on peut ici en donner une formulation formellement précise, mais il n'est pas nécessaire que l'on s'attarde à cette question). Puis, disons qu'un concept individuel c_u d'un objet ordinaire u *apparaît à* un monde m uniquement lorsqu'il y a un individu ordinaire qui exemplifie, à m, toutes et uniquement toutes les propriétés que c_u encode. Le théorème fondamental de la métaphysique modale de Leibniz semble alors pouvoir être rendu correctement par une formule telle que la suivante :

> Si l'objet ordinaire u exemplifie une propriété F qu'il aurait pu ne pas exemplifier, alors (le concept u contient le concept F et) il y a une réplique du concept u qui ne contient pas F, mais qui *apparaît* à un monde possible (non-actuel).

> $(Fu \;\&\; \Diamond \neg Fu) \rightarrow [(c_u \text{ XXX } c_F) \;\&\; \exists x(Réplique(x, c_u) \;\&\; x \text{ XXX } c_F \;\&\; \exists m(m \neq m_\alpha \;\&\; Apparaît(x, m)))]$

À ma connaissance, peu de systèmes philosophiques ont intégré les calculs logiques de Leibniz et sa métaphysique modale de façon à ce que les théorèmes fondamentaux des deux théories puissent être déduits.

4.2 *Platon*

Passons maintenant à une découverte intéressante de Constance Meinwald (1991 et 1992) qui suggère que Platon a implicitement développé une théorie impliquant deux modes de prédication dans son *Parménide* et que cette distinction permet de résoudre le problème du troisième homme. Dans Meinwald (1992: 378), il est écrit :

> Le temps est maintenant venu de se pencher sur la seconde partie du dialogue. Je crois que Platon a composé cette partie de façon à nous faire saisir une distinction entre deux sortes de prédication auxquelles il réfère, dans le *Parménide*, à l'aide des expressions « en relation à soi-même » (*pros heauto*) et « en relation aux autres » (*pros ta alla*). (…) Une prédication d'un sujet à lui-même subsiste en vertu d'une relation interne à la nature du sujet et peut ainsi être employée afin de révéler la structure de

cette nature. En revanche, une prédication en relation aux autres a trait à la manifestation de la part du sujet d'une certaine caractéristique.

Peut-on représenter cette distinction entre deux sortes de prédication dans l'œuvre de Platon dans les termes de notre distinction entre « x encode F » (« x est F en relation avec lui-même ») et « x exemplifie F » (« x est F en relation à d'autres ») ? À ce sujet, on trouve dans l'article de Meinwald (1992 : 385–86) le passage suivant :

> Nous avons fait remarquer plus tôt que bien que l'argument [du troisième homme] est sérieusement sous spécifié, il repose sur une version de l'affirmation cruciale :
>
> Le Grand est grand
>
> afin de nous mener tout droit à la conclusion menaçante :
>
> Le Grand et les autres grands objets doivent maintenant avoir quelque chose de nouveau en commun en vertu duquel ils vont tous être grands.
>
> (...) Mais il est maintenant clair que la (première) prédication n'affirme pas que le Grand est lui-même grand de la même manière que les groupes originaux de grandes choses l'est (sic). Cela ne nous oblige donc pas à admettre un nouveau groupe de grandes choses dont la possession d'une propriété commune nous oblige à remonter encore une fois d'un cran dans la hiérarchie pour produire une nouvelle Forme.

Je pense que la distinction entre « xF » et « Fx » est ce qui est en jeu ici. Dans mon livre de 1983 (chapitre II, section 1), j'ai essayé d'invalider l'argument du troisième homme de la même manière que celle suggérée par Meinwald. À ce moment-là, je concevais la forme de F comme l'objet abstrait qui encode uniquement la propriété F. J'ai soutenu que la Forme de F « est » F seulement en ce sens où elle encode F et pas dans le sens où elle exemplifie F. Bien que j'ai essayé de montrer que la théorie des formes qui en résulte traduit bien les idées des textes de Platon, mon travail ne s'appuyait pas sur l'érudition dont Meinwald a fait preuve. Avec la parution de ses travaux, nous avons maintenant une spécialiste de Platon qui a trouvé des éléments textuels en faveur de cette idée.

F. J. Pelletier et moi en sommes venus par la suite à réviser ma position originale de façon à concevoir la forme de F comme l'objet abstrait qui encode toutes les propriétés nécessairement impliquées par F. Dans notre article, Pelletier et Zalta (2000 : 166), nous avons soutenu que :

Un de nos objectifs est de montrer qu'il y a une position logiquement cohérente admettant deux modes de prédication qui (1) permet une formulation précise de la théorie des formes et (2) permet de surmonter la difficulté que constitue l'argument du troisième homme.

En ayant recours à la distinction entre encoder et exemplifier une propriété, nous avons fait remarquer qu'il y a deux sortes de *participation* qui peuvent être définies. Si nous voulons invalider l'argument du troisième homme sur la base d'une distinction entre modes de prédication, il faut considérer si et comment il s'applique aux deux modes de prédication. C'est ce que nous avons montré dans notre article[35].

5 Frege et Russell

5.1 Frege

L'article de 1987 de Boolos en est un autre qui suggère que deux sortes de prédication sont centrales dans la théorie d'un philosophe connu. Dans son interprétation des *Fondements de l'arithmétique* de Frege, Boolos (1987: 3) écrit :

> Ainsi, bien qu'il y ait une distinction entre deux types d'entités dans les *Fondements* (les concepts et les objets), il est clair que Frege n'utilise pas une, mais deux relations d'instanciation : « tomber sous » (lie des objets à des concepts) et « être dans » (lie des concepts à des objets). Il est également manifeste que ces deux relations subsistent parfois réciproquement : le nombre 1 est un objet qui tombe sous « être identique avec 1 », un concept qui est dans le nombre 1.

Est-ce que les deux relations d'instanciation dont Boolos parle peuvent être exprimées dans les termes de nos deux modes de prédication ? Dans Zalta (1999), je suis parvenu à définir, comme suit, (1) *F et G sont dans une correspondance 1-1* (relativement aux objets ordinaires) (« $F \approx_E G$ »), (2) *x compte les G* (ordinaires) (« $Compte(x, G)$ »), et (3) *le nombre de G* (ordinaires) (« $\#_G$ ») :

---

[35] Ceux qui ont lu les articles dans lesquels les deux applications décrites dans cette section sont développées pourront trouver surprenant le fait que la définition de la forme platonicienne de *F* que Pelletier et moi avons utilisé est équivalente, voire la même que la définition du concept leibnizien de *F*. Cela devient toutefois intéressant lorsque l'on établit quels théorèmes peuvent être prouvés en ce qui concerne ces objets philosophiques.

$F \approx_E G =_{df} \exists R[\forall u(Fu \rightarrow \exists!v(Gv \ \& \ Ruv)) \ \& \ \forall u(Gu \rightarrow \exists!v(Fv \ \& \ Rvu))]$

$Compte(x, G) =_{df} A!x \ \& \ \forall F(xF \equiv F \approx_E G)$

$\#_G =_{df} \iota x Compte(x, G)$

Autrement dit, (1) F et G sont dans une correspondance un à un relativement aux objets ordinaires uniquement s'il y a une relation R qui regroupe en paires chaque objet qui exemplifie F avec un unique objet qui exemplifie F et vice et versa ; (2) x compte les G ordinaires seulement si x encode toutes et seulement toutes les propriétés F qui sont dans une correspondance 1-1 avec G pour les objets ordinaires et (3) le nombre des G est l'objet abstrait qui encode tous et seulement tous ces concepts (c'est-à-dire propriétés) qui sont dans une correspondance 1 à 1 avec G (pour les objets ordinaires). De tout cela et d'autres définitions et de deux assomptions indépendamment plausibles, on peut dériver les axiomes de Dedekind-Peano pour la théorie du nombre (Zalta 1999).

Qui plus est, d'autres objets logiques frégéens peuvent être définis en faisant appel à notre second mode de prédication. Par exemple, on peut définir *la valeur de vérité de p* (« $p°$ ») comme suit :

$p° =_{df} \iota x(A!x \ \& \ \forall F(xF \equiv \exists q(q \equiv p \ \& \ F = [\lambda y q])))$

Autrement dit, la valeur de vérité de la proposition p est l'objet abstrait qui encode toutes et uniquement toutes les propositions q qui sont matériellement équivalentes à p. À partir de définitions telles que celles-ci, on peut définir les objets frégéens que sont le vrai et le faux et prouver qu'il s'agit de valeurs de vérité et même qu'il y en a exactement deux[36].

---

[36] Cet ouvrage n'a pas encore été publié mais l'idée est relativement simple. Le vrai (T) est l'objet qui encode toutes les propositions vraies et le faux ($\bot$) est l'objet qui encode toutes les propositions fausses. (Rappelons que nous avons défini plus haut le sens dans lequel un objet abstrait peut encoder une proposition.) Un objet x est une *valeur de vérité* seulement dans le cas où il y a une proposition de telle sorte que $x = p°$. Il s'ensuit maintenant que à la fois T et $\bot$ sont des valeurs de vérité et que tout objet qui satisfait la définition de valeur de vérité est identique ou bien à T, ou bien à $\bot$.

J'espère que vous reconnaîtrez que nos objets abstraits peuvent servir à unifier la philosophie des mathématiques de Frege avec sa philosophie du langage. Car il semble en effet naturel de supposer que le sens du terme τ pour la personne x peut être assimilé à un objet abstrait qui encode des propriétés, notamment, les propriétés qui apparaissent à x comme des caractéristiques de l'objet dénoté par τ lorsque x apprend τ. J'ai essayé d'exposer les avantages de cette conception des sens frégéens dans Zalta (1988 et 2001) (même si je ne m'en suis alors pas tenu à la lettre de la conception frégéenne). D'après la théorie que j'ai proposée, le sens d'une expression n'a pas à « déterminer » la dénotation de l'expression, car les sens peuvent encoder de la « fausse information », c'est-à-dire des propriétés que la dénotation de l'expression n'exemplifie pas. Je considère également que le sens d'une expression τ peut varier avec le temps au fur et à mesure que la personne apprend de l'information nouvelle sur la dénotation de τ dans les contextes dans lesquels elle est utilisée.

5.2 Russell

Je vais maintenant montrer comment une idée de Bertrand Russell peut être préservée à l'intérieur de la théorie de l'objet. Dans son article de 1908, Russell a montré comment on peut prédiquer sans danger des propriétés à des propriétés et à des relations en utilisant une notation avec des types qui évite que les propriétés puissent être prédiquées d'elles-mêmes. C'est un exercice intéressant que de reformuler la théorie de l'objet dans une version simple de la théorie des types de Russell. En élaborant une version en termes de théorie des types de la théorie de l'objet ainsi qu'une version en termes de théorie des types du schéma de compréhension pour les objets abstraits, on peut non seulement dire qu'il y a des individus abstraits, mais également qu'il y a des propriétés abstraites, des relations abstraites, des propriétés abstraites de propriétés etc. Pour chaque type t, il y a des objets ordinaires et des objets abstraits de ce type. Les objets abstraits de type t peuvent encoder des propriétés que des objets de type t exemplifient. Ainsi, lorsque t est le type logique pour des propriétés d'individus, la théorie dira qu'il y a des propriétés abstraites qui encodent des propriétés d'individus et lorsque t est le type de relations entre des individus, alors la théorie dira qu'il y a des relations abstraites qui encodent des propriétés de relations entre individus. Les propriétés et relations abstraites sont utiles dans l'analyse des propriétés et relations fictives (phlogiston, la simultanéité absolue, être une licorne, etc.) ainsi que dans l'analyse des propriétés et relations mathématiques (être un nombre, être un ensemble, successeur, membre, etc.).

Afin d'être en mesure d'apprécier cela dans la pratique, considérons la définition suivante simple de *type* :

1. i est un type

(le type pour les individus)

2. Si $t_1, \ldots, t_n$ sont des types, $\langle t_1, \ldots, t_n \rangle$ est un type

(le type pour les relations à n-places ayant des types $t_1, \ldots, t_n$ comme arguments)

À partir de cette définition, on peut construire un langage autour de formules atomiques typées de la forme « $F^{\langle t_1, \ldots, t_n \rangle} x^{t_1} \ldots x^{t_n}$ » et « $x^t F^{\langle t \rangle}$ ». La formulation générale du schéma de compréhension pour les objets abstraits se lit alors comme suit :

$\exists x^t (A!^{\langle t \rangle} x \ \& \ \forall F^{\langle t \rangle} (xF \equiv \phi))$, où ϕ ne contient aucune variable libre.

Afin de présenter une version plus spécifique de ce principe, prenons le cas où t est $\langle i \rangle$, c'est-à-dire le type des propriétés d'individus. La formule suivante dit alors que pour toute condition ϕ relative aux propriétés de propriétés d'individus, il y a une propriété abstraite qui encode uniquement les propriétés de propriétés qui satisfont ladite condition :

$\exists x^{\langle i \rangle} (A!^{\langle \langle i \rangle \rangle} x \ \& \ \forall F^{\langle \langle i \rangle \rangle} (xF \equiv \phi))$, où ϕ ne contient aucune variable libre x.

Nous verrons, dans les deux dernières sections, pourquoi de telles propriétés abstraites sont requises en philosophie.

6 Kripke

Plusieurs personnes seront sans doute surprises d'apprendre que la thèse des deux modes de prédication se trouve également dans des écrits inédits de Kripke. Mais avant d'aborder cette question, je vais m'efforcer de montrer comment les idées théoriques que je viens de présenter en ce qui concerne les types nous aide à comprendre une thèse particulière que Kripke a présentée dans son livre de 1980. Il dit alors (1982: 146–47) :

> Je défends aussi la conception métaphysique suivante : à supposer que Sherlock Holmes n'existe pas, on ne peut dire d'aucune personne possible que, si elle avait existé, elle *aurait été* Sherlock Holmes. Plusieurs personnes différentes, y compris des personnes réelles ... auraient pu accomplir les exploits de Sherlock Holmes, mais nous ne pourrions dire d'aucune d'entre elles qu'elle serait Holmes, si elle avait accompli ces exploits. Imaginez le contraire, et dites-moi laquelle ç'aurait été.

Juste avant ce passage, Kripke (1982: 145–46) adopte un point de vue similaire en ce qui a trait aux espèces fictives telles que les licornes :

> Si nous supposons, comme je le fais, que les licornes du mythe devaient appartenir à une espèce particulière, sans que par ailleurs le mythe fournisse, sur leur structure interne, assez d'information pour déterminer une espèce unique, alors on ne peut dire d'aucune espèce réelle ou possible qu'elle aurait été l'espèce des licornes.

Ces affirmations de Kripke peuvent être prouvées lorsqu'on les conçoit comme des théorèmes de la version en termes de théorie des types de la théorie de l'objet. Si on conçoit les histoires comme des objets abstraits qui encodent des propositions (dans le sens défini précédemment), alors on peut dire que x est un personnage de l'histoire h uniquement si, pour une certaine propriété F, h encode la proposition que x exemplifie F. Cela permet aussi bien aux objets concrets qu'aux objets abstraits de pouvoir être des personnages de fictions. Mais nous ne voulons identifier que les objets qui *proviennent* [*originate*] d'une fiction dans la portion *a priori* de notre ontologie. Nous pouvons donc dire qu'un objet x apparaît dans h uniquement dans le cas où x est abstrait, est un personnage de h et n'est un caractère d'aucune autre fiction passée. Ainsi, un objet *fictif* peut être défini comme n'importe quel objet qui apparaît dans une certaine histoire. De ces définitions, il suit que les objets fictifs ne sont pas identiques à quelque objet (possible) que ce soit :

$$Fictif(x) \rightarrow \neg \exists y (\Diamond E!y \,\&\, y = x)$$

Notez en passant que si les variables x, y, dans cette formule, sont du type i, (et que 'E!' et '=' sont de type $\langle i \rangle$ et $\langle i, i \rangle$) alors la thèse qui en découle dit qu'aucun individu fictif (tel que Holmes) n'est identique à un individu ordinaire possible. Si la variable est du type $\langle i \rangle$ (et que, encore une fois, 'E!' et '=' sont du type de degré supérieur correspondant), alors la thèse qui en découle dit qu'aucune propriété fictive (tel qu'être une licorne) est identique à n'importe quelle propriété ordinaire (possible)[37].

Le temps est maintenant venu de souligner que notre distinction entre deux modes de prédication apparaît dans les conférences inédites de Kripke de 1973. Dans la troisième conférence, Kripke parle d'un « double usage déroutant de la prédication » et dit que les phrases comme « Hamlet a fait l'objet de discussions de la part de certains critiques littéraires » et « Hamlet était la mélancolie » sont des exemples de deux « types de prédication » qui peuvent être faites au sujet de ce personnage fictif. Kripke affirme ensuite que si l'on « ne saisit pas sur le champ les deux différentes sortes de prédication », alors « on nagera en pleine confusion ». La distinction entre des sortes de prédication est mentionnée également aux quatrième et cinquième conférences et joue un rôle important dans les conférences de Kripke.

Il semble bien que la distinction que Kripke a esquissée est notre distinction entre encodage et exemplification ou qu'elle est parfaitement capturée par cette dernière. On peut rendre les exemples de Kripke comme suit :

Hamlet était la mélancolie

hM

Hamlet a fait l'objet de discussions de la part de certains critiques littéraires

$[\lambda y\ \exists x(Cx\ \&\ Dxy)]h$

---

[37] Ces résultats sont exposés très clairement et en des termes techniques plus détaillés dans un article inédit s'intitulant « How to Prove Important Kripkean Claims (and Validate Other Such Claims) ». Ce texte a été présenté au colloque « Naming, Necessity, and More », qui a eu lieu à Haifa en l'honneur de Kripke. Il est disponible en ligne à l'adresse : http://mally.stanford.edu/publications.html#kripke [à paraître in *Noûs* sous le titre: « Deriving and Validating Kripkean Claims in the Theory of Abstract Objects »].

Le premier énoncé est un énoncé d'encodage tandis que le second est un énoncé d'exemplification. Ce genre de représentation logique du discours à l'intérieur de et sur la fiction est le sujet de Zalta (2000b) et le lecteur désireux d'en savoir davantage sur la question est prié de s'en remettre à ce texte-là.

7 Gödel

Jusqu'à maintenant, nous avons vu comment l'idée séminale sous-jacente à la théorie des objets trouve son origine dans les œuvres des étudiants de Brentano et des étudiants de ses étudiants. Nous avons vu également, d'une part, comment la théorie peut offrir une logique des sens noématiques (ou peut-être une logique des essences) et pourrait ainsi se révéler intéressante pour les phénoménologues et, d'autre part, que le travail de différents philosophes analytiques invoque (explicitement ou implicitement) quelque chose comme cette distinction entre modes de prédication, voire peut être systématisé en termes d'une théorie qui fait cette distinction. J'aimerais maintenant conclure cette étude en abordant le cas d'un philosophe analytique bien connu qui fait explicitement appel à des idées phénoménologiques et ce, afin de voir si la présente théorie des objets peut renforcer qui motive cet appel.

Kurt Gödel a exprimé des idées plutôt énigmatiques dans différents travaux et dans des conversations avec Hao Wang. Des travaux récents de Føllesdal (1995) et Tieszen (1998) ont attiré l'attention sur ces idées. Par exemple, Gödel (*1961/?: 383) écrit :

> (...) on assiste aujourd'hui aux débuts d'une science qui prétend posséder une méthode systématique pour une telle clarification de la signification et c'est la phénoménologie fondée par Husserl. Ici la clarification de la signification consiste à se concentrer plus intensément sur les concepts en question en dirigeant notre attention d'une certaine façon, soit en la dirigeant sur nos actes dans l'utilisation de ces concepts, sur nos propres facultés en produisant ces actes, etc. Ce faisant, on doit avoir clairement à l'esprit que cette phénoménologie n'est pas une science au même sens que les autres sciences. Il s'agit plutôt (ou du moins devrait-il plutôt s'agir) d'une procédure ou technique qui devrait produire en nous un nouvel état de conscience dans lequel nous décrivons en détails les concepts fondamentaux que nous utilisons lorsque nous pensons ou saisissons d'autres concepts fondamentaux inconnus jusqu'à ce jour.

Je ne suis pas certain de saisir ce que Gödel a en tête dans ce passage et c'est pourquoi j'aimerais, avant de m'aventurer dans les conjectures, considérer quelques unes des autres remarques qu'il a faites sur ces sujets et qui sont pertinentes pour la suite de ce travail. Relatant la teneur générale de leur conversation, Wang (1996: 244) écrit : « Dans ses discussions avec moi, Gödel insistait sur l'importance centrale de la méthode axiomatique pour la philosophie ». Wang (1974: 85) a aussi noté les propos suivants de Gödel :

> La philosophie, en tant que science exacte, devrait en faire autant pour la métaphysique que ce que Newton a fait pour la physique. (Wang 1974: 85)

> 5.3.11 La physique a commencé avec l'ouvrage de Newton de 1687 qui ne requérait que de notions primitives très simples : force, masse et loi. Je suis à la recherche d'une théorie similaire pour la philosophie ou la métaphysique. Les métaphysiciens pensent qu'il est possible de découvrir ce qu'est la réalité objective ; il n'y a que peu d'entités primitives qui causent l'existence d'autres entités. La forme (*So-sein*) devrait être distinguée de l'existence (*Da-sein*) : les formes des objets, et non l'existence, ont été conçues au Moyen Âge comme étant parmi nous. (Wang 1996: 167)

> La base de tout est la prédication sensée telle que Px, x appartient à A et ainsi de suite. Husserl avait compris cela. (Wang 1996: 168)

> La philosophie est plus générale que la science. Même la théorie des concepts est plus générale que les mathématiques. (Wang 1996: 308)

En plus de ces éléments de conversation, portez attention à ce passage provenant d'un manuscrit écrit de la main même de Gödel en Gabelsberger et qui s'intitule « Mon point de vue philosophique » : « 12. Il y a une philosophie et théologie scientifique (exacte) qui a pour objet les concepts les plus abstraits et cela est extrêmement bénéfique pour la science »[38]. Certes, ces passages ne sont que vagues et suggestifs. Mais ils indiquent que Gödel croyait qu'une partie de la philosophie pourrait devenir une discipline rigoureuse, que la méthode axiomatique devrait être utilisée lorsque c'est possible et que la prédication constitue la « base pour tout ». Il était également conscient de la distinction entre *être* et

---

[38] « 12. There is a scientific (exact) philosophy and theology, which deals with concepts of the highest abstractness; and this is also most highly fruitful for science » (Gödel *1960/?: 316).

être-tel et a été influencée par la méthode de la réduction phénoménologique de Husserl.

Bien qu'il est certain que Gödel n'avait pas notre théorie en tête dans les remarques précédentes, cette dernière n'en satisfait pas moins les exigences d'une « philosophie scientifique (exacte) » tout en présentant une connexion directe avec les positions de Husserl. Si l'appel aux objets abstraits de Mally constitue une partie de notre meilleure compréhension de l'intentionnalité et du caractère sensé [*meaningfulness*] de nos états mentaux et des expressions de notre langage, alors la présente théorie satisfait sans doute en partie les exigences que Gödel semble imposer[39].

Gödel s'est intéressé aux positions de Husserl en raison des idées qu'elles étaient susceptibles de lui procurer sur des questions fondamentales en philosophie des mathématiques. Je distingue les questions fondamentales en *philosophie* des mathématiques (par exemple, « Est-ce que les objets mathématiques existent ? », « Sur quoi porte le langage mathématique ? », « Comment rend-on compte de la vérité et de la signification apparentes du langage mathématique ? », etc.) des questions fondamentales en matière de *fondements* des mathématiques (par exemple, « Quelle version de la théorie des ensembles est la plus féconde ? », « Quelle est la théorie mathématique qui présente le plus grand pouvoir explicatif ? », « Est-ce que les mathématiques ont besoin de nouveaux axiomes ? », etc.). Si cette distinction est appropriée, alors la présente théorie a une solution aux questions philosophiques les plus basiques concernant les mathématiques. Les solutions à ces questions ont été présentées pour la première fois de manière succincte dans Linsky et Zalta (1995) et de nombreux détails en sont donnés dans Zalta (2000c). L'idée est essentiellement la suivante :

Si l'on conçoit les données de base des mathématiques comme des vérités de la forme « dans la théorie T, p » ou « p est vrai dans T », alors on peut traiter les théories mathématiques comme des objets abstraits qui encodent des propositions (au sens défini précédemment). Représentons

---

[39] En faveur de l'idée que la présente théorie métaphysique constitue la base d'une science exacte, je vous invite à consulter ne serait-ce que brièvement le manuscrit encore inachevé et disponible en ligne. La monographie encore inédite *Principia Metaphysica* contient toutes les conséquences formelles de la théorie de l'objet que j'ai démontré au cours des dernières années. Une version du fichier est disponible à l'adresse : http://mally.stanford.edu/principia1.pdf

d'abord la thèse selon laquelle la proposition p est vraie dans la théorie T à l'aide de '$T \models p$' qui devrait être comprise comme affirmant que T encode la propriété propositionnelle d'*être tel que p*. Supposons ensuite que κ est un terme de la théorie T. Alors, on peut identifier un objet abstrait particulier, κ_T, comme suit :

$$\kappa_T = \iota x(A!x \forall F(xF \equiv T \models F\kappa)$$

Cette formule affirme que l'objet κ de la théorie T est l'objet abstrait qui encode uniquement les propriétés F telles que la proposition $F\kappa$ est vraie dans la théorie T^{40}. Autrement dit, l'objet κ pour la théorie T encode exactement les propriétés que κ exemplifie dans T. Ainsi, par exemple, l'ensemble vide $\emptyset$ de ZF (la théorie des ensembles de Zermelo-Fraenkel) est maintenant identifié comme l'objet abstrait qui encode exactement les propriétés F telles que la proposition *que $\emptyset$ exemplifie F* est vrai dans ZF.

La version en termes de théorie des types de la théorie de l'objet nous permet de généraliser de façon à pouvoir également identifier les propriétés et relations mathématiques. La version en termes de théorie des types du principe d'identification mentionné précédemment se présente comme suit :

$$\kappa^t_T = \iota x^t(A!^{(t)}x \forall F^{(t)}(xF \equiv T \models F\kappa)$$

Afin de voir une instance de notre principe, identifions la relation d'« être un élément de » $\in$ de ZF. C'est une relation de type $\langle i, i \rangle$, car c'est une relation entre des individus (ensembles). Puis, lorsque « $\in$ » et la variable « x » sont du type $\langle i, i \rangle$, et « $A!$ » et la variable « F » sont de type $\langle\langle i, i \rangle\rangle$ (en d'autres termes, ils dénotent ou portent sur des propriétés de relations entre individus), nous avons l'instance suivante de notre principe d'identification :

$$\in_{ZF} = \iota x(A!x \forall F(xF \equiv T \models F\in)$$

---

[40] À strictement parler, tout ceci doit être fait dans le langage de la théorie de l'objet et des détails relativement à la question de savoir comme cela est fait se trouvent dans Zalta (2000c).

Cela signifie que la relation d'« être membre de » ∈ de ZF est la relation abstraite qui encode exactement les propriétés des relations que ∈ exemplifie dans ZF. Il est important de se souvenir ici que cela n'est pas une *définition* du symbole « ∈ », mais sert à identifier théoriquement la relation d' « être membre de » de ZF en termes de vérités de ZF.

Tous ceux qui sont familiers avec les ouvrages de Gödel sur la philosophie et les fondements des mathématiques auront remarqué que des éléments importants de ses écrits vont à l'encontre de la position que je présente ici. Cette dernière considère que chaque théorie mathématique porte (consiste en des vérités) sur son propre domaine d'objets et de relations. Elle considère la relation d'« être membre de » de ZF comme étant différente de la relation d'« être membre de » de ZF + l'axiome du choix et rejette l'idée qu'il y ait une seule théorie correcte des ensembles. Cela nous permet d'analyser le caractère sensé du langage utilisé dans des théories mathématiques arbitraires. A contrario, Gödel semble avoir été d'avis qu'il n'y a qu'une seule théorie correcte des ensembles et que nous n'avons qu'à poursuivre nos recherches jusqu'à ce que l'on trouve les axiomes qui caractérisent le mieux le domaine des ensembles (tous les autres axiomes étant alors tout simplement faux). De plus, Gödel concevait l'objectivité et l'indépendance par rapport aux esprits des objets mathématiques (et plus particulièrement les ensembles) sur le modèle des objets physiques. Il pensait qu'il y a « quelque chose comme une perception (…) des objets de la théorie des ensembles » (1964: 271) et soutient que la question de l'existence objective des objets de l'intuition mathématique « est une réplique exacte de la question de l'existence objective du monde extérieur » (1964: 272).

Mais les positions de Gödel n'ont pas été développées à partir d'une théorie *philosophique* précise des objets et des concepts mathématiques telle que celle que nous venons de présenter. L'usage que Gödel fait des termes « concept mathématique » et « concept abstrait » était philosophiquement naïf. Si la meilleure théorie des objets et des concepts mathématiques est vraie et implique que chaque théorie mathématique porte sur son propre domaine, alors la position de Gödel aurait besoin d'être revue. Comme Linsky et moi l'avons montré dans notre article de 1995, c'est une erreur de concevoir l'indépendance par rapport à l'esprit [*mind-independance*] et l'objectivité des objets abstraits sur le modèle des objets physiques. Les objets et les concepts abstraits ne sont pas indépendants par rapport aux esprits et objectifs de la même façon que les objets physiques : seuls les premiers peuvent et doivent être systématisés au moyen de principes de compréhension. Ces principes de compréhension fondent l'indépendance par rapport aux esprits et l'objectivité des objets abstraits. Linsky et moi avons développé les principes métaphysiques et épistémologiques appropriés pour ce type d'indépendance par rapport à l'esprit et d'objectivité. Je pense que Gödel aurait reconnu l'intérêt de notre position s'il avait eu à sa disposition une métaphysique axiomatique pouvant expliquer le caractère sensé du langage mathématique et offrant un sujet d'études pour les théories mathématiques arbitraires. C'est ce que suggère le passage suivant :

> On entend ici par « concepts abstraits » les concepts qui sont essentiellement de deuxième ou d'un ordre encore plus élevé, c'est-à-dire ceux qui n'ont pas comme contenu des propriétés ou relations d'objets concrets (telles que des combinaisons de symboles), mais plutôt des propriétés ou relations de structures de pensée ou de contenus de pensée (par exemple, des preuves, des propositions sensées, etc.) et où dans les preuves des propositions sur ces objets mentaux des idées sont requises qui ne sont pas dérivées d'une réflexion sur les propriétés combinatoires (espace-temps) des symboles les représentant, mais plutôt d'une réflexion sur les significations concernées. (1972: 271–2)

L'étude des origines communes de la philosophie analytique et de la phénoménologie nous montre que la signification est fondée dans les intentions et l'intentionnalité et je suggère, en conséquence, que les objets intentionnels tels que les objets abstraits de Mally constituent ce qui s'approche le plus de ce que Gödel appelle les « significations concernées ».

8 Conclusion

J'ai essayé d'être le plus minutieux possible en développant ce tour d'horizon de la littérature. Néanmoins, j'ai sans doute passé à côté de textes où l'idée de deux modes de prédication a été effleurée. Mais j'espère que ceux d'entre vous qui sont familiers avec certains de mes travaux auront trouvé quelque chose de surprenant dans cette juxtaposition particulière de sources liées aux fondations et à l'application de la théorie des objets abstraits.

Références

Brentano, F. (1874). *Psychologie vom empirischen Standpunkte*. Leipzig: von Duncker & Humblot. Trad. par M. de Gandillac (1944). *Psychologie du point de vue empirique* Paris : Aubier.

Boolos, G. (1987). « The Consistency of Frege's Foundations of Arithmetic ». In *On Being and Saying*, dir. par J. Thomson. Cambridge, MA : MIT Press, pp. 3–20.

Castañeda, H. N. (1974). « Thinking and the Structure of the World ». *Philosophia* IV, pp. 3–40.

Chisholm, R., dir. (1960). *Realism and the Background of Phenomenology*. Glencoe : Free Press.

Findlay, J. N. (1933). *Meinong's Theory of Objects*. Oxford : Oxford University Press. Pour les références, se rapporter à la seconde édition, *Meinong's Theory of Objects and Values*. Oxford : Clarendon, 1963.

Føllesdal, D. (1995). « Gödel and Husserl ». In *From Dedekind to Gödel : Essays on the Development of the Foundations of Mathematics*, dir. par J. Hintikka. Dordrecht : Kluwer, pp. 427–46.

Gödel, K. (1972). « On an Extension of Finitary Mathematics Which Has Not Yet Been Used ». In *Kurt Gödel : Collected Works*, Volume II, dir. par S. Feferman *et al*. Oxford : Oxford University Press, pp. 271–80.

——. (1964). « What is Cantor's Continuum Problem? ». In *Philosophy of Mathematics : Selected Readings*, dir. par P. Benacerraf et H. Putnam. Englewood Cliffs : Prentice Hall, pp. 258–73.

——. (*1961/?). « The Modern Development of the Foundations of Mathematics in the Light of Philosophy ». In *Kurt Gödel : Collected Works*, Volume III, dir. par S. Feferman et *al*. Oxford : Oxford University Press, pp. 374–87.

——. (*1960/?). « My philosophical viewpoint ». Transcrit d'un manuscrit rédigé en Gabelsberger. In Wang (1996), p. 316.

Husserl, E. (1913). *Ideen zu einer reinen Phänomenologie und phänomenologischen Philosophie*. Halle : Niemeyer. Trad. par P. Ricoeur (1950). *Idées directrices pour une phénoménologie*. Paris : Gallimard.

——. (1982). *General Introduction to a Pure Phenomenlogy*. Trad. par F. Kersten. La Haye : Martinus Nijoff.

Kripke, S. (1973). *The John Locke Lectures* (inédit).

——. (1980). *Naming and Necessity*. Cambridge : Harvard University Press. Trad. par P. Jacob et F. Récanati (1982). *La logique des noms propres*. Paris : Editions de Minuit.

Linsky, B. et E. Zalta (1995). « Naturalized Platonism versus Platonized Naturalism ». *Journal of Philosophy* XCII/10, pp. 525–55.

Mally, E. (1912). *Gegenstandstheoretische Grundlagen der Logik und Logistik*. Leipzig : Barth.

——. (1971) « Großes Logikfragment ». In *Ernst Mally : Logische Schriften*, dir. par K. Wolf and P. Weingartner. Dordrecht : Reidel ; d'un texte inédit datant de 1941.

McMichael, A. et E. Zalta (1980). « An Alternative Theory of Nonexistent Objects ». *Journal of Philosophical Logic* IX, pp. 297–313

Meinong, A. (1904). « Über Gegenstandstheorie ». In *Untersuchungen zur Gegenstandstheorie und Psychologie*, dir. par A. Meinong. Leipzig : Barth. Trad. par J.-F. Courtine et M. de Launay (1999). « Théorie de l'objet ». In *Théorie de l'objet et Présentation personnelle*. Paris : Vrin.

——. (1915). *Über Möglichkeit und Wahrscheinlichkeit*. Leipzig : Barth.

Meinwald, C. (1991). *Plato's Parmenides*. New York : Oxford University Press.

Meinwald, C. (1992). « Good-bye to the Third Man ». In *The Cambridge Companion to Plato*, dir. par R. Kraut. Cambridge : Cambridge University Press, pp. 365–98.

Parsons, T. (1980). *Nonexistent Objects*. New Haven : Yale University Press.

Pelletier, F. J. & Zalta, E. (2000). « How to Say Goodbye to the Third Man ». *Noûs* XXXIV, no. 2, pp. 165–202.

Rapaport, W. (1976). *Intentionality and the Structure of Existence*. Thèse de doctorat, Indiana University.

——. (1978). « Meinongian Theories and a Russellian Paradox ». *Noûs* XII, pp. 153–80.

Russell, B. (1908). « Mathematical Logic as Based on the Theory of Types ». In *Logic and Knowledge*, dir. par R. Marsh. Londres : Unwin Hyman, 1956, pp. 59–102.

Tieszen, R. (1992). « Kurt Gödel and Phenomenology ». *Philosophy of Science* LIX, no. 2, pp. 176–94.

——. (1998). « Gödel's Path from the Incompleteness Theorems (1931) to Phenomenology (1961) ». *Bulletin of Symbolic Logic* IV, no. 2, pp. 181–203.

Wang, H. (1974). *From Mathematics to Philosophy*. New York : Humanities Press.

——. (1996). *A Logical Journey: From Gödel to Philosophy*. Cambridge, MA : MIT Press.

Zalta, E. (2001). « Fregean Senses, Modes of Presentation, and Concepts ». *Philosophical Perspectives* XV, pp. 333–57.

——. (2000a). « A (Leibnizian) Theory of Concepts ». *Philosophiegeschichte und logische Analyse / Logical Analysis and History of Philosophy* III, pp. 137–83.

——. (2000b) « The Road Between Pretense Theory and Object Theory ». In *Empty Names, Fiction, and the Puzzles of Non-Existence*, dir. par A. Everett and T. Hofweber. Stanford : CSLI Publications, pp. 117–47.

——. (2000c). « Neo-Logicism? An Ontological Reduction of Mathematics to Metaphysics ». *Erkenntnis* LIII, no. 1–2, pp. 219–65.

——. (1999). « Natural Numbers and Natural Cardinals as Abstract Objects : A Partial Reconstruction of Frege's Grundgesetze in Object Theory ». *Journal of Philosophical Logic* XXVIII, no. 6, pp. 619–60.

——. (1998). « Mally's Determinates and Husserl's Noemata ». In *Ernst Mally — Versuch einer Neubewertung*, dir. par A. Hieke. St. Augustin : Academia-Verlag, pp. 9–28.

——. (1993). « Twenty-Five Basic Theorems in Situation and World Theory ». *Journal of Philosophical Logic* XXII, pp. 385–428.

——. (1988). *Intensional Logic and the Metaphysics of Intentionality*. Cambridge, MA : MIT Press.

——. (1983). *Abstract Objects : An Introduction to Axiomatic Metaphysics*. Dordrecht : Reidel.

**Troisième partie
Causalité et naturalisme**

10

Norms, Contents, Dependencies and Naturalisms

DANIEL LAURIER

ABSTRACT. — Having noted that the claim that semantic phenomena are essentially normative threatens to lead to a radical form of dualism, I undertake to give it a precise formulation. I emphasize that only a "cognitivist" conception of normativity permits a natural interpretation of this claim. Then I stress that it is essentially concerned with the notion of content, and that it can be understood as aiming at various different kinds of content (mental, symbolic, conceptual, non-conceptual). I distinguish two strategies for showing either that conceptual content is normative or that non-conceptual content is normative. I give reasons for thinking that one of them (which I call the "coherentist" strategy) is plausible only when conceptual content is concerned. I then argue that it is not incoherent to maintain both that non-conceptual content is derived from conceptual content and that the latter can be explained in terms of the former. I go on to suggest that no form of semantic normativism is strictly incompatible with the corresponding form of semantic naturalism, but that there are good reasons for thinking that it is compatible only with trivial forms of semantic naturalism.

1   Meaning and Normativity

The so-called mind-body problem has long been conceived as being basically an ontological problem. Not so long ago, there were (i) dualists, who would claim that there are two kinds of substances, the mental and the physical, (ii) materialists, who would claim that there is only physical substance, and (iii) idealists, who would claim that there is only mental substance. It is no news to anybody that it is today largely (though perhaps not universally) agreed that there is no mental substance, and that all mental "entities" are in fact physical in nature. However, this does not mean that there are no dualists any more, but simply that the question of the relation between mental entities and physical entities has been replaced by a question about the relation between mental properties and physical properties. At this level, there still are those who would claim that mental properties are distinct from physical properties, and those who would deny this.

Now, seen in this light, the problem is not fundamentally different from the problem of whether biological properties, for example, are reducible to physical properties. It is somehow internal to natural science and does not in any way threaten its integrity. For even if we had to admit that mental properties are indeed distinct from physical properties, this might force us to renounce the dream of a unified science and to admit that nature is divided in several compartments, but this would not prevent us from having an empirical science of the mental.

But among those who think that mental properties are irreducible to physical properties, some claim further that they do not reduce to any natural property, and show some inclination to replace the traditional contrast between mind and matter by a contrast between nature and norms (or more precisely, between Nature and Reason). Indeed, it suffices (i) to note that a great many mental phenomena (among the most significant, such as thoughts of all kinds) are intentional, and thus have semantic properties, and to hold that semantic properties are essentially normative, to be lead to the conclusion that a large part of the mental characterizes itself by its normativity. Add that there are no norms in Nature, and you seem to get an especially robust brand of (property) dualism.

It must be emphasized that this kind of dualism does not (necessarily) claim that all mental phenomena have a normative dimension. For instance, if there are mental phenomena which are not intentional, then it can be taken for granted that they can be accounted for with the help of concepts and principles pertaining exclusively to empirical science, even if it could still be asked how their properties are related to physical properties. In other words, the question in this case is just that of whether the natural world reduces to the physical world, and this question is generally taken to be more manageable than that of whether the world *tout court* reduces to the natural world.

If the idea of a great divide between Nature and Reason goes back at least to Kant, the idea that meaning or semantic properties are essentially normative has become explicit only fairly recently, and stems from two main sources. The first and most explicit is Kripke's (1982) discussion of Wittgenstein's remarks on rule-following and private language. The other is Davidson's doctrines of radical interpretation and anomalous monism[1]. In the last twenty years or so, a few people have explicitly written on this subject, most of the time trying to suggest it is not very clear what the putative normativity of meaning could amount to, or to show that, in any case, it does not seriously threaten semantic naturalism. In other words, these discussions tend to dismiss the whole idea of semantic normativity as more or less obscure and/or unhelpful.

In my opinion, it is especially surprising that this idea should have been seen as puzzling, in view of the fact that there is a long tradition of taking the meaning of a sentence to have something to do with the *rules* of its proper use, or with the conditions under which a speaker would be *justified* in asserting it, thus connecting the notion of meaning with the notions of rule and justification, two notions which are widely and traditionally conceived as normative (or, perhaps, evaluative, if one does make this distinction[2]).

It seems to me that part of the reason why saying that meaning is normative may have seemed puzzling is that it is not very well understood what is meant by saying that *anything* is normative, besides statements (or perhaps thoughts and propositions, and facts and states of affairs). But obviously, meanings are not statements, and though some meanings may be (held to be) thoughts or propositions etc., certainly no one has meant to claim that all of these are normative.

---

[1] Another famous proponent of this idea is, in at least some of his moods, Hilary Putnam (e.g. in his (1988)).

[2] Though on the whole, in this paper, I will follow the current and widely shared practice of treating "normative" as more or less interchangeable with "evaluative", despite the fact that there are significant differences between them. This practice seems to be founded on the uncritical view that evaluative terms (or at least the most salient among them, such as "good") carry with them the implication that what they apply to is to be promoted or strived for (or avoided, according to their polarity). But it is at least arguable that serious analysis of evaluative terms will reveal no such general connection.

Some statements are naturally said to be "normative", insofar as they state that something ought to be the case, or is permitted to be the case, or should preferably be the case (either conditionally or unconditionally). It should be stressed that to admit that much does not involve endorsing any specific view of the nature of the normative/descriptive divide. In particular, it remains silent on whether the distinction between normative and descriptive statements should be seen as a matter of their *force*, or as a matter of their (propositional) *content*. Thus, one could allow either that some statements count as normative by virtue of the fact that they are used to endorse or enforce a norm (i.e. that they have some special kind of force or express some special kind of attitude, e.g. one having a distinctive "world-to-mind" direction of fit), or that some statements count as normative simply by virtue of the fact that they purport to state or report a special kind of fact (as for example, when I report that you have been permitted to open the fridge), or both.

These two courses yield two different ways of construing the distinction between the normative and the descriptive, the second of which obviously takes normative statements to be a species of descriptive statements, while the first, insofar as it appeals to a *special* kind of force, would seem to imply that no statement could be both normative and descriptive. But as far as one could tell from the start, it may well turn out that both ways of drawing the distinction (both distinctions) could serve some useful purpose.

On the second, *content-driven* construal, of the normative, a statement would typically count as (content-) normative in virtue of the fact that it involves some deontic expressions (such as "ought", "should" or "may") which, (insofar as they are taken to express "concepts"), could then be claimed to express "normative" concepts; while on the first, *force-driven* construal, no specific kind of expressions need be involved in any (force-) normative statement, since it is not in general necessary that a statement contains any expression explicitly indicating its force. However, if some statements *do* have normative *force*, it would seem that (unless they are all unsuccessful) they (sometimes) create "normative facts", i.e. facts apt to be reported with the help of the other (content-driven) kind of normative statements. On the other hand, it is at least conceivable that certain things be permitted or obligatory, though not in virtue of any force-normative statement having been issued, which suggests that the *content-driven* notion of the normative could not easily be dispensed with, even if the *force-driven* one were taken as primary[3]. This provides some motivation for holding that the notion of normativity involved in the idea that meaning is normative is most plausibly taken as content-driven. For only such a notion of normativity allows one to say that some expressions, besides complete utterances, count as normative, and may be said to express normative concepts, even if somewhat indirectly, by virtue of the fact that they are typically used in making (content-) normative statements, or more accurately, by virtue of the fact that (at least some of) their uses in some statements contribute to *make* (are responsible for making) them (content-) normative statements.

But it must be borne in mind that in saying that these normative expressions express normative concepts it is not meant that *what* these concepts apply to is in any sense "normative". What they apply to, of course, are just ordinary facts or actions, which they sort into normative categories or statuses[4]. I mention this because it is easy to be misled, e.g. by the fact that the word "may" expresses the concept of permission and that this concept applies to norms or normative facts, into thinking that if the word "may" is normative, it is because it applies to norms. To say that something is a permission may be very different from saying that something is permitted, though the concept of "permission" is involved in both cases. In the statement "It is permitted that you open the fridge", what is said to be permitted (what "permitted" applies to) is *that you open the fridge*, but there is no sense in which this could be said to be a norm, a normative fact or a permission, even though it is natural (and no doubt correct in some sense) to say that the word "permitted" does express the concept of permission.

In the same spirit, it should be noticed that, even on the content-driven view of the normative, not every descriptive statement *about* a norm or normative fact counts as a normative statement (viz. "The Clarity Bill (i.e. Bill C-20) has been voted by Parliament yesterday" or more impor-

---

[3] For example, on the ground that there could not be any content-normative statement if there were no force-normative statements.

[4] Just as evaluative concepts are such that just applying them to something (of the appropriate type) makes the resulting statement an evaluative one, so normative concepts (in the relevant sense) are such that just applying them to something makes the resulting statement a normative one. But while evaluative terms may be said to express values, so-called normative terms do not express norms (no term does) but (borrowing a phrase from Brandom) normative statuses.

tantly "If it is permitted to open the fridge, then the sun is shining"). In other words, it does not force one to hold that the mere presence of some normative expression is ever sufficient to turn the statement in which it is used into a normative statement; this may be a necessary part of a sufficient condition, without being a sufficient condition in itself.

In view of what has been said so far, the most straightforward way to read the thesis that meaning is normative would be to understand it as saying that the word "meaning", or more plausibly[5] some related expression such as "means that", (and hence the concept it expresses) is normative in the same (primary) sense in which the expressions "it ought to be the case that" or "it is permitted to be the case that" are, i.e. in the sense that some statements count as (content-) normative (in part) in virtue of the fact that they involve it. A just slightly less straightforward reading would take it to make the weaker claim that the concept of meaning is normative in the (secondary) sense that it could be explained, "analysed", or somehow accounted for in terms of some concepts that count as normative in the primary sense. This is "weaker" because there is no guarantee that any statement will count as normative just in virtue of the fact that it involves some expression (such as "meaning" or "means that") that has been explained in normative terms. But on the other hand, since meaning statements are not overtly normative (otherwise, how could the idea that meaning is normative be seen as controversial?), it is hard to see how the stronger claim could be established without first establishing the weaker one (i.e. how to show that meaning statements are normative without first showing how to paraphrase them with the help of normative terms).

A still weaker reading (but more appropriate in not focusing too narrowly on the word or concept of "meaning") would just take it as the claim that an adequate theory of meaning (an explanation of what it is to mean something, or to have meaning) could be given, that makes essential use of *some* overtly normative expressions. This is "weaker" because there should be no presumption that an adequate account of meaning should provide any way (let alone any perspicuous or useful way) of paraphrasing meaning statements, or produce any statements that could be substituted for meaning statements. This last formulation would also

---

[5] In this respect at least, it may be that the word "meaning" is closer to "permission" than to "it is permitted that", and as potentially misleading.

seem more appropriate in not suggesting that there is one single concept that a theory of meaning could be seen as accounting for.

It is, however, likely that those who have propounded the view that meaning is normative have not meant to claim only that meaning *can* be accounted for by means of at least some normative terms, but rather that it *must* be accounted for by means of at least some normative terms. For the first claim is compatible with the possibility that meaning could also be accounted for in exclusively non-normative terms. And, should this turn out to be the case, it is obvious that a general principle of parsimony would favour the non-normative account: in accounting for any given phenomenon, one should not appeal to any kind of terms that could be dispensed with (in the given case).

This same principle of parsimony explains why the naturalist does not have to claim that meaning must be accounted for in exclusively naturalist terms, but may rest content with the claim that such an account *can* be given. I will have more to say below concerning the relation between (semantic) naturalism and normativism, when I have said more about the content of the normativity thesis. For now, it suffices to note that semantic normativism is the claim that:

(NoM) meaning must be accounted for by means of at least some normative terms,

while semantic naturalism is the claim that:

(NaM) meaning can be accounted for by means of exclusively naturalistic terms.

I insisted that the claim that meaning is normative should most interestingly be read as saying that meaning *must* be accounted for by means of at least some normative terms, rather than as saying only that meaning *can* be so accounted for. But, here as elsewhere, it must be acknowledged that no general argument to the effect that meaning cannot be accounted for in exclusively non-normative terms would suffice to vindicate this claim, or would be as enlightening as a positive demonstration that it *can* be accounted for in normative terms (for at least as far as meaning is concerned, it is far from obvious that, and how, it could be accounted for at all). A complete defence of (NoM) would therefore involve showing both (i) that meaning can be accounted for by means of at least some normative terms and (ii) that it cannot be accounted for by means of exclusively non-normative terms.

It is worth pointing out that the foregoing is predicated on the assumption that the normativity thesis is intended to be a descriptive (and non-normative) claim. No doubt this is how it would spontaneously be interpreted, but the possibility that it is meant as a normative claim should not be lightly dismissed, if only in view of the fact that some people (e.g. Kraut 1993 and Brandom 1994[6]) have held that the normative/descriptive distinction is itself normative. For should such a view be vindicated, it could of course turn out that not only meaning, but the normativity thesis as well[7], fall (i.e. *ought* to fall) on the normative side of the fence. Moreover, it could be feared (or hoped) that the normativity thesis itself provides some support for such a view of the normative/descriptive divide. For if meaning is normative, and if the distinction between normative and descriptive statements is a matter of their meaning, then *maybe* it is to be expected that the distinction between normative and descriptive is itself normative.

However that may be, the most obvious way to read the normativity thesis as a normative claim would be to take it to claim that:

(NoM*) meaning *ought* to be accounted for by means of at least some normative terms.

Insofar as "ought" implies "can", it is clear that a defence of (NoM*) would still involve making a positive case that meaning *can* be accounted for by means of at least some normative terms. It may be thought, however, that it would then no longer be necessary to show that meaning cannot be accounted for in exclusively non-normative terms; and indeed, that only on the assumption that this is not the case, would it make sense to argue for (NoM*). For if it were not possible to account for meaning in exclusively non-normative terms (and assuming that it is possible to account for it by means of at least some normative terms), then it would follow that meaning *must* be accounted for by means of at least some normative terms. But it is far from clear that it makes sense to say of what

---

[6] And Kant himself, at least according to Brandom (1994: 58).
[7] Whether it could still properly be called a "thesis" would then depend on which specific conception of the normative is endorsed.

must be the case that it ought to be the case (and if it makes sense, it is doubtful that it would serve any purpose). On the other hand, even if meaning could be accounted for by means of exclusively non-normative terms, one might still argue that it *ought* to be accounted for by means of at least some normative terms, though I confess it is far from obvious what such an argument might look like. I conclude that when the normativity thesis is read as being itself a normative claim, it still requires that meaning can be accounted for by means of at least some normative terms, though it no longer requires that meaning cannot be accounted for by means of exclusively non-normative terms (and requires instead that such a non-normative account be possible). This moves me to ignore this kind of reading of the normativity thesis, and to concentrate on the straightforward descriptive reading.

Now that I have indicated how the idea that meaning is *normative* should be understood, it remains to say what the word "meaning" is supposed to refer to, in this context.

2 Norms, Contents and Dependencies

I have alluded, above, to the contrast between the force and the content of an utterance, which many people (perhaps most notably Dummett) take to be parts or components of its meaning. Obviously, if the meaning of an utterance is thus conceived as having significant parts, it becomes possible to contrast the claim that meaning is normative with several more restricted claims pertaining to one specific component of meaning or another. Since to claim that meaning is normative is not necessarily to claim that all components or aspects of meaning are normative, but only that some are, it should then suffice to show that some component or aspect of meaning is normative in order to conclude that meaning is normative. Hence, if force is indeed a component of meaning, then it should suffice to show that force must be accounted for in normative terms, which, on the face of it, does not look like a very hard thing to do, insofar as the force of an utterance is naturally taken to have something to do with what the various participants involved in a verbal exchange are supposed to do with it, or with how they are supposed to react to it. Force, however, is not universally recognised as a component of meaning, and it seems clear in any case that the proponents of the normativity thesis have been primarily concerned with *content*, and that they would take rather cool comfort in being told that force is normative, but content is not.

And here comes the rub. For the relevant notion of content does not apply only to utterances or linguistic expressions, but to intentional ("contentful") states and performances generally, whether they are linguistic/symbolic or mental; and there is a strong intuition that not all intentional states are states of linguistic or rational animals. This means that the normativity thesis bifurcates into two theses which, pending proof to the contrary, should be taken as independent:

(NoLC) linguistic content must be accounted for by means of at least some normative terms,

(NoMC) mental content must be accounted for by means of at least some normative terms.

It is tempting to assume that the normativity of mental content would entail the normativity of linguistic content, but (on the assumption that some non-linguistic animals can be in contentful states) not conversely. But this is based on the (correct) idea that any linguistic content may also be the content of some mental attitude, paired with a peculiar understanding of what it would be like to give an account of either mental or linguistic content; one which takes it for granted that such an account would have to flow from an independent account of content.

Contents can be conceived either as being essentially the kinds of things that mental states and linguistic expressions or performances can be endowed with, or as being entities of some special (e.g. platonic) kind. Accordingly, an account of content can be construed either as (i) an account of what it is for mental states or linguistic expressions or performances *to have* content, or of how they are *endowed with* content, or as (ii) an account of the nature of these special entities.

Now if, on the second construal, it made sense to say that content had been accounted for in normative terms, then there would be a sense in which one could claim that if content is normative then both mental and linguistic contents are normative as well (since mental and linguistic contents *are* contents). But it would not follow, even then, that what makes it the case that these (normative) contents are attached to either mental states or linguistic expressions can or must itself be accounted for in normative terms (i.e., it would not follow that one had a normative account of either mental or linguistic content in sense (i) of the preceding paragraph).

Since I doubt very much that one could give an account of what contents *are* (let alone a normative account of what they are) without giving an account of what it is for mental states or linguistic expressions *to have* such contents (which, in a sense, is only to endorse one version of the slogan that meaning is use), I will assume that the normativity theses are concerned with accounts of the latter sort. But on this reading, from the fact that linguistic content is normative, it would not follow at all that any mental content is. For from the fact that the way in which content is conferred on some linguistic expression can be accounted for in normative terms, it does not follow that the way in which it is conferred on any mental state can also be accounted for in normative terms. Neither is there any entailment in the other direction (i.e. from the normativity of mental content to the normativity of linguistic content). It follows from the foregoing, that in the absence of any specific assumption concerning the relation between the content of mental states and the content of linguistic expressions or performances, the two normativity theses (NoLC) and (NoMC) should be treated as independent.

Insofar as it is widely admitted (and fairly obvious) that language depends on (or presupposes) thought, two main strategies offer themselves to one who would want to hold both normativity theses, according to whether one also holds that thought conversely depends on (or presupposes) language, or that it does not. One who holds that it does not could try (i) to provide an account (in normative terms) of what it is for a mental state to have content, and only then (ii) to provide an account of what it is for a linguistic expression or performance to have content that presupposes a prior account of the content of mental states (or at least to show that an adequate account of linguistic content will have to rely on a prior account of mental content). One interesting thing about this strategy is that, given a normative account of mental content, the further account to be given of linguistic content would *not* need to be itself normative, in order to sustain the claim that linguistic content is normative. To take an obvious example, given a normative account of mental content, one could go on to explain what it is for a linguistic utterance to have content by saying that linguistic utterances have content in virtue of the fact that they express (or are caused by) mental states that happen to be contentful, and no normative account of what it is for an utterance to express a mental state would be required in order for one to be entitled to (NoLC). Alternatively, one who holds that thought depends on language will have to provide a single (normative) account of what it is both for a mental state and for a linguistic expression or performance to have content.

While an influential minority of philosophers (including Sellars, Dummett, Davidson, Brandom, and, plausibly, Wittgenstein) is prepared to admit that thought and language are interdependent, and thus to choose the second strategy, it must be acknowledged that a comfortable majority of them concurs with common sense in assuming that thought does not depend on language, and preferring the first strategy. The latter attitude rests mainly on the conviction that at least some animals and infants are the locus of contentful states, even though they do not master any language similar to ours. I have two things to say concerning this controversy. The first is that, no matter what is the best strategy, the result will have to include a normative account of mental content. The second is that the controversy largely disappears as soon as it is accepted that not all intentional contents (whether linguistic or mental) need be *conceptual*.

Now, let me emphasize from the start that the notion of *non-conceptual* content is far from *ad hoc*, and is not motivated only by a desire to save something from the idea that thought depends on language. Among the mental states that might have non-conceptual contents, are not only perceptual states, but plausibly also some conative states (akin to what McCann (1991) called "appetitive desires") and perhaps all so-called "subdoxastic" or "subpersonal" representational states. With hindsight, it is in fact hard to understand how, in the heydays of the philosophy of language, it could have been thought that a theory of perception could be nothing else than a theory of the meaning of perceptual statements.

In any case, given such a distinction between *conceptual* and *non-conceptual* content, it appears that each of our two normativity theses itself bifurcates into two other theses, one concerning (linguistic or mental) conceptual content, and one concerning (linguistic or mental) non-conceptual content. One is then free to claim that *conceptual* thought depends on *articulated* language (or even that *non-conceptual* thought depends on *inarticulated* language[8], though as far as I know, the question has not been much discussed), without having to deny that animals and infants have the capacity to be in contentful states or even to communi-

---

[8] By which I mean, a symbolic system whose expressions have non-conceptual contents, on the assumption that there might be such systems.

cate (insofar as their symbolic system, if they have one, is not conceptually articulated). Of course, there will still be people to claim that some animals are capable of having *conceptual* thoughts, but it would be in vain that they would then invoke common sense; for as far as I know, no substantial thesis concerning the nature of concepts (and certainly no thesis sustaining the conclusion that animals are capable of conceptual thought) is to be found in common sense.

So we have four theses and two strategies. The four theses are:

(NoCSC) conceptual symbolic content (i.e. linguistic content, in the strict sense) must be accounted for by means of at least some normative terms,
(NoCMC) conceptual mental content must be accounted for by means of at least some normative terms,
(NoNCSC) non-conceptual symbolic content must be accounted for by means of at least some normative terms,
(NoNCMC) non-conceptual mental content must be accounted for by means of at least some normative terms.

The first strategy, which may be called "foundationalist", rests (as the case may be) either (i) on the assumption that conceptal symbolic content depends on conceptual mental content, while the latter does not depend on the former, or (ii) on the assumption that non-conceptual symbolic content depends on non-conceptual mental content, while the latter does not depend on the former. And the second strategy, which may be called "coherentist", rests (as the case may be) either (i) on the assumption that conceptual symbolic content and conceptual mental content depend on each other, or (ii) on the assumption that non-conceptual symbolic content and non-conceptual mental content depend on each other.

As far as conceptual content is concerned, the coherentist strategy requires that non-linguistic animals and infants lack the capacity for (literally) conceptual thought, while the foundationalist strategy entails neither that they have nor that they lack this capacity. In other words, a positive answer to the question whether non-linguistic animals and /or infants have the capacity for conceptual thought would definitely preclude the coherentist strategy, while a negative answer would not yet exclude the foundationalist strategy. This, together with fairly strong intuitions that we may not be that far from the beasts, seems to favour the foundationalist strategy. But it may well turn out that these intuitions are based on an excessively weak conception of what is involved in genuine conceptual thinking, one that tends to overlook the fact that not all intentional content need be conceptual.

Perhaps the fact that the coherentist strategy has been endorsed by such influential figures as Sellars, Dummett and Davidson (and more recently, Brandom) is enough to make it worth exploring; but there is no denying that a complete vindication of this choice would require a convincing argument that non-linguistic animals cannot literally have conceptual thoughts. The trouble is that what is involved in this controversy is not just how best to account for some antecedently and independently given notion of conceptual content, but the very *concept* of the conceptual, i.e. how it *should* be thought of in the first place (and this is of course why it is so hard to adjudicate). It has to be observed, in any case, that the fate of the normativity thesis does not depend on this choice, for it is a choice between two ways of sustaining this very thesis.

As I see it, the main reasons for preferring the coherentist strategy, despite the fact that the other seems *prima facie* more plausible[9], have to do with the conviction that the norms involved in the "constitution" of conceptual content must specifically be norms of rationality, together with a certain conception of such norms as emerging from certain patterns of interaction between several individuals, i.e. as being essentially public (or social). It may, in fact, seem puzzling that none of those who have held that conceptual content is normative have appealed to a foundationalist strategy. In my opinion, this comes from the fact that it is hard to see how such a strategy could be supplemented by a plausible account of the norms of rationality. Furthermore, if the choice of a foundationalist strategy were motivated by a desire to admit that animals and infants may have *conceptual* thoughts, then one would have either (i) to deny that there is any intimate link between the capacity for conceptual thought and the capacity for rational thought, or (ii) to hold that animals and infants are capable of rational thought (which would seem to yield a considerably impoverished conception of rationality). I conclude that when it comes to the normativity of *conceptual* content, a coherentist strategy is more appealing than a foundationalist one.

---

[9] Though, as I said, this may only be due to a failure to take account of the possibility of non-conceptual content.

Let us now turn to non-conceptual content. As in the preceding case, the coherentist strategy likewise requires that organisms lacking any form of symbolic communication also lack the capacity for non-conceptual thought (i.e. that they lack any form of contentful thought whatsoever), while the foundationalist strategy entails neither that they have nor that they lack this capacity. As in the preceding case, a positive answer to the question whether some organisms have the capacity for non-conceptual thought without having any capacity to communicate would definitely preclude the coherentist strategy, while a negative answer would not yet exclude the foundationalist strategy. And as in the preceding case, mere intuition seems again to be on the side of the foundationalist strategy, though perhaps slightly less neatly.

It may well be wondered whether the idea that non-conceptual content might be normative has any initial plausibility, or was ever held by anyone. But for all I know, it could very well turn out that both conceptual and non-conceptual contents are normative, though they must be accounted for in different ways. What is reasonably clear, is that an account of non-conceptual content is not likely to involve the same kind of norms as an account of conceptual content (or to involve them in the same manner). And this suggests that the kind of reasons that supported the coherentist strategy when conceptual content was concerned, no longer have any obvious relevance when *non-conceptual* content is concerned.

However that may be, this is not the question I want to pursue here. For insofar as pressure towards recognition of the fact that some intentional states may have non-conceptual content is fairly recent, it can safely be taken for granted that proponents of the normativity thesis have primarily (if not exclusively) been concerned with *conceptual* content, though some may not have been explicit enough about it, being tempted to downplay or even dismiss the notion of non-conceptual content altogether as a kind of oxymoron.

There is no doubt that the question how non-conceptual mental states are related to conceptual mental states is crucially important not only for the philosophy of mind, but also for the theory of knowledge, insofar as it includes that of whether they have the power to transmit or confer them some kind of justification. But the main question raised, in the present context, by the introduction of non-conceptual contents is whether there is a dependence relation between them and conceptual contents. The options are the same, here, as in the case of the relation between symbolic and mental content: either conceptual content depends on non-conceptual content, or non-conceptual content depends on conceptual content, or both, or neither.

The relevance of this question is that answering it one way or another should help to determine the exact content and the plausibility of the normativity thesis. One could for example try to show (i) that if conceptual content depends on non-conceptual content, then conceptual content is normative if (or only if) non-conceptual content is normative, and /or (ii) that if non-conceptual content depends on conceptual content, then non-conceptual content is normative if (or only if) conceptual content is normative.

To answer these questions, I must be more explicit about the impact that the fact that some type of phenomenon "depends" on another is supposed to have on the way to explain it. I submit that, in the present context, the intuition behind such talk of "dependence" can be captured by taking the claim that some type of phenomenon X depends on another type of phenomenon Y as equivalent to the claim that any explanation of X involves either Y or an explanation of Y (in the sense that it contains ingredients sufficient to provide an explanation of Y). In other words, I submit that X depends on Y if and only if it is impossible to account for X without either invoking Y or being in a position to provide an account of Y as well. On this reading, it will easily be admitted that (i) if conceptual content depends on non-conceptual content and if non-conceptual content is normative, then conceptual content is normative, and that (ii) if non-conceptual content depends on conceptual content and if conceptual content is normative, then non-conceptual content is normative.

Let us now ask which dependence relations could plausibly hold between conceptual and non-conceptual content. It may be useful, here, to observe that the idea that thought depends on language is naturally understood as implying, at least, that any system capable of having thoughts has mastered some system of symbolic communication. This strongly suggests that, in the same way, (i) the claim that conceptual content depends on non-conceptual content implies that no system can have the capacity to be in any conceptually contentful state unless it also has the capacity to be in some non-conceptually contentful state, and (ii) the claim that non-conceptual content depends on conceptual content implies that no system can have the capacity to be in any non-conceptually contentful state unless it also has the capacity to be in some conceptually contentful state. But then, it goes almost without saying that whoever is willing to grant that there are non-conceptual contents will be likely to hold that conceptual content depends on non-conceptual content, and that whoever admits further that non-linguistic animals and infants can be in non-conceptually contentful states, will assume that non-conceptual content does not depend on conceptual content. This implies that it must be possible to account for non-conceptual content without relying on conceptual content or being in a position to account for conceptual content, and precludes the coherentist strategy of simultaneously accounting for both conceptual and non-conceptual content.

But one must be very careful here. For the fact that some system may have the capacity to be in *some* non-conceptually contentful states while lacking the capacity to be in any conceptually contentful state obviously *does not* entail that *all* non-conceptually contentful states are accessible to some system lacking the capacity to be in conceptually contentful states. That non-conceptual content does not depend on conceptual content does not preclude the possibility that *some* non-conceptual thoughts can be had only by systems which are capable of conceptual thought, or even the possibility that some types of non-conceptual contents depend on conceptual content (i.e. on the capacity to be in some conceptually contentful states).

In other words, the claim that non-conceptual content does not depend on conceptual content should *not* be confused with the claim that no type of non-conceptual content depends on conceptual content. The first claim implies that it be possible to account for the capacity to be in a non-conceptually contentful state without relying on (or be in a position to provide) an account of the capacity to be in a conceptually contentful state, *but not* that it should be possible, for any given non-conceptual content, to account for the capacity to be in a state with this content, without relying on (or be in a position to provide) an account of the capacity to be in a conceptually contentful state.

What I want to suggest, at this point, is that there is nothing so far to prevent one from holding that conceptual content could somehow be explained in terms of non-conceptual content, since it has just been recognized that admitting the notion of non-conceptual content almost forces one to assume that non-conceptual content does not depend on conceptual content. It may, however, be feared that taking such a line would not be possible if it turned out that non-conceptual content is "derived" from conceptual content, which alone can be "original".

To address this worry, we should first ask what the distinction between original and derivative intentionality consists in, and especially whether the fact that a kind of intentionality or contentfulness is derivative, while some other kind is original, is supposed to entail that the former depends on the latter (in the sense which has been given to this claim above). My suggestion is that a plausible way to capture what is intended by this distinction would be to say that:

1) non-conceptual intentionality is derivative (with respect to conceptual intentionality) if and only if all intentional systems which have the capacity to be in non-conceptually contentful states are such that their having this capacity depends on some other system's having the capacity to be in conceptually contentful states,

and that:

2) conceptual intentionality is original (with respect to non-conceptual intentionality) if and only if no intentional system which has the capacity to be in conceptually contentful states is such that its having this capacity depends on the fact that any other system *lacking the capacity to be in conceptually contentful states* has the capacity to be in non-conceptually contentful states.

As far as I can see, 2) yields an intuitively plausible sense in which conceptual intentionality probably *is* original, and in which its being original would not conflict with the fact that it is yet *dependent* on non-conceptual intentionality. Furthermore, in the sense provided by 1), non-conceptual intentionality *could be* derivative with respect to conceptual intentionality, even though it does not depend on conceptual intentionality. This may help to make sense of the suggestion that it would not necessarily be inconsistent to hold either (i) that non-conceptual intentionality is derivative with respect to conceptual intentionality while denying that non-conceptual content depends on conceptual content, or (ii) that conceptual intentionality is original with respect to non-conceptual intentionality, and yet dependent on it.

To round up this discussion, let us now ask on what grounds one could be tempted to claim that non-conceptual intentionality is derivative with respect to conceptual intentionality. It seems to me that (in Brandom's and Davidson's cases at least) the motivation for this view comes mainly from the interpretationist principle according to which any state or performance can be contentful only insofar as (and in virtue of the fact that) it is or can be treated as such (i.e. insofar as it has been conferred some content by a set of practices), *together with* the feeling that (i) intentional systems lacking the capacity to be in conceptually contentful states cannot have the capacity to engage in any "content-conferring" practice, and that (ii) such systems (e.g. non-linguistic animals) therefore count as intentional (if at all) only in virtue of the fact that other systems, which *are* capable of being in conceptually contentful states, treat them as capable of being in (non-conceptually) contentful states and attribute such states to them. In other words, this attitude seems to rest on the conviction that only systems which have the capacity to be in conceptually contentful states can treat anything as contentful. Thus the intuition behind this talk of "original" and "derivative" intentionality (in the context of an interpretationist perspective) may well be that an intentional *system* (as opposed to a kind of intentionality, such as conceptual or non-conceptual intentionality) counts as *derivatively* intentional when it lacks the capacity to treat anything as contentful or intentional (i.e. to attribute content or intentionality to anything), and as *originally* intentional when it has this capacity. At least this seems to fit nicely with the way in which I have proposed to understand these notions. According to what has just been suggested, if non-conceptual intentionality were to count as derivative with respect to conceptual intentionality, it would have to be in virtue of the fact that all systems having the capacity to be in non-conceptually contentful states (whether or not they are also capable of being in conceptually contentful states) are such that they have this capacity only in virtue of the fact that some systems which have the capacity to be in conceptually contentful states *treat them as having this capacity*[10]. And as for conceptual intentionality, it does seem to be original in the sense provided, and this is in virtue of the fact that no system having the capacity

---

[10] Which is *not* to say that all systems capable of non-conceptual intentionality would therefore count as derivatively intentional *systems*, for among these, some would be of capable conceptual intentionality as well. Hence, the claim that some system is originally or derivatively intentional should not be confused with the claim that conceptual (non-conceptual) intentionality is original (derivative) with respect to non-conceptual (conceptual) intentionality.

to be in conceptually contentful states is such that it has this capacity only in virtue of the fact that some system lacking the capacity to be in conceptually contentful states (but having the capacity to be in non-conceptually contentful states) treats it as having this capacity.

Now, the idea that no system is capable of treating anything, in practice, as contentful unless it has the capacity to be itself in some *conceptually* contentful states (on which the view that non-conceptual intentionality is merely derivative rests, in part) strikes me both as questionable (or at least in need of further argument) and as little more than an empirical conjecture. But what is more important, in the present context, is (i) that rejecting the claim that non-conceptual intentionality is merely derivative would *not* involve renouncing all forms of interpretationism, and (ii) that this claim is in any case perfectly compatible with the claim that non-conceptual content does not depend on conceptual content. For the latter is the claim that a system could have the capacity to be in non-conceptually contentful states without having the capacity to be in any conceptually contentful state, while the claim that non-conceptual content is derivative amounts to the claim that no system can have the capacity to be in non-conceptually contentful states unless some *other* system has the capacity to be in conceptually contentful states. It follows that one could explain conceptual content in terms of non-conceptual content even if the latter were derivative with respect to the former. It would not be exaggerated to suggest that if interpretationism does not require that non-conceptual intentionality be derivative, then its opponents are thereby deprived of one of their strongest argument.

Of course, the suggestion that conceptual content might be explained in terms of non-conceptual content raises many other problems, especially if it is meant to help sustaining the normativity thesis. One natural worry is that if non-conceptual content could be accounted for in non-normative terms, one would run the risk of being forced to conclude that it is, after all, in non-normative, rather than in normative terms that conceptual content had been accounted for. In other words, if someone who held that conceptual content is normative were tempted to take this line he would seem to have no other choice than to assume that non-conceptual content is normative as well. The problem is, as I pointed out above, that there does not seem to be much ground for holding that the norms that are constitutive of non-conceptual content (if there are such norms) should be norms of rationality. It would then have to be claimed that the norms of rationality (which may be supposed to be constitutive of conceptual contents) can themselves be explained in terms of some other kind of norms. Perhaps it is to avoid being caught in such an uncomfortable position that those who have maintained the normativity of conceptual content have also been inclined to resist the idea that not all intentional content need be conceptual. But however that may be, it can safely be concluded that a full vindication of semantic normativism is no small task.

3 Normativism and Naturalism

I now come back, as promised, to the question whether semantic normativism is supposed to be a threat to semantic naturalism. I noted above that semantic naturalism should be understood as the claim that meaning can be accounted for by means of exclusively naturalistic terms, i.e. exclusively by means of terms capable of being somehow "integrated" into the body of empirical science. In view of the refinements which have since led me to distinguish several forms of semantic normativism, it is appropriate to distinguish as many corresponding forms of semantic naturalism:

(NaCSC) conceptual symbolic content can be accounted for by means of exclusively naturalistic terms,
(NaCMC) conceptual mental content can be accounted for by means of exclusively naturalistic terms,
(NaNCSC) non-conceptual symbolic content can be accounted for by means of exclusively naturalistic terms,
(NaNCMC) non-conceptual mental content can be accounted for by means of exclusively naturalistic terms.

But then it is immediately seen that none of these versions of semantic naturalism is incompatible with the corresponding version of semantic normativism. It is thus exaggerated to present the view that meaning is normative as an objection to semantic naturalism. Clearly, only a radical semantic naturalist, i.e. one who holds not only that content can be accounted for in exclusively naturalistic terms but also that normative terms cannot be accounted for in exclusively naturalistic terms, should be worried that content could turn out to be normative. Semantic normativism is obviously compatible with a more modest (and more widely held) form of naturalism, one which aims at showing that there is room for norms in Nature[11]. In other words, the compatibility of semantic normativism and semantic naturalism depends on the plausibility of the following (restricted[12]) form of normative naturalism, according to which:

> (NoNa) semantically relevant norms can be accounted for by means of exclusively naturalistic terms.

For it is easily seen that semantic normativism entails that semantic naturalism is true if and only if (restricted) normative naturalism is. It is this normative naturalism which separates modest from radical semantic naturalism; the first is committed to it, while the other rejects it (generally, but not necessarily, because it denies that *any* norm could be accounted for in exclusively naturalistic terms). Obviously, if radical semantic naturalism is incompatible with semantic normativism, it is because by claiming that content can be accounted for by means of exclusively *naturalistic* terms, it is claiming that it can be accounted for by means of exclusively *non-normative* terms.

It goes without saying that the question whether there are any natural norms has been widely debated long before the current revival of naturalism about the mind. But in the context of the debate around semantic normativism, it can no longer be seen as pertaining only, or even mainly, to moral philosophy. I have, however, no intention to deal with this question here, and can only say that I find it *most* vexing. The only thing which seems to me reasonably clear, in light of the distinctions I have introduced, is that if content is normative, then not only is it the case that (i) semantic naturalism can be true only if it is modest, but (ii) the question whether semantic naturalism is true boils down to the question whether (restricted) normative naturalism is true.

---

[11] Of course, in one sense, this is anything but more modest than what I have just called "radical". But what counts as more radical than what is perspectival. From one point of view, the one who denies that content is normative is more radical than the one who accepts that it is; from another point of view, the one who denies that normative terms can be naturalistically explained is less radical than the one who accepts that they are. My usage in the text stems from the former point of view.

[12] The *unrestricted* form is of course the one which says that (all) norms can be accounted for in exclusively naturalistic terms.

The foregoing discussion can be systematized by means of the following schematic argument, an instance of which could be given for each of the four forms of semantic naturalism and normativism that I have distinguished:

3) If semantic normativism is true, then semantic naturalism is true if and only if (restricted) normative naturalism is.

4) Semantic normativism is true if and only if (i) content cannot be accounted for by means of exclusively non-normative terms and (ii) content can be accounted for by means of at least some normative terms.

5) Content cannot be accounted for by means of exclusively non-normative terms.

6) Content can be accounted for by means of at least some normative terms.

7) Hence, semantic normativism is true.

8) Hence, semantic naturalism is true if and only if (restricted) normative naturalism is.

The argument is valid, and only premises 5) and 6) are controversial. It is not my purpose here to assess these two premises, but let me conclude by submitting the following argument:

9) If content can be accounted for by means of at least some normative terms, and if it cannot be accounted for by means of exclusively non-normative terms (i.e. if semantic normativism is true) then the relevant norms cannot be accounted for by means of exclusively non-normative terms.

10) If the relevant norms can be accounted for in exclusively naturalistic terms (i.e. if (restricted) normative naturalism is true), and if they cannot be accounted for in exclusively non-normative terms, then some primitive naturalistic terms are normative.

11) Hence, if semantic normativism and normative naturalism are

both true, then some primitive naturalistic terms are normative.

This reasoning is certainly more controversial than the preceding; but if it is sound, then it shows that if one is repelled by the idea that some naturalistic terms might be both primitive and normative, then one must reject either (restricted) normative naturalism or semantic normativism. But if one chooses to reject the latter, then (restricted) normative naturalism looses its object (becomes vacuous), and the only possible form of semantic naturalism is the radical one which claims that content can be accounted for by means of exclusively non-normative terms. In other words, the only form of semantic naturalism which is compatible with semantic normativism is one which entails that the basic naturalistic vocabulary includes some normative terms, and which therefore makes the naturalist thesis trivial. Hence, there is some truth in the feeling that semantic normativism is incompatible with semantic naturalism: it is incompatible with any *non-trivial* form of semantic naturalism. I conclude that if semantic normativism is true, then the question whether semantic naturalism or (restricted) normative naturalism are true or false can no longer have any interest, and that naturalists would be well advised to reject the view that content is normative[13].

References

Brandom, Robert B. (1994). *Making It Explicit.* Cambridge: Harvard University Press.
Davidson, Donald (1980). *Essays on Actions and Events.* Oxford: Oxford University Press.
——. (1984). *Inquiries Into Truth and Interpretation.* Oxford: Oxford University Press.
Dretske, Fred (1988). *Explaining Behavior,* Cambridge, MA: MIT Press.
Engel, Pascal (2000). "Wherein lies the normative Dimension in Meaning and Mental Content?". *Phil. Studies* C, pp. 305–21.
Fodor, Jerry A. (1990). *A Theory of Content and Other Essays.* Cambridge, MA: MIT Press.

---

[13] I owe special thanks to Josée Brunet and Martin Montminy. Parts of a former version of this paper have been read at UQAM in March 2001, and parts of this version have been presented at UQTR in October 2002, as my contribution to a conference in honour of my former teacher and friend J.-N. Kaufmann. I am much grateful to Daniel Vanderveken and Denis Fisette, who organised this conference, for having invited me to take part.

Fodor, Jerry A. and Ernest Lepore (1992). *Holism*. Oxford: Blackwell.
Gampel, E. H. (1997). "The Normativity of Meaning". *Phil. Studies* LXXXVI, pp. 221–42.
Kraut, Robert (1993). "Robust Deflationism". *The Phil. Review* CII, 24–263.
Kripke, Saul (1982). *Wittgenstein on Rules and Private Language*. Oxford: Blackwell.
McCann, Hugh J. (1991). "Settled Objectives and Rational Constraints", *American Philosophical Quarterly* XXVIII, pp. 25–36.
Millikan, Ruth G. (1984). *Language, Thought and Other Biological Categories*. Cambridge, MA: MIT Press.
Putnam, Hilary (1988). *Representation and Reality*. Cambridge: MIT Press.
Sellars, Wilfrid (1956). *Empicicism and the Philosophy of Mind*. Cambridge, MA: Harvard University Press.

11

Comment défendre la causalité des états mentaux dans une perspective pragmatique[1]

ANDRÉ LECLERC (UNIVERSITÉ FÉDÉRALE DE PARAIBA, JOÃO PESSOA)

1 Introduction

La causalité des états, actes ou événements mentaux est soudainement redevenue, ces dernières années, un sujet d'intenses discussions en philosophie analytique de l'esprit[2]. D'un coup, ce qui paraît un truisme doit

---

[1] Je voudrais remercier Daniel Vanderveken et Denis Fisette qui ont rendu possible ma participation au Colloque en hommage à J.-Nicolas Kaufmann, tenu à l'Université du Québec à Trois-Rivières au début d'octobre 2002, sur le thème « Actions, Attitudes, Décisions ». Une première version de ce texte y a été présentée. Je voudrais également remercier le CNPq brésilien pour son appui financier à mes recherches en philosophie de l'esprit. Enfin, je voudrais remercier mes collègues Giovanni da Silva de Queiroz et Garibaldi Monteiro Sarmento pour leurs très utiles observations.

[2] Toute l'oeuvre formidable de Jaegwon Kim en est la preuve, en particulier la seconde partie de Kim (1993a), (1996) et (1998) ; voir aussi Flanagan (1992: chap. 7), Rudder Baker (1987 et 1995), Chalmers (1996), Putnam (1999), Heil (1998), Armstrong (1999) et Perry (2001). Voir également le numéro spécial sur la causalité des états mentaux (*Mental Causation*) de la revue internationale brésilienne *Manuscrito*, sous la direction de Michael Wrigley, Giovanni da Silva de Queiroz, et André Leclerc (2002). Le thème de la « causalité mentale » est abordé systématiquement dans ces ouvrages, et de même, par consé-

être défendu. Cette défense, non sans raison, prend presque toujours la forme d'une critique suivie d'un rejet de doctrines qui la nie explicitement. C'est le cas de l'épiphénoménalisme et de l'éliminativisme, aujourd'hui considérés avec sérieux, qui disent que les états et événements mentaux sont, ou « causalement inertes », ou simplement inexistants. Que nos croyances, jugements, désirs, décisions, intentions et volitions puissent faire la moindre différence dans un monde décrit avec précision par les sciences de la nature (principalement par la physique, la chimie, la biologie et leur divisions) n'est aujourd'hui une thèse qui va de soi que pour un sens commun pas très bien informé. Pour alimenter les doutes, il suffit de considérer conjointement des principes largement acceptés, comme la clôture causale du domaine physique, le principe de l'héritage causal, et la maxime d'Alexander, ou encore, la curieuse expérience de Benjamin Libet présentée en 1985[3].

Dire que nous sommes des personnes, c'est avant tout dire que nous sommes des *agents* capables d'accomplir une variété infini d'actions, de provoquer des changements dans le monde (comme accrocher un tableau au mur) et en nous-mêmes (prendre une décision, imaginer un voyage en Chine, etc.). Il semble que ce soit un élément essentiel de la conception que nous nous faisons de nous-mêmes. Or, une action n'est pas un événement impersonnel, comme la chute d'un météorite ; c'est un événement qui a une histoire causale particulière, et pour un tel événement, doit exister au moins une description vraie sous laquelle il est intentionnel, c'est-à-dire une description le présentant comme un « effet » d'un état, d'un acte, ou d'un événement mental que nous appelons « croyance », « jugement », « désir », « décision », « intention », « volition », « motif » ou « raison ». À mes yeux, la grande question ici est celle de savoir si ce fragment de notre langage quotidien, *le langage de l'agir*, est une fraude.

---

quent, les thèses antagonistes de l'épiphénoménalisme et de l'éliminativisme.

[3] Pour une formulation de ces principes dans l'oeuvre de Kim, voir par exemple Kim (1993b: 190, 204, 208). La clôture causale du domaine physique est le principe voulant qu'un événement physique ait toujours une explication causale complète qui ne nous oblige jamais à sortir du domaine physique. Le principe de l'héritage causal veut que les propriétés de second ordre ne déterminent pas de pouvoirs causaux nouveaux et spécifiques, ceux qu'elles déterminent étant identiques aux (ou un sous-ensemble des) pouvoirs causaux des propriétés d'ordre inférieur que les « réalisent » physiquement. La maxime de Samuel Alexander (*Alexander's dictum*) dit simplement ceci : « être réel, c'est posséder des pouvoirs causaux ». Dit autrement : ce qui n'a pas d'effets n'a pas droit de cité dans notre ontologie. Quant à l'expérience de Libet, voir ici même la note infrapaginale 13.

J'entends présenter une réponse négative à cette question, sur un ton qui rappellera ce que Putnam (1988: 144) a déjà appelé « réalisme pragmatique »[4], une position qui recommande de prendre métaphysiquement au sérieux des jeux de langage qui sont indispensables pour dire et décrire qui nous sommes et ce que nous faisons, voire indispensables pour notre survie. Il s'agit également d'une position *conséquencialiste* qui recommande d'évaluer les thèses philosophiques à la lumière de leurs conséquences. Une autre raison de qualifier de « pragmatiste » la perspective ici adoptée est le rôle central que la notion d'action joue dans l'argumentation qui suit.

L'épiphénoménalisme offre une réponse positive à la question ici posée. Il en va de même de l'éliminativisme. Si les thèses épiphénoménaliste et éliminativiste étaient vraies, *il n'y aurait simplement pas d'actions ou d'activités au sens où nous l'entendons ordinairement, et les verbes de nos langues naturelles ne désigneraient pas, en vérité, des actions ou activités ou des relations entre (par exemple) agents et propriétés (ou états de choses), mais des événements impersonnels pleinement expliqués en invoquant seulement des lois causales naturelles.* Voilà le premier pas important de l'argumentation qui suit, la principale prémisse à défendre[5]. Il s'agit d'une thèse sémantique : la plupart des verbes des langues naturelles désignent des actions ou des activités, ou à tout le moins entrent dans la construction de phrases qui sont vraies seulement si une action ou activité a été accomplie. Il y a bien sûr plusieurs façons d'analyser les verbes et les phrases d'action (en quantifiant sur des événements à la Davidson, ou en les décomposant de façon à rendre explicite un opérateur d'action — à la manière des logiciens de l'action comme Walton, Belnap, Chellas, Vanderveken, etc. —, ou encore, à la façon des linguistes, en les analysant à partir d'autres verbes considérés comme primitifs, comme « causer », « devenir », etc.[6]). Si les épiphénoménalistes et les éliminati-

---

[4] Voir aussi Putnam (1999: 120) : « ... if there is one thing I have learned from the classical pragmatists, Peirce, Dewey, and James, as well as from Wittgenstein, it is to take seriously — metaphysically seriously, if you like — ways of talking that are obviously indispensable to our lives and our thought. »

[5] Elle doit être défendue surtout contre l'accusation de commettre une pétition de principe. L'épiphénoménaliste et l'éliminativiste pourraient prétendre que c'est justement le statut de notions comme action, connaissance, etc., qui est en jeu dans tout cela. Nous y reviendrons.

[6] Voir, par exemple, Dowty (1979).

vistes ont raison, toutes ces analyses ne valent pas grand-chose. Il s'agit également d'une thèse métaphysique (et là c'est toujours plus compliqué !) concernant la nature des actions. Les actions (ou activités) comme je les entends sont des événements impliquant essentiellement le *contrôle* d'un agent sur ces membres et ses pensées lors de l'exécution de mouvements volontaires, et l'*imprévisibilité* de ces mouvements sur la seule base d'une connaissance des conditions initiales et des lois de la physique. J'estime que cette conception va dans la droite ligne de ce qu'on entend en général par « action » en philosophie analytique de l'action depuis des décennies. De plus, elle n'a rien de choquant pour le sens commun. Si les thèses antagonistes ici mentionnées étaient vraies, aucune description d'action mentionnant un agent, ses plans et intentions ne pourrait être littéralement vraie. Et si l'on accepte le principe bien raisonnable voulant que les seules explications causales valables et pertinentes sont celles qui citent les véritables causes de l'événement à expliquer, un éliminativiste ne peut évidemment accepter les explications de nos actions invoquant des croyances, désirs, décisions, intentions, etc. Par suite, il semble que même la valeur instrumentale des attributions d'attitudes propositionnelles pour expliquer ou prédire le comportement soit, dans une telle perspective, sérieusement compromise, puisque de telles explications mentalistes seraient toutes « impertinentes ».

Je présente rapidement, dans les pages qui suivent, deux arguments. Dans les deux cas, on reconnaîtra quelque chose qui sonne comme du pragmatisme. Le premier argument, dirigé contre l'épiphénoménalisme, vise à montrer, qu'*au mieux*, l'épiphénoménalisme est *pragmatiquement inconsistent*, si l'on concède que sa thèse centrale renvoie à une authentique possibilité, c'est-à-dire, si l'on concède qu'il soit vraiment possible que nos états, actes et événements mentaux soient « causalement inertes »[7]. Par « inconsistence pragmatique » j'entends ici simplement le fait que l'*affirmation* ou la *justification* d'une thèse entre directement en conflit avec son propre contenu ou avec au moins l'une de ses présuppositions. Si la thèse est vraie, elle ne peut être *effectivement* défendue ou même simplement affirmée. L'action d'affirmer ou de défendre une thèse « pragmatiquement inconsistente » dans ce sens, comme c'est le cas de

---

[7] Certains, comme Putnam (1999: note 2), vont même jusqu'à contester qu'il s'agisse là d'une authentique possibilité, et qu'elle soit vraiment intelligible. « *Epiphenomenalism is C-R-A-Z-Y.* », dit-il finalement (1999: 78).

l'épiphénoménalisme, *n'est effective que si la thèse est fausse*. (On peut, évidemment, affirmer et défendre ou justifier une thèse fausse). Si la thèse est vraie, l'action qui consiste à l'affirmer et l'activité qui consiste à la justifier ne peuvent être vraiment accomplies. Nous n'aurions alors, paraît-il, que l'illusion d'affirmer ou de justifier une thèse. Après quoi il ne reste plus, pour l'épiphénoménaliste, qu'à défendre la thèse saugrenue de la « maya », de la grande illusion, et à pratiquer, comme on le verra, un scepticisme global, ou à proposer une immense et impraticable réforme sémantique. Car l'épiphénoménalisme ne peut tout simplement pas être présenté comme une thèse « connue », « démontrée », « justifiée », *sans changer le sens de ces mots*. L'argument est à la fois sémantique et épistémologique et présuppose que l'épistémologie « normative » a toujours une place, même modeste, dans les débats philosophiques contemporains, comme le pensait également Nicolas Kaufmann. Il ne s'agit pas d'une « réfutation », si l'on entend par là « montrer la fausseté d'une thèse ». Mais si l'argument a quelque valeur, il montre que la thèse voulant que les états (actes ou événements) mentaux sont causalement inertes est à son tour « théoriquement inerte » puisqu'on ne pourrait rien en faire sans contredire dans la pratique ce que la thèse affirme explicitement.

L'argument contre l'éliminativisme s'appuie sur la thèse suivante : la logique, ses lois, ses notions, s'appliquent à des phénomènes intentionnelles ou présupposent l'existence de tels phénomènes. La logique (avec ses lois et notions) s'applique principalement à des énoncés de différents types syntaxiques — dont l'intentionnalité est dérivée —, à des actes illocutoires, et à des propositions ou contenus possibles de jugements et de croyances)[8]. Lorsque l'éliminativiste prétend qu'une « neuroscience mature » fournira enfin les seules explications correctes du comportement humain en montrant la fausseté de la « théorie » de sens commun (*folk psychology*) et l'inexistence des entités qu'elle postule, il entend sûrement, par « neuroscience mature », une *théorie* future particulière, puisque toute connaissance scientifique se présente sous la forme d'une théorie ; et cette théorie, certainement, possèdera une logique sous-jacente

---

[8] Je ne veux pas laisser entendre ici que la logique doit se limiter à ceci ou cela ; les logiciens, de fait, s'intéressent à beaucoup de choses (algèbres polyadiques ou cylindriques, théorie de la complexité, etc.) ; mais dans la mesure où la logique ne renie pas sa tradition, elle s'applique certainement à des phénomènes intentionnels ou présuppose l'existence de tels phénomènes. Cela suffit pour les besoins de l'argument. Par « phénomènes intentionnels » j'entends ici tout ce qui exemplifie la propriété relationnelle d'*être à propos de*.

(une théorie dont on ne peut rien inférer, on me le concèdera sans peine, n'est évidemment pas très intéressante). Comme les lois et notions de la logique sont normatives et s'appliquent à des phénomènes intentionnels ou présupposent l'existence de tels phénomènes, l'éliminativisme paraît, à son tour, pragmatiquement inconsistent. La théorie (future) vers laquelle l'éliminativiste pointe et sur laquelle il appuie sa thèse possèdera une logique dont l'usage présupposera l'existence de phénomènes intentionnels, laquelle est explicitement niée par sa thèse centrale.

2   Que l'épiphénoménalisme ne peut être défendu sans inconsistence pragmatique

Ce qui donne le frisson, lorsqu'on considère l'épiphénoménalisme, ce sont ses conséquences. Mais ce qui importe avant tout en philosophie, bien évidemment, c'est la valeur des arguments. Toutefois, la plausibilité des conclusions n'est pas non plus négligeable. Des conclusions implausibles fournissent toujours un motif sérieux pour reconsidérer les prémisses des arguments qui y conduisent, *a fortiori* dans une perspective pragmatiste et conséquencialiste, où l'examen des conséquences constitue toujours un test décisif pour n'importe quelle idée ou thèse philosophique. Si l'épiphénoménalisme était vrai, il n'y aurait plus d'histoire, comme l'observe bien Lynne Rudder Baker, plus de batailles, ni de révolutions, ni d'inventions, etc. Il n'y aurait plus aucun sens à vouloir défendre un système juridique ou éducationnel, ni à vouloir étudier les sciences humaines (voir Rudder Baker 2002). Il n'y aurait aucune différence significative entre tuer quelqu'un accidentellement sur une autoroute et assassiner quelqu'un après avoir planifier sa mort de sang-froid, puisque les pensées, bonnes ou mauvaises, ne font causalement aucune différence. D'ailleurs, si nos pensées étaient causalement inertes, il n'y aurait aucune action désignée par le verbe « assassiner », parce que si l'épiphénoménalisme devait s'avérer vrai, il n'y aurait tout simplement pas d'actions ni d'activités accomplies par des agents. Il n'y aurait donc pas d'agents non plus, et par conséquent, pas de personnes, puisqu'être un agent est un trait essentiel de la notion de personne[9]. Voyons tout cela de plus près.

---

[9] Voir à ce sujet le fameux chapitre 3 de *Individuals* de P. F. Strawson (1959), et Chisholm (1976).

Une action est un événement dont la « description canonique » comporte, entre autres choses, une référence essentielle à un agent, et peut parfois inclure une référence à ses intentions, plans ou projets. « Jean ouvre la fenêtre (au moment t) avec l'intention d'aérer la pièce » peut servir d'exemple. (Je laisse ici de côté les détails relatifs aux aspects « démonstratifs » rattachés à l'usage du nom propre — un certain Jean bien connu du locuteur —, et à l'article défini — une certaine fenêtre particulière présente et saillante dans le contexte de l'action). Plus simplement, « Jean ouvre la fenêtre (au moment t) » présuppose déjà, de la part de l'agent, une intention plus ou moins consciente de produire le résultat visé, et un *contrôle* sur ses pensées et les membres de son corps sans lequel l'atteinte du résultat serait tout à fait impossible[10]. Or, la notion de contrôle, trait essentiel de la notion d'action, appartient de plein droit à notre vocabulaire causal. Je ne vois point d'exception à cette règle : *pas d'action sans contrôle*. Il existe bien sûr différentes formes de contrôle. La forme la plus primitive est sûrement celle qui, justement, rend possibles toutes nos actions. Par « contrôle » on peut entendre ici quelque chose comme une série plus ou moins soutenue d'« efforts » — encore un terme mentaliste et causal ! — (sous la forme d'un tension musculaire momentanée ou continue appliquant une certaine force dans une certaine direction) destinés à « corriger » continûment les mouvements corporels en utilisant des signaux proprioceptifs. Cette « continuelle correction proprioceptive »[11] est ce qui permet, pour ainsi dire, de maintenir le corps ou les membres de l'agent « dans le droit chemin » et de lutter contre son « inertie » afin de produire un certain résultat, d'atteindre un objectif, de satisfaire un désir, etc. La notion de volition fut justement introduite, il me semble, pour rendre compte de ce contrôle que nous exerçons lors de l'accomplissement de toute action.Tout aussi familier est le contrôle que nous exerçons sur nos pensées, soit lorsque nous avons, par exemple, un problème délicat de mathématique ou de planification stratégique à résoudre, soit lorsque nous devons exécuter une manipulation complexe. Nous disons alors que nous sommes « concentrés », que

---

[10] Dans les nombreuses discussions que j'ai eues le privilège d'avoir avec lui sur la théorie de l'action, Nicolas Kaufmann insistait, il me semble à très juste titre, sur le fait que la notion de contrôle est un trait essentiel de la notion d'action. Il n'y a pas d'action sans qu'un agent exerce un certain contrôle sur au moins une partie de son corps.
[11] L'expression est de Patrick Suppes (1994: 454).

notre « attention est fixée » sur un objet, une tâche, etc. Un résultat amplement partagé par les philosophes de l'action[12] est qu'un agent normal possède la capacité de distinguer ce qu'il fait de ce qui lui arrive. Chaque action est accompagnée de cette « sensation d'être en contrôle », ou de ce que Carl Ginet (1990: 13) appelle une « qualité phénoménale d'action » (*an actish phenomenal quality*).

L'épiphénoménaliste est tenu d'affirmer que ce contrôle que nous exerçons sur notre corps et nos pensées lors de l'accomplissement de n'importe quelle action, ou cette « qualité phénoménale d'action » que nous sentons à chaque fois que nous agissons, ne sont qu'illusions qui n'indiquent en rien qu'un agent est « en contrôle »[13]. Personne ne serait vraiment « en contrôle » lorsque nous agissons. Les véritables causes de nos actions échapperaient à notre contrôle et nous serions, en vérité, tels des automates programmés pour vivre constamment sous l'emprise de cette illusion. Je reviendrai bientôt sur cette forme de scepticisme en apparence « local » mais qui peut dangereusement contaminer tout notre appareil cognitif et se transformer en scepticisme global. Cependant, de toute évidence, une proportion impressionnante de nos actions sont accomplies avec succès, en conséquence de quoi nos désirs et nos attentes sont satisfaits. Si la thèse épiphénoménaliste était vraie, la satisfaction de nos désirs et de nos attentes devrait être simplement considérée comme quelque chose de miraculeux, et devrait être une source constante de sur-

---

[12] Voir, par exemple, Searle (1983) et Ginet (1990).
[13] Dans un article très fameux, Benjamin Libet présente une expérience très intéressante pour toute discussion concernant l'épiphénoménalisme, dans lequel il discute justement l'idée de « contrôle conscient ». La formation de toute intention ou volition consciente (par exemple, de flexionner l'index) est précédée, ce n'est pas une surprise, par la formation, dans une zone corticale, d'un « potentiel d'action » (*readiness potential*). L'activité cérébrale est *initiée inconsciemment* et précède l'activation musculaire d'environ 200 millisecondes, *et* la formation de l'intention consciente d'environ 350 millisecondes ! Les conclusions de Libet sont extrêmement intéressantes et, contrairement à ce que l'on pourrait penser, ne motivent aucunement l'épiphénoménalisme. « This leads to the conclusion that cerebral initiation of the kind studied [...] can and does usually begin *unconsciously*. » (Libet 1985: 536). Plus loin : « Conscious control can be exerted before the final motor outflow to select or control volitional outcome. The volitional process, initiated unconsciously, can either be consciously permitted to proceed to consummation in the motor act or be consciously "vetoed" » (Lipet 1990: 537). Le contrôle conscient, bien sûr, ne précède pas l'activité cérébrale comme un « moteur non mû », mais il peut s'exercer en permettant au mouvement de s'exécuter jusqu'au bout ou en l'empêchant d'atteindre son terme.

prise, puisque nos désirs et intentions n'auraient, causalement, rien à voir avec les actions qui les satisfont !

Un autre trait de la notion d'action intéressant pour notre discussion est l'*imprévisibilité* des mouvements corporels volontaires — qui entrent comme composantes de nos actions dans la majorité des cas —, lorsque l'on considère seulement la connaissance des conditions initiales et celle des lois de la physique régissant le mouvement corporel en question[14]. Je reviendrai plus loin sur cet aspect imprévisible des mouvements volontaires lors de la discussion de l'éliminativisme. Bien sûr, les mouvements volontaires sont aisément prévisibles à partir du moment où l'on connaît les buts de l'agent. Et le succès de nos prévisions n'a alors, bien sûr, rien de miraculeux.

Concédons maintenant à l'épiphénoménaliste que sa thèse *pourrait être vraie*, ou qu'elle pourrait s'avérer pleinement intelligible. Supposons donc un monde possible où des individus très semblables à nous *ont effectivement* des états (actes, événements) mentaux, mais où ceux-ci sont causalement inertes, comme des culs-de-sac causaux, extrémités de chaînes causales, simples effets du fonctionnement du cerveau mais qui, à leur tour, ne sont jamais causes de quoi que ce soit[15]. Supposons que les conditions de vérité de la thèse épiphénoménaliste sont réalisées dans ce monde possible. Supposons enfin que ce monde possible *est identique à* notre monde actuel. La question maintenant est la suivante : comment pourrions-nous, dans ces conditions, *découvrir* que cette thèse est vraie, et ensuite, l'*affirmer*, l'*exposer* et tenter de la *justifier*. À la rigueur, une découverte peut être plus ou moins volontaire ou accidentel, mais difficilement l'acte de *tenir pour vrai* ou celui d'affirmer. Il en va de même pour la justification épistémique, une activité normalement menée par un sujet conscient s'engageant dans une suite d'inférences. Or, la causalité

---

[14] L'idée est fort bien exprimée dans le texte de Suppes (1994: note 12) : « I shall define a physical movement of an object as *voluntary* if the movement of that object cannot be predicted by knowledge of initial and boundary conditions and the laws of physics, but can be predicted by knowledge of a goal that is intrinsic to the object or that is set for this object by some other agent » (Suppes 1994: 455).

[15] Armstrong (1999), et de même Heil (1998) insistent tous deux sur le caractère tout à fait étrange et exceptionnel de cette conséquence de l'épiphénoménalisme : les lois relatives aux états mentaux (si de telles lois existent) ne les considèrent que comme effets et jamais comme causes de quoi que ce soit. Les lois et relations causales impliquant des états et événements mentaux seraient donc tout à fait exceptionnels dans l'ordre naturel des choses.

des états mentaux est nécessaire non seulement pour expliquer nos actions ; elle est ce qui rend la connaissance possible, ce qui rend possible la transition d'un état cognitif à un autre, d'une perception à une croyance, ou d'une croyance à une autre inférée de la première. Cette transition d'un état cognitif à un autre doit être *sous le contrôle* de l'agent cognitif ; autrement, nous disons que nos pensées « battent la campagne ». Si la connaissance ou la croyance bien justifiée consiste dans le fait de « posséder de bonnes raisons de tenir quelque chose pour vrai », ou si l'on utilise le mot « connaissance » comme on le fait depuis longtemps en épistémologie normative, c'est-à-dire de telle façon que la connaissance implique strictement la justification épistémique, il semble bien que la thèse épiphénoménaliste ne pourra jamais être présentée comme une thèse « connue » ou une croyance « bien justifiée », puisque la justification est une activité qui requiert le contrôle conscient d'un agent épistémique, la marque de toute action ou activité. La justification présuppose que l'agent agisse en conformité avec les lois de la logique ou les applique avec attention. Comme Frege, Husserl, et Kaufmann, je considère que les lois de la logique ne sont pas des lois naturelles régissant des événements impersonnels, mais des lois normatives qui régissent certaines de nos *activités*, en particulier celle qui consiste à inférer[16].

Ce qui étonne, lorsqu'on considère systématiquement l'épiphénoménalisme, c'est sa capacité à répondre à ses nombreux adversaires qui jugent — non sans raison ! — ses conséquences totalement inacceptables. Mais si les arguments, fort simples, que je présente ici sont corrects, la thèse épiphénoménaliste ne pourra jamais être *pleinement justifiée* sans supposer ce qu'elle nie explicitement. Les arguments suivants montrent en résumé qu'au mieux la thèse épiphénoménaliste n'est qu'une « théorie » au sens péjoratif du terme (« ce n'est qu'une théorie », dit-on en ce sens, ou une « vue de l'esprit » dont les conséquences pratiques sont inacceptables). Le premier argument, de caractère épistémique, peut être présenté de la façon suivante :

1   Si la thèse épiphénoménalisme était vraie, il n'y aurait point

---

[16] Voir Frege (1979: 3) : « to make a judgment because we are cognizant of other truths as providing a justification for it is known as *inferring*. There are laws governing this kind of justification, and to set up these laws of valid inference is the goal of logic. »

d'actions ou d'activités (suivant le sens ordinaire des mots « action » et « activité ») ;

2   Or, la justification épistémique est une activité (au sens ordinaire du mot « activité », qui exige contrôle de la part de l'agent, comme c'est le cas de toute action ou activité) ;

1 : Si la thèse épiphénoménalisme était vraie, il n'y aurait pas vraiment de justification épistémique.

2 : Si la thèse épiphénoménaliste était vraie, elle ne pourrait être justifiée (sans présupposer en pratique ce qu'elle nie explicitement).

Cet argument, modeste, signifie simplement que la thèse épiphénoménaliste ne pourra jamais être présentée comme quelque chose de « connue » ou comme une croyance bien justifiée sans incohérence pragmatique (à moins, bien sûr, que l'on entende autre chose par « action » ou « activité »). Ce qui ne veut pas dire, pour autant, que la thèse soit fausse. Un autre argument apparenté, de caractère logico-linguistique cette fois, peut être formulé ainsi:

1. Si la thèse épiphénoménaliste était vraie, il n'y aurait point d'actions ou d'activités (suivant le sens ordinaire des mots « action » et « activité ») ;

2. Or, l'affirmation est une action — acte illocutoire — (au sens ordinaire du mot « action ») ;

1 : Si la thèse épiphénoménaliste était vraie, il n'y aurait pas vraiment d'affirmation (ou assertion).

2 : Si la thèse épiphénoménaliste était vraie, elle ne pourrait être affirmée (sans incohérence pragmatique).

Un épiphénoménaliste cohérent est donc un épiphénoménaliste muet ! Même la recommandation de Wittgenstein à la toute fin du *Tractatus* (« Ce dont on ne peut parler, il faut le taire ») n'est pas assez radicale pour lui. Il ne peut répondre aux demandes de justification qu'on peut à très juste titre lui adresser sans incohérence pragmatique, c'est-à-dire, encore une fois, sans nécessairement présupposer en pratique ce qu'il nie en théorie. Il ne lui reste donc plus qu'à prétendre que les verbes d'action qu'il utilise désignent en fait des événements impersonnels échappant à notre contrôle — ce qui revient à dire que tous nos mouvements volontaires sont en fait imprévisibles —, et à proposer une immense réforme linguistique : changer la signification de la plupart des verbes de nos langues naturelles ! Une mesure aussi extrême, en plus d'être suspecte et d'être une source constante de malentendus, est pratiquement irréalisable. C'est Leibniz, si j'ai bonne mémoire, qui affirmait que les actions constituent le sujet de l'immense majorité des discussions, même les plus banales, que nous avons entre nous quotidiennement. On parle plus souvent d'actions (les nôtres et celles des autres) que de n'importe quel autre sujet. L'épiphénoménaliste pourrait éventuellement suggérer que par « action » il nous faille simplement entendre autre chose, par exemple des événements « impliquant » des organismes et dont l'occurrence est extrêmement difficile à prédire en utilisant seulement des lois naturelles. Si *l'explanans* ne contient que des lois causales naturelles, il est pratiquement impossible d'expliquer une action ou de prédire avec succès son occurrence dans l'immense majorité des cas (mis à part quelques cas contraires : il est facile de prédire l'action de boire sur la base de l'information que l'agent en question est déshydraté, etc.). En général, ce que nous appelons « action » est en effet extraordinairement difficile à prédire ou à expliquer de cette manière. Mais voilà précisément pourquoi on ne s'y prend jamais de cette façon ! Nos actions sont faciles à prévoir lorsqu'on considère les buts et motifs de l'agent dans une perspective en première personne (ou dans une perspective en troisième personne, mais qui n'exclut pas la première), mais pas si l'on se restreint à une perspective en troisième personne excluant toutes références aux états (actes, événements) mentaux, où toutes les actions ont en effet un caractère d'imprévisibilité[17]. Pour le sens commun, notre succès prédictif en matière de comportement n'est pas miraculeux. Et c'est justement là une bonne raison, pour un « réaliste pragmatique », de prendre métaphysiquement au sérieux le langage de l'agir.

J'ai mentionné plus haut que l'épiphénoménalisme revenait en fait à une sorte de scepticisme local concernant ce contrôle que nous avons sur nous-mêmes, nos membres, et aussi nos pensées lorsque nous agissons. Mais comme nous venons de le voir, si la justification épistémique est un

---

[17] Sur tout ceci, voir l'article Suppes (1994).

trait essentiel de la connaissance, et si celle-ci présuppose que la transition d'un état cognitif au suivant requiert notre contrôle, l'épiphénoménalisme se transforme alors en scepticisme global. La meilleure machine de guerre que je connaisse contre le scepticisme est faite de pièces empruntées aux ateliers de Wittgenstein et Frege. Dans son dernier ouvrage, *De la certitude*, Wittgenstein y insiste : si nous avons besoin de bonnes raisons pour justifier nos croyances, le sceptique, lui aussi, doit offrir de bonnes raisons de douter. Sans bonnes raisons de douter, le jeu de langage du doute est futile[18]. Pour un réaliste pragmatiste, il est loin d'être évident que les raisons, offertes par l'épiphénoménaliste, de douter de l'existence d'un contrôle conscient et effectif sur nos mouvements volontaires sont de « bonnes raisons ». Ici le témoignage de nos sens l'emporte largement sur la spéculation débridée. Et dans « Sens et dénotation », Frege (1971: 107–08) répond au sceptique qui lui demande comment il peut savoir que le référent du mot « lune » existe vraiment. Sa réponse, convaincante, revient à ceci : je n'ai pas à « savoir » cela ; il me suffit de *supposer* que les référents des termes singuliers que j'utilise sérieusement et littéralement existent ; mais sans cette supposition, je ne pourrais plus rendre compte du langage que j'utilise. Pour un philosophe analytique, ceci met un terme à la discussion. « Qui n'est certain d'aucun fait ne peut non plus être certain du sens des mots », disait Wittgenstein (1976: § 114). Encore un coup : un épiphénoménaliste cohérent est un épiphénoménaliste muet.

3 Que l'éliminativisme ne peut non plus être défendue sans inconsistence pragmatique

Pourquoi accepter l'existence de quelque chose totalement dépourvu de pouvoirs causaux ? L'éliminativiste va plus loin que l'épiphénoménaliste, mais toujours dans la mauvaise direction ! Il n'y a tout simplement pas d'états (actes, événements) mentaux *en tant qu'*états (actes, etc.) mentaux, affirme-t-il. Conséquemment, comme c'est une exigence raisonnable que toute explication causale présente les « véritables » causes de l'*explanandum*, aucune explication ordinaire, mentaliste, du comportement et de nos actions ne pourrait être correcte et pertinente.

---

[18] Wittgenstein (1976), en particulier les §§ 4, 114, 115 et 122. Voir aussi mon article dans Leclerc (2001).

L'éliminativisme est le produit d'une épistémologie radicale qui n'accepte que la perspective en troisième personne, supposément la seule perspective scientifiquement acceptable. Ici l'influence de Quine se fait clairement sentir. La seule linguistique ou philosophie du langage acceptable serait donc celle enracinée soit dans la doctrine béhavioriste soit dans les neurosciences. Il en va bien sûr de même pour la théorie de l'action. Les états et actes mentaux que nous identifions, à tort, comme motifs ou causes de nos actions [19], ne seraient en fait *rien d'autre que* des processus et événements neuronaux littéralement « dans la tête », et c'est là qu'on pourrait, littéralement, observer ces processus et événements en utilisant des appareils qui existent déjà ou d'autres plus sophistiqués qui seront d'ici peu mis à la disposition des chercheurs dans les neurosciences. L'éliminativiste paraît accepter un postulat de signification excluant la possibilité que les états (actes, événements) mentaux puissent être quelque chose de physique. Par conséquent, pour lui, accepter leur existence revient à se compromettre envers le dualisme. Son rejet du dualisme l'oblige donc à transformer en mythe les états (actes, etc.) mentaux. Les « croyances », « désirs » et « intentions » sont des termes théoriques, mais fictifs, mythologiques, et par suite ils sont appelés à disparaître. C'est pourquoi l'éliminativisme est parfois appelé « théorie de la disparition ». On disait jadis : « le néant n'a pas de propriétés » ; comme les pouvoirs causaux d'un objet sont déterminés par les propriétés qu'il exemplifie, la conclusion s'impose si l'on accepte les prémisses : les états et actes mentaux n'ont jamais rien « causé », pas plus que l'éther ou le phlogistique. Il n'y aurait pas non plus d'« actions » au sens où on l'entend habituellement ; et là aussi il serait nécessaire de procéder à une audacieuse réforme linguistique. Au lieu d'utiliser le langage comme guide de nos excursions en ontologie — comme on l'a toujours fait, même si on ne doit pas suivre le guide aveuglément —, c'est la situation inverse qu'on voudrait ici imposer ! Les véritables explications causales du « comportement » (peut-on encore parler d'« actions » ?) seront fournies exclusivement en termes neurophysiologiques et n'impliqueront que des lois causales naturelles. Une « neuroscience mature », nous dit-on

---

[19] Je ne fais pas ici de différence entre « la grammaire des raisons » et la « grammaire des causes » à la Wittgenstein ; comme c'est la coutume depuis « Actions, Reasons and Causes » de Davidson, j'estime que les raisons ou motifs sont des causes et appartiennent de plein droit à notre vocabulaire causal.

(Churchland 1988: 43), réalisera l'exploit, et prouvera hors de tout doute que les entités postulées par la « psychologie populaire » n'existent tout simplement pas.

L'argument que je présente contre l'éliminativisme repose sur une conception de la logique que l'on retrouve fort bien exprimée chez les fondateurs de la nouvelle logique au début du XXe siècle, en particulier par Gottlob Frege. Cette conception, en résumé, revient à dire entre autres choses que la logique, ses lois et ses notions, s'appliquent à des phénomènes intentionnels ou présupposent l'existence de phénomènes intentionnels. Mais lisons plutôt ce passage très intéressant de Frege qui illustre le point en question :

> Sur la rive d'une rivière, on voit parfois des tourbillons dans l'eau. Ne serait-il pas absurde de prétendre qu'un tourbillon dans l'eau est correcte ou vrai ? Et même si la danse des atomes et des molécules dans mon cerveau était mil fois plus vive et frénétique que celle des moustiques lors d'une soirée d'été, ne serait-il pas absurde d'affirmer qu'elle est correcte ou vraie[20] ?

Ce que Frege veut dire ici paraît claire. Les prédicats de la logique *ne s'appliquent pas littéralement* à des objets ou processus physiques, comme la libération d'une certaine quantité d'acétylcholine par les fentes synaptiques de certains neurones, ou la circulation d'un courant électrique dans un circuit imprimé. Ils s'appliquent à des énoncés de différents types syntaxiques (« *type* » ou « *token* ») — qui présupposent donc des sujets capables d'avoir des attitudes, d'utiliser ces énoncés, de les interpréter, etc. —, ou encore à des propositions (exprimées par des énoncés déclaratifs ou des phrases interrogatives complètes), ou à des contenus possibles d'attitudes comme les croyances, ou d'actes comme les jugements. De façon générale, si une logique est une relation de conséquence définie sur un ensemble d'objets, les objets en question, pour appartenir à cet ensemble, doivent pouvoir être « appréhendés », « compris » ou à tout le moins « manipulés » par un agent cognitif.

Le deuxième point que je voudrais ici faire valoir est relatif à la *forme* du savoir scientifique. Le savoir scientifique se présente toujours sous la

---

[20] G. Frege, « Logic » (1897/1997: 245). Ma traduction. Je traduis « sound » par « correcte ». Un argument est donc « correcte » si il est valide et si ses prémisses sont vraies. Ne pas confondre ce texte intitulé également « Logic » avec l'autre déjà cité. Il s'agit bien de deux textes de Frege avec le même titre.

forme d'une *théorie*. Lorsque nous utilisons le mot « science », c'est la plupart du temps pour désigner l'ensemble des *théories* scientifiques acceptées par les communautés (scientifiques) pendant une certaine période. « La science du XVIIe siècle » ou « la science actuelle » sont des expressions qui dénotent deux ensembles de théories acceptées à différents moments de notre histoire. Comme le disait Frederick Suppe : « ce n'est qu'une très légère exagération que d'affirmer qu'une philosophie de la science n'est qu'un tout petit peu plus qu'une analyse des théories et de leurs rôles dans l'entreprise scientifique »[21]. Pratiquement tous les thèmes importants en philosophie des sciences présuppose une analyse des théories et dépendent d'une conception des théories. Or, *toute théorie a une logique sous-jacente*. Une théorie, qu'elle soit conçue comme un ensemble de théorèmes ou comme une famille de modèles, doit permettre à ses utilisateurs d'effectuer certaines inférences ; une théorie dont on ne pourrait tirer aucune conséquence ne serait que d'un intérêt très limité. Les éliminativistes, on le sait, parlent volontiers de « théories » et vont même jusqu'à reconstruire nos pratiques d'attribution d'attitudes propositionnelles comme une « théorie ». Les neurosciences forment un domaine complexe et l'on a peut-être le droit d'espérer qu'un jour les différentes théories dans ce domaine fusionneront dans une seule grande théorie bien unifiée, une « neuroscience mature ». Cette théorie, comme toute théorie, possèdera, je le suppose, une logique sous-jacente, dont les normes régiront les inférences valides et correctes effectuées par les futurs neuroscientifiques. On peut maintenant poser la question suivante : à quoi au juste s'appliquent ces normes ? L'éliminativiste ne peut évidemment répondre : à la *manipulation* de *phénomènes intentionnels* (ou d'entités qui présupposent l'existence de tels phénomènes). Si la logique, ses normes et ses notions s'appliquent à des phénomènes intentionnels (représentations *de* quelque chose), si la « neuroscience mature » est bel et bien une *théorie* (future), et si toute théorie possède une logique sous-jacente, il semble bien que l'éliminativiste pointe vers quelque chose (une neuroscience mature) dont la réalisation présuppose ce que sa thèse centrale nie explicitement (l'existence de phénomènes intentionnels). Ou alors, il nous doit une explication de ce qu'il entend par « neuroscience mature », et doit (devra) nous présenter les dignes « successeurs » des notions de « théorie », « logique », « inférence », « action », etc.

---

[21] F. Suppe, cité par Ronald N. Giere (2000: 515). Ma traduction.

L'éliminativiste répondra que toute cette argumentation est justement une pétition de principe, et que par « action », il nous faut entendre quelque chose qui n'a plus rien à voir avec ces entités mythologiques que sont les attitudes en général, en particulier les actes et attitudes conatives (intentions, décisions, volitions, etc.). Même chose pour le « contrôle conscient » ou la proprioception, qui ne feront plus partie de l'appareillage explicatif des neurosciences. Que les neurosciences puissent expliquer les mouvements corporels, personne ne le contestera. Mais qu'en est-il des actions et des mouvements volontaires ? Les actions ont quelque chose en commun avec les faits. Les faits ne peuvent être individués sans présupposer une proposition ou une pensée les décrivant ; ce sont des entités conceptuellement « informées ». C'est pourquoi, très prudemment, Frege disait qu'un fait est une proposition vraie. De même, il ne semble pas possible d'individuer les actions indépendamment des intentions et de leur contenu conceptuel. Quel pourrait bien être le successeur de cette notion d'action, courante en philosophie de l'action, conforme au sens commun, mais tout à fait inacceptable pour un éliminativiste ? Quant à la conception de la logique à laquelle je renvoyais au début de cette section, un éliminativiste pourrait prétendre, par exemple, qu'il est parfaitement possible, en adoptant un programme « déflationniste », de définir la vérité et la validité de telle façon qu'elles n'aient plus rien à voir avec les attitudes (comme celle de « tenir pour vrai »), et nier que le prédicat de vérité désigne une propriété, ou une propriété « robuste ». Mais alors, comme l'observe Putnam, quelle raison aurait-on de continuer à utiliser la logique (en particulier la logique « classique ») si on ne peut même plus dire de ses règles d'inférence qu'elles « préservent la vérité des prémisses » (Putnam 1988: 70) ?

L'éliminativisme est un programme et l'on doit bien laisser une chance à ses partisans d'avancer sur la voie de sa réalisation. Mais pour un réaliste pragmatique, ses conséquences sont inacceptables[22]. Mon attitude ici est similaire à celle de D.M. Armstrong : si un éliminativiste arrivait à me convaincre que le « mental » est incompatible avec le « physique », et m'obligeait à choisir entre l'éliminativisme et le dualisme, je

---

[22] Un réaliste pragmatique ne peut accepter l'attitude qui conduit à dire : « mais ceci est une conséquence de la théorie, non une objection à lui faire ». (Voir, par exemple, J. Heil 1998: 170). Nous évaluons *effectivement* les théories en considérant leurs conséquences et, bien sûr, plusieurs autres critères comme la cohérence interne, la simplicité, etc.

choisirais, à regret, le dualisme, parce que, comme le dit Armstrong, « l'existence du mental me semble être tout à fait indéniable »[23].

4 Conclusion

Je ne crois pas qu'on doive espérer, en philosophie, des arguments dévastateurs et définitifs. Sinon, toutes les grandes doctrines du passé qui survivent encore et même fleurissent auraient rencontré, il y a longtemps, leur coup de mort. Je n'ai pas tenté de « réfuter » en ce sens les deux doctrines ici discutées. J'ai voulu simplement indiquer un certains nombre de raisons qui les rendent inacceptables pour un réaliste pragmatique. L'épiphénoménaliste et l'éliminativiste pourraient tous deux rechigner : « vous n'avez fait que présupposer une conception de l'action en l'opposant tout au long à d'autres conceptions possibles qu'il nous reste à développer. Toute cette argumentation n'est donc qu'une longue pétition de principe ».

La réponse est que le fardeau de la preuve, très clairement, leur revient. Le réaliste pragmatique considère avec respect le témoignage des sens, le sens commun et les nombreuses générations de locuteurs qui ont mis au point les langages que nous parlons aujourd'hui. Voilà le point de départ obligé de l'évaluation des conséquences des thèses qu'il examine. Il ne s'oppose pas non plus, bien sûr, à la science. Mais notre capacité à rendre quoi que ce soit intelligible, dans les sciences ou dans la vie de quotidienne, dépend de ce point de départ et s'appuie sur lui. L'épiphénoménalisme et l'éliminativisme ne passent pas le teste, parce qu'ils attaquent directement ce point de départ obligé, notre « la fabrique du sens », et coupent ainsi la branche sur laquelle ils s'appuient.

---

[23] Armstrong (1999: 95) : « My own position is Compatibilist. But if persuaded (say by an Eliminativist) that Incompatibilism is true, I would then (reluctantly) turn Dualist, because the existence of the mental seems to me to be pretty well undeniable. »

Références

Armstrong, D.M. (1999). *The Mind-Body Problem. An Opinionated Introduction*. Boulder : Westview Press.
Chalmers, D. (1996). *The Conscious Mind*. Oxford : Oxford University Press.
Chisholm, R. M. (1976). *Persons and Objects*. La Salle : Open Court.
Churchland, P. (1988). *Matter and Consciousness*. Cambridge, MA : MIT Press.
Davidson, D. (1980). « Actions, Reasons, and Causes ». In *Essays on Actions and Events*. Oxford : Oxford University Press.
Dowty, R. (1979). *Word Meaning and Montague Grammar*. Dordrecht : Reidel.
Flanagan, O. (1992). *Consciousness Reconsidered*. Cambridge, MA : MIT Press.
Frege, G. (1971). « Sens et dénotation ». In *Écrits logiques et philosophiques*, trad. par C. Imbert. Paris : Seuil.
——. (1997). « Logic ». In *The Frege Reader*, dir. par M. Beaney. Oxford : Blackwell.
——. (1979). « Logic ». In *Posthumous Writings*, dir. par H. Hermes, F. Kambartel et F. Kaulbach. Trad. par P. Long et R. White. Oxford : Blackwell.
Giere, R. (2000). « Theories ». In *A Companion to the Philosophy of Science*, dir. par W. Newton-Smith. Oxford : Blackwell, 2000.
Ginet, C. (1990). *On Action*. Cambridge : Cambridge University Press.
Heil, J. (1998). *Philosophy of Mind*. Londres : Routledge.
Heil, J. et A. Mele, dir. (1993). *Mental Causation*. Oxford : Clarendon press.
Kim, J. (1993a). *Supervenience and Mind*. Cambridge : Cambridge University Press.
——. (1993b). « The Non-Reductivist's Troubles with Mental Causation ». In J. Heil et A. Mele (1993).
——. (1996). *Philosophy of Mind*. Boulder : Westview Press.
——. (1998). *Mind in a Physical World*. Cambridge, MA : MIT Press.
Libet, B. (1985). « Unconscious Cerebral Initiative and the Role of Conscious Will in Voluntary Action ». *Behavioral and Brain Sciences* VIII, pp. 529–66.
Leclerc, A. (2001). « Fallibilism, Demonstrative Thoughts and Russellian Propositions ». *Principia* V, n° 1–2 (Juin et Décembre), pp. 43–54.
Leclerc, A., G. da Silva de Queiroz et M. Wrigley. (2002). « Mental Causation ». Numéro spécial de la revue internationale *Manuscrito* XXV, no. 1.
Perry, J. (2001). *Knowledge, Possibility, Consciousness*. Cambridge, MA : MIT Press.
Putnam, H. (1988). *Representation and Reality*. Cambridge, MA : MIT Press.
——. (1999). *The Threefold Cord : Mind, Body, and World*. New York : Columbia University Press.
Rudder Baker, L. (1987). *Saving Belief*. Princeton : Princeton University Press.

——. (1995). *Explaining Attitudes*. Cambridge : Cambridge University Press.
——. (2000). *Persons and Bodies*. Cambridge : Cambridge University Press.
——. (2002). « Attitudes in Action. A Causal Account ». In Leclerc *et al.* (2002)
Searle, J. (1983). *Intentionality*. Cambridge : Cambridge University Press.
Strawson, P.F. (1959). Individuals. Londres : Routledge.
Suppes, P. (1994). « Voluntary Motion, Biological Computation and Free Will ». In *Philosophical Naturalism*, vol. XIX, dir. par P. A. French, T. E. Uehling Jr., H. K. Wettstein. Midwest Studies in Philosophy. Notre Dame : University of Notre Dame Press.
Wittgenstein, L. (1976). *De la certitude*. Paris : Gallimard.
——. (1961). *Tractatus logico-philosophicus*. Paris : Gallimard.

12

Is Mental Causation Compatible with the Causal Completeness of Physics?

WILSON MENDONÇA (UNIVERSITE FEDERALE DE RIO DE JANEIRO)

ABSTRACT. — The paper takes issue with a widely accepted view of mental causation. This is the view that mental causation is either reducible to physical causation ultimately untenable, because incompatible with the causal completeness of physics. The paper examines, first, why recent attempts to save the phenomena of mental causation by way of the notion of supervenient causation fail. The result of this examination is the claim that any attempted specification of the most basic causal factors which supposedly underlie a causal transaction cannot account for the counterfactually necessary connections with the effect in question. By contrast, the specification of these factors at a higher-level would allow establishing such connections. The paper closes with a discussion of how this view of autonomous higher-level causation grounded on counterfactual relations can be made compatible with the physicalistic commitment to a complete specification of the singular causes of any physical effect exclusively in physical terms.

1   Supervenience

Nonreductive materialists in philosophy of mind have been looking for a way to reconcile physicalistic commitments with a view of mental properties as dependent on, but also essentially distinct from physical properties. The idea that a supervenience relation might hold between physics (conceived of as the most basic science) and the mentalistic discourse (taken as a "special science") seemed to fill the bill. It was once a widely shared conviction that a suitably defined notion of supervenience would make it possible for philosophers of mind to preserve their materialism while holding on to the "autonomy of psychology" as an irreducible account of the causal relations connecting mental properties. This consensus has been shattered in the meantime by a number of powerful arguments—one of the most prominent being the overdetermination argument (Kim 1989, 1993a and 1993b).

The overdetermination argument challenges the very possibility of mental causation, i.e. the objective relation that supervenience was supposed to secure. It seeks to show that given the causal efficacy of physical properties, which everyone takes for granted, there is no causal role left for supervenient properties to play. The suggestion is that, if mental properties merely supervene on physical properties, it is unlikely that we will be able to find a proper place for them in the causally structured world. If the argument is cogent and valid, no account of mental-to-physical causation is possible that does not flout the materialistic assumption of the causal completeness of physics. The conclusion is that physicalistic commitments to mere dependence or supervenience relations have to be converted into commitments to type-identities between mental properties and physical properties.

I will take issue with this view. My first main thesis is that the overdetermination argument is not as conclusive as it seems. The crucial difficulties concerning mental causation, especially mental-to-physical causation, so I will argue further, find solution in a metaphysical framework that draws on the notion of supervenience and accepts the causal completeness of physics, upon providing an independently justified interpretation of the latter.

2 Overdetermination

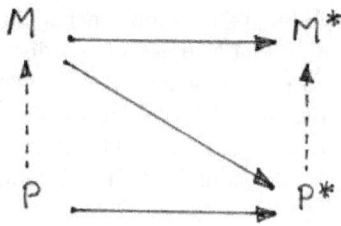

Consider the case, where an instantiation of a mental, supervenient property M causes the instantiation of another mental property M^*. An illustration of this would be a mental phenomenon causing another mental phenomenon. As materialists, supervenientists (as we may call them) must assume that the appearance of supervenient properties depends on the presence of appropriate basal conditions. So we have for the mental property M^* a determining physical property P^*. The counterfactual implication of M's claim to being a cause of M^* says that M^* could not have been instantiated, if M had not been instantiated on this occasion. The determination relation between P^* and M^*, on the other hand, implies that unless P^* were present on this occasion, M^* could not have been instantiated. These two conditions cannot be independent from another. A plausibly coherent description of the situation seems to be: the instantiation of M causes the instantiation of M^* *by causing* the instantiation of P^* in the first place; the later instantiation determines then the instantiation of M^*.

The first part of this description entails, of course, mental-to-physical causation, a relation objectively connecting a higher-level phenomenon (as the cause) to a lower-level phenomenon (as the effect). To this the supervenientist is committed. Under this line of thought, the causal role of M in the process by which P^* is brought about cannot be entirely "preempted" by any physical property. However, we do have good reasons to assume that the physical preempts the mental. These reasons are derived from the assumption of the causal completeness of physics: the instantiation of P^* has as its cause a physical phenomenon. Hence the purported distinctness of supervenient causal powers results in the uncomfortable supposition that physical phenomena underlying mental phenomena are systematically overdetermined. The instantiation of P^* has two distinct causes, a physical cause and a mental one. What causes discomfort is the fact that the joint operation of two causes, each one being sufficient to bring about the effect, should manifest itself not occasionally, but *whenever there is causation by mental properties*.

As massive overdetermination cannot be the rule, we are led to the conclusion that it is ultimately *in virtue of* some necessarily co-instantiated physical property P that the instantiation of M causes the instantiation of P^* (and, therefore, also the instantiation of M^*). This means that all causal powers involved in the instantiation of physical properties turn out to be the ones associated to physical properties. But if the instantiation of the supervenient property M (*qua* instantiation of M) has no independent causal power to bring about an instantiation of the physical property P^*, it is hard to understand how it could exert any influence on higher-level phenomena as well: no mental causation without mental-to-physical causation.

If we use "property-causation" to refer to the relation by which the instantiation of a property X causes an event of type Y *in virtue of* being an instantiation of X (and not in virtue of being an instance of some other co-instantiated property Z), the main steps of the overdetermination argument can be summarized as follows:

(i) M property-causes M^*. [mental causation]

(ii) The instantiation of P^* determines the instantiation of M^*. [supervenience]

(iii) M property-causes M^* by property-causing P^*. [mental-to-physical causation]

(iv) The instantiation of P determines M. [supervenience]

(v) P property-causes P^*. [causal completeness of physics]

(vi) The instantiation of P^* is simultaneously caused by the instantiation of M and the instantiation of P. [overdetermination]

(vii) Overdetermination cannot be the rule.

(viii) M must be identified with P, on pain of being "epiphenomenal."

The overdetermination argument generalizes. It does not directly concern mental properties. It focuses instead on the relationship between higher-level properties in general—be they mental or not—and those properties defining their supervenience-base. As the latter can eventually supervene on more fundamental properties—supervenience is a transitive relation—we may assume that there is a last level made up of absolutely basic properties on which all other properties ultimately depend. Basic properties in this sense are conceived of as properly *physical* properties to be identified by the future development of fundamental physics. Basic properties are also assumed to be the only properties connected by genuine laws of nature, so that the principle of causal completeness of physics applies to the physical world as defined by those basic properties. Macrophysical properties as well as functional properties are of course non-basic: they supervene, as we may suppose, on the properties discoverable by future physics. Thus their claim as real causal factors is also challenged by the overdetermination argument. Specifically mental causation is, therefore, not the main target of the argument. The power of any supervenient property, whether mental or macrophysical, to exert autonomous causal influence on basic phenomena is what is at stake.

3 Supervenient causation

It is of course undeniable that mental properties help explain physical or at least physically constituted phenomena. And explanations based on mental properties are causal. It follows from this that any plausible account of mental properties must give them at least *prima facie* causal efficacy. The normal way to square the attribution of causal explanatoriness to mental properties with the main thrust of the overdetermination argument consists in making whole higher-level causal relations dependent on the causal processes at the basic level. This account, of which there are many variations, came to be known under the title of supervenient causation.

The supervenient causation account says that A superveniently causes B if A supervenes on A' and B supervenes on B' and A' causes B'. According to a recent attempt to flesh out the idea of supervenient causation (Noordhof 1999), supervenient properties are efficacious because (i) the instantiation of one of their minimal supervenience-bases is a cause of an event of type E and (ii) each minimal supervenience-base is such that all its instantiations would cause events of type E in some causal circumstances C. I will skip here the details of the exact definition of a minimal supervenience-base. For the present purposes, it suffices to observe that minimal supervenience-bases are sets of atomic physical properties. Typically, there will be more than one minimal supervenience-base for any higher-level property F. This is tantamount to saying that the property F is multiply realizable. For F to be causally efficacious in the process by which another higher-level property G is instantiated, two conditions must be satisfied. The first condition says that a minimal supervenience-base of the instantiation of F causes a minimal supervenience-base of G in the given circumstance. The second condition states that "each minimal supervenience-base of F ... is such that all its instantiations would cause ... an instantiation of one of the minimal supervenience-bases of G ..., if they were in some causal circumstances C—where C may vary for each instantiation of F" (Noordhof 1999: 307). This can be easily applied to the psychological case.

4 Minimal activity?

It remains to be asked whether the supervenient causation account also honor the requirement that causes are, in the actual circumstance, counterfactually necessary for their effects. This is an important requirement. Indeed, causal claims imply certain counterfactual links. Thus in stating that a certain fact causally explains another fact, we assume that the latter fact would not have obtained if the former fact had not obtained. In other words, the truth-conditions of causal claims involve counterfactual conditionals. This means, in a physicalist framework, that causal factors made up of instantiations of physically basic properties must be shown to be causally sufficient *and* counterfactually necessary for any effect that gets produced. As I will presently argue, this is the place where the supervenient causation account founders. The closer to the supposedly basic factors it gets, the less able it is to formulate counterfactually necessary conditions for the effects in question.

Consider the relatively simple case where we invoke the property of being air in a causal explanation of the combustion of a match. This is an explanation of a macrophysical event by means of a macrophysical property. However, macrophysical properties share with mental properties the status of not being physically basic. They are, so we may suppose, supervenient properties whose causal contribution to their effects should be accounted for in terms of supervenient causation. So we are justified in asking: can we extract, even if only in principle, the ultimate physical causal factors ("the physical cause") from this macrophysical cause?

Presumably, only part of the instantiation of the property of being air—an instantiation of the property of being oxygen—is necessary for the combustion to occur. The property of being nitrogen, for instance, whose instantiation is also part of the instantiation of the property of being air, seems to play no causal role in the events leading to the combustion of the match. The supervenient causation approach is intended to capture cases like this. The property of being air is not competing with the property of being oxygen to play the role of the real physical cause of the combustion. Rather, what we should say here is that the property of being oxygen is the efficacious factor behind the supervenient cause in this case, namely, the presence of air. This is the first move we have to make if we intend to make the distinction between higher-level causes and efficacy determining causal factors coextensive with the distinction between supervenient properties and absolutely basic properties.

However, the same reasoning that leads to the attribution of causal idleness to part of the property of being air can be repeated if we start with the more basic property of being oxygen. After all, not all the oxygen present may be strictly necessary for the combustion to occur. Presumably, part of the oxygen can be discounted as causally superfluous in the process by which the combustion is brought about. What we must recognize here is that being oxygen is one of those properties that admit a certain degree of variation in their "parameters"—in our case, the volume of oxygen available—without prejudice of their role as realizers of higher-level causes. But then a definite value of the relevant parameter of the property of being oxygen will be typically present in a given case in which the presence of oxygen is causally responsible for the combustion. Let us assume that a volume X of oxygen is present in the actual circumstance. Then "having a volume X of oxygen" could be tentatively seen as the ultimate working component behind the cause described at a higher-level by "presence of air." "Having a volume X of oxygen" really looks like a *bona fide* physical property that could be causally responsible, at bottom, for the effects attributable, on a higher-level, to oxygen and, on an even higher-level, to air. However, the instantiation of "having a volume X of oxygen" can hardly be seen as counterfactually necessary for its effects. A lesser quantity Y could also do the causal job at hand, provided Y is greater than some critical value of the relevant parameter of the property of being oxygen. Thus, we face a problem: which of the properties "having a volume X of oxygen," "having a volume Y of oxygen," "having a volume ... of oxygen," is counterfactually necessary for the effect in question? Any instantiation of these properties can realize the higher-level cause. But since none of them is counterfactually linked in the right way to the effect, none of them can be seen as an ultimately efficacy determining property in the physicalist's sense.

Now, if the actual value of the parameter volume cannot be seen as the ultimate working property behind the presence of air, maybe *the actual value of the relevant parameter being greater than a definite critical value* can. Or so we may think. This point of view has the advantage of avoiding the potential multiplicity of causally responsible conditions. It would allow for the formulation of *one* satisfactory counterfactual link. After all, so it could be argued, having at least as much oxygen as the critical value strictly necessary for the combustion is itself a strictly counterfactually necessary condition for causing the combustion in the given circumstance.

This is surely right. But it is not what the physicalist needs. The problem with any property characterizable by reference to a threshold or a critical value is that it is not physical in the physicalist's sense. We may assume that there is a physical matter of fact as to the objective, unique value of the threshold. But a condition expressed by "having at least as much as the critical value strictly necessary for the combustion" can be fulfilled by instantiations of many properties that *eo ipso* have to be considered more basic. "Having a volume X of oxygen greater than the critical value" designates a whole family of properties each of which can realize the property invoked in the specification of the threshold condition. These considerations all go to support the conclusion that counterfactually necessary conditions can only be established by reference to a nonbasic property that *superveniently unifies* physically basic properties.

5   Causal completeness revisited

The argument so far explored the connection between causal efficacy and counterfactual relevance. Accordingly, counterfactual relevance of a property is taken to be a necessary condition for its efficacy: if P is efficacious in the actual circumstance, then it is counterfactually necessary for the effect in question that P is instantiated. What the argument so far shows is that *if* the instantiation of a property defining a threshold condition should be counted as a cause of an event of type E, then this cause is irreducibly nonbasic, that is, nonphysical by the standards of physicalism.

This result seems to be a straight denial of the causal completeness of physics. It should be clear, however, that the result depends on the consideration of the presence of enough oxygen as *a cause* of the combustion of the match. On the face of it, the presence of oxygen is a standing state that contributes to the occurrence of the event-effect by playing the role of an enabling condition for the operation of a triggering event-cause like the striking of a match. The relevant question at this juncture is whether, by considering the presence of enough oxygen a cause of combustion, the argument so far unjustifiably and unnecessarily assimilates the role played by causal conditions (states) to the role played by events in the causation of further events.

As a matter of fact, accounts of causation offered by philosophers of mind do not usually distinguish between events and standing states (cf. Steward 1997). They regard events and states alike as particular entities, as causal antecedents which interact on the same footing to bring about a certain effect. This means that enabling conditions and particular occurrences ("concrete individuals") are usually treated as homogeneous factors combining in the causal chain leading to an effect. Indeed, state-like conditions and particular occurrences are treated as *partial causes* that together necessitate the event-effect.

The argument developed in the preceding section follows this common practice in philosophy of mind. It takes the standing instantiation of a property (the property of being enough oxygen) to be the cause of an event of type E. The immediate consequence of showing that this cause is irreducibly nonphysical (in the physicalist's sense) is the denial of the causal completeness of physics. This is a high price to pay for claiming autonomy for any special science having to do with supervenient properties.

There is, however, an alternative way to this view, an alternative that could preserve the main point of the argument while still keeping to the causal completeness of physics. It starts with the categorial distinction between events and states, the case for which has been forcefully made by Helen Steward (cf. specially Steward 1997: chapter 7). Accordingly, it is not wrong to insist that a particular event-cause must combine with an independent standing condition to give rise to effects. What is wrong, or at least misleading, is the idea that this is a case of *partial causes* combining in the production of an event-effect. Consider again the example of a match being lighted. For the striking of the match to trigger the desired effect a necessary condition must be satisfied—there must be enough oxygen around. In all nomologically possible worlds in which this condition is not satisfied the particular event-cause is not followed by the lightning of the match. It is misleading to conceive of what is lacking in these worlds as another partial cause, as this may suggest the absence of another particular beyond the triggering factor referred to by "the striking of the match." Clearly, what has to be given in the actual situation for the particular event-cause in question to bring about the lightning of the match is not a particular entity (which can be represented by a singular term), but a fact (which has to be represented by a sentence).

The crucial point is that being a kind of fact, a standing state bears a relation to the effect it helps to produce which is very different from the relation connecting an event-cause (a particular) and an event-effect (another particular). In Steward's terminology, the first relation is "the relation of causal relevance." Its expression is a "sentential causal claim." The second is "the relation of causing," which is expressed by a "singular causal claim."

If we now take this into account in the interpretation of the argument developed in the previous section, we arrive at a new result concerning the compatibility of autonomous causation at the higher-level and the physicalistic commitment to a complete specification of the causes of any effect exclusively in physical terms. The remarks in the previous section draw on the connection between the causal efficacy of properties defining standing conditions for causal processes, on the one hand, and the possibility of establishing counterfactually necessary connections between these properties and the effect in question, on the other hand. In other words, counterfactual significance of a property is used as a test of the existence of a "relation of causal relevance." Some supervenient properties like "presence of enough oxygen" pass the test, while the corresponding physically basic properties in their minimal supervenience-bases do not pass the test. Thus some states can be causally related to physical effects (via counterfactual links) without being themselves physical (in the physicalist's sense).

The existence of a relation of causal relevance connecting nonphysical states—which are ontologically kinds of facts, not particulars—with effects implies nothing at all about the possibility of describing the corresponding "relations of causing" exclusively in physical terms. From the point of view of causal relevance of facts or conditions, it is entirely open whether we able to designate the particulars involved in a causal process in physical terms alone. In other words, "sentential causal claims," as expressions of relations of causal relevance, cannot dictate the form of singular terms in "singular causal claims," which express relations of causing between particular events. In particular, no assertion of a counterfactually grounded relation between an irreducibly nonphysical causal condition and an effect can show the futility of a purported translation of causal claims relating to particular events into the language of fundamental physics. For all we know, this translation may succeed. We have only to keep in mind that this sort of translation does not represent the vindication of reductive physicalism.

We now have the means to formulate the principle of the causal completeness of physics in such a way that it is not contradicted by the main argument of the previous section. The principle says that, for any particular event whatsoever, the chain of previous events connected to it by the relation of causing contains only particulars which can be completely designated by physical terms alone. That these particulars have sometimes to combine with nonphysical facts or conditions to bring about effects does nothing to change their status as physical entities.

References

Corbí, Josep E. and Josep L. Prades (2000). *Minds, Causes, and Mechanisms*. Oxford: Blackwell.
Heil, John and Alfred Mele, eds. (1993). *Mental Causation*. Oxford: Clarendon Press.
Kim, Jaegwon (1989). "The Myth of Nonreductive Materialism". *Proceedings of the American Philosophical Association* LXIII, pp. 31–47.
———. (1993a). "Can Supervenience and 'Non-Strict Laws' Save Anomalous Monism?" In Heil and Mele (1993), pp. 19–26.
———. (1993b). "The Non-Reductivist's Troubles with Mental Causation." In Heil and Mele (1993), pp. 189–210.
———. (1998). *Mind in a Physical World. An Essay on the Mind-Body Problem and Mental Causation*. Cambridge, MA: MIT Press.
Noordhof, Paul (1999). "Causation by Content?". *Mind and Language* XIV, pp. 291–320.
Steward, Helen (1997). *The Ontology of Mind*. Oxford: Oxford University Press.

Quatrième partie
Rationalité et décision

13

How to Make a Decision

STORRS MCCALL (UNIVERSITÉ MCGILL)

1 Introduction

Decision-making is a characteristically human activity, one that most of us engage in every day. Bacon and eggs for breakfast, or just toast? Tea or coffee? Shall I walk to work, take the bus, or ride the Metro? Should I start to write that paper on free will for the conference next September, or wait until I have had a chance to read the latest research on neurophysiology of acts of choice? Decisions, decisions, decisions. Sometimes it is enough to make us want to follow Paul Gauguin to the South Seas.

Nevertheless, careful study of the decision-making process can yield a store of philosophical insights, many of them new and many of them able to shed light on the perennial question of what it is to be human. Or so I believe. This paper is an attempt to push aside another inch or two of the curtain of unknowing, the curtain which separates us from ourselves and impedes self-knowledge. As philosophers, we all wrestle with our personal daemons, and two of mine are the daemons of deliberation and decision.

2 Deliberation

The process of deliberation, Aristotle's *bouleusis*, is divided into three stages, which I shall designate as *choice-set formation*, *evaluation*, and *choice*. Let me illustrate with the example of Francine, a student graduating from the University of Québec at Trois-Rivières, who must make up her mind as to what to do next year. Francine has been accepted into environmental studies at the Sorbonne (A), and into a PhD program in social anthropology at Chicago (B), and finally has the chance to do volunteer work in rural development in Africa (C). These options, together with the default option D (None of the above), constitute Francine's choice set {A, B, C, D}.

Once her choice set has been formed, Francine deliberates. This phase of the process can last for hours, or days, or weeks, and consists of weighing the pros and cons of each of the various options against one another. Paris for example is a city that Francine has always wanted to live in, but at the same time it is expensive, and the small bourse available to her will not be sufficient. Chicago on the other hand has made a generous offer of postgraduate support, but the distinguished scholar whom Francine wanted to work with has just moved from Chicago to California. Francine's father is a development officer with the World Bank who specializes in agriculture, but Francine feels nervous about spending a year in Africa without her partner Ghislain, who has a pathological fear of snakes. I give the name "deliberation reason", or "delib-reason" for short, to each of the reasons which a particular deliberator has for choosing or not choosing one of the options A, B, C, ... Thus in Francine's case love of Paris is a positive delib-reason in relation to alternative A, while Ghislain's fear of snakes is a negative delib-reason in relation to C. In the middle phase of the deliberative process, which I call "evaluation", the deliberator assesses the relative weights of the different sets of positive and negative delib-reasons, and weighs one set against the others.

The comparative weighing process involved in deliberative evaluation is one we perform so frequently, e.g. in shopping at the supermarket where nutritional value, taste and price are balanced against one another, that we forget how complicated it really is. Before delib-reasons can be *weighed* they must be (subjectively) *weighted*. Thus before the reasons for purchasing delicious but expensive leeks can be weighed against the reasons for cheap but ordinary carrots, a weight of some kind has to be placed on delectability, and a weight of some kind has to be assigned to price. A shopper with resources of only $20 will assign different weights to price and delectability than a shopper with $200. But though *weighting* of delib-reasons comes first, weighting gets us nowhere without comparative *weighing*, in which the exotic taste and high price of leeks are weighed against the run-of-the-mill taste and low price of carrots. Once the process of weighting and weighing is complete, the process of evaluation comes to an end with the creation of an *ordered list of preferences*. Let us suppose for example that Francine, after a week of hard thought, comes up with the evaluative list CAB: Africa, Paris and Chicago in that order.

For many philosophers, especially rational choice theorists and decision theory specialists, who focus on problems like Arrow's paradox, the prisoner's dilemma and Newcomb's problem, the production of a single agreed-on ordered list would be the end of the matter. If after due deliberation, possibly in consultation with her parents, professors and Ghislain, Francine concludes that her preferences are Africa, Paris and Chicago in that order, then one would think that the process of decision-making ought to be at an end. But softly. In the model I am proposing there is one more step in the process after evaluation, and that is *choice*, or what Aristotle calls *prohairesis*. We may imagine that Francine has arranged three letters on the table in front of her, one accepting the Sorbonne offer, one the Chicago offer, and one the Africa offer. All she has to do is sign one of them, put it in an envelope, and mail it. Since Francine now has her ordered list CAB, it would appear as if the process of deliberation was over. Certainly all decision theorists would agree that it was.

Plato, in the *Meno* 77B-78A, adopts a very similar position when Socrates asks Meno whether it is possible to desire what is dishonourable, i.e. something bad or evil. Meno believes that this is indeed possible. But, asks Socrates, does someone who apparently desires evil do so knowing it to be evil, or believing it to be good? Socrates quickly convinces Meno that people always act in accordance with what they *think* is good, even though they may be mistaken in that belief. Consequently all evil-doing is based on ignorance of the good, and no one who knows the good will ever voluntarily do evil. The relevance of this to rational choice theory is that no one who constructed a list of preferred options, based on his or her honest assessment of what was best, would ever choose an alternative other than the one at the top of the list. In this sense rational choice theorists follow Plato.

However, as we know, another equally famous philosopher notoriously differed from Plato on this point. For Aristotle it is perfectly possible to know the good but not do it, and although those who act in this lamentable and un-Platonic way may not be fully rational, they are still human. Which philosopher holds up the mirror in which we see ourselves? Is it Plato or Aristotle? Suffice it to say that Aristotle has shown us that there can be a gap between knowing what is best to do, and doing it. For Plato and the decision theorists on the other hand there is no gap, and intelligent agents will always follow their established preferences. To do otherwise would be irrational. But are human beings essentially rational? Aristotle, the realist, could perhaps see something here that Plato, the idealist, could not. In the account of decision-making put forward in this paper, identifying one's preferred course of action, and deciding to do it, are two distinct things.

In saying that evaluation and choice are distinct I am not saying that deliberators frequently jettison their preference lists and choose irrationally, under the sway of *akrasia*. On the contrary, in the vast majority of cases we act rationally, implementing the option we judge best. But what Aristotle tells us is that there is no logical necessity here: we could and occasionally do choose to act otherwise. For instance, many of us display *akrasia* when it comes time to book another dental appointment. Lamentable, certainly, but a very human weakness. A world which lacked *akrasia* would, I suspect, be a cleaner but a grimmer place. That said, probably 99.9% of actions which result from deliberation are designed to implement the option at the head of the agent's preference list.

To sum up, deliberation consists of the following stages:

(i) Formation of the choice set
(ii) Evaluation of the options
(iii) Decision, i.e. choice of an option.

In the following section I discuss category (iii).

3   Choice

We have followed Francine's story up to the moment she has constructed her list of preferences CAB, and is preparing to sign one of the letters of acceptance. The process of evaluation is terminated. Does this mean that there is only one of the three letters which it is possible for her to sign?

That it has become, in effect, physically impossible for her to sign the A-letter or the B-letter, leaving only the C-letter as the sole open alternative? No. The deliberative model I am proposing is one in which all options of the choice set are open throughout evaluation, and remain open right up until the moment of choice. It is only the act of choice itself, the selection of a single option and the non-selection of the others, that closes all but one of the options, rendering them in effect "unchoosable" because unchosen. When the process of evaluation is terminated, but before the final choice is made, there may be a moment in which all options remain open, but one of them has not yet been selected. Or alternatively there may not; there may be no temporal gap between evaluation and choice. Nevertheless it is part of the model that there is a particular "act of choice", which may or may not coincide temporally with the end of evaluation, but which is separate and distinct from the construction of a list of preferences.

Prior to the act of choice, each option A_i belonging to the choice-set remains *open* in the sense that it is physically possible for the agent to perform whatever action initiates A_i's implementation. This requires some explanation. An action X at time t_2 is *physically possible* at time t_1 if there exists at t_1 no state of affairs which causally necessitates the non-performance of X at t_2. For example, there exists nothing at time t_0 which causally necessitates the non-occurrence of my lifting 50 kg at time t_2. But if I strain a tendon at t_1, then there does exist a state of affairs which causally necessitates my non-lifting of 50 kg at t_2. Consequently what was physically possible at t_0 is no longer physically possible at t_1. In the case of Francine each one of the options A, B, C, D remains open throughout the period of evaluation, since it is physically possible for Francine at any point to sign and mail the corresponding letter, thus beginning the implementation of the corresponding alternative. Alternatively she can tear up all three letters and re-consider her options.

It is of course true that while Francine can begin the implementation of A, B or C at any time, she cannot single-handedly ensure that the chosen option will eventuate. Unbeknownst to her for example, the international agency administering the volunteer program in Africa may have ceased operations. Similar considerations apply to all choice sets. When we deliberate, the different alternatives are "open" to us only in the sense that we have the power to initiate the implementation of each one of them, although we do not in general have the power to ensure that any of them is finally realized. In deciding to turn on the lights I reach across to the switch, but in that short interval the electricity goes off and my action fails. What this shows is that the "open-ness" of an option during deliberation means only this: the agent has the power to *act in such a way as to begin implementation of that option*. By "act" I mean "move one's body" rather than (say) "will one's body to move". An agent who was completely paralyzed could not engage in practical deliberation, in my understanding of the term, since none of the options in her choice set would be open to her. She could engage in what I call "cognitive deliberation", but that is another story.

Consistently with the definition just given of "open-ness", the picture we have of Francine's brain during the deliberative process is this. Corresponding to the options A, B, C, D there will be neural states $n(A)$, $n(B)$, $n(C)$, $n(D)$, each of which Francine has the power to bring into existence. When and if each comes into being, it causes a bodily movement which leads to the implementation of the corresponding option. Thus neural state $n(A)$ initiates the signing of the Sorbonne letter, $n(B)$ the Chicago letter, etc. During deliberation and before decision, Francine's brain is in none of the states $n(A)$, $n(B)$, $n(C)$, $n(D)$, although each state is continuously available and accessible to it. I shall say more about this conception of the deliberating brain in what follows.

4 The Role of Indeterminism in Evaluation

The overall objective of this paper is to form a conjectural empirical model of what goes on in our heads during deliberation and decision. The story of Francine provides a phenomenological description of decision-making and choice, but we are still lacking a description of the underlying physical processes in Francine's central nervous system which make the phenomenology possible. My aim is to construct, in broad outline, an empirical hypothesis as to what these neurological processes must be like. As a first step let me discuss the role that indeterminism plays in deliberation.

Philosophers who think about human action and freedom are traditionally divided into *compatibilists*, who follow Hume in considering freedom to be consistent with strict physical and neurophysiological determinism, and *libertarians*, who hold that we cannot be free unless determinism is false. Those who support libertarianism generally focus on the act of choice as the point at which any purely deterministic account of decision-making fails. Compatibilists, on the other hand, see choices as determined along with all other events in the world, and rightly point out that one cannot hold an agent X responsible for her choices unless the latter are connected with X's character. For a determinist, actions "flow from character" as water flows downhill, and a random, indeterministic event which breaks the agent/action link destroys responsibility. Worse, to the extent that an act of choice contained a random or indeterministic element, that choice would be uncontrolled by the agent whose choice it was. By definition, a determinist would say, what is due to chance falls outside anyone's power to bring about or influence. Consequently, no adequate model of responsible or controlled free will would seem to be possible if acts of choice are undetermined events.

The dispute between libertarians and compatibilists, phrased in this way, would appear to give compatibilists the upper hand. But, given our analysis of the open-ness of choice sets during deliberation, it is not difficult to see that there exists a different and more fundamental way of basing deliberation upon indeterminism, a way which preserves responsibility and control in a natural manner.

As was seen, corresponding to every choice set $\{A_i\}$ of options there is a set of mutually exclusive, non-actual neural states $n(A_1)$, $n(A_2)$, ..., each of which is physically possible relative to the overall state of the central nervous system during deliberation. These states remain possible but non-actual up to the moment of choice, when one and only one is actualized. A physical system S with two or more qualitatively distinct non-actual future states, any one of which can be actualized and characterize S at any future moment, is *indeterministic*. A *deterministic* system has the property of possessing only one physically possible future state into which the system can move at every instant. A system which deliberates is not of this kind: the existence of a choice set of open alternatives for a deliberating subject requires indeterminism. The human central nervous system, if it is to provide the deliberator with a set of constantly accessible neural states over a continuous period of time, must be more radically indeterministic than a system composed of a sequence of chance events. The functioning of a deliberating brain is based not on individual random events identified with "choices", but on a stable indeterministic system which keeps distinct alternatives continuously available. Lacking this more sophisticated variety of indeterminism, deliberation as we know it, would be impossible.

A deliberating system, then, is characterized by (a) a constantly open set of distinct non-actual states, any one of which can be actualized at any moment, and (b) the power of practical reason or practical judgement, which weighs and compares options. We have seen that condition (a), the existence of a choice set, requires indeterminism. Without indeterminism, no choice set could have more than one member. But what of the act of choice itself, which closes off all options save one? Is this act also an undetermined event?

Before addressing this question in the next section, we should note parenthetically that very few decisions are final in the sense of being irrevocable. An act of choice terminates any given deliberative process, but there is nothing to prevent the deliberator from having second thoughts and starting a new deliberation with the same choice set. People who frequently change their decisions in this way do not always endear themselves to their friends, and in bridge there are formal penalties for those who revoke a card and play something else. Nevertheless, that people should have the ability to change their minds when called for has saved individuals as well as nations from disaster on many occasions. All of which is to say that an option which is closed off by a decision at time t_1 may be re-opened by a new deliberation at t_2, and the indeterministic neural system which opens and closes options must be flexible enough to permit this.

5 The Role of Indeterminism in Choice

We turn now to the act of choice. Choice or decision makes actual one and only one of the neural states $n(A_1)$, $n(A_2)$, ... corresponding to a choice set $\{A_1, A_2, ...\}$, thereby causing us to move our body so as to initiate the implementation of the corresponding option. Choice is frequently singled out by libertarians as *the* indeterministic element in free action, the element which liberates us from the laws of physical necessity. But in the model of deliberation and decision which we are elaborating, a different picture of choice will emerge.

Robert Kane, in a work which explores at great length the libertarian tradition in philosophy (Kane 1996), discusses various examples of decision-making which illustrate the role played by indeterminism in what Kane calls "plural rational choices". These are rational decisions of agents faced with two or more alternative courses of action. One of his examples is that of Jane, who is deliberating whether to spend her vacation in Hawaii or Colorado (Kane 1996: 107–8). Jane consults travel books and brochures, imagines contrasting scenarios, thinks about her bank account, and eventually comes to the conclusion that all things considered, Hawaii is the best option. She therefore decides to go to Hawaii. Kane's second example is that of an engineer, a recovering alcoholic trying to save his marriage, who working late at night under great stress is tempted to have a drink to relieve the tension (Kane 1996: 126–36).

Kane's problem is how to give a coherent description of Jane's and the engineer's choices which makes them both (a) undetermined, and (b) comprehensible and rational. The difficulty is that (a) appears to negate (b), making it impossible for a choice to be both undetermined and rationally explicable in the "two-sided" or "plural" sense that Kane is seeking. As it turns out, the two choices faced by Jane and the engineer are not on a par in this respect, and will have to be treated differently.

Kane's definition of an undetermined event is one which, given the totality of antecedent conditions immediately prior to it, might have failed to occur. More fully, if D represents the state of the world immediately prior to a time t, then an event E is *undetermined* at t if D includes neither a set of conditions causally sufficient for the occurrence of E at t, nor a set of conditions causally sufficient for the non-occurrence of E at t. This implies that, if Jane's choice to vacation in Hawaii is undetermined, "*exactly the same prior deliberation* up to the moment of choice, through which she came to believe that Hawaii was, all things considered, the best option, may have issued in the choice of Colorado" (Kane 1996: 107). As Kane notes, this would be strange indeed. Jane's choice of Colorado, following her painstaking evaluation and considered judgement that Hawaii was the best option, would be the opposite of rationally explicable. It would be arbitrary, random, capricious, irrational, akratic, all the things that determinists find objectionable in the concept of libertarian free choice.

What Kane is seeking is an undetermined act of choice that makes *each* option rationally explicable, i.e. supported by the agent's reasons and motives. In the case of the overworked engineer, for example, it would be understandable if, fighting temptation, he refused a drink, *and* it would also be understandable if he were overcome by desire and succumbed. "If the engineer chooses not to drink, it will be because he wanted to save his marriage and career, and if he chooses to drink it will be because of his strong (though resistable) desire to relieve tension"

(Kane 1996: 136). Here at last it might seem that we have a genuine example of "plural rationality", a case in which each of the two possible outcomes of an undetermined act of choice is supported by agent-reasons, and is consequently rationally explicable. But in fact there are important differences between Jane's choice and the engineer's choice which make it doubtful that the latter is a true example of "plural rationality", or indeed of deliberative choice at all.

Jane's decision of where to vacation is a typical instance of Aristotle's *prohairesis*: deliberative choice based on rational evaluation of options when all the pros and cons are open to inspection, weighed, and judged. If asked why she chose Hawaii, Jane would be able to give a meticulous account of her reasons. But the engineer's decision is not like this. The engineer (if I understand Kane's example correctly) has made a prior resolution to abstain from alcohol, and is fighting against a strong desire to have a drink. If he yields, it will not be a case of *deciding* to yield so much as *being overcome*. Now it is possible that I have misunderstood, and that Kane intended the engineer's situation to be more like Jane's; i.e. the engineer in rational fashion weighs the two alternatives of remaining abstemious to preserve his marriage vs. yielding to temptation in order to relieve psychological pressure. In that case the engineer's decision will be a "plural rational" choice, made for a reason, rather than an event of being overcome by desire or alternatively hardening one's resolve against temptation. But under this interpretation, the old incompatibility with indeterminism obtains.

If the engineer resolves for good and sufficient reasons to remain sober, then he could not select the alternative of having a drink without his choice appearing arbitrary, random, capricious, and irrational. If on the other hand, after due deliberation, he judges it would be best to have a drink and relieve the tension, than he could not, given that judgement, choose sobriety in any but a capricious manner. Given his reasoned judgement either way, his act of choice may be one-way rational, but it cannot be two-way rational.

The conclusion we are led to is that it is impossible to combine the notion of an indeterministic choice, which requires that either one of two opposed outcomes can result from a single set of initial conditions at the moment of choice, with "plural rationality". Either (i) the so-called "indeterministic act of choice" is not an act of *rational* choice at all, but instead is an example of being overcome by desire—something like the indeterministic crumbling or resistance of a concrete wall subjected to pressure—or (ii) the act of choice is rational, as in the case of Jane's decision, but one-way rational rather than two-way rational. Like oil and water, plural rationality and undetermined acts of choice do not mix.

(What has just been said does not apply to Buridan-type choices, in which the different options have identical equally-balanced reasons for and against. In such situations an undetermined act of choice may well be rational, indeed "plural rational". But the consideration of Buridan choices must await another occasion.)

6 Deliberation as an Indeterministic Process

Does the impossibility of combining plural rationality with indeterministic choice imply the failure of libertarian analyses of deliberation and decision? Not at all. It implies merely that, if associated with individual acts of (plural) rational choice, indeterminism has so to speak gotten into the wrong place, i.e. been mislocated. Our purpose here is to re-position it, at the same time affirming its importance.

The culmination of Jane's deliberation about where to vacation is a decision which, relative to her final evaluation, is one-way but not two-way rational. This means that her decision of Hawaii is rational, given her evaluation, but the choice of Colorado, had it occurred following exactly the same evaluation, would have been irrational. Does this imply that no process of deliberation can be "two-way" rational? No. An indeterministic deliberative process, once begun, can result in the selection of any one of the open options of the choice set, and the selection in each case can be rational. The trick is to give a consistent description of deliberation which makes this possible.

When she begins her deliberative research into vacation plans, there is no certainty that Jane will choose Hawaii. At that early stage, we may suppose, the question of Hawaii vs. Colorado is completely undetermined. But in the course of her study and evaluation Hawaii gradually emerges as the better overall choice, the deliberation ending when Jane purchases her ticket to Honolulu. Each step in the process, we may assume, is "rational" in the sense that Jane would be able to explain to a friend, or to a philosopher doing research on decision-making, why she made it. E.g. why she preferred surfing to white-water rafting, or why she could contemplate extending her budget to include the cost of a beach-house.

Does this imply that Jane's decision is, from the start, only one-way rational? No: it is also possible that her investigation and her interests might have taken off in different direction, or might have changed direction in the course of her deliberations. The geological history of the Grand Canyon might at a given point have caught her interest, leading her to investigate the possibility of trekking along the Canyon walls on horseback, visiting a cattle ranch, etc., all at considerably less expense than Hawaii. In this case her deliberation ends in the choice of Colorado, and again a friend to whom she explains her reasons also concludes that the choice is entirely reasonable. Consequently, when we spread the indeterminism out over the whole deliberative process, instead of concentrating it on the final act of choice, we are able to construct a model of libertarian deliberation which is both indeterministic and "plural rational".

It might be thought that the concept of an "indeterministic process", used to describe Jane's deliberation, reduces to that of a *deterministic process*, containing a set of discrete *indeterministic events*. This is not so, although individual chance events can form part of a process which is in a real sense *continuously indeterministic*. For example, in turning the pages of a travel book, Jane's fingers might by chance have skipped over an exceptionally striking photo of the Grand Canyon, which if she had seen it would have tilted her attention more in the direction of Colorado and away from Hawaii. But although the indeterministic course of Jane's deliberations is to some degree influenced by chance events like this, it is also influenced by episodes of continuous "process-like" indeterminism, in which (say) the comparative degree of weight that Jane places on budget vs. comfort in accommodation varies in a continuous though undetermined way over several hours of thought. Here there is more than one "rational" scale of comparative weighting that can be explained to a friend or observer, and the weighting influences Jane's evaluation in a gradual, prolonged way rather than as a series of discrete undetermined events.

For these reasons, Jane's deliberation is properly describable as a genuine *indeterministic process* which can take many alternative routes, each one of them capable of being defended as rational. An agent who engages in a lengthy deliberative process of this kind controls its course at all times, and is able to review, revise, or alter its direction as her judgement dictates. The process is rational throughout; each step can in principle be justified to an outside observer.

7   Conclusion

Single undetermined acts of choice, with the exception of Buridan-type choices, can at best be one-way rational, not plural rational. For this reason a libertarian account of decision-making which placed the entire burden of indeterminism on a single final "act of choice", would be unable to explain how it is that a deliberator, in the course of a single deliberation, is capable of rationally choosing an option A, and also capable of rationally choosing a different option B.

But if it is recognized that indeterminism can be predicated of *processes* as well as events, the picture changes. What is an indeterministic process? An indeterministic process operating within a system S is a process that can, at any instant, result in the coming-into-being of one of a set of distinct mutually exclusive states of S, in our case one of the neural states n(A), n(B), n(C), ... corresponding to a choice set. Nothing at the start of the process, or during it, dictates *which* of the states will occur, i.e. at every instant it is causally possible that n(A) will occur, causally possible that n(B) will occur, etc. This situation persists right up until the end of the indeterministic process, when one of the states n(A), n(B), n(C), ... *does* occur. At that point the process stops. It is this procedure that keeps the options in a deliberation continuously open: if the deliberation were not based on a *continuously indeterministic process*, the options would not always be open. Some such neurological model, I conjecture, must be operating in any central nervous system capable of deliberating.

Finally, the model must account for the capacity of a rational deliberator to *control* the course of her deliberation. Because she controls it, the agent is able to justify the eventual decision, whatever it may be, as free and reasons-based, not arbitrary or capricious. No less, and I believe no more, can be demanded of a consistent libertarian account of practical deliberation and decision. Plainly, the concept of control plays an essential part in the libertarian account outlined in this paper. How can deliberative decision-making be a process that is at one and the same time both indeterministic and controlled? For discussion of these further issues see McCall and Lowe (2005) and McCall (forthcoming). Not until a satisfactory account is available of a *controlled indeterministic process*, I believe, will an adequate libertarian theory of action be possible.

References

Kane, Robert (1996). *The Significance of Free Will*. Oxford: Oxford University Press.
McCall, Storrs and Lowe, E.J. (2005). "Indeterminist Free Will". *Philosophy and Phenomenological Research* LXX, pp. 681–90.
McCall, Storrs (forthcoming). Contribution to *Philosophy of Action: 5 Questions*, ed. by J. Aguilar and A. Buckareff. Automatic Press.

14

Rationality from a Logical Point of View[1]

MATHIEU MARION (UNIVERSITÉ DU QUÉBEC, MONTRÉAL)

Abstract. — Taking my lead from a quotation from Carnap and through a discussion of Turing's and Church's Theses, I argue that it is necessary for rational decision theory not only to take into account the limitations of Turing Machines, but also the intrinsic limitations of digital computing machines themselves. There are problems that are in principle computable by a Turing machine that are nevertheless intractable for digital computing machines, and the latter, limited as they are to polynomial-time (or "feasible") computations must be seen as the true idealized (human) computers. After pointing out that a Turing Complexity Thesis (due to H. Levesque) could improve Cherniak's proposals for a "minimal rationality", I conclude with some brief critical remarks aimed at the current paradigmatic notion of "rationality" underlying decision theory, and the idea that the full classical logic should keep a privileged status in this context.

Turing's "Machines". These are humans who calculate.
L. Wittgenstein

---

[1] I would like to thank Denis Fisette and Daniel Vanderveken for inviting me to the colloque *Action, rationalité et décision*, Université du Québec à Trois-Rivières (2002), in memory of J-Nicolas Kaufmann. This is the paper that I intended to give on that occasion. Rationality was one of Nicolas' favourite topics and decision theory one of his areas of specialisation; he had hoped to improve the current standard model of rational choice by the introduction of the concept of "prospective intentions" (Kaufmann 1995), a concept that he also studied from the standpoint of phenomenology. In contrast, I wish to provide in this paper reasons justifying not an improvement but a revision. The aim of this paper is thus purely negative, as there is no space to propound even the beginning of a positive suggestion.

Action, Rationalité & Décision — Action, Rationality & Decision.
Daniel Vanderveken et Denis Fisette (eds.).
Copyright © 2008.

1 Carnap on Robots

In "The Aim of Inductive Logic", Rudolf Carnap carefully distinguished between the empirical, descriptive theory of "actual" decisions and the normative theory of "rational" decisions, thus remaining faithful to the anti-psychologism of his teacher Frege, while placing himself within a tradition in decision theory that goes from Jeffrey, Keynes, and Ramsey to Good, Koopman, and Savage (Carnap 1962: 307). Carnap also took the bold step from rational decision theory to inductive logic (Carnap 1962: 314) but this controversial move is of no importance here. My point of departure is Carnap's characterisation of rational decision theory. Unsurprisingly, one reads that

> The statements of a theory of this kind are not found by experiments but are established on the basis of requirements of rationality; the formal procedure usually consists in deducing theorems from axioms which are justified by general consideration of rationality. (Carnap 1962: 306–07)

Carnap provides three such "requirements of rationality", all revolving around consistency — this too was to be expected. That the theory should have an axiomatic form and that the concept of rationality should be cashed out almost exclusively in terms of consistency are two assumptions that are usually taken for granted without discussion; I think that they deserve scrutiny.[2] (Good philosophy is done when one questions what others take for granted.) However, I wish here to focus on another, further point made by Carnap concerning rationality:

> Thinking about the design of a robot will help us in finding rules of rationality. Once found, these rules can be applied not only in the construction of a robot but also in advising human beings in their effort to make their decision as rational as their limited abilities permit. (Carnap 1962: 309)

---

[2] For an interesting critique of the adoption of the axiomatic model (in game theory), see Ken Binmore's "Modeling Rational Players", in which he argues for an approach that "forces rational behavior to be thought of as essentially *algorithmic*" (Binmore 1987/88: 181). It is well-known that the focus on consistency has been criticized by partisans of the "quick and dirty" or "fast and frugal" heuristics but what I have in mind is thus something else.

It is most probable that, in mentioning the design of a robot, Carnap had in mind the artificial intelligence programme that had been set up in the preceding decade by the likes of McCarthy, Minsky, Newell and Simon (Carnap's paper was delivered in 1960). In order to distinguish "rational" from "actual" decision theory, Carnap had to insist that the former is concerned with "an imaginary subject X supposed to be equipped with perfect rationality and an unfailing memory" (Carnap 1962: 314). This meant that empirical limitations of human beings are not to be taken into account, thus that, in his words, "we do not aim at realism" (Carnap 1962: 309). Carnap chose to describe this idealized creature as a robot:

> Our assumptions deviate from reality very much if the [...] agent is a natural human being, but not so much if we think of X as a robot with organs of perception, data processing, decision making, and acting. (Carnap 1962: 309)

The idealizations at the basis of rational decision theory are usually conceived, on a par with frictionless planes and the like, as "Platonic"; the robot appears instead to be, to use Frederic Schick's expression, an "Aristotelian" idealization (Schick 1991: 52). A robot will resemble the computer in all relevant aspects, e.g. in possessing a central processing unit, so talk of robots is the same as talk of computers (at least for the purposes of this paper). If I got Carnap straight, he held that the deductive capacities of computers provide the proper idealization of real human deductive capacities; there is thus no talk of a creature with the attributes of God, e.g. with infinite deductive powers.[3] Whatever computer I shall set up to provide advice, I shall be limited in the advice that I shall provide by the very limitations of the computer itself. This idea seems to me to be right, as I do not have the *hubris* necessary to claim that one could speak from the standpoint of God in order to give advice to mere mortals. Of course, this point needs to be buttressed by further arguments. I should simply point out here that Carnap also stated in the passage quoted that rational decision theory should be applied to "the construction of a robot", with a view to "advising human beings" in decision-making. After

---

[3] One way of conceiving this standpoint is from Gödel's objection to Turing (Wang 1974: 325–26) that the human mind is able to transcend mechanism. It goes without saying that I reject this claim.

all, these are the purposes of setting up the theory to begin with (one could add: to predict the behaviour of others); it would be misleading to portray it as the description of some sort of (Platonic) reality which is not quite ours, a description that could nevertheless also be used for predicting behaviour, etc. It *is* normative and it is so because it tells us what to do, not because it describes an ideal reality, of which ours would only be an approximation.

The problem with Carnap's suggestion is that it is ambiguous, since by "computer" one may mean either our modern digital computing machines or their idealized counterparts, Turing machines.[4] This makes quite a difference because the "idealization" is not at all the same in both cases. The computer as an idealization may indeed extend our natural capacities; it is still limited since there are problems that Turing machines cannot solve such as the halting problem. But the limitations are far more severe if one speaks instead of digital computing machines. Carnap should not be faulted for this because he could not have realized fully the implications of his remarks, as precious little was known in his days about the intrinsic complexity of computational procedures. In short, the various limitation theorems of the 1930s such as the negative answer to the decision problem for the predicate calculus (Turing 1936a; Church 1936a) that were available to Carnap showed that there are problems that a robot, as it would be able to compute values of mathematical functions with "effective" methods, would never solve. But there are other tasks that the robot could not do because the class of "effective" methods contains functions whose computational complexity is such that no computer could even in principle compute the output for a given input (however small). This is usually hidden in the philosophical literature by a strict focus on the notion of a Turing machine. I shall first argue in section 2 that we should take seriously the intrinsic limitations of computers and conclude, in section 3, with some brief, critical remarks aimed at the current paradigmatic notion of "rationality", underlying decision theory and the idea that classical logic has a privileged status. It should be clear at the outset that my aim is very limited and that I shall not discuss, for ex-

---

[4] For reasons of space, I leave aside other machines such as Gandy machines (Gandy 1980) and quantum computers. For the same reasons, this will have to be stated without argument: I believe that their existence does not force any modification of the viewpoint expressed here.

ample, well-known issues concerning the empirical adequacy of decision theory[5], which seem to me to be as irrelevant as raising points about psychological limitations of real human beings would be to the setting up of the truth-table method as an algorithm. My point is rather that to insist on setting up the problem in terms of a choice between the current standard model of rational choice and a mere descriptive theory amounts to committing the fallacy of false dichotomy. Nor shall I discuss the parallel criticisms by Herbert Simon of "substantive" rationality (Simon 1982, part VIII). I clearly favour what Simon calls a "procedural" conception of rationality, but I do not wish to discuss his notion of "satisficing".

2   "Thinking about the design of a robot...

In his 1936 paper "On Computable Numbers, with an Application to the *Entscheidungsproblem*", Turing established a new strategy to solve the decision problem for the predicate calculus. In the same year, Church gave a statement of that problem:

> By the *Entscheidungsproblem* of a system of symbolic logic is here understood the problem to find an *effective method* by which, given any expression Q in the notation of the system, it can be determined whether or not Q is provable in the system. (Church 1936b: 41)

The problematic notion in this definition is that of "effective method". Informally, a method is "effective" (or "mechanical") if and only if

  a. It is set out in terms of a finite number of (finitely stated) rules
  b. It will terminate in a finite number of steps
  c. It can be carried out by a human being with paper and pencil
  d. It is "deterministic", i.e. it does not depend on guesswork on the part of the human being carrying it out (see Gandy 1980: 124).

As a decision procedure for propositional calculus, the truth-table method, familiar to all from exercises in elementary logic courses, is "effective" since it allows one in a finite number of steps and following without guesswork a finite number of rules to determine on sheet of paper

---

[5] Of the sort raised in, e.g. Tversky (1969, 1975).

for any formula of the propositional calculus if it is a tautology or not. Turing's strategy consisted in providing a formal predicate, which he called simply "computable" and which we now call "computable by a Turing machine", to replace the informal definition (a)-(d). This leads to what is now known as "Turing's Thesis":

> (TT) Every effective method for computing the values of a number-theoretic function can be computed by a Turing machine.

With this formal predicate at hand and on the basis of TT, Turing could then set out to prove that there is no "Turing machine" that can determine in a finite number of steps for all formulas of the predicate calculus if a given formula is a theorem or not, thus solving by a negative answer the *Entscheidungsproblem* (Turing 1936a: 259–63). Incidentally, one should note that this result only holds if Turing's Thesis holds; otherwise, an effective decision method for the predicate calculus could exist that would not be computable by a Turing machine.

The story[6] goes that Alonzo Church had already obtained a similar result in 1936, a few months before Turing, using the notion of "λ–definable functions" and identifying in the course of his argument the notion of effectively computable function of positive integers "with the notion of a recursive function of positive integers (or of λ–definable function of positive integers)" (Church 1936a: 356). This is the original formulation of what came to be known as "Church's Thesis" (CT).[7] Having learned about this result, Turing immediately proved that his notion of computability by a Turing machine and λ–definability define the same class of functions (Turing 1936b) and a year later Church recognized that

> ... computability by a Turing machine [...] has the advantage of making the identification with effectiveness in the ordinary (not explicitly defined) sense evident immediately. (Church 1937: 43)

It is worth pointing out this difference in meaning between TT and CT, as both are often confused[8]. One should further notice that both TT

---

[6] For details, see, e.g. Kleene (1952, chaps. 12–13) or Kleene (1988) and Gandy (1988).

[7] The notion of "general recursive" function alluded to here comes from Herbrand and Gödel; Kleene proved that, for functions of positive integers this notion is indeed equivalent to that of "λ–definable function" (Kleene 1936).

[8] In short, TT and CT are extensionally identical but differ in intension. For details concerning this, see Soare (1999).

and CT are, strictly speaking, limited to number-theoretic functions, about which they are equivalent[9]. Vague formulations (of CT or TT) that mask this are often at the root of inflated claims in the literature on cognitive science that do not bear scrutiny, but nothing here bears on this issue[10].

How did Turing arrive at his predicate "computable"? Simply by describing "computing machines" (Turing 1936a: 231sq.)[11]. Turing also had to argue for the plausibility of TT (Turing 1936a: 249–58). It is worth noticing at the outset that he was aware of the essential limitations of his arguments:

> All arguments which can be given are bound to be, fundamentally, appeals to intuition, and for this reason rather unsatisfactory mathematically. (Turing 1936a: 249)

Indeed, since the notion of "effective" method is not formal, its identification with a formal predicate such as "computable by a Turing machine" cannot rely on formal arguments. (The same goes for CT; this shows the non-eliminability of philosophical arguments in these matters.)

Turing provides three (types of) arguments but only the first one is of interest to us (Turing 1936a: 249–52). Here, Turing analyses what happens when a "computer" applies an effective method in the sense of (a)-(d) above, breaking down the steps in their most elementary form, in order to arrive at "'simple operations' which are so elementary that it is not easy to imagine them further divided" (Turing 1936a: 250).

One should note immediately that, since our modern digital computing machines did not exist in 1936, Turing could not have referred to them when using the word "computer"; in fact he clearly referred to a *human being*, albeit an *idealized* one. In order to avoid confusion, I shall use the term "computor" to refer to the human being and retain "com-

---

[9] At least as TT has been worked out in details in Kleene (1952), as Turing was interested in real numbers. For the claim that TT is restricted to number-theoretic functions, see Kleene (1988: 29).

[10] For a number of examples, see Copeland (2002). Copeland suggests, however, that the restricted character of TT leaves the door open to (or at least that one should remain agnostic about) the fact that the brain (mind or consciousness) could compute functions that are not computable by a Turing machine. This is a view that I cannot agree with but cannot discuss here.

[11] Again, for reasons of space I cannot give a detailed presentation, so knowledge of "Turing machines" will be presupposed.

puter" for machines[12]. So Turing's "computer" is in fact an idealized human being, a "computor". When Wittgenstein wrote that Turing machines are "humans who calculate" (Wittgenstein 1980, § 1096), he was thus right, as one can see from careful studies of Turing's 1936 paper by Robin Gandy and Wilfried Sieg (Gandy 1988; Sieg 1994, 2001). He was not just right: the point is of importance since there was a flaw in Church's argument from λ–definability, as he already assumed in his informal analysis of the notion "effectively calculable function" that the basic computational steps are (stepwise) recursive (Gandy 1988: 79; Sieg 1994: 80 and 87). This is the reason why Gödel remained unconvinced at first by Church's argument and only agreed to a form of CT after having learned of Turing's careful analysis of his "computor".

In his analysis, Turing spoke of a (finite) set of "states of mind" of the computor (working on a tape divided in squares), on which he imposed (strict) finiteness conditions on the number of symbols and squares observed at any one moment[13]. The "simple operations" of the computor are (roughly defined) as follows: the computor can change at most one symbol at a time in an observed square; it can move to another square but only within a bounded distance. Furthermore, any "simple operation" depends only on the current state of mind of the computor and the symbol observed in the square, and Turing further required that from any given state and observed symbol, there is at most one operation that can be performed. (This last condition is now considered not necessary since one can conceive of non-deterministic Turing machines.) Once these "simple operations" of the computor are clearly defined, Turing could carry on with his strategy to solve the *Entscheidungsproblem* by arguing that one could construct a computer (a Turing machine) "to do the work of this comput[o]r" (Turing 1936a: 215). In particular, this is done by identifying the "states of mind" of the computor with "configurations" of the computer. (A simple move that is at the origin of "functionalism" in the philosophy of mind.)

---

[12] In this, I merely follow a convention initiated in Gandy (1988).

[13] One should also note here that in his analyses, Turing uses "surveyability" arguments, such as this one, concerning the symbols printed on the squares of the tape: "The differences from our point of view between the single and compound symbols is that the compound symbols, if they are too lengthy, cannot be observed at one glance. This is in accordance with experience. We cannot tell at a glance whether 9999999999999999 and 999999999999999 are the same" (Turing 1936a: 250).

In Turing's paper, both computor and computer are idealizations in the sense that they differ from, respectively, real human beings and digital computing machines. Indeed, the computor and the computer:

a. Do not commit errors
b. Can have access to unlimited resources (tape, memory, time, etc.)

Leaving aside the intriguing but seldom discussed issue of errors, one is left with *unlimited resources as the main idealization*.

The ambiguity noted at the beginning in Carnap's proposal to think "about the design of a robot" must be lifted by switching to the viewpoint of digital computing machines. Properly speaking, *digital computing machines are idealized computors*. Alas, it is Turing machines that are usually taken in the literature as the proper idealization of the computor. From my point of view, this is inappropriate since real advice and real predictions will come only from genuine digital computing machines, not their idealized counterparts, the Turing machines, and digital computing machines have their own limitations: they do not have access to unlimited resources. And it is just *false* that nothing of importance hangs on this point — at least one is owed an argument to that effect instead of prejudice.

As it turns out, there is a very large amount of literature on what digital computing machine can do, which is very largely disregarded by philosophers, for what seems to me to be no valuable reasons. (There is a danger of scholasticism here, as it is implied that no result since the 1930s is of importance.) From the 1930s onwards, the study of formal systems yielded a number of well-known results of unsolvability (e.g. of Peano Arithmetic) or decidability (e.g. of Presburger Arithmetic). Hierarchies of (un)decidability, such as Grzegorczyk's, were devised for the classification and study of these problems. However, although important unsolvability results, such as the negative solution by Matijasevich of Hilbert's 10th problem about Diophantine equations were obtained as late as the 1970s, research has in fact shifted since towards measuring the *intrinsic* difficulty of decision problems, classifying them in further (time/space) hierarchies. Thus, decidable cases of Hilbert's original *Entscheidungsproblem* have now been classified, in a wealth of results, in terms of their *computational complexity*. This has been the focus of much research for the last thirty years. The issues raised here are far too complex to be dealt with adequately, so I shall limit myself to a few very basic remarks.

I should begin with a key distinction between polynomial-time and exponential-time complexity, in terms of the running times of algorithms (clearly an unessential feature in the ideal world of Turing machines). A function $F(n)$ is said to be "bounded from above" by another function $G(n)$ if for all n from a certain point on, $F(n)$ is no greater than $G(n)$. A function is polynomial-time computable if it is bounded from above by (a polynomial) n^k, where n is function of the size of the input and k a constant, while a function is exponential-time computable if it is bounded from above by k^n, where n is function of the size of the input and k a constant. Within the class of decidable problems, one can thus distinguish between those that are tractable or "reasonable" because they admit of a solution computable in polynomial-time (by a digital computing machine) and those that are untractable because they admit of a solution in exponential time; the limit is thus drawn in computer science around polynomial-time computability (e.g. Garey and Johnson 1979: 6sq.). Philosophically, one is led to a definition of "feasibility" in terms of polynomial-time computability. In other words *there are problems that are in principle computable by a Turing machine that are nevertheless untractable for digital computing machines*. This allows us to resolve the ambiguity in Carnap's proposal. *Digital computing machines, as idealized computors, are limited to "feasible" computations, i.e. to polynomial-time computability.*

From a philosophical standpoint, one should insist on this: should it not be a defect of a given theory if, for example, it accounts for the decision-making behaviour of agents by imputing to them computing abilities that are untractable by a digital computing machine (and, even, in some cases, not even computable by a Turing machine)? Would this not this just be implausible? Current philosophical prejudices have it that this is not even an issue.... A standpoint such as mine is, however, actually not new and it already has its *lettres de noblesse*, e.g. in rational choice theory, where the main result is an impossibility theorem by Alain Lewis, showing that the rational choice function (between a family of subsets of the opportunity set and the choice set), that the agents are assumed to compute is actually not even recursive... (Lewis 1985; also Lewis 1992a and 1992b). There are also results in game theory and in social choice theory, which led to the development of "computable economics" (Velupillai 2000). In what follows, however, I shall keep to robots.

The suggestion that one should adopt a similar standpoint in the study of artificial intelligence has been made by Hector Levesque, who proposed the following Turing Complexity Thesis (TCT):

> (TCT) Every effective method for computing the values of a number-theoretic function can be computed by a Turing machine *with at most a polynomial slowdown*. (Levesque 1988: 361)[14]

This thesis asserts that, within a polynomial on the size of the input, all digital computing machines work at the same speed as a Turing machine. Still according to Levesque, TCT has this important corollary:

> COROLLARY: Any function that cannot be computed in polynomial time by a Turing machine cannot be calculated *at all* in polynomial time. (Levesque 1988: 361)

This corollary implies that problems that cannot be solved in polynomial time by a Turing machine cannot be solved by any *real* digital computing machine. In no way can they be *physically realizable*[15]. If one further believes that P≠ NP then one has another reason to believe that, as Levesque put it, "tasks that are NP-hard are also physically unrealizable, and cannot be part of a realistic computational model of cognitive ability" (Levesque 1988: 362)[16].

The Turing Complexity Thesis (TCT) and its corollary might be used to cash out an old suggestion by Christopher Cherniak in *Minimal Rationality* (Cherniak 1986). To see this, I should first recall some of Cherniak's definitions. His point of departure is the idea that one could represent philosophical views about beliefs and actions as oscillating between two extremes, depending on the constraints they put on the set of beliefs and desires of a given agent A, i.e. from theories that would put no constraints at all — and for that reason are of no real interest — to theories such as the current standard model of rational decision theory (somehow adequately reflected by Davidson's "Unified Theory" of meaning and

---

[14] I have modified slightly Levesque's formulation in order to keep it in line with my version of TT.

[15] Again, I cannot discuss here the issues raised by the possibility of quantum computers.

[16] For definitions of the classes P and NP, the notion of NP-hard problems, the P=NP problem, etc., see Garey and Johnson (1979).

action about which more in the next section), at the basis of which is, according to Cherniak, the following "ideal general rationality condition":

> (IRC) If A has a particular belief-desire set, A would undertake *all* and only actions that are apparently appropriate. (Cherniak 1986: 7)

(An "apparently appropriate" action being understood here as an action which, according to A's beliefs, would tend to satisfy A's desire.) The requirement that an agent's belief set be deductively closed is, for obvious reasons, too strong:

> If A actually believes (or, infers, or can infer) all and only consequences of A's beliefs. (Cherniak 1986: 12)

This idealization is a form of deductive closure condition. So Cherniak proposed the following "ideal inference condition" as encapsulating the logical (deductive) ability needed to satisfy IRC:

> (IDC) If A has a particular belief-desire set, A would make *all* and only sound inferences from the belief set that are apparently appropriate. (Cherniak 1986: 13)

Cherniak's own proposal consisted in weakening both IRC and IDC by introducing a "minimal rationality condition" (MRC) and a "minimal deductive condition" (MDC). It consists merely in changing the quantifiers in italics:

> (MRC) If A has a particular belief-desire set, A would undertake *some*, but not necessarily all, of those actions that are apparently appropriate. (Cherniak 1986: 9)

> (MDC) If A has a particular belief-desire set, A would make *some*, but not necessarily all, of those sound inferences from the belief set that are apparently appropriate. (Cherniak 1986: 10)

There are a number of difficulties with these requirements as stated into which we need not enter here. I need only point out that Cherniak does not refine his statement MRC and MDC further, although he is fully cognizant of the literature concerning the complexity of computations — he indeed devotes two chapters to these questions (Cherniak 1986, chaps.

2 and 4)[17]. I suggest that one could reframe MRC and MDC in light of TCT by replacing the expression "*some*, but not necessarily all" by some suitable expression such as "only those [inferences/actions] that are feasible", where "feasible" is understood in terms of polynomial-time computability. However, Cherniak seems to have been more interested in another suggestion, that of an "unifying framework" for the discussion of both complexity and empirical results and "quick and dirty" or "fast and frugal" heuristics: the intrinsic complexity of some computational task would explain why people resort to these (Cherniak 1986: 81 and 95). This suggestion is of interest in itself but not in line with my argument, as I wish to steer clear of talk about what *real* human beings do. My point here is simply that with TCT one could provide meaning to the idea of "minimal rationality".

There are numerous objections to TCT and its corollary that cannot be explored here. I shall just discuss one (Levesque 1988: 362sq.; Cherniak 1986: 92–93). The measure of complexity used by computer scientists is in fact "worst-case" complexity: for an algorithm to have time complexity 2^n means that at least one instance of size n requires that much time, while most instances might require far less time (Garey and Johnson 1979: 8). The objection to my line of argument is simply that "worst-case" complexity is irrelevant because it is average-case complexity that matters in practice[18]. A typical example in the literature is the simplex algorithm for linear programming (Dantzig 1963), which is one of the 20th century's most fruitful algorithms, from a practical point of view. It has been shown to have exponential-time computability (Klee and Minty 1972), but in practice it runs efficiently, with very few exponential cases arising; it as even outperformed the competing "Khachian" algorithm, which is polynomial-time computable (Khachian 1979).

It seems to me quite ironic, however, that the simplex algorithm is used as an example here by those who defend an idealized form of rationality with no considerations about applicability. Indeed, Dantzig's algorithm is based on the Gauss-Jordan elimination method in algebra. It

---

[17] Cherniak has no intention to do so, because he wishes his minimal inference condition to remain "combinatorially vague" (Cherniak 1986: 18).
[18] Somewhat linked to this is the objection that exponential growth is irrelevant if the exponent is small for all inputs in practice. In both cases, one can actually reply by pointing out functions that contradict the claim, i.e. functions that have highest complexity for average-case and functions that grow extremely fast for very small inputs.

is thus a constructive result because it is not just a statement of the mere existence of a solution to a given linear programming problem when there is one (or to show that there is none when there is none): it also allows one to obtain that solution through a simple calculation. It is even more than that because it allows one to obtain an *optimal*, *basic* and *feasible* solution. Although not known to von Neumann and Morgenstern at the time they wrote *Theory of Games and Economic Behavior* (von Neumann and Morgenstern 1944), the simplex algorithm was quickly integrated to game theory because problems of matrix games are special cases of linear programming problems (Luce and Raiffa 1957, app. 5 and 6; Vadja 1956). It thus provided a constructive version of the fundamental theorem of game theory, the minimax theorem[19], and further gave to this theory the very efficiency that makes it such a standard for... proponents of idealized form of rationality. It is precisely because of the simplex that game theory has so many practical applications and thus that it is *not* just idealized.

Nevertheless, it seems to me correct to infer from consideration of the simplex that our issue should not be that of restricting AI or decision theory only to polynomial-time computable functions — this restriction would have indeed an air of artificiality to it — but the prior, more fundamental issue: should one take into account resources? The objection from the simplex implicitly assumes a positive answer to this question. One must look at alternative and perhaps more natural ways of taking into account resources. This implies that one looks at idealizations at work in the underlying logical theory (classical logic) and ask if it is possible to weaken it to avoid these idealizations. This is an issue that cannot be dealt with here, but I would like to try and show in the following section that some deep-seated views about classical logic and rationality should be removed in order to make place for this positive programme.

3 ... will help us in finding rules of rationality"

How precisely are these considerations going to bear on discussions of the concept of rationality? Problems of complexity occur in related areas, e.g. the problem of "logical omniscience" caused by idealizations of clas-

---

[19] This being the minimax theorem proved in von Neumann (1928) on the basis of results by Borel. For the constructive version, see Dantzig (1956).

sical logic when modelling reasoning about knowledge (Fagin, Halpern, Moses and Vardi 1995, chap. 9). I wish merely to conclude with brief remarks aimed at the philosophical underpinning of the current decision theory. Although this is by no means the only philosophical theory available, it seems appropriate to look here at Davidson's project of a "Unified Theory" of meaning and action, i.e. at his attempt at accounting for both meaning, following Tarski's definition of truth, and action, following decision theory (in the form given to it by Ramsey and Jeffrey).[20] One need not reject his approach wholesale. For example, one may recognize that the explanation of actions in terms of (primary) reasons as causes in "Actions, Reasons and Causes" (Davidson 1980: 3–19) does not adequately account for all cases of actions, since not all actions are the result of any *explicit* calculating or reasoning, but still argue that it holds precisely for cases where there is a deliberate calculation presiding to the action — these being the ones I am interested in. One can reason here by analogy with the case of "interpretation", where there is no reason to confuse "interpreting" your spouse's words when she says "pass me the salt" with the more complex task of, say, deciphering hieroglyphs.

Davidson's enterprise is based on conclusions drawn from Quine's celebrated thought experiment about "radical translation" in *Word and Object* (Quine 1960). How could we provide a translation manual from an unknown language using only behavioural evidence? Quine was led to the thesis of indeterminacy of translation, as behavioural evidence provides the basis for more than one equally good manual. This argument for the indeterminacy of translation can be seen to work against the possibility of a reduction of mental to physical states (as Davidson argued) but also as an argument against a form of realism about mental states of the sort entertained for example by Brentano or Chisholm. Indeed, Quine believed his thought experiment to show the "baselessness of intentional idioms and the emptiness of a science of intention" (Quine 1960: 221). Therefore, according to Quine, ascriptions of intentional contents must not be taken at face value, they form an "essentially dramatic idiom" (Quine 1960: 219). They may be indispensable in practice but they cannot be literally true and cannot count as *descriptive*: they could be seen as

---

[20] For decision theory, see Jeffrey (1986). Davidson discusses this "Unified Theory" in two papers, "Could there be a Science of Rationality?" (Davidson 2004: 117–34) and "A Unified Theory of Thought, Meaning and Action" (Davidson 2004, 151–66).

prescriptive or *normative*. It is thus assumed that intentional content does not possess any reality or determinacy prior to interpretation; it depends on the way we interpret. This is the basis for Dennett's "intentional stance" or Davidson's "radical interpretation". In both cases, it is assumed that interpretation is essentially prescriptive or normative and therefore that *normative principles* are involved. As Davidson put it:

> ... if we are intelligibly to attribute attitudes and beliefs, or usefully to describe motions as behaviour, then we are committed to finding in the pattern of behaviour, belief, and desire a large degree of rationality and consistency. (Davidson 1980: 237)

One key normative principle is the "principle of charity", construed as a consistency condition[21]. According to Quine, "fair translation preserves logical laws" so that the translator ought to translate a speaker's "heroically novel logic" as a "non-contradictory logic" (Quine 1960: 59). In other words, in radical translation, not only are we supposed to impose our logic, through this we impose an ideal consistency condition.

The appeal to idealized norms of rationality has been rejected, following Richard Grandy's "principle of humanity": in interpretation we are said not to assume that people are rational in the sense that their behaviour can be subsumed under ideal rational norms but rather that people are like us and we "put ourselves in their shoes", so to speak (Grandy 1973: 443). As Alvin Goldman put it:

> We do not use mathematical decision theory (i.e., expected utility theory) to make predictions; rather we consider what *we* should do if we had the relevant beliefs and desires. (Goldman 1989: 168–69).

An offshoot of this view in contemporary psychology is Simulation Theory[22]. Of course, this is not the place to embark in a discussion of its merits and defects, and I would like to make a different but related point: the problem is not, to begin with, with an appeal to "norms of rationality" but with the strength, so to speak, of the "idealization". What drives simulation theorists is precisely a sense that the formal apparatus of decision theory is idealized. From this, they do not conclude that the theory is empirically vacuous but that it is rather the appeal to a form of theory, the

---

[21] This principle is also used by Davidson to presume that most of our beliefs are true, but this is another issue.

[22] See, for example, the early papers of Gordon (1986) and Goldman (1989).

"theory theory", which is inappropriate. But one still needs, in Goldman's words, to determine what "[one] should do if [one] had the relevant beliefs and desires" and the problem recurs: one still has to do a bit of calculation.

To come back to Davidson's grand enterprise, the "Unified Theory". According to Davidson, interpretation consists in determining meaning and beliefs without presupposing both, in a manner analogous to decision theory, where (following Ramsey) subjective probabilities (beliefs) and utilities (desires) are obtained from preferences. As with decision theory, idealized norms of rational behaviour are in fact assumed, e.g. about transitivity of preferences:

> ... I do not think we can clearly say what should convince us that a man at a given time (without change of mind) preferred a to b, b to c and c to a. The reason for our difficulty is that we cannot make good sense of an attribution of preference except against a background of coherent attitudes. (Davidson 1980: 237)

I wish to conclude by making two brief points concerning Davidson's theory. The first one is purely negative and concerns the principle of charity as an idealized norm of consistency/rationality. In "A Coherence Theory of Truth and Knowledge", Davidson wrote:

> The principle of charity plays a crucial role in Quine's method, and an even more crucial role in my variant. In either case, the principle directs the interpreter to translate or interpret so as to read some of his own standards of truth into the pattern of sentences held true by the speaker. The point of the principle is to make the speaker intelligible, since too great deviations from consistency and correctness leave no common ground on which to judge either conformity or difference. From a formal point of view, the principle of charity helps solve the problem of the interaction of meaning and belief by restraining the degrees of freedom allowed belief while we determine how to interpret words.
>
> We have no choice, Quine has urged, but to read our own logic into the thoughts of a speaker; Quine says this for the sentential calculus, and I would add the same for first-order quantification theory. This leads directly to the identification of the logical constants, as well as to the assignment of a logical form to each sentence. (Davidson 2001: 148–49)

The sentential calculus? First-order quantification theory? To my mind, this is a baseless chimera. To put it bluntly, Cherniak has pointed out that the simple test of consistency for a set of 138 logically independent propositions, thus with 2^{138} lines, would exhaust the time resources of an imaginary computer for which each computational step would take the time for light to go across the diameter of a proton and which would be allowed to run for twenty billion years, i.e. the estimated age of the universe (Cherniak 1986: 93–94 and 143, n. 13). This is just not physically realizable in any way and cannot even be re-described as an idealization of what real human beings do. They just cannot do this and so cannot possibly be construed as doing it.

My second point concerns the underlying logic. In "Could there be a Science of Rationality?", Davidson wrote (my emphasis):

> The possibility of such a theory rests on structures dictated by our concept of rationality. Both decision theory as I have used it, in the version developed by Richard Jeffrey, and theories of truth, for example, depend in part on logic. *Jeffrey's decision theory, and Tarski's truth definitions, take an underlying logic for granted: these theories would be true only of a perfect logician.* Beyond this, there is the assumption of a rational distribution of probabilities over propositions, and of a proportioning of degrees of belief in accord with the conditional probabilities: in other words, propositions are held true to the degree made rational by their evidential support. Thus the entire structure of the theory depends on the standards and norms of rationality. (Davidson 2004: 126)

In this paper, I avoided the line of argument based on well-known objections concerning the empirical vacuity of assumptions about the transitivity of preferences, etc. I could not provide reasons to believe, from the point of view of substructural logics and resource-sensitivity, that classical logic contains idealizations of the deductive capacities of the agents[23]. However, *it could be argued on this basis that it is not the appropriate underlying logic for a putative science of rationality*. There could very well be a non-classical logic for which the theory might still be true only for a "perfect logician", without having to relinquish any hope of physical realizability. The error is to clutch to the idea that only classical logic opens the door to the norms of rationality and stubbornly not to be ready to entertain alternatives. Which alternative seems more appropriate is another issue that cannot be dealt with here.

---

[23] See Dubucs (2002) and Dubucs and Marion (2003) for an argument to that effect.

References

Barwise, J., H. J. Keisler and K. Kunen, eds. (1980). *The Kleene Symposium*. Amsterdam: North-Holland.
Binmore, K. (1987/88). "Modeling Rational Players". *Economics and Philosophy* III, pp. 179–214, and IV, pp. 9–55.
Carnap, R. (1962). "The Aim of Inductive Logic". In Nagel, Suppes and Tarksi (1962), pp. 303–18.
Cherniak, C. (1986). *Minimal Rationality*. Cambridge, MA: MIT Press.
Church, A. (1936a). "An Unsolvable Problem of Elementary Number Theory". *American Journal of Mathematics* LVIII, pp. 345–63.
Church, A. (1936b). "A Note on the Entscheidungsproblem". *Journal of Symbolic Logic* I, pp. 40–41.
Church, A. (1937). "Review of A. M. Turing 'On Computable Numbers with an Application to the Entscheidungsproblem'". *Journal of Symbolic Logic* II, pp. 42–43.
Copeland, B. J. (2002). "The Church-Turing Thesis". In *The Stanford Encyclopedia of Philosophy*, ed. by Edward N. Zalta, URL = http://plato.stanford.edu/archives/fall2002/entries/church-turing/.
Dantzig, G. B. (1956). "Constructive Proof of the Min-Max Theorem". *Pacific Journal of Mathematics* VI, pp. 25–33.
Dantzig, G. B. (1963). *Linear Programming and Extensions*. Princeton, N.J.: Princeton University Press.
Davidson, D. (1980). *Essays on Actions and Events*. Oxford: Clarendon Press.
Davidson, D. (2001). *Subjective, Intersubjective, Objective*. Oxford: Clarendon Press.
Davidson, D. (2004). *Problems of Rationality*. Oxford: Clarendon Press.
Dubucs, J. (2002). "Feasibility in Logic". *Synthese* CXXXII, pp. 213–37.
Dubucs, J. and M. Marion (2003). "Radical Anti-Realism and Substructural Logics". In Rojszczak, Cachro and Hanuszewicz (2003), pp. 235–49.
Fagin, R., J. Y. Halpern, Y. Moses and M. Y. Vardi (1995). *Reasoning about Knowledge*. Cambridge, MA: MIT Press.
Gandy, R. (1980). "Church's Thesis and Principles for Mechanisms". In Barwise, Keisler and Kunen (2003), pp. 123–48.
Gandy, R. (1988). "The Confluence of Ideas in 1936". In Herken (1988), pp. 55–111.
Garey, M. R. and D. S. Johnson (1979). *Computers and Intractability. A Guide to the Theory of NP-Completeness*. New York: Freeman & Co.
George, A., ed. (1994). *Mathematics and the Mind*. Oxford: Oxford University Press.

Goldman, A. I. (1989). "Interpretation Psychologized". *Mind and Language* IV, pp. 161–85.
Gordon, R. M. (1986). "Folk Psychology as Simulation". *Mind and Language* I, pp. 158–71.
Grandy, R. E. (1973). "Reference, Meaning, and Belief". *Journal of Philosophy* VII, pp. 439–52.
Griffor, E. R., ed. (1999). *Handbook of Computability Theory*. Amsterdam: North Holland.
Herken, R., ed. (1988). *The Universal Turing Machine. A Half-Century Survey*. Oxford: Oxford University Press.
Jeffrey, R. C. (1986). *The Logic of Decision*. Chicago: University of Chicago Press, Second edition.
Kaufmann, J.-N. (1995). "The Belief-Desire Model of Decision Theory Needs a Third Component: Prospective Intentions". In Marion and Cohen (1995), pp. 215–27.
Khacian, L. G. (1979). "A Polynomial Algorithm in Linear Programming". *Soviet Mathematics* XX, pp. 191–94.
Klee, V. and G. J. Minty (1972). "How Good is the Simplex Algorithm?". In Shisha (1972), pp. 159–75.
Kleene, S. C. (1936). "λ–Definability and Recursiveness". *Duke Mathematical Journal* II, pp. 340–53.
Kleene, S. C. (1952) *Introduction to Metamathematics*. Amsterdam: North-Holland.
Kleene, S. C. (1988). "Turing's Analysis of Computability and Major Applications of It". In Herken (1988), pp. 17–54.
Levesque, H. J. (1988). "Logic and the Complexity of Reasoning". *Journal of Philosophical Logic* XVII, pp. 355–89.
Lewis, A. A. (1985). "On Effectively Computable Realizations of Choice Functions". *Mathematical Social Sciences* X, pp. 43–80.
Lewis, A. A. (1992a). "On Turing Degrees of Walrasian Models and a General Impossibility Result in the Theory of Decision-Making". *Mathematical Social Sciences* XXIV, pp. 141–71.
Lewis, A. A. (1992b). "Some Aspects of Effectively Constructive Mathematics that are Relevant to the Foundations of Neoclassical Mathematical Economics and the Theory of Games". *Mathematical Social Sciences* XXIV, pp. 209–35.
Luce, H. D. and H. Raifa (1957). *Games and Decisions. Introduction and Critical Survey*. New York: Wiley.
Marion, M. and R. S. Cohen, eds. (1995). *Québec Studies in the Philosophy of Science*. Vol. II. Boston: Kluwer Academic Publishers.

Nagel, E., P. Suppes and A. Tarski, eds. (1960). *Logic, Methodology and Philosophy of Science. Proceedings of the 1960 International Congress*. Stanford: Stanford University Press.
Quine, W. v. (1960). *Word and Object*. Cambridge, MA: MIT Press.
Rojszczak, A., J. Cachro, and S. Hanuszewicz, eds. (2003). *Philosophical Dimensions of Logic and Science. Selected Contributed Papers of the 11th International Congress of Logic, Methodology and Philosophy of Science, Kraków, 1999*. Dordrecht: Kluwer Academic Publishers.
Schick, F. (1991). *Understanding Action*. Cambridge: Cambridge University Press.
Shisha, O., ed. (1972). *Inequalities III*. New York: Academic Press,
Sieg, W. (1994). "Mechanical Procedures and Mathematical Experience". In George (1994), pp. 71–117.
Sieg, W. (2001). "Calculations by Man and Machine: Conceptual Analysis". In Sieg, Sommer and Talcott (2001), pp. 387–406.
Sieg, W., R. Sommer and C. Talcott, eds. (2001). *Reflections on the Foundations of Mathematics. Essays in honor of Solomon Feferman*. Association for Symbolic Logic, Lecture Notes in Logic XV. Natick, MA: A. K. Peters.
Simon, H. (1982). *Models of Bounded Rationality*. Vol. 2. Cambridge, MA: MIT Press.
Soare, R. I. (1999). "The History and Concept of Computability". In Griffor (1999), pp. 3–36.
Turing, A. M. (1936a). "On Computable Numbers with an Application to the Entscheidungsproblem". *Proceedings of the London Mathematical Society*, 2nd series, XLI, pp. 230–65; with "A Correction", pp. 544–46.
Turing, A. M. (1936b). "Computability and λ-definability". *Journal of Symbolic Logic* II, pp. 153–63.
Tversky, A. (1969). "The Intransitivity of Preferences". *Psychological Review* LXXVI, pp. 31–48.
Tversky, A. (1975). "A Critique of Expected Utility Theory: Descriptive and Normative Considerations". *Erkenntnis* IX, pp. 163–73.
Vajda, S. (1956). *Theory of Games and Linear Programming*. New York: Wiley.
Vellupillai, K. (2000) *Computable Economics*. Oxford: Oxford University Press.
von Neumann, J. (1928). "Zur Theorie der Gesellschaftsspiele". *Mathematische Annalen* C, pp. 295–320.
von Neumann, J. and O. Morgenstern (1944). *Theory of Games and Economic Behavior*. New York: Wiley.
Wang, H. (1974). *From Mathematics to Philosophy*. London: Routledge.
Wittgenstein, L. (1980). *Remarks on the Philosophy of Psychology*. Volume 1. Oxford: Blackwell.

15

L'atomisme logique et la logique de la décision de Ramsey

MICHEL PAQUETTE (COLLÈGE DE MAISONNEUVE)

1 Préliminaires

Nous proposons d'examiner un problème qui concerne les fondements théoriques de la logique de la décision de Ramsey, fondements qui sont exposés dans *Truth and Probability,* un article profond et original rédigé en 1926. Ramsey y esquisse le premier exposé de la conception subjective des probabilités et présente cette interprétation des probabilités comme une théorie de la croyance partielle. On sait que cette interprétation des probabilités a été formulée de façon indépendante à la même époque par Bruno de Finetti et que la théorie de « l'utilité » de Ramsey fut redécouverte et popularisée par Morgenstern et Von Neumann dans *Theory of Games and Economic Behavior* paru en 1944. Plus tard au XXe siècle, les logiques de la décision de Savage et Jeffrey et d'autres théories comparables qui constituent les modèles standards de la logique de la décision sont tributaires de la théorie de Ramsey, parce qu'elles s'en inspirent, la développent ou y apportent des amendements spécifiques. Des travaux récents qui mettent en valeur et discutent de façon approfondie la théorie de F. P. Ramsey, tels M. Kaplan (1996), H. J. Sobel (1998) et R. Bradley (2001) nous invitent à repenser l'actualité de cette logique de la décision. Comme l'ont souligné Sobel, Fishburn et Sahlin, le système de définitions et l'explication philosophique des idées fondamentales que l'on trouve chez Ramsey possède un grand intérêt. Les idées de Ramsey nous interpellent dans nos débats sur les fondements de la logique de la décision et leur pertinence dépasse la dimension de priorité historique. Soulignons deux arguments qui appuient ce jugement. D'abord, il appert que la théorie de la décision de Ramsey possède certains avantages comparatifs lorsqu'on la mesure à d'autres. Ainsi, contrairement à ce qui se passe dans l'organisation formelle d'autres théories de la décision, la représentation numérique des valeurs d'utilité et de probabilité n'est précisée chez Ramsey qu'à la suite d'explications et de définitions non quantitatives de ces concepts dans le cadre d'une logique des préférences qui est expliquée en termes de paris et de croyance partielle. Cette manière de faire constitue un avantage permettant de parer aux critiques qui condamnent toute référence à des fonctions à valeurs réelles dans la modélisation de processus cognitifs. C'est une critique récurrente de la théorie de la décision que de dénoncer l'usage de telles fonctions dans les exposés standards de la théorie. Comme le remarque Mark Kaplan (1996: 23 et 161), la théorie de l'utilité proposée — pour la première fois — par Ramsey évite « l'erreur de fausse précision » (*the sin of false precision*) qui consiste à imputer à l'agent la possession de valeurs numériques précises comme valeurs de ses degrés de croyance, valeurs qui correspondraient à des nombres réels déterminés de l'intervalle fermé borné [0 ; 1]. On peut avancer un second argument pour soutenir l'actualité de la théorie de Ramsey, un argument qui est peut-être encore plus significatif. C'est que la théorie de Ramsey est neutre par rapport à la distinction qui sépare les théories évidentielles et les théories causales de la décision. En effet, comme J. H. Sobel l'a démontré, en prenant comme point de départ la théorie de Ramsey, on peut tout aussi bien construire une définition de la désirabilité d'une action à la manière d'une théorie évidentielle ou à la manière d'une théorie causale de la décision[1]. Cette neutralité est une propriété extrêmement intéressante de la théorie de Ramsey sur le plan philosophique.

---

[1] Selon toute vraisemblance, cette propriété n'est pas une caractéristique qui est propre à la théorie de Ramsey mais elle appartient également à toutes les théories axiomatisées plus anciennes, celles qui sont antérieures aux axiomatisations de L. Savage et de R. Jeffrey.

Nous allons exposer une difficulté récalcitrante qui concerne le statut des propositions éthiquement neutres et l'atomisme logique. Nous verrons ensuite la solution proposée par Sobel à ce problème, solution qui permet de donner une interprétation cohérente de la théorie de Ramsey mais qui, à cause de son caractère apparemment *ad hoc*, ne semble pas livrer une solution généralisable qui permettrait d'éclairer définitivement la signification véritable de l'énigme. Nous croyons que le problème mis en évidence par Sobel révèle une difficulté fondamentale et générale à propos de l'intégration de la logique des préférences dans le modèle de la délibération de Ramsey. Nous examinerons quelques tentatives de solution différentes de celle de Sobel qui proposent un réaménagement substantiel des fondements de la théorie de Ramsey. Nous concluons l'article en soulignant l'importance d'articuler de façon détaillée les constituants logiques élémentaires qui servent à exprimer les concepts fondamentaux de la théorie de la décision.

2 Proposition éthiquement neutre et atomisme logique

Situons les principaux éléments du contexte théorique proposé par Ramsey où s'inscrit le concept de proposition éthiquement neutre. On suppose un agent qui a une fonction de croyance bien définie et totale mais on met de côté l'hypothèse que les biens désirables sont additifs et immédiatement mesurables. Un agent rationnel va agir de façon à faire en sorte que les conséquences totales de ses actions soient les meilleures possibles, c'est-à-dire, selon la formule consacrée, de façon à maximiser l'utilité espérée. Ainsi, les mondes possibles se trouvent ordonnés selon leur valeur, mais il n'est pas encore précisé comment leur associer des valeurs numériques. Comme dans la plupart des théories de la décision, la relation de *préférence ou indifférence* est réflexive, transitive et totale (connexe) sur l'ensemble des mondes et des options des paris[2]. Convenons de représenter par des lettres grecques minuscules les mondes possibles, que Ramsey (1926: 78–79) identifie à des « totalités organiques d'événements possibles ». Si p est une proposition certaine, l'agent peut répondre directement aux questions de la forme « préférez-vous β si p est vraie ou γ si p est fausse ? ». En effet, il suffit de comparer la valeur de ces mondes pour être en mesure de faire un choix.

---

[2] Elle forme un pré-ordre complet.

Cependant, la tâche est de formuler les principes et les axiomes gouvernant les choix dans le cas où p serait une proposition probable plutôt que certaine. Comme le remarque Ramsey, il est clair que l'agent peut associer une valeur à la réalisation de la proposition p elle-même, ce qui introduit une complication que Ramsey n'analyse pas. C'est pour contourner cette difficulté et fonder le système qui permet de mesurer ces valeurs que Ramsey va introduire le concept de proposition éthiquement neutre.

Définition de « proposition éthiquement neutre » :

> On dit d'une proposition atomique p qu'elle est *éthiquement neutre* si toute paire de mondes possibles qui diffèrent au plus quant à la vérité de p sont toujours de valeur égale. Si la proposition n'est pas atomique, on dira qu'elle est éthiquement neutre si tous ses constituants atomiques véri-fonctionnels sont éthiquement neutres.

On doit examiner les mérites de ce concept sur le plan intuitif avant de clarifier son rôle dans la construction formelle. Parmi les propositions éthiquement neutres, celles qui sont de probabilité 1/2 présentent un intérêt spécial. Considérons un tel exemple. Il est vraisemblable que la vérité ou la fausseté de la proposition « le nombre de cheveux sur la tête du Premier Ministre du Canada est un nombre pair » vous est totalement indifférente. On peut supposer que tout agent raisonnable partage cette indifférence et c'est pourquoi on peut considérer cet énoncé comme un bon exemple de proposition *éthiquement neutre*. La vérité de cette proposition est aussi probable que sa fausseté. Ainsi, l'énoncé en question exprime pour nous une proposition éthiquement neutre de probabilité 1/2. Une fois que l'existence d'une telle proposition est établie, on peut définir précisément et de façon générale l'idée que deux options ont la même valeur dans un problème de décision où l'agent est incertain. À l'aide de ce concept, comme le montre Ramsey, il devient possible d'axiomatiser simultanément la probabilité et la désirabilité. On peut exprimer ces observations de façon totalement explicite pour établir clairement qu'elles ne camouflent aucune ambiguïté. En particulier, il semble indiscutable que nous ayons des intuitions relativement claires sur l'existence d'enjeux face auxquels nous sommes indifférents et sur l'existence de situations possibles subjectivement équiprobables. De façon plus explicite, on peut exprimer la notion de proposition éthiquement neutre de façon semi-formelle. Posons deux mondes possibles qui diffèrent au plus par le fait que dans un monde le nombre de cheveux sur la tête du premier ministre est un nombre pair tandis que dans l'autre, ce nombre est impair. Il semble clair que ces deux mondes ont la même désirabilité relative et qu'un agent ne pourrait préférer l'un à l'autre à moins que ce ne soit par une décision arbitraire. On voit comment un petit nombre d'intuitions relativement claires permettent la construction d'un modèle formel.

Cependant, c'est en essayant de construire une explication précise de cette idée intuitive que nous rencontrons une difficulté inattendue, difficulté qui est liée à l'atomisme logique intégré dans la structure théorique de la théorie de Ramsey. On pourrait être tenté de critiquer le statut des propositions éthiquement neutres en s'interrogeant sur leur rôle effectif dans la description du comportement de l'agent rationnel. Cependant, lorsqu'on privilégie une interprétation normative de la logique de la décision, il est moins facile d'attaquer la légitimité de ce concept. On peut concevoir de telles propositions et en donner des exemples qui ne sont pas problématiques au plan intuitif. Ainsi, la cohérence interne du concept devrait suffire à lui garantir une acceptabilité provisoire, sous réserve de ce que révèlera un examen plus attentif. Néanmoins, certains partisans d'une interprétation descriptive de la logique de la décision se sont interrogés sur l'existence réelle de telles propositions pour des agents réels et la possibilité de les construire pour conduire des études expérimentales. Ainsi, dans son excellent ouvrage sur la philosophie de Ramsey, Sahlin (1990) considère sérieusement la question de savoir si de telles propositions existent. Une série d'expériences qui relèvent de la psychologie expérimentale sont rapportées dans l'ouvrage de D. Davidson, P. Suppes et S. Siegel (1957). Ces expériences utilisent utilisent un dé dont les faces portent des inscriptions comme « ZOJ » et « ZEJ ». On a établi expérimentalement que ces suites de lettres n'ont pas de signification pour les personnes testées ni de valeur connotative associée. Avec un tel dé, ces auteurs peuvent construire un dispositif expérimental qui reproduit les conditions d'un choix à partir d'une proposition éthiquement neutre[3]. Pour ces

---

[3] Voir Davidson, Suppes et Siegel (1957). Dans Davidson (1974), on trouve un bilan et une discussion critique de ces expériences de psychologie dans le contexte d'une discussion de la théorie de Ramsey.

auteurs, la question de l'existence réelle de propositions éthiquement neutres était bien une difficulté réelle, un test empirique devant pouvoir confirmer la validité de ce concept. À l'époque de cette étude, le behaviorisme exerçait encore une influence considérable. Ramsey, pour sa part, n'entretenait aucune illusion sur la valeur descriptive de son axiomatisation. Dans un passage qui est souvent souligné, il écrit que son explication (du choix rationnel) n'est qu'une représentation « très schématique » de la situation dans la vie réelle (Ramsey 1926: 79). La lecture de *Truth and Probability* ne laisse aucun doute selon nous ; Ramsey privilégiait une interprétation normative de sa théorie. Il semble clair qu'un examen critique des propositions éthiquement neutres et de leur fonction théorique doit d'abord clarifier la question du statut descriptif ou normatif de l'ensemble de la théorie où ce concept est censé jouer un rôle pour éviter de s'enliser dans la confusion.

La définition proposée pour la proposition éthiquement neutre appelle un autre commentaire qui nous conduira au problème que nous voulons analyser. On remarque que la définition présuppose l'existence de propositions atomiques à la manière de la théorie des propositions de Wittgenstein. L'existence de propositions atomiques, c'est-à-dire de propositions dont la valeur de vérité est totalement indépendante de la valeur de toute autre proposition, est explicitement rejetée par la plupart des philosophes parmi lesquels on peut inclure R. C. Jeffrey (1965/1983: 55–57). Il y là une difficulté d'ordre philosophique et elle est du même ordre que celle que nous venons d'examiner. Ramsey croyait probable que l'on puisse construire une définition du concept de proposition éthiquement neutre en s'appuyant sur toute autre théorie des propositions — et non seulement celle de Wittgenstein qu'il adopte par commodité dans ce contexte — mais ceci est très douteux à la lumière de l'analyse proposée par Sobel. En particulier, il semble impossible d'éliminer entièrement l'atomisme logique. Sobel l'affirme en s'appuyant sur un examen détaillé des variations possibles de la théorie de Ramsey. Ainsi, Sobel montre que la définition de Ramsey présuppose nécessairement l'élément problématique de l'atomisme logique. Ramsey en viendra à renoncer en partie à la théorie des propositions de Wittgenstein quelques années après la rédaction de sa théorie de la croyance partielle[4]. Nous

---

[4] Voir Sahlin (1990: 231). Sa remarque renvoie à Ramsey (1929). Notons au passage que nous n'y avons pas trouvé les raisons de croire que Ramsey remet en cause le concept de

souhaitons tirer au clair la question de l'acceptabilité du concept de proposition éthiquement neutre et nous prononcer sur l'acceptabilité du concept de proposition atomique qui apparaît dans le *definiens*. Pour aborder cette question, il nous semble utile de séparer autant que possible les questions logiques des questions épistémiques et de séparer celles-ci des questions plus générales concernant le réalisme psychologique des concepts utilisés dans la reconstruction formelle du processus de choix rationnel. Non pas qu'il fasse nier l'importance des questions de ce type. Mais, comme l'avait souligné Carnap, il est surtout approprié d'admettre et de traiter de ces questions externes relatives au réalisme psychologique en relation au système construit considéré comme un tout. En particulier, pour la théorie que nous discutons, il est plus approprié de les aborder dans la discussion des théorèmes de représentation et dans la discussion des conséquences de l'argument connu sous le nom de « Dutch book »[5]. Dans une certaine mesure, sur le plan logique, on peut se réclamer de ce que Carnap appelle le principe de *tolérance* qui nous autorise à construire un système formel en se donnant les concepts et les instruments formels nécessaires à notre visée théorique[6]. Même si le principe de tolérance fut d'abord énoncé à propos de questions qui relèvent de la syntaxe, on peut lui donner une portée méthodologique plus générale et cette extension de sa portée respecte l'orientation mtéthodologique de Carnap[7]. La question difficile est celle de savoir si on peut accorder aux concepts que nous discutons le statut de *termes théoriques*. Si c'est le cas, on peut les considérer comme des fictions commodes, des variables qui font l'objet d'une quantification existentielle, pour reprendre l'explication des termes

---

proposition atomique. Cependant, Ramsey critique l'atomisme logique de Russell dans Ramsey (1925).

[5] L'expression « Dutch book » a été introduite par Isaac Levi en 1965 dans une conférence à l'APA selon Kyburg (1968: 104). Elle désigne une série de paris qui semblent acceptables pour un parieur donné mais qui sont en réalité systématiquement défavorables. L'idée se trouvait chez Ramsey et de Finetti (1935). On parle du théorème du « Dutch book » pour désigner la preuve qu'il existe une telle série de paris pour quiconque rejète tel ou tel axiome. La référence à l'habileté des preneurs au livre (bookies) hollandais est d'ordre folklorique.

[6] Énoncé simplement, le principe de tolérance permet à quiconque d'utiliser le langage qui convient le mieux à son propos. Il est formulé pour la première fois dans Carnap (1937: 51) de la façon suivante : « It is not our business to set up prohibitions, but to arrive at conventions ».

[7] Voir, par exemple, Carnap (1963: 18).

théoriques que Ramsey propose dans un autre essai[8]. Il n'y a pas de doute que l'atomisme logique engendre une méthode efficace pour distinguer les mondes possibles et indique, de façon générale, comment les engendrer. On peut considérer l'atomisme logique comme une approximation et ne pas s'inquiéter davantage de son statut parce qu'on se concentre sur l'adéquation formelle qui concerne principalement les propriétés de cohérence et d'exactitude. Nous croyons que ces questions qui concernent l'adéquation matérielle au sens large, incluant le problème du réalisme psychologique, appellent un traitement séparé.

Passons maintenant au raisonnement de Sobel qui met en cause directement la cohérence de la définition de proposition éthiquement neutre. Nous reconstruisons ce raisonnement à partir de l'explication de Sobel (1998: 240–41, section 3) et en adaptant l'exemple qu'il utilise. La première prémisse du raisonnement est la définition elle-même, c'est-à-dire, la première clause de la définition :

(1) Une proposition est éthiquement neutre pour un agent si deux mondes possibles qui diffèrent au plus quant à la vérité de cette proposition sont toujours d'égale valeur pour cet agent.

La seconde prémisse est le postulat suivant :

(2) Pour toute proposition, il existe un monde possible dans lequel l'agent va parier une certaine somme sur la vérité de cette proposition.

Cette hypothèse est recevable puisque la définition de Ramsey porte sur tous les mondes possibles sans restriction. La troisième prémisse demande de considérer un bon exemple de proposition éthiquement neutre au sens intuitif du terme :

(3) La proposition « Le nombre de cheveux sur la tête du Premier ministre du Canada est un nombre pair » est une proposition dont la valeur de vérité n'importe à personne.

---

[8] Le statut des termes théoriques est discuté par Ramsey dans l'article intitulé « Theories » de Ramsey (1929).

On considère en vertu de la seconde prémisse qu'il existe un monde possible dans lequel la vérité de cette proposition importe à l'agent et ce monde est celui où l'agent a parié une certaine somme sur la vérité de cette proposition. Un tel monde existe en vertu de la seconde prémisse. Par conséquent, ni cette proposition, ni aucune autre que nous pourrions considérer n'est éthiquement neutre pour moi au sens de Ramsey, c'est-à-dire au sens de la première prémisse. Comme le raisonnement n'utilise aucune propriété qui soit propre aux dispositions mentales personnelles de l'agent, on peut généraliser cette conclusion. Il s'ensuit qu'aucune proposition éthiquement neutre ne peut exister pour personne. Ainsi se conclut l'argument de Sobel.

À première vue, cette réfutation de la définition de proposition éthiquement neutre paraît très efficace dans sa brillante simplicité. Cependant elle ne devrait peut-être pas nous convaincre. En effet, le raisonnement nous demande de considérer que la proposition à l'égard de laquelle je semblais indifférent ne me sera pas indifférente dans certains mondes possibles où j'ai parié sur sa valeur de vérité. Mais alors, ces mondes ne sont pas distincts *au plus* par le fait que dans un de ces mondes, le nombre de cheveux sur la tête du Premier ministre est pair alors que dans l'autre, le nombre de cheveux sur la tête du Premier ministre est impair. Ils sont distincts aussi par le fait que dans l'un de ces mondes, j'obtiendrai le gain associé au pari. Par conséquent, la construction du contre-exemple contredit l'atomisme logique contenu dans la définition. Les deux mondes considérés ne sont plus distincts uniquement par la valeur de vérité de la proposition qui fait l'objet du pari, ce qui est contraire à ce qu'exige la définition. Ainsi, au lieu de constituer une réfutation de la définition du concept de proposition éthiquement neutre, le raisonnement de Sobel vise bien plutôt la plausibilité de l'atomisme logique contenu dans la définition de Ramsey ou l'absence de restriction sur l'ensemble des mondes possibles auxquels il est fait référence. Puisque la définition du concept de proposition éthiquement neutre utilise la comparaison entre des mondes qui jouent le rôle de figures de mérite, Ramsey doit utiliser une expression du type « deux mondes qui diffèrent au plus par la valeur de vérité de p ».

Cet atomisme logique postule l'existence de propositions atomiques qui peuvent être vraies ou fausses indépendamment les unes des autres[9].

---

[9] Ce qui correspond propositions 4.211 et 5.134 du *Tractatus* de Wittgenstein.

Sobel qualifie l'atomisme logique que requiert la construction de Ramsey de « mince » ou minimal. Selon cet atomisme logique mince, les mondes sont déterminés par leurs propositions atomiques élémentaires de telle façon que pour tout monde α et toute proposition atomique p, il y a un monde α' qui diffère au plus de α quant à la valeur de vérité de p. La construction de Ramsey ne demande pas que toutes les propositions soient des fonctions de vérité construites à partir des propositions atomiques. On remarque aussi que dans le contexte des théories causales de la décision, il ne serait pas possible de formuler les conditionnelles qui correspondent aux choix en respectant cette contrainte de vérifonctionalité. La formulation des théories causales oblige de recourir au conditionnel contrefactuel ou à un autre conditionnel qui n'est pas vérifonctionnel comme le conditionnel AGM. La logique de la décision de Ramsey, reformulée et interprétée comme une théorie causale de la décision, ne pourrait donc pas être construite à partir de la théorie des propositions de Wittgenstein. Un certain réaménagement des fondements est nécessaire. À la suite de Jeffrey (1965/1983: chapitre 3), on utilise la notation « $\alpha + p$ » pour encoder cette notion d'un monde qui est exactement comme α sauf que p est vraie dans ce monde. De même, « α ✄ p » dénote le monde qui est exactement comme α sauf que p est fausse dans ce monde. Les formes $\alpha + p$ et α ✄ p servent à exprimer les termes des paris sur la proposition p.

Notons qu'il est fort difficile d'imaginer de telles propositions atomiques qui soient ainsi, pour ainsi dire, logiquement égocentriques, c'est-à-dire entièrement indépendantes les unes des autres. Comment concevoir que deux mondes possibles ne diffèrent que la valeur *d'une seule et unique* proposition ? Ceci est un problème pour l'atomisme logique de Wittgenstein et son applicabilité dans ce contexte.

On peut concevoir que deux mondes soient distingués par des *ensembles* de propositions indépendantes. Une solution provisoire considérée par Sobel consiste à reformuler la définition en la restreignant à un petit nombre de mondes possibles, par exemple, un quadruplet. Autrement dit, nous pouvons caractériser un concept local de proposition éthiquement neutre.

L'idée principale de la solution locale de Sobel est d'éviter d'avoir à utiliser la notion d'une proposition qui serait éthiquement neutre relativement à *tous* les mondes. En effet, pour construire le système de Ramsey, il est possible de partir plutôt de propositions éthiquement neutres relativement à un seul monde. On définit ces propositions relativement au monde α comme la classe des propositions p qui vérifient $\alpha + p \approx \alpha \mathrel{\hspace{-0.5pt}\not\mathrel{+}} p$, où le signe $\approx$ exprime la relation d'indifférence. Cette restriction permet de formuler la définition d'une proposition éthiquement neutre pour laquelle le degré de croyance de l'agent est 1/2 et l'axiome de consistance approprié pour l'égalité de la différence de valeur entre deux mondes.

Un pari sur une proposition q peut s'écrire à l'aide de la notation suivante $(\varepsilon\,;\,q\,;\,\phi)$ où ε représente le monde possible qui constitue la conséquence si q est vraie (le gain du parieur) et ϕ représente le monde possible qui constitue la conséquence si q est fausse (la perte du parieur). Un agent croit une proposition atomique p avec un degré de croyance 1/2 si et seulement si il y a des mondes α et β relativement auxquels p est éthiquement neutre, qui sont tels que $\alpha \approx \beta$ et que la paire de paris sur la proposition p pour cet agent avec comme conséquences α et β satisfait $(\alpha\,;\,p\,;\,\beta) \approx (\beta\,;\,p\,;\,\alpha)$.

Comme on peut le constater, la restriction de Sobel permet de formuler une définition qui contourne la difficulté que contient le premier axiome de Ramsey. L'axiome numéro 1 de Ramsey exprime « qu'il existe une proposition atomique éthiquement neutre p qui est crue au degré 1/2 », Sobel formule un axiome de remplacement à l'effet que « Pour tout quadruplet de mondes, il y a une proposition atomique qui est crue au degré 1/2 relativement à chacun des membres de ce quadruplet. » Ainsi, le problème posé par l'atomisme logique de la définition de la proposition éthiquement neutre ne se pose plus.

3 Discussion de solutions envisagées

Nous pouvons maintenant contraster et comparer les interprétations du problème de la définition de Ramsey et en tirer les leçons qui s'imposent. Commençons pas la solution de Sobel que nous venons d'examiner. À première vue, la restriction de Sobel peut apparaître comme une solution *ad hoc* au problème de la définition de la proposition éthiquement neutre de Ramsey car la contextualisation du concept de proposition éthiquement neutre semble lui faire perdre sa généralité. Cependant, à tout bien considérer, l'axiome de remplacement proposé par Sobel n'enlève rien à la généralité de la théorie de Ramsey. La construction de Ramsey utilise une seule et unique relation de préférence entre les constructions qui représentent les objets des préférences: les mondes, les paris sur les mondes, les quasi-mondes ou mondes partiellement indéterminés et les propositions. Ce qui est requis logiquement est que la relation de préférence soit définie pour tous ses objets légitimes et la version reformulée par Sobel respecte cette exigence. Ainsi, le fait que l'échelle de préférence soit calibrée localement, autrement dit, en relation à des quadruplets de monde, n'affecte en rien la solidité globale des fondements de la logique de la décision de Ramsey dans la reformulation qu'en donne Sobel.

Ceux qui ont élaboré des logiques de la décision en s'inspirant plus ou moins directement de la théorie de Ramsey, tels Davidson et Suppes (1956) ou Jeffrey (1965/1983), ont évité le problème que nous venons de discuter en étant moins explicites sur la nature des options (*prospects*), rejetant les complications qui accompagnent l'atomisme logique et la théorie des propositions de Wittgenstein. Dans le cas de Jeffrey, le rejet des propositions atomiques est explicite[10]. De plus Jeffrey refuse de trancher la question vexante de savoir les propositions sont des énoncés ou des constructions intensionnelles qui s'apparentent aux sens frégéens.

Dans l'article substantiel qu'il a consacré aux fondements de la théorie de la décision de Ramsey, Richard Bradley a proposé quelques observations pertinentes à propos du problème que nous avons discuté (voir Bradley 2001). À la suite de Sahlin, Bradley insiste beaucoup sur le behaviorisme ambiant de l'époque pour expliquer l'approche de Ramsey à propos des questions relatives à la mesure de la croyance et à la calibration de l'échelle de préférence. Il est clair que Ramsey veut éviter toute introspection de l'agent comme méthode de détermination de l'échelle de préférence. Sahlin et Bradley ont certainement raison d'affirmer qu'une grande partie des fondements de la méthodologie de Ramsey doit s'interpréter dans cette perspective. Selon Bradley, si Ramsey réalise pleinement que les mondes ne peuvent pas être distingués par les conditionnelles qui expriment les options, il ne clarifie pas vraiment la relation entre les conditionnelles qui expriment des options (*prospects*) et les mondes qui jouent le rôle de figures de mérite pour les options. La suggestion de Bradley est de remplacer les mondes par des propositions (non-contradictoires) comme objets de préférence. Il admet

---

[10] « I do not suppose there to be any such things as atomic propositions » (Jeffrey 1965/1983: 57).

qu'il n'est pas assuré qu'il existe des expressions propositionnelles qui puissent jouer adéquatement le rôle des options de Ramsey. En réalité, selon Bradley, c'est ce qu'indique le problème de la définition de la proposition éthiquement neutre. Cependant, la solution de Bradley revient à rapprocher la théorie de Ramsey de celle de Jeffrey et des autres logiques de la préférence qui sont discutées de nos jours en théorie de la décision. Pour nous, et on l'imagine aisément, pour Sobel, cette révision est trop profonde et la mise en oeuvre de cette solution revient à renoncer à trouver une solution de l'intérieur des fondements de Ramsey. Nous voudrions trouver une solution qui rétablisse la capacité expressive complète de l'appareil conceptuel de Ramsey, sans quitter les ressources dont on dispose de l'intérieur des fondements de Ramsey. La difficulté d'accomplir cette tâche représente justement le défi à relever !

Lorsque nous avons abordé ce problème pour la première fois, il nous a semblé que la difficulté qui avait été révélée par Sobel dans son étude détaillée des fondements de la théorie de Ramsey devait s'expliquer par les limitations des langages logiques avec lesquels on cherchait à exprimer les fondements conceptuels de la logique de la décision. Les notions de choix, de paris conditionnels ou les hiérarchies de préférences ne se laissent pas capturer facilement ou clairement à l'aide des concepts modaux usuels qui sont fréquemment utilisés de manière informelle comme si leur mise ne forme explicite était une question de détails. S'il est un mérite apparent et indiscutable de la théorie de Ramsey, c'est bien d'avoir proposé ou tenté de proposer des clarifications conceptuelles complètes pour les principales notions qui sont à la base de sa théorie. On sait, par exemple, que la notion de monde possible est intimement liée à la théorie des propositions et l'on peut s'interroger sur l'efficacité de cet appareil logique dans le domaine de la logique de la décision et de la modélisation de l'action rationnelle. En tant que logique, la théorie de la décision se présente comme une structure apparemment simple mais en réalité, elle est fondamentalement complexe. Il y a désormais un consensus parmi les philosophes pour reconnaître cette complexité et pour reconnaître la nécessité de chercher à la confronter plus systématiquement. Les recherches sur les fondements de l'action rationnelle ont suffisamment progressé, et ce dans diverses directions prometteuses, pour qu'on puisse espérer parvenir à articuler les concepts fondamentaux de la logique de la décision et comparer les fondements des théories d'une façon plus détaillée que dans le passé[11]. Si cet espoir est raisonnable, nous avons toutes les raisons de croire que les difficultés discutées dans cet article recevront peut-être bientôt le traitement complet qu'elles méritent.

Références

Bradley, R. « Ramsey and the measurement of Belief ». In Corfield et Williamson (2001), pp. 263–90.

Carnap, R. (1937). *The Logical Syntax of Language*. International Library of Psychology, Philosophy and Scientific Method. London : Routledge and Kegan Paul.

Carnap, R. (1963). « Intellectual Autobiography ». In Schilpp (1963).

Corfield, D. et J. Williamson, dir. (2001). *Foundations of Bayesianism*. Applied logic series, vol 24. Dordrecht : Kluwer.

Davidson, D. et P. Suppes (1956). « A Finistic Axiomatization of Subjective Probability and Utility ». *Econometrica* XXIV, pp. 264–75.

Davidson, D., P. Suppes, et S. Siegel (1957). *Decision Making: An Experimental Approach*. Stanford : Stanford University Press.

Fishburn, P. C. (1981). « Subjective Expected Utility : A Review of Normative Theories ». *Theory and Decision* XIII, pp. 139–99.

Gibbard, A. et W. Harper (1978). « Counterfactuals and Two Kinds of Expected Utility », dir. par C. A. Hooker, J. J. Leach, et E. F. McLennen ; reproduit dans Gardenfors et Sahlin, dir. (1988). *Decision, Probability, and Utility*. Cambridge : Cambridge University Press, chap. 17, pp. 341–76.

Jeffrey, R. C. (1965/1983). *The Logic of Decision*. 2e édition révisée. Chicago : University of Chicago Press.

Joyce, J.(1999). *The foundations of Causal Theory*. Cambridge University Press.

Kyburg H. E. (1968). « Bets and Beliefs » *American Philosophical Quaterly*, pp. 63–78.

Kaplan, M. (1996). *Decision Theory as Philosophy*. Édition révisée. Cambridge University Press, 1998.

Levi, I. (1997). *The Covenant of Reason : Rationality and the Commitments of Thought*. Cambridge University Press.

Levi, I. (1998). « Contraction and Informational Value ». 7e version. Manuscrit, Columbia University.

---

[11] La construction de théorèmes de représentation pour la théorie causale de la décision (voir Joyce 1999 et Bradley 2001) nous a apporté un éclairage neuf sur ces comparaisons théoriques.

Paquette, M. (2006). *La délibération et les théories axiomatisée de la décision*. Thèse de doctorat, Université du Québec à Trois-Rivières.
Ramsey, F. P. (1925). « Universals ». In Ramsey (1978), pp. 17–39.
——. (1926). « Truth and Probability ». In Ramsey (1978), pp. 58–100.
——. (1927). « Facts and Propositions ». In Ramsey (1978), pp. 40–57.
——. (1929). « General Propositions and Causality ». In Ramsey (1978), pp. 133–51.
——. « Theories ». In Ramsey (1978), pp. 101–25.
Ramsey, F. P. (1978). *Foundations: Essays in Philosophy, Logic, Mathematics and Economics*, dir. par D. H. Mellor. International Library of Psychology, Philosophy and Scientific Method. Humanities Press ; édition revue et augmentée d'un ouvrage dirigé par R. B. Braithwaite (1931) : *The Foundations of Mathematics and other Logical Essays*.
Sahlin, N.-E. (1990). *The Philosophy of F. P. Ramsey*. Cambridge : Cambridge University Press.
Sahlin, N.-E. (2001). « Frank Ramsey (190–1930) ». Disponible sur le site http://www.fil.lu.se/sahlin/ramsey/.
Savage, L. (1954). *The Foundations of Statistics*. John Wiley & Sons ; édition révisée, Dover, 1972.
Schilpp P. A. (1963). *The Philosophy of Rudolf Carnap*. LaSalle, Ill. : Open Court.
Sobel, J. H. (1998). « Ramsey's Foundations Extended to Probabilities ». *Theory and decision* XLIV, pp. 231–278.
Suppes, P. (2006). « Ramsey's Psychological Theory of Belief ». In *Cambridge and Vienna : Frank P. Ramsey and the Vienna Circle*, dir. par M. C. Galavotti. Vienna Circle Institute Yearbook, vol. 12, pp. 35–53.
Wooldridge, M. et A Rao, dir. (1999). *Foundations of Rational Agency*. Kluwer Academic.

Présentation des auteurs

Tom Dedeurwaerdere est directeur de recherche de l'unité *Biogov* au Centre de Philosophie du Droit et professeur à la faculté de philosophie de l'Université catholique de Louvain. Il est ingénieur civil et docteur en philosophie. Il est en charge du réseau sur les biens publics globaux du projet *Refgov* dans le cadre de l'Union Européenne et du réseau *biodiversité* dans le cadre d'un réseau de recherche interuniversitaire financé par le gouvernement belge. Parmi ses publications représentatives il y a « From Bioprospection to Reflexive Governance », *Ecological Economics* et un numéro spécial sur les Microbial Commons in *The International Social Science Journal* (automne 2006, vol. 188).

Denis Fisette est professeur au département de philosophie de l'Université du Québec à Montréal et directeur de la revue *Philosophiques*. Deux de ses principaux champs de recherche sont l'histoire de la philosophie autrichienne et allemande au XIXe et début du XXe siècle et la philosophie de l'esprit contemporaine. Il est l'auteur des ouvrages : *Carl Stumpf. Renaissance de la philosophie* (Vrin, 2006); (avec G. Fréchette) *À l'école de Brentano : De Würzburg à Vienne* (Vrin, 2007); *Husserl's Logical Investigations Reconsidered* (Kluwer, 2004); *Aux origines de la phénoménologie* (Vrin, 2003); *Consciousness and Intentionality : Models and Modalities of Attribution* (Kluwer, 1999); (avec P. Poirier) *Philosophie de l'esprit : état des lieux* (Vrin, 2000); (avec P. Poirier) *Problèmes de conscience* (l'Harmattan, 2004); (avec P. Poirier) *Philosophie de l'esprit. Psychologie du sens commun et sciences de l'esprit* (Vrin, 2002) et (avec P. Poirier) *Philosophie de l'esprit. Problèmes et perspectives* (Vrin, 2003).

J.-Nicolas Kaufmann† fut professeur au département de philosophie de l'Université du Québec à Trois-Rivières pendant vingt-sept ans. Il fit son doctorat en philosophie à l'Université catholique de Louvain. Ses champs de recherche étaient la philosophie des sciences humaines (surtout de l'économie et de la psychologie), la philosophie analytique de l'action et de l'esprit et la phénoménologie. Il a contribué aux activités de sociétés savantes comme la Société de philosophie du Québec et l'Association canadienne de philosophie dont il fut président et des fonds de recherche québécois (le FCAR) et canadiens (le CRSH). Parmi ses travaux : « The Belief – Desire Model of Decision Theory Needs a Third Component : Prospective Intentions », in M. Marion et R. Cohen, dir. (1996), *Quebec Studies in the Philosophy of Science*, Part II, *Boston Studies in the Philosophy of Science*, ses entrées dans l'*Encyclopédie philosophique universelle* de P. Jacob (PUF, 1989) et ses articles « Écueils des théories de la rationalité », *Dialogue* XXXVIII, n° 3, 1999, « Rationality, Theory Acceptance and Decision Theory », *Principia* II, *Revista internacional de epistemologia*, 1998, et « Des préférences individuelles aux préférences collectives : ambiguïtés du concept de préférences dans le contexte des théories du choix collectif », *Dialogue* XXXV, n° 1, 1996.

Daniel Laurier enseigne la philosophie de l'esprit, la théorie de la connaissance et la métaphysique à l'Université de Montréal depuis 1987. Il a publié de nombreux articles dans diverses revues, telles que *Dialectica, The Journal of Philosophical Research, Grazer Philosophische Studien, Pragmatics and Cognition,* et trois livres : *Introduction à la philosophie du langage* (Mardaga, 1993), *L'esprit et la nature* (Presses de l'Université de Montréal, 2002) et *Interprétations radicales* (Presses de l'Université de Montréal, 2008). Ses recherches actuelles concernent la théorie de l'intentionnalité et la nature de la rationalité.

André Leclerc est professeur associé à l'Université fédérale de la Paraíba à João Pessoa au Brésil. Il a obtenu son doctorat à l'Université du Québec à Trois-Rivières avec une thèse sur les aspects illocutoires de la signification dans les grammaires philosophiques de l'époque classique. Il dirige le groupe brésilien de recherche en philosophie de l'esprit et organise des congrès internationaux en philosophie de l'esprit dont il édite les Actes dans *Manuscrito*. Il publie régulièrement en philosophie du langage et de l'esprit, en histoire des sciences du langage, sur la causalité mentale, l'externalisme en philosophie de l'esprit, et sur le contextualisme en philosophie du langage. Leclerc est chercheur du Conseil national brésilien pour la Recherche Scientifique (le CNPq).

Storrs McCall est professeur de philosophie à l'Université McGill. Il a obtenu son doctorat en philosophie à l'Université d'Oxford. Il fut six ans professeur au département de philosophie de l'Université de Pittsburgh dans les années 1960 et 1970, et il a enseigné la philosophie pendant cinq ans, de 1965 à 1971, à l'Université Makerere à Kampala en Ouganda. Il a écrit sur la logique, la sémantique, la nature du temps, la philosophie de la mécanique quantique, la probabilité, la théorie de l'action, et il travaille présentement sur un projet concernant la conscience et la causalité mentale. Mentionnons son ouvrage *A Model of the Universe* (Clarendon Press, 1994).

Mathieu Marion est détenteur de la Chaire de recherche du Canada en philosophie de la logique et des mathématiques à l'Université du Québec à Montréal depuis 2003. Auparavant, il a enseigné à l'Université d'Ottawa à partir de 1994 et il a été professeur invité en Finlande, en France, au Japon et en Lettonie. Il a fait son doctorat en philosophie à l'Université d'Oxford en 1992. Il est l'auteur de *Wittgenstein, Finitism, and the Foundations of Mathematics* (Clarendon Press, 1998) et de *Ludwig Wittgenstein. Une Introduction au Tractatus Logico-Philosophicus* (PUF, 2003), ainsi que de nombreux articles dans les domaines de la philosophie de la logique et des mathématiques ainsi que sur l'histoire de la philosophie britannique.

Wilson Mendonça est professeur de philosophie à l'Université fédérale de Rio de Janeiro. Il a été chercheur à l'Université de Notre Dame et professeur invité à l'Université de Konstanz en Allemagne. Son activité en recherche couvre la philosophie de l'esprit, la philosophie morale, Kant et Wittgenstein. Mendonça a publié des articles dans les revues *Ratio*, *Zeitschrift für allgemeine Wissenschaftstheorie*, *Kant-Studien*, *Grazer Philosophische Studien*, *European Journal of Philosophy*, *Facta Philosophica* et *Principia*.

Michel Paquette est professeur de philosophie au Collège de Maisonneuve à Montréal. Il est membre du Groupe de recherche sur la communication et le discours dirigé par Daniel Vanderveken à l'Université du Québec à Trois-Rivières. Ses recherches portent sur les modèles formels de la rationalité en logique de la décision et sur la formalisation de l'interaction stratégique en théorie des jeux. La thèse pour laquelle il a obtenu un Ph.D. (UQTR 2006) avait pour titre : *La délibération et les théories axiomatisées de la décision*. Il a co-édité l'ouvrage collectif *Carnap Aujourd'hui* (Vrin / Bellarmin, 2002) dans lequel est paru son article « L'explication du choix rationnel chez Carnap ». Deux autres contributions à des ouvrages collectifs, « Solutions for Simple Dialogue Games » et « La rationalité des requêtes », devraient paraître incessamment.

Jean-Luc Petit, ancien élève de l'École normale supérieure de St Cloud, titulaire de l'agrégation de philosophie et d'un doctorat de l'Université de Paris-I-Sorbonne, est professeur de philosophie à l'Université de Strasbourg et enseignant-chercheur associé au laboratoire de Physiologie de la perception et de l'action que dirige Alain Berthoz au Collège de France. Disciple de Paul Ricœur, il a poursuivi le dialogue engagé par ce dernier avec la philosophie du langage anglo-américaine. Repérant dans la théorie de l'action un point névralgique de cette philosophie du langage, il a élargi ce dialogue aux sciences cognitives et aux neurosciences en promouvant une série d'ateliers transdisciplinaires à Strasbourg et à Paris, où les chercheurs qui ont éclairé les bases biopsychologiques de l'action humaine ont été invités à réfléchir avec des philosophes à l'élaboration d'une nouvelle philosophie de l'action humaine qui tiendrait compte des récents bouleversements dans notre connaissance du fonctionnement cérébral. Il est co-auteur avec A. Berthoz de *Physiologie de l'action et phénoménologie* (Odile Jacob, 2006).

John R. Searle est détenteur de la Chaire Mills au département de philosophie de l'Université de Californie à Berkeley. Il est fort connu pour sa théorie des actes de discours, sa critique de l'Intelligence Artificielle forte, ses travaux sur l'intentionnalité et la conscience en philosophie de l'esprit et sa théorie de la réalité sociale et des institutions. Parmi ses publications il y a *Speech Acts* (Cambridge University Press,

1969), *Expression and Meaning* (Cambridge University Press, 1979), *Intentionality* (Cambridge University Press, 1983), avec Daniel Vanderveken *Foundations of Illocutionary Logic* (Cambridge University, 1985), *The Rediscovery of the Mind* (MIT Press, 1992), *The Construction of Social Reality* (Free Press, 1995) *The Mystery of Consciousness* (New York Review Press, 1997), *Mind, Language and Society* (Basic Books, 1998), *Rationality in Action* (MIT Press / Bradford Books, 2001) et *Mind* (Oxford University Press, 2004).

Candida Jaci de Sousa Melo fait présentement un stage postdoctoral à l'Université du Québec à Trois-Rivières sur la causalité mentale. Elle a fait son doctorat sur *le rôle de l'intentionnalité dans la pensée conceptuelle* sous la direction de Denis Fisette à l'Université du Québec à Montréal. Elle est membre du Groupe de recherche sur la communication et le discours de Daniel Vanderveken. Ses intérêts de recherche sont la philosophie analytique de l'esprit et du langage, la grammaire universelle, les actes de discours, la métaphysique et l'épistémologie. Elle a publié dans *Philosophiques* et *Manuscrito* et a contribué au livre *Essays in Speech Act Theory*, dirigé par Daniel Vanderveken et Susumu Kubo (John Benjamins, 2002). Son article avec D. Vanderveken « Universaux logiques et linguistiques relatifs aux forces illocutoires » paraîtra sous peu in J.-P. Desclés *et al.* (dir.) *Annotation de relations sémantiques et recherche d'informations* chez Hermès.

Raimo Tuomela est professeur de philosophie au département de philosophie sociale et morale à l'Université de Helsinki en Finlande et professeur en visite régulier au département de philosophie de l'Université de Munich. Son activité de recherche courante concerne la philosophie de l'action sociale et l'intentionnalité collective. Il est membre du comité éditorial de plusieurs revues et collections de livres et récipiendaire de bourses et de distinctions comme le prix de la recherche de la Fondation von Humboldt. Parmi ses ouvrages récents mentionnons : *The Importance of Us : A Philosophical Study of Basic Social Notions* (Stanford University Press, 1995), *Cooperation : A Philosophical Study* (Kluwer, 2000), *The Philosophy of Social Practices : A Collective Acceptance View* (Cambridge University Press, 2002) et *The Philosophy of Sociality : The Shared Point of View* (Oxford University Press, 2007).

Daniel Vanderveken est professeur à l'Université du Québec à Trois-Rivières et directeur du Groupe québécois de recherche sur la communication et le discours. Son champ spécial de recherche couvre la logique illocutoire et intensionnelle, la logique de l'action et des attitudes, la sémantique et la pragmatique formelles, la théorie des actes de discours et la sémiotique. Il a fait son doctorat sur la pragmatique formelle à l'Université catholique de Louvain. Il fut chercheur post doctoral au Fonds National belge de la Recherche Scientifique et à l'Université de Californie à Berkeley. Il a écrit avec John Searle *Foundations of Illocutionary Logic* (Cambridge University Press, 1985). Ses autres livres sont : *Les actes de discours* (Pierre Mardaga, 1988, 1994), *Meaning and Speech Acts* tome 1 *Principles of Language Use* et tome 2 *Formal Semantics of Success and Satisfaction* (Cambridge University Press, 1990-91). Il est l'éditeur du numéro 216 sur Searle de la *Revue internationale de philosophie* (2001) et co-éditeur de *Essays in Speech Act Theory* (John Benjamins, 2002). Il a aussi dirigé *Logic, Thought and Action* (Springer, 2005) et un recueil de ses articles *Speech Acts in Dialogue* sera publié sous peu.

Edward N. Zalta est chercheur senior au CSLI (le Centre pour l'Étude du Langage et de l'Information) de l'Université Stanford. Son champ spécial de recherche couvre la métaphysique formelle et computationnelle, la logique intensionnelle et la philosophie des mathématiques. Zalta a publié deux livres *Intensional Logic and the Metaphysics of Intentionality* (MIT Press / Bradford Books, 1988) et *Abstract Objects : An Introduction to Axiomatic Metaphysics* (Reidel, 1983) ainsi que des articles dans le *Journal of Philosophy*, *Mind*, le *Journal of Philosophical Logic*, *Nous*, et ailleurs. Il a aussi lancé l'Encyclopédie en ligne *Stanford Encyclopedia of Philosophy* (http://plato.stanford.edu/) dont il est le principal éditeur.

www.ingramcontent.com/pod-product-compliance
Lightning Source LLC
Chambersburg PA
CBHW071224230426
43668CB00011B/1292